한국형
전직지원 기술

전직지원 컨설턴트, 커리어 컨설……
직업 상담사, 취업 알선원의 ……

KB022071

한국형
전직지원 기술

펴 낸 날 2024년 08월 29일

지 은 이 권정봉, 문승희, 장양숙, 표성일
펴 낸 이 이기성
기획편집 서해주, 윤가영, 이지희
표지디자인 서해주
책임마케팅 강보현, 김성욱
펴 낸 곳 도서출판 생각나눔
출판등록 제 2018-000288호
주   소 경기도 고양시 덕양구 청초로 66, 덕은리버워크 B동 1708호, 1709호
전   화 02-325-5100
팩   스 02-325-5101
홈페이지 www.생각나눔.kr
이 메 일 bookmain@think-book.com

• 책값은 표지 뒷면에 표기되어 있습니다.
  ISBN 979-11-7048-741-8 (13320)

전직지원을 준비하는 당신을 위한 필독서!

한국형
전직지원 기술

권정봉
문승희
장양숙
표성일 공저

전직지원 컨설턴트, 커리어 컨설턴트,
직업 상담사, 취업 알선원의 전직지원 나침반

생각나눔

"대한민국의 전직지원 발전에
선한 영향력을 끼치는 분들의
노고에 깊은 감사를 드리며,
이 책을 드립니다."

Design Well!

_____님에게

_____ 드림

추천사

"저자들의 오랜 경력과 경험 속에서 전직지원 서비스 현장을 잘 반영한 전직지원 업무 참고서를 보는 것 같습니다. 특히 전직지원 중 재취업을 중심으로 우리 현장의 취업알선, 직업상담, 생애설계라는 핵심 주제들을 잘 아우르는 한국화된 책자라는 생각입니다. 이 책자에서는 현장에서 근무하는 컨설턴트들과 HR 담당자들의 의문에 답해줄 수 있는 세부적인 내용을 잘 묘사하고 있습니다. 미래에 더욱 발전할 전직지원 서비스의 초석을 닦아줄 참고서로서 그 역할을 해줄 것을 기대합니다. 전직지원 서비스의 발전을 위한 저작자들의 노력에 감사드립니다."

– 김기완 대표이사, ㈜이음길HR

"삶의 전반부 퇴직 이후 새로운 미래 삶의 설계를 지원하는 '한국형 전직지원 기술'은 현장 전문가들의 풍부한 경험과 전직 전문성을 집대성하여, 한국형 전직지원 서비스의 표준을 제시하고 있습니다. 특히, 이 책은 희망퇴직자뿐만 아니라 정년퇴직자, 재직자 등 다양한 대상에게 필요한 지침을 담고 있어 현장에서 실제적인 도움이 되는 현장 매뉴얼과 같습니다.

아무쪼록 이 책을 통해 전직지원 컨설턴트, 커리어 컨설턴트, 직업상담사, 취업알선원 등 관련 종사자들은 자신의 전문성을 한층 더 높이고, 서비스의 표준화, 전문화, 다양화, 차별화, AI화를 이끌어낼 수 있기를 바랍니다."

– 김용석 대표이사, ㈜제니엘이노베이션

"전직지원 최고의 컨설턴트들이 모여 전직지원 교과서를 만들어냈다 전직의 이론과 한국의 급변하는 노동시장에 꼭 필요한 현장 중심의 내용을 모두 갖추고 있는 책이다. 십수 년 전 직업상담사를 시작할 때 공동저자 대표와 가끔 만나 많은 조언을 구했다. 그때마다 직업상담을 시작하는 나에게 쉽게 이해할 수 있도록 명쾌한 해답을 제시해주었다. 저자들은 한국형 전직지원에 대해 명확하고 이해하기 쉽게 설명하고 있다. 이 책은 전직지원 컨설턴트로 한 단계 더 성장하고 싶은 상담사들이 곁에 두고 항상 참고해야 할 교과서이다 참고서이다."

— 김우진 대표이사, 케이잡스

"이 책은 현장에서의 폭넓은 경험을 바탕으로 전직지원 서비스의 기본 이론과 현장에서 적용 가능한 실무 기법에 관한 내용들을 풍부히 담고 있습니다. 특히, 전직지원 컨설턴트들이 실제로 직면하는 다양한 상황에 관한 구체적 사례와 해결 방안이 상세히 제시되어 있어 매우 실용적입니다. 이 책은 이론과 실무를 겸비한 최고의 참고서로써, 전직지원 분야의 종사자뿐만 아니라 관련 분야에 관심 있는 모든 이들에게 큰 도움이 될 것입니다. 이 분야에 관심 있는 많은 분들의 전문성 향상을 위해서 일독을 권합니다."

— 박가열 박사, 한국고용정보원

"미국에서 버나드 홀데인이 세계 최초로 전직지원을 시작했던 시기는 2차 세계대전 이후 급격한 사회 변화를 시작하던 시기였습니다. 그 후로 3차, 4차 산업혁명을 맞이할 때마다 수많은 근로자는 위기의 파도를 감당해야만 하였습니다. 이제 또다시 AI 혁명이 사회 전반에 위기의 파도를 몰고 오고 있습니다. 다가오는 파도를 피해 무조건 도망갈 것인가? 아니면 파도타기를 배울 것인가? 이런 위기의 시기에도 파도타기를 배우면 다가오는 크고 작은 파도가 두렵지 않습니다. 이 책을 통해 다가오는 파도를 즐길 수 있는 준비를 하시기 바랍니다. 이 책이 그렇게 하기에 딱 맞는 훌륭한 책이라고 확신하며, 강추합니다."

— 성예종 소장, 성공인생경영연구소

"전직지원 서비스의 기본 이론부터 AI 활용을 포함하는 실무 기법까지 포괄적으로 다루고 있어, 실제 현장에서 적용이 가능한 실질적인 지침서입니다. 공동저자 한 분, 한 분의 오랜 현장 경험과 경력이 녹아들어 있는 현실적이고 구체적인 스킬들로 가득합니다. 더불어 다양한 사례와 해결 방안을 통해 직면한 문제에 대한 명쾌한 해답을 제시하고 있어 전직지원 컨설턴트를 비롯한 커리어 분야에서 일하는 분들에게 실질적인 도움을 줄 수 있다고 확신합니다. 전직지원 분야의 전문성을 높이고자 하는 모든 분들에게 필독을 권해봅니다."

– 신철호 대표, ㈜상상우리

"20세기 말에 전직지원 개념이 한국에 도입된 이래 전직지원 전문가들의 노력을 통해 오늘날, 많은 개념과 콘텐츠가 발전을 거듭해 왔다고 생각됩니다.이제는 '한국형'이라는 이름으로 콘텐츠가 집대성되어야 한다고 생각하던 차에 한국형 경력 개발 서비스에 특화된 이 책은 실질적이고 구체적인 방법들을 통해 전직지원 현장의 경우 수에 맞게 과거를 돌아보고,미래를 전망하면서, 현재를 다질 수 있는 좋은 도서임이 분명합니다.

프로젝트 운영 및 성과 관리에서부터 체계적인 프로그램 기획과 제도화까지, 다양한 성공 사례와 현실적인 조언들을 종합하여 집필된 이 책은 독자에게 확신과 자신감을 심어줄 것으로 믿어 의심치 않습니다.

특히, 급변하는 AI 시대의 변화에 능동적으로 대응할 수 있도록 긍정적이고 희망찬 메시지로 가득한 이 책과 함께라면, 여러분의 경력은 더욱 탄탄해지고, 밝은 미래를 향해 힘차게 나아갈 수 있을 것입니다.

한국형 전직지원 서비스의 방향성을 명확히 제시하는 이 책은 불확실한 미래를 대비하는 데 있어 든든한 동반자가 되어 줄 것입니다."

– 유영도 공동대표, ㈜제이엠커리어

"우리나라는 1987년 IMF 외환 사태 이후를 지나면서 평생직장의 시대에서 평생직업의 시대로 전환하였다. 그럼에도 불구하고 새로운 직장을 얻기 위해서는 참으로 어렵고 힘든 시기를 거쳐야 한다. 이번에 출간된 '한국형 전직지원 기술'은 실업자나 구직자들에게 새로운 일자리, 일거리로 가는 징검다리 역할을 제공할 뿐만 아니라 생애 재설계를 통해 더 나은 인생을 살 수 있도록 지원하는 훌륭한 지침서가 될 것이라 생각한다. 본 노무사는 구조조정 전문가로서 어려움에 처한 기업에 구조조정을 지원하고 있다. 이 서적의 공동저자 대표인 표성일 컨설턴트의 전직지원 서비스 도움을 받은 적도 있었는데, 당시 전직지원 컨설팅을 통해 전직의 어려움에 처한 근로자들에게 등불과 같은 역할을 해주셨기에 늘 감사하게 생각하고 있다."

– 정봉수 대표(노무사), 강남노무법인

"현장 전문가들의 깊은 경험과 전문성이 빛나는 지침서로서, 전직지원 컨설턴트들에게 강력히 추천합니다. 기본 프로세스에 충실하면서도 창의적인 내용을 현장에 맞게 제시하고, 생성형 AI의 접합 방법을 포함하는 실무적 조언과 체계적인 접근으로 전직 분야에서 일하는 분들에게 큰 도움이 될 것으로 확신합니다."

– 최창선 상무, ㈜맥시머스

"전직지원 기본 개념에서부터 구체적인 운영 계획, 핵심 자원인 컨설턴트에 이르기까지 체계적으로 구성되어 있습니다. 특히 현장에 맞는 마케팅과 행정 전략, 다양한 컨설팅 사례는 실무자들에게 많은 도움이 될 것 같습니다. 또한, 생성형 AI와 전직지원 제도의 변화에 능동적으로 대응할 수 있는 방향을 제시하고 있습니다.

자신감과 긍정적인 마음가짐을 갖고 이 책을 읽다 보면, 여러분의 전문성과 경쟁력이 한층 더 향상될 것이라 확신합니다. 이 책은 단순한 자료집이 아닌, 여러분의 성장을 이끄는 든든한 동반자가 될 것입니다."

– 홍건수 부사장, 인지이스(유)

프롤로그

    최초의 전직지원 서비스는 1947년도에 설립된 미국의 버나드 홀데인 어소시에이트사(Bernard Haldane Associates)에 의해 시행되었다고 전해진다. 이후 미국에서 1980년대에 대규모 구조 조정 및 기업의 인수 합병이 진행되면서 전직지원 서비스가 꽃을 피우게 되었고, 현재 우리가 사용하는 개념과 이론도 그 시기에 많이 발전되었다.

    대한민국에는 1997년도에 아시아 재정 위기(Asian Financial Crisis)를 겪을 당시에 미국의 디비엠(DBM, Drake Beam Morin)사가 최초로 '아웃플레이스먼트 서비스(outplacement service, 현재 우리가 이야기하는 전직지원 서비스)'라는 이름으로 소개하였다. 이후 다양한 국내 전직지원 전문 업체들도 설립되었고, 정부에서도 다양한 실험적 시도를 하였으며, 그로 인해 다양한 서비스 프로그램도 개발되면서 현재에 이르렀다. 그런 노력에 힘입어 2020년도에 정부에서 '재취업 지원 서비스 의무화'라는 새로운 정책을 실행하게 되었고, 이제 기업의 퇴직(예정)자와 다양한 계층을 중심으로 한 다양한 서비스가 공공과 민간에서 제공되고 있다.

    먼저 이 책을 저작하게 된 이유를 몇 가지 설명하면 아래와 같다.

    첫째, 현장에 중심을 둔 한국형 전직지원 서비스의 표준을 제시하기 위해 저작하였다. 이전과 달리 희망퇴직자 중심의 서비스에서 벗어나 정년퇴직자 혹은 재직자들도 서비스 대상에 포함시키고 있다. 그러한 서비스의 확대에 따른 표준을 제시하여 업계 종사자들에게 도움을 주고자 한다.

둘째, 전직지원 분야의 발전과 컨설턴트의 역량 향상을 통한 직업 안정성을 높이기 위해 저작하였다. 서비스의 표준화, 전문화, 다양화, 차별화, AI화는 자연스럽게 서비스의 질 향상으로 이어지고, 이는 다시 컨설턴트의 직업 안정성으로 선순환된다고 믿기 때문이다.

셋째, 서비스를 받는 대상자들의 복지와 안녕을 위해 저작하였다. 세상의 급격한 변화에 따라 전직지원의 범위가 기존의 일 중심에서 개인의 삶과 일을 동시에 다루는 생애경력설계를 포함하면서 더욱 광범위해졌다. 이 책에서는 전직지원의 궁극적인 목표라고 볼 수 있는 생애경력설계와 관련된 내용도 다수 포함하였다.

무엇보다도 이 책은 현장 경험이 풍부한 공동 저자들의 경험 요인을 반영하고, 저작을 위한 인터뷰에 응해주신 현직 리더십이나 선임 컨설턴트들의 현장 중심적 내용, 경험 중심적 내용, 그리고 토착화가 된 내용과 진행 중인 내용을 포함하였다. 그것이 바로 『한국형 전직지원 기술』이라는 이름으로 발간하게 된 이유이다. 더불어 전직지원 세계에서도 생성형 AI로 인해 많은 변화가 예상되지만, 기본적 이론이나 경험적 사례는 전직지원 서비스의 기반을 굳게 지켜나갈 것으로 믿는다.

용어 사용

이 책에서 사용하는 용어를 몇 가지 설명하면서 독자의 이해를 돕고자 한다.

첫째, '전직'이란 용어이다. '전직'이란 '직업을 바꾸어 옮김'이란 의미로 해석되는바, 다양한 일자리, 일거리로 옮겨가는 것을 의미하기 때문에 재취업보다는 훨씬 광범한 의미이다. 말하자면 '전직'이란 포괄적인 의미이고, 재취업이란 '전직'의 한 구성 요소로서 알선과 같이 국부적인 행동에 가깝다. 현재 정부에서 재직자 및 퇴직(예정)자를 중심으로 제공하는 '재취업 지원 서비스'의 내용을 잘 살펴보면 사실상 생애와 경력, 그리고 전직지원 내용을 다수 포함하고 있는 생애경력설계 중심의 내용이라는 점에 주목해야만 한다. 그래서 '전직지원'은 궁극적으로 고객의 '생애경력설계'를 지향하는 디딤돌이 된다.

둘째, '전직'은 퇴직하는 당사자의 입장에서, '전직지원'은 전문 업체나 컨설턴트의 입장에서 사용하는 용어로 규정하였다.

셋째, '구조 조정'이란 용어를 경우에 따라 '희망퇴직'이란 용어로 전환하였다. 퇴직 대상 근로자는 회사의 퇴직 권유에 따라 희망퇴직원을 제출한다. 이는 대상 근로자가 선택권을 가지기 때문이다.

넷째, '전직지원 서비스'란 용어는 퇴직자의 '희망퇴직'을 지원하는 서비스로서 집중 교육 및 컨설팅 기간과 사후 관리 기간으로 구분된다. 이는 희망퇴직 기업과 전직지원 컨설팅 전문 업체 간의 계약에 의해서 그 구성 내용과 기간이 달라진다.

다섯째, 희망퇴직을 시행하는 기업을 '희망퇴직 기업'으로, 서비스를 제공하는 전직지원 전문 기업이나 전문 기관은 '전직지원 전문 업체' 혹은 '전직지원 전문 기관'으로 유연하게 표기하였다.

여섯째, 각종 용어의 사용은 '직업 탐색 활동'을 '전직 탐색 활동', '입사 서류'를 '전직 서류', '상담'을 '컨설팅'으로, 그리고 '상담사'는 '컨설턴트'로 표현하였다.

일곱째, 통상 '고객'이라고 칭하는 퇴직 대상자들은 사용의 경우에 맞게 고객, 참여자, 혹은 내담자라는 용어로 경우에 맞추어 다양하게 표기하였다.

내용 개관

이 책은 전체적으로 9개의 장으로 구성되어 있으며, 각 장의 구성 내용을 간략히 소개하면 아래와 같다.

제1장 '전직지원 일반'에서는 먼저 전직지원의 개념을 소개하고, 그 변천사, 전직지원과 관련된 법령, 그리고 다양한 유사 서비스와 전직지원과의 관계를 위치 정립이라는 이름으로 논하고 있다.

제2장 '전직지원 서비스 이해'에서는 서비스 운영 관련 사항, 주요 서비스 프로세스, 그리고 주요 수행 전문 기관 및 전문 업체를 간략하게 소개한다.

제3장 '전직컨설팅 스킬'에서는 희망퇴직 기업의 서비스를 지원하는 사전 컨설팅에 대한 이해 및 주요 사항, 컨설팅 회차 구성, 그리고 핵심 컨설팅 스킬 21가지를 논하고 있다.

제4장 '전직지원 프로그램 계획'에서는 프로그램을 계획하기 위한 요구 조사와 조사된 내용을 프로그램으로 전환할 수 있는 디자인 개념, 그리고 국내외의 프로그램 기본모델 몇 가지를 소개하여 이해의 폭을 넓히고자 하였다. 더불어 다양한 모델에 기반을 둔 프로그램의 개발 접근법과 구성 기업을 소개한다.

제5장 '전직지원 프로그램 운영'에서는 제4장에서 계획된 프로그램을

전달하는 방법에 대해 논하고 있다. 먼저 프로젝트 관리 기법과 프로젝트 준비 및 실행 관련 사항을 현장에 중심을 둔 형태로 논하고 있다. 이어서 서비스의 전달 플랫폼이 되는 전직지원 센터, 기업의 희망퇴직 사례 3가지, 전직지원 사례 4가지와 개인의 전직 사례 2가지, 집단 서비스의 운영 개념, 효과적인 서비스 운영 및 관리를 위한 고객 관리 시스템에 대해 논한다.

제6장 '전직지원 컨설턴트'에서는 서비스를 전달하는 핵심인력인 컨설턴트의 역할, 역량 및 자격에 관한 내용을 담았다. 이를 위해서 몇 명의 경력이 풍부한 전직 업체 리더십과 선임 컨설턴트들을 인터뷰하였다. 더불어 전문성 개발, 채용 및 업무 방식을 현장에 중심을 둔 형태로 논하면서, 컨설턴트 개인의 업무 스트레스 관리에 관한 내용도 담았다. 마지막으로 가장 중요하다고 볼 수 있는 컨설턴트 윤리에 대한 핵심적인 내용을 담았으며, 관련된 예제도 몇 가지 수록하여 독자들의 생각 확장에 도움을 주고자 한다.

제7장 '전직지원 서비스 마케팅'에서는 컨설턴트가 간과하기 쉬운 마케팅 기법을 소개하고 있다. 주요 내용은 마케팅 스킬, 그리고 컨설턴트의 마케팅 필요성과 방법론을 논하고 있다. 이 장은 컨설턴트들의 능동성을 높이고, 프로젝트 수행 및 수주에 대한 이해를 높이기 위한 목적을 가지고 있다.

제8장 '전직지원 행정'에서는 컨설턴트의 일상업무로서 간과하기 쉬운 컨설팅 사전 준비, 일지 작성, 그리고 각종 행정 서류 목록 등을 제시하여 업무에 참고가 되게 하였다.

제9장 '미래 전직지원 지향점 스케치'에서는 제도적 발전, 전직지원 서비스를 구성하는 요소인 8C의 발전, 그리고 기술적 발전에 관한 내

한국형 전직지원 기술

용을 논한다. 이는 공동 저자들의 생각과 인터뷰에 응해주신 전문가들의 미래 지향적인 생각을 통합하여 전개하였다.

별지로 소개하는 5가지 내용은 각각 서비스 프로그램 구성 사례, 상담(컨설팅) 회차 구성사례, 컨설턴트 역량 표준, 윤리 표준 그리고 전직 서류 작성을 위한 프레임 및 예문 몇 가지이다.

각 장의 마지막에는 질문을 통해서 생각해볼 기회를 가지는 '요점에 관한 질문'과 '생각 정리해 보기' 난을 두어 독자들의 생각 확장과 정리에 도움이 되게 하였다.

감사의 글

이 책자는 기본적으로 대한민국의 전직지원 업계, 그리고 업계에 종사하는 전직지원 컨설턴트, 커리어 컨설턴트, 직업상담사, 취업알선원 및 커리어 코치들을 위해 저작하였다. 먼저 저작 과정에서 여러 가지 현장 상황에 대해 인터뷰도 해주시고, 필요한 자료를 제공해 주신 업계 종사자 분들에게 감사드린다. 아낌없이 지원해 주신 모든 분의 성함을 일일이 거론하고 싶지만, 적어도 다음 분에게는 감사를 표하고 싶다.

첫째, 공동 저자로 참여해주신 권정봉, 문승희, 장양숙 님께 감사드린다. 최초 저작의도를 가질 때부터 서로 격려해 주시고, 저작에 참여해 주시면서 많은 부분을 책임지고 저작하였다. 더불어 상호 간에 많은 의견을 제시하여 현장에서 필요한 핵심적인 내용을 지향하도록 하였다.

둘째, 공동 저자 대표가 운영하는 밴드인 '라이프앤커리어디자인스쿨'

의 밴친들에게 감사드린다. 밴친들이 다수 참여한 76회차에 걸친 밴드 세미나 내용과 밴드에 게시한 콘텐츠들이 이 저작물의 기반 콘텐츠가 되었다.

셋째, 일일이 거명하지는 않겠지만, 전직지원업의 발전을 위해 항상 노력해주시는 우리 전직지원 전문 업계의 리더십에게도 심심한 감사를 드린다. 더불어 전직지원과 관련된 여러 가지 법적인 부분의 자문을 맡아주신 정봉수 강남노무법인 대표님께도 심심한 감사를 드린다.

넷째, 동료 컨설턴트, 동료 강사, 그리고 자신의 사례를 아낌없이 제공해주신 분들에게 감사드린다. 그분들이 현장 경험 사례를 가감 없이 제시해주셔서 본 책자의 내용이 더욱 풍부하게 되었고, 한국화도 되었다.

다시 한 번 전직지원 분야 발전에 기여하시는 많은 분들의 아낌없는 성원에 감사드리고, 대한민국 전직지원 서비스의 영원함과 발전을 소망해본다. 감사합니다.

2024년 여름날에 전직지원의 발전적 미래를 기원하면서,

공동 저자 대표 표성일 드림 dream

목차

그림 목차

표 목차

전직지원 일반

제1장

전직지원 일반

📌 1997년, 아시아 재정 위기(Asian Financial Crisis) 당시에 최초로 한국에 도입된 전직지원 서비스는 업계 리더십 및 컨설턴트들의 헌신적인 노력에 힘입어 공공 및 민간에서 다양한 형태로 발전하였고, 또 발전을 지속하고 있다. 최초에 기업의 구조 조정 대상자(* 이후, 희망퇴직자와 혼용)들을 대상으로 시작되었던 전직지원 서비스는 이제 재직자, 정년퇴직자, 그리고 임금 피크제에 들어간 대상자까지 포함하면서, 그 범위와 대상을 확대하는 가운데 차별적인 서비스로서 그 위치를 다져나가고 있다.

본 장에서는 전직지원의 개념과 변천사, 관련 법령을 논해보고, 전직지원 서비스의 위치도 정립해 보고자 한다.

1. 전직지원 개념

먼저 전직지원과 유사 용어를 상호 비교하면서, 전직지원의 개념과 내용을 가늠해 보자.

전직지원이란?

'전직'이란 기존의 직장이나 직업에서 다른 곳으로 옮기는 상황이나, 직무의 변경을 의미한다. 따라서 전직은 통상적으로 생각하는 (재)취업으로만 제한되는 것이 아니라, (재)취업을 포함하는 더 큰 개념으로 보아야 한다.

'전직지원'은 '전직'을 지원하는 행위로 정의할 수 있다. 최초에 전직지원은 희망퇴직 기업의 희망퇴직자를 대상으로 하면서 '기업이 구조 조정이나 경제적 이유로 인해 해고되는 직원들이 새로운 일자리를 찾을 수 있도록 돕는 서비스'로 정의되었다. 이후 '고객의 요구를 분석하여 전직지원을 기획하고 전직 대상자의 역량을 진단하여 전직 목표를 세우고 이에 따른 변화 관리, 생애설계, 취·창업 등을 지원하며 전직심화상담과 전직지원 관리 등을 수행하는 일'로 재정의되었다(국가직무능력 표준). 추가적으로 재직자들에게도 유사 서비스가 확대되고 있는데, 경력 유지 혹은 확장, 그리고 경력 전환을 돕는 경력설계를 그 예로 들 수 있다.

이 용어를 현장 중심적 용어로 다시 정의해보면, '기존의 일자리에서 (재)취업을 포함하는 여러 가지 다른 형태인 창업/창직, 귀농/귀촌, 전문 계약직, 전문가 창업, 사회공헌, 제3섹터, 자유롭게 일하는 프리랜서 등으로 옮겨가는 과정을 돕는 일'이다.

관련 용어의 비교

'국가직무능력표준(NCS, National Competency Standards)'에서 전직지원과 유사 서비스를 정의한 내용은 아래와 같다.

서비스 구분	용어의 정의
전직지원	고객의 요구를 분석하여 전직지원을 기획하고 전직 대상자의 역량을 진단하여 전직 목표를 세우고 이에 따른 변화 관리, 생애설계, 취·창업 등을 지원하며 전직 심화 상담과 전직지원 관리 등을 수행하는 일
취업알선	고용 관련 정보를 수집하고 분류하여 구직자에게는 취업에 필요한 서비스를 제공하고, 구인자에게는 충족되는 구직자를 소개하기 위한 업무를 지원하는 일
직업상담	인간의 생애 진로 주기와 관련하여 개인의 특성에 따라 진로 탐색, 직업 선택, 직업 적응, 직업 유지, 직업 전환, 은퇴 등에서 발생하는 직업적 논점을 진단하고 상담·처치하는 일
생애설계	전직 대상자의 생애 진로 주기별 진로, 건강, 재무, 거주, 관계, 여가 등에 관한 전 생애를 계획하도록 정보를 제공하여 의사결정을 지원하는 일
생애경력설계 (*중장년 워크넷 정의)	만 40세 이상 재직자 및 구직자를 대상으로 길어진 기대수명을 고려하여 생애 경력을 설계하고 인생 후반부를 미리 준비할 수 있도록 지원하는 서비스

[표 I-1 전직지원과 관련 용어의 비교]

전직지원 내용

위와 같은 용어의 정의에 기초해보면 전직지원은 취업알선, 직업상담, 그리고 생애설계의 범위를 일부 포함하는 전 방위적인 경력 및 생애와 관련된 사안을 다루는 아래와 같은 서비스로 볼 수 있다. 현실적인 내용은 본 장 마지막 부분에서 그림으로 상호 비교하고 있다.

① 실직, 퇴직 등으로 인한 감정적인 이슈를 다루는 심리적 안정

② 경력평가 이후 이력서, 자기소개서, 경력기술서, 직무 수행 계획서, 전
　직 제안서 그리고 기타 마케팅 문서 등을 포함하는 전직 서류 작성

③ 효과적인 마케팅 전략 도출과 모의 면접 훈련

④ 네트워킹을 포함하는 다양한 전직 탐색 활동 기법 교육

⑤ 채용 공고 해석과 대응 방법, 서치펌과 고용 관련 기관 이용 방법

⑥ 목표 기업, 직무와 관련된 네트워킹에 필요한 효과적인 접근법

⑦ 동기 부여 및 격려

⑧ 고객이 필요로 하는 생애경력설계의 해당 영역 지원

⑨ 전직 탐색 활동 극대화를 위한 사무실과 행정 지원

2. 전직지원 서비스 변천사

전직지원 변천사는 해당 국가의 경제적, 사회적, 그리고 문화적 상황 등과 연계된다. 세부적인 변천사를 논하기 전에 해외 및 국내 경과를 시기별로 살펴보면 아래 그림과 같은데, 해외에서 1940년대에 처음 시작된 것으로 상정하여 전개하였다. 대한민국에서의 변천은 1~4기로 분류하였는데, 1기는 1998년도에 서비스 최초 도입, 2기는 국방부의 공공 분야 최초 전직지원 서비스 제공, 3기는 전직지원 장려금, 인생 이모작, 중장년 취업 아카데미 프로그램을 순차적으로 실행하던 시기로 보았다. 마지막으로 4기는 2020년 재취업 지원 서비스 의무화를 분기점으로 하여 규정하였다.

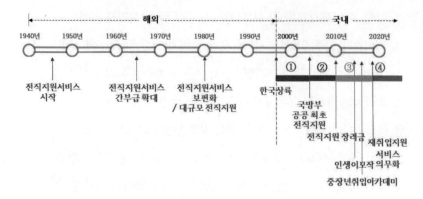

[그림 I-1 전직지원 서비스 변천사]

해외 경과

역사적으로 직업과 관련된 프로그램의 시발점은 직업상담의 아버지로 널리 알려진 프랭크 파슨스가 1910년대에 미국 보스턴을 중심으로 청소년의 일자리 교육과 알선을 지원한 경우로 보고 있다. 이후 미국에서는 직업지도(vocational guidance) 등의 이름으로 취업과 관련된 이론과 프로그램이 크게 발전하였는데, 특히 전쟁과 큰 관련이 있었다. 예를 들어, 제2차 세계대전, 월남전, 그리고 걸프전과 같은 전쟁 이후 참전 군인들의 사회 복귀를 지원하면서 전직지원의 기반이 될 수 있는 많은 정책들이 시행되고 발전되었다.

▶ 1940년대

전직지원의 효시에 대해서는 다양한 의견이 있으나, 일반적으로 1947년도에 미국의 '저널 오브 코머스(Journal of Commerce)'에서 부편집장을 하던 버나드 홀데인이 '버나드 홀데인 어소시에이트사(Bernard

한국형 전직지원 기술

Haldane Associates, Inc.)'를 설립하여 제2차 세계대전을 마치고 귀향한 군인들의 민간 분야 취업 지원과 기업의 고위 임원들에게 서비스를 제공한 것을 최초 사례로 본다. 초기 서비스의 주요 특징은 경력 평가, 자기 마케팅, 그리고 직업 매칭이었다.

▶ 1960년대

미국의 '챌린저, 그레이 앤 크리스마스(Challenger, Gray & Christmas)' 등 몇 개의 전직지원 전문 업체가 1960년대부터 기업의 퇴직자를 위한 전직지원 프로그램을 운영하였는데, 실질적인 전직지원 서비스가 발전된 시기이다.

1960년대에는 개인의 재능과 역량에 맞는 직업을 찾도록 하는 방법론이 개발되었다. 이 시기의 서비스 특징은 심리적 지원, 재교육 및 훈련, 그리고 취업 지원이었다.

▶ 1970~1980년대

이후 1970년대에 경제불황과 구조 조정으로 인해 기업들이 대규모로 인력을 감축하면서 서비스의 수요가 증가되었고, 1970년대 후반과 1980년대에 나타난 주가 하락으로 인해 야기된 기업의 인수 합병은 기업의 생존과 성장을 위한 최우선 전략의 하나로 고려되면서 전직지원 서비스가 폭발적으로 늘어났다.

더불어 사회적 상황의 변화도 큰 영향을 미쳤다. 능력 있는 근로자의 근로 생애에서 동일 회사에 계속 근무하게 했던 좋은 근로 환경의 제공도 더 이상 기업의 주요 목표가 아니었다. 단기적 이익 그리고 기업의 생존 욕구에 의해 근로자 에 대한 기업의 의리는 약화되었고, 그런 영향을 받아 고용주에 대한 근로자의 헌신적인 행위도 약화되었다. 법적인 차원에서 보면 1970년대와 1980년대에 미국에서 제정된 주요 법률은 고용에 영향을 미치면서 사회적 변화도 강제하였고, 해고상의 차별을 감소시키는 법도 통과되었다. 기업도 부당하게 해고되었다고 생각하는 근로자가 제소하는 소송으로부터 자사를 보호하는 방안을 구상하기 시작하였다. 그래서 근로자와 기업이 공동으로 선호할 수 있었던 전직지원 서비스가 가장 효율적인 인적 자원 관리 수단의 하나로 부상하게 되었다. 그 이유는 전직지원 서비스가 인력 감소의 필요성에 따른 각종 애로 사항을 비교적 무리 없이 해결할 수 있는 방안이었기 때문이다.

이 기간에 다양한 전직지원의 이론적 방법론이 개발되었고, 그런 내용이 현재 진행되고 있는 전직지원 서비스의 기반이 되었다.

▶ 1990~2000년대

이후 1990년대에 글로벌(global) 시장으로 서비스가 확장되기 시작하였는데, 유럽, 아시아, 오세아니아 등에 지사를 설립하면서 서비스의 세계화가 진행되었다. 최초에는 주로 다국적 기업의 직원들이 서비스를 받는 형태로 진행되었다.

▶ 2010년대

이 시기에는 서비스가 더욱 맞춤형으로 진행되면서, 다양화되는 가운데 더 많은 내용을 포괄하게 되었다. 퇴직자들의 다양한 배경과 필요를 충족시키기 위한 다양한 컨설팅과 지원 프로그램이 마련된 시기이다.

▶ 2020년대

코로나 19 팬데믹(pandemic)의 영향으로 많은 기업이 대규모로 직원을 해고하였고, 전직지원 서비스의 수요가 급증하였다. 더불어 많은 서비스가 디지털로 전환되면서, 원격 서비스가 보편화되는 계기를 마련하였다.

국내 경과

대한민국에서는 1948년 정부 수립 시에 사회부 노동국에 소속된 직업과가 설치되면서 직업과 관련된 역사가 시작된다. 이후 직업안정소 설치, 노동청 지방사무소 설치, 노동부 설치, 지방노동청 설치, 고용안정센터, 고용노동부 설치, 그리고 고용복지플러스센터 설치 등의 역사를 거치면서 현재에 이르렀다.

▶ 1990년대

전직지원과 관련된 국내 변천사는 1997년 아시아 재정 위기 시 많은 국내 기업이 경영 악화 등의 상황을 맞으면서 시작된다. 아시아 재정 위기는 한국 경제에 큰 타격을 주었고, 이는 대량 해고와 실업률 증가로 이어졌다. 이 시기에 기업들은 대규모 구조 조정을 실시했으며, 이 과정에서 해고된 직원들을 위한 전직지원 서비스를 제공하기 시작하였다.

많은 기업이 구조 조정, 다운사이징 등의 사유로 근로자를 해고하는 효과적인 방안으로 도입한 전직지원 서비스는 민간 대기업에서 주로 실시하였으며, 많은 성과를 거두었다.

▶ 2000년대

1990년대에 도입된 이후 2000년대에는 제도권 안으로 들어오면서 일부 외국계 전문 업체 및 국내 전문 업체들이 등장하여 다양한 전직지원 서비스를 맞춤형으로 제공하기 시작하였다. 민간기업의 서비스를 벗어난 공공 서비스는 2004년도부터 실시한 국방부의 전직컨설팅이 그 효시였는데, 최초에는 10년 이상 근무한 전역예정 간부들에게 제공하였으나, 현재 그 범위가 다양한 형태로 확대되어 진행되고 있다.

▶ 2010년대

2010년도부터 정부에서는 '전직지원 장려금', '인생 이모작 지원', 그리고 '중장년 취업 아카데미' 등의 다양한 정책을 통해서 전직지원 서비스를 담금질하였다. 더불어 기술 발전에 따라 서비스 다양화를 포함하는 디지털 전환을 시도하면서, 세분화되었다. 이를 통해 기존의 일자리 알선과 심리적 지원에서 더 나아가, 경력 개발, 창업 지원, 전문 교육 프로그램 등으로 서비스 범위가 확대되었다. 디지털 기술의 발전과 맞물려 온라인 플랫폼을 통한 서비스 제공이 많아지면서 접근성과 효율성도 향상되었다.

▶ 2020년대~

코로나 19 팬데믹으로 인해 많은 기업들이 직면한 경제적 어려움으로 인해 희망퇴직이 더욱 빈번하게 진행되었다. 이에 따라 전직지원 서비스의 중요성이 더욱 강조되었고, 비대면 서비스 제공도 일상화되었다. 더불어 2020년도부터는 정부에서도 희망퇴직 및 정년퇴직자를 위한 '재취업 지원 서비스 의무화 정책'을 전격적으로 실시하게 되었다.

2022년도부터는 2년 동안 '중장년 경력 설계 카운슬링'이란 이름으로 40세 이상의 중소기업 재직자를 대상으로 10시간에 걸친 경력 설계 서비스도 제공하였으나, 2024년도 3월 말에 중단되었다.

앞으로도 대한민국의 전직지원 서비스는 경제적, 사회적 변화, 그리고 노동시장의 변화에 따라 지속적으로 발전하면서, 희망퇴직 근로자나 정년퇴직자가 새로운 삶과 일을 찾는 데 큰 도움을 줄 것이다.

정부 고용 정책의 변화

2000년대에 접어들어서 정부에서는 베이비붐 세대의 대량 퇴직 및 중장년을 위한 각종 고용 정책을 발표하였는데, 그동안의 주요 변화를 살펴보면 아래와 같다.

▶ 제1차 고령자 고용 촉진 기본 계획(2007~2011년)(2006년 9월, 고용노동부)

사업주가 정년, 해고 등 비자발적 이직 예정자를 위해 고용지원 센터와 협력하여 재취업 지원 시 적극 지원 검토.

▶ 제2차 고령자 고용 촉진 기본 계획(2012~2016년)(2012년 1월, 관계 부처 합동)

퇴직 예정자에 대한 기업의 역할 강화, 전직·재취업 지원 서비스 확대, 일정 기간 퇴직 및 전직 교육 의무화.

▶ 장년 고용 종합 대책(2014년 9월, 고용노동부)

장년 생애 단계별 맞춤형 고용 대책 추진, 생애경력설계 지원 및 인생 이모작 준비(최초로 '생애경력설계'라는 용어 등장).

▶ 장년 고용 종합 대책(2016년 10월, 고용노동부)

생애경력설계 기회 확충(3회 이상), 대기업의 재취업 역량 강화 서비스 의무화.

▶ 「고용상 연령 차별 금지 및 고령자 고용 촉진에 관한 법률 시행령」
　(이하 고촉법 시행령) 개정을 통한 재취업(전직) 지원서비스 제공
　의무화 개정안 발표(2019년 4월, 고용노동부)

대통령령으로 정하는 일정 규모 이상 기업의 사업주에게 재취업 지원 서비스 제공 노력 의무 부여.

▶ 고령자 고촉법 시행령 입법 예고(2020년 1월, 고용노동부, 기간
　2. 1. ～ 3. 12.)

2020년 5월 1일부터 고용보험 피보험자 수가 1천 명 이상인 기업은 1년 이상 재직한 50세 이상인 근로자가 정년퇴직, 희망퇴직 등 비자발적인 사유로 이직하는 경우, 이직일 직전 3년 이내에 진로 상담 및 설계, 직업 훈련, 그리고 취업알선 등을 의무적으로 제공('재취업 지원 서비스 의무화'로도 칭함).

▶ 고령자 고촉법 시행령 효력 발생(2020년 5월 1일, 고용노동부)

재취업 지원 서비스 의무화 시행과 관련된 운영 기준은 아래와 같으며, 3가지 유형 중 1가지 이상을 시행하도록 함(2024년 '복합제공' 내용 신설).

유 형	서비스 내용	제공 시간, 일수 등
경력, 적성 등의 진단 및 향후 진로 설계	이직 이후 변화 관리 등에 관한 교육을 포함. 소질과 적성, 경력에 관한 진단과 상담을 바탕으로 향후 생애의 직업에 관한 진로 설계	• 16시간 이상의 교육과 상담 • 개인별 '진로 설계서' 작성
취업알선	상담을 통해 적합한 취업알선 및 구인 정보 제공	• 3개월 이내 월 2회 이상 취업알선(1회 이상 대면서비스)
교육 훈련	구직 또는 창업 희망에 따라 직업에 필요한 직무 수행 능력을 습득, 향상 시키기 위해 실시하는 교육, 훈련	• 기간 2일 이상, 16시간 이상 실시 • 집체, 현장 실시 원칙, 일부 원격 방식 병행 가능
복합 제공 (*4가지 형태로 복합)	진로 설계, 취업알선 복합 제공 등 4가지로 제시	• (진로설계) 8시간 이상의 교육과 상담 제공, 개인별 진로설계서 작성 • (취업알선) 이직 전 6개월 이내 1회 이상 취업알선 및 상담

[표 I-2 재취업지원 서비스 운영 기준]

▶ 중장년 경력 설계 카운슬링 (2022~2024년 3월, 고용노동부)

미래 준비의 사각 지대에 있는 중소기업 재직자 중 고용보험에 가입된 40세 이상을 대상으로 한 경력 설계 컨설팅 사업.

내일배움카드 계좌 한도 이외 100만 원을 추가로 지원하여, 전문 카운슬러들의 경력 설계 카운슬링을 10시간 받는 제도였으나, 실적 부진 등의 사유로 2년간 시행되다가 2024년 3월 말에 사업을 종료함.

정부의 전직지원 핵심 정책

실제로 정부에서는 2010년부터 전직지원 장려금, 인생 이모작, 그리고 중장년 취업 아카데미라는 이름으로 공공 전직지원 서비스를 제공한 것으로 볼 수 있다. 정부의 희망퇴직과 관련된 전직지원 주요 정책으로는 조선업, 해운업 등의 불황과 연계하여 2016년 4월에 발표한 트랙 1~3을 좋은 예로 들 수 있다. 그 정책을 통해서 구체적인 이행 계획이 마련되고, 시행되었다.

① 트랙 1: 경기 민감 업종 구조 조정/철강, 석유 화학, 건설, 조선, 해운
② 트랙 2: 부실 징후 기업 상시 구조 조정/금융권 빚 500억 원 기준으로 이상과 미만 기업 차별화 실행
③ 트랙 3: 공급 과잉 업종 선제적 구조 조정/경쟁력 진단 후 설비 감축, 구조 조정 추진

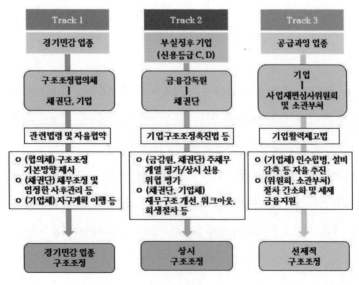

[그림 I-2 정부의 희망퇴직(구조 조정) 추진 개념]

3개 트랙의 추진 체계 및 내용을 세부적으로 살펴보면 아래와 같다.

첫째, 경기 민감 업종에 대한 구조 조정이다. 이는 구조 조정 협의체, 채권단과 기업이 주관이 되어 관련 법령 및 자율 협약에 따라 구조 조정의 기본 방향을 제시하는 개념이다. 채권단에서는 채무 조정 및 엄정한 사후 관리 등을 실시하고, 기업체는 자구 계획을 이행하는 방안이다.

둘째, 부실 징후 기업에 대한 상시 구조 조정이다. 이는 상시로 구조 조정하는 개념으로서 신용등급 C, D급 기업에 대해서 「기업구조조정촉진법(기촉법)」에 의해 금융감독원과 채권단 주관으로 구조 조정을 시행하는 방법이다. 금융감독원이나 채권단에서는 주채무 계열에 대한 평가 및 상시 신용 위험을 평가하며, 채권단과 기업체는 재무 구조 개선에 대한 약정을 맺은 이후에 워크아웃이나 회생 절차 등을 밟는 방법이다.

셋째, 공급 과잉 업종에 대한 선제적 구조 조정이다. 이는 사전에 구조 조정을 시행하는 개념이다. 「기업활력제고법」에 따라 기업과 사업 재편 심의 위원회 및 소관 부처의 주관으로 미래 상황을 예측하여 구조 조정을 선제적으로 실시하는 방법이다. 기업체에서는 인수 합병(M&A), 설비 감축 등을 자율적으로 추진하고, 위원회 및 소관 부처에서는 절차 간소화 및 세제 금융 지원을 하는 방법이다.

미래에도 위와 같은 방법론을 적용하여 상생하는 사회적 기반을 조성할 수 있다. 종종 구조 조정 시점을 잘못 판단하여 시기를 놓치게 되면 근로자 개인의 심각한 문제와 그로 인한 사회적 문제를 낳을 수도 있다.

전직지원과 관련된 법령은 근로기준법 제24조(경영상 이유에 의한 해고의 제한)와 근로기준법 시행령 제10조의 2(경영상 이유에 의한 해고 계획의 신고)에서 잘 규정하고 있다. 기타 법령의 해석과 관련된 내용은 강남노무법인 대표 정봉수 저 『인력 구조 조정 매뉴얼』(2022는 12월 개정판)과 『실무자를 위한 해고 매뉴얼』(2022년 6월 개정판)을 일부 참고하였다. 여기에서는 컨설팅 업무를 수행하는 전직지원 전문 업체나 현장의 전직지원 컨설턴트가 참고할 수 있는 내용만 소개하고자 한다. 기타 세부적인 내용은 근로기준법 등을 참고하기 바란다.

근로기준법

경영상 이유에 의한 해고를 실시할 경우에도 사용자는 근로자에게 30일 전 해고예고 또는 해고 수당(통상 임금의 30일분)을 지급하고 해고한다. 이는 절차적 요건으로 일정 규모 이상의 인원을 해고하고자 할 때는 고용노동부 장관에게 신고하여야 한다. 고용노동부 장관에게 신고하지 않았다고 하여 해고 효력이 부인되는 것은 아니다. 즉, 고용노동부 장관에게의 신고는 정리 해고의 성립 요건이 아니고, 절차적 요건이다.

▶ 경영상 해고

경영상 이유에 의한 해고란, 경제적, 산업 구조적, 기술적 성격에 기인한 기업 합리화 계획에 따라 근로자의 인원수를 줄이거나 인원 구성을 바꾸기 위하여 행하는 해고로 일반적으로 정리 해고라고 한다. 정리 해고는 통상 해고, 징계 해고와는 달리 근로자에게 직접적인 귀책 사유가 없음에도 사용자 측의 경영 사정으로 행해진다는 특성이 있다.

정리 해고가 정당한 해고가 되기 위해서는 근로기준법 제24조에 명시한 아래의 4가지 필수 요건을 모두 갖추어야만 한다. 사용자가 이러한 조건을 모두 충족하여야만 근로기준법 제23조 제1항에 의한 정당한 이유가 있는 해고가 되고, 사용자는 그 책임을 면할 수 있다.

① 긴박한 경영상의 필요가 발생
- 계속되는 경영 악화로 경영 위기 직면
- 경영 악화로 일부 사업 폐지
- 경영 악화를 방지하기 위한 사업의 양도, 인수, 합병의 경우
- 기타 직제 개편 등 경영 합리화 조치를 단행함으로써 잉여 노동력이 발생하는 경우 등

② 해고 회피 노력
- 경영 방침의 개선이나 경영진의 교체 및 작업 방식의 과학화, 합리화 등을 통한 경영 합리화 방안
- 사무실 규모의 축소 및 기구의 통폐합
- 전직(배치 전환) 등의 노력 이동 방법
- 외부 인력(하도급, 임시직, 파견 근로자) 사용 축소
- 신규 채용(중도 채용 포함)의 중단, 유기 계약자(계약직 근로자) 계약 갱신 중단
- 단축 조업, 휴일/시간 외 근로의 중단, 휴가(연월차 휴가 등) 소진 등 근로의 분산에 의한 시간적 조치
- 임원 수당의 삭감, 상여금이나 단체 협약 수준 이상의 특별 수당의

지급 폐지와 같은 제 경비의 절약을 위한 재정적인 조치

- 일시 휴직(휴업, 자택 대기 발령)
- 퇴직 장려 및 희망(명예) 퇴직자의 모집

③ 합리적이고 공정한 해고 대상자의 선정

- 근로자의 생활 보호 측면(근로자의 연령, 근속 기간, 부양가족 수, 배우자의 소득, 재산 상태 등)
- 기업의 이익 측면(평소 근무 성적, 근로 능력, 경험, 숙련도, 상벌 등)
- 기타 기업에의 귀속성의 정도(일용직, 아르바이트, 임시직 등)

④ 근로자 대표에 대한 50일 전 통보 및 성실한 협의

- 근로자 대표에게 해고 회피 방안 및 해고 기준 등에 관하여 해고일 50일 전까지 통보
- 세부 사항에 관하여 성실하게 협의
- 근로자 대표라 함은 근로자의 과반수로 조직된 노동조합이 있으면 그 노동조합을 말하며, 그러한 노동조합이 없으면 근로자의 과반수를 대표하는 자를 말함

▶ 희망퇴직 제도

희망퇴직은 사용자가 근로자에게 퇴직을 권유하고, 근로자는 이를 받아들여 사직서를 제출하는 형식을 통해 근로 관계를 종료하는 것을 의미한다. 그러나 근로자의 귀책 사유 없이 회사의 일방적인 경영상 사유 등으로 근로자를 해고할 수 있기 때문에 근로자가 사용자의 사직 제의를 수용하고 자발적으로 사직서를 제출하기 위해서는 근로자에게 충분한 반대급부를 제공해야 한다.

이런 경우, 정리 해고를 앞둔 근로자의 입장에서는 보상 없이 정리 해

한국형 전직지원 기술

고를 당하는 것보다 수용 가능한 퇴직 위로금을 수령하는 희망퇴직을 하는 것이 최선의 선택으로 볼 수 있다.

① 의의

근로기준법에 의한 경영상 해고(정리 해고)는 법적인 요건이 까다로울 뿐만 아니라 회사는 이 해고의 요건을 입증하여야 하는 의무가 발생하기 때문에 많은 기업들은 희망퇴직제를 정리 해고 대신으로 시행하고 있다. 희망퇴직은 직원 스스로가 사직서를 제출한다는 의미에서 직원에게 선택권을 부여한다. 그래서 '구조 조정'이 아닌 '희망퇴직'이 된다.

회사가 퇴직 위로금을 지급하고, 직원은 이를 수용하는 방식이므로, 근로기준법 제24조에 의한 정리 해고와는 상관없이 인원 감축을 하는 행위로써, 법적인 절차 및 노동부 신고 의무 등이 없으며, 법 위반의 문제가 발생하지 않는다.

② 희망퇴직 계획 시 유의 사항

희망퇴직 제도를 시행하는 경우에 회사에서 능력이 있는 직원들이 퇴직 위로금을 받고 타 회사로 전직하는 경우를 예상할 수 있다. 그러나 희망퇴직을 실시하는 궁극적인 목적은 능력이나 성과가 떨어지는 직원을 대상으로 인원 감축을 하고자 하는 것인데 반해 실제로는 유능한 인재를 잃어버리는 결과가 발생할 수도 있다.

따라서 희망퇴직 제도를 시행할 경우에는 목적과 방법을 사전에 명확히 설정하여 발표하여야 한다. 즉, 불특정 다수의 직원들이 퇴직을 희망하는 경우에 회사는 반드시 사직서를 반려할 수 있는 권한을 가지고 있어야 한다.

③ 퇴직 위로금 설정

협상 대상자와 법적인 부분에 대한 언급보다는 퇴직 위로금의 금전적인 보상 수준이 해결 방안이 될 수 있다. 대부분의 회사에서 정리 해고의 일환으로 희망퇴직을 실시하는 경우, 희망퇴직의 성공 여부는 퇴직 위로금의 수준에 따라서 결정된다.

그러므로 회사는 직원들에게 제시할 퇴직 위로금의 수준을 사전에 정해두는 것이 가장 중요하다. 일반적으로 퇴직 위로금은 해당 근로자의 기여도를 반영할 수 있는 근속 연수, 또는 회사의 지급 능력에 따라 결정된다.

④ 희망퇴직 대상자에게 통보

업무 능력이나 성과가 떨어지는 직원을 대상으로 희망퇴직 대상자를 지명하여 희망퇴직 제도를 시행하는 것이 가장 바람직한 방법이다. 이 경우에는 사전에 회사에서 퇴직자를 선별하여 희망퇴직 제도를 설명하고, 명예퇴직을 시키는 형태이다.

회사의 설득 노력에도 불구하고 이를 거부하는 경우에는 회사의 입장에서 정리 해고를 실시해야 할 것이며, 이때 정리 해고는 퇴직 위로금 등의 반대급부가 없다는 것을 인식시켜야 한다. 즉, 정리 해고를 할 경우에는 퇴직 위로금 등 금전적인 보상 의무가 없다.

⑤ 퇴직 위로금 이외의 프로그램

갑작스런 퇴직으로 인하여 직원들의 심리적인 불안감이 발생할 수 있으므로, 이를 최소화할 수 있는 다양한 조치와 프로그램을 개발할 필요성이 있다.

그런 조치는 법정 퇴직금, 전직지원 서비스, 그리고 실업급여를 포함하는 고용 조정 노력이다.

⑥ 우선 재고용 노력

근로기준법 제24조에 의해 정리 해고를 행한 사용자는 근로자를 해고한 날로부터 3년 이내에 해고된 근로자가 해고 당시 담당하였던 업무와 같은 업무를 할 근로자를 채용하려고 할 경우, 제24조에 따라 해고된 근로자가 원하면 그 근로자를 우선적으로 고용하여야 한다. 이는 노력할 의무에 불과하므로, 법적으로 강제되는 사항은 아니다.

4. 전직지원의 위치 정립

기업의 희망퇴직자를 주 대상으로 하는 전직지원 서비스와 유사한 서비스인 취업알선, 직업상담, 생애경력설계, 그리고 생애설계와의 혼돈을 방지하기 위해 그 위계를 아래 그림으로 정립해 보았다. 2015년부터 보건복지부에서는 전 국민의 생애설계, 그리고 고용노동부에서는 근로자를 위한 생애경력설계 서비스를 시행하고 있는데, 각각 전직지원의 범위를 넘어선 서비스이다. 실제로 아래 그림 I-4에서 보는 바와 같이 취업알선에서부터 생애경력설계까지는 고용노동부의 영역으로 고려할 수 있고, 생애설계는 보건복지부 영역으로 볼 수 있다.

▶ **각종 유사 서비스의 위치**

다양한 이름을 가진 유사 서비스 속에서 전직지원 서비스의 현 위치를 정립해 보자.

국가직무능력표준(NCS)에서는 직무 능력을 24가지로 대분류를 하고 있는데, 그 중 '07. 사회 복지, 종교'에서 설명하고자 하는 전직지원 서비스를 찾아볼 수 있다. 대분류에서 중분류로 넘어가면 '01. 사회 복지, 02. 상담, 03. 보육'으로 분류된다. 다시 '02. 상담에서 소분류 01. 직업상담 서비스, 02. 청소년 지도, 03. 심리 상담'으로 분류된다. '소분류 01. 직업상담 서비스'는 세분류 '01. 직업상담, 02. 취업알선, 03. 전직지원'으로 분류되고, 각각의 세 분류는 다시 능력 단위로 나뉘는데, 이는 각각의 과목으로 볼 수 있다.

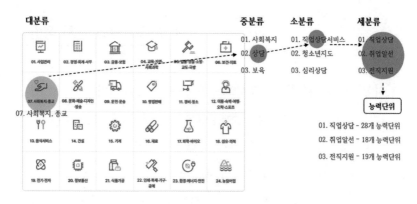

[그림 I-3 국가직무능력표준 분류 체계]

일반적으로 전 국민을 대상으로 직업상담, 취업알선보다는 일정 수준 이상의 경력과 능력을 갖춘 기업 근로자 혹은 퇴직 예정자들을 대상으로 서비스를 제공하는 전직지원은 다소 그 수준이 높다고 볼 수 있다. 그리고 삶 전반을 주제로 하는 '생애설계'와 삶과 일을 다루는 '생애경력설계'는 그 수준을 전직지원 이상으로 상정할 수 있다. 국가직무능력표준에서는 생애설계와 생애경력설계를 별도로 분류하지 않았고, 생애설계를 전직지원의 능력 단위에 포함시키고 있다. 생애경력설계는 문자 그대로 '생애', 즉 '삶'과 '일'을 설계하는 행위이다. 생애설계는 '삶' 그 자

한국형 전직지원 기술

체를 논함으로써 앞의 취업알선, 직업상담, 전직지원, 그리고 생애경력 설계보다는 다소 높은 수준으로 볼 수 있다.

따라서 전직지원을 중심으로 한 유사 서비스를 아래 그림과 같이 수준별로 분류해도 무리가 없다. 그 수준은 단순한 국부 처방인지 혹은 원인 처방인지에 따라서 난이도가 달라진다. 취업알선은 상처 부위를 바로 처치하는 경우인데, 예를 들어, 경비직을 원하는 중장년이 있다면, 바로 경비직의 구인 정보를 찾아서 제공하는 수준으로 보면 된다. 그러나 생애설계는 삶의 다양한 영역과 그 맥락을 다루어야 하기 때문에 전문성의 수준이 높고, 특정 사안의 원인도 탐색하는 가운데 그 해결 방안도 찾아야 한다. 한방에서 팔이 저리는 사람의 침을 팔에 놓지 않고, 원인이 되는 다른 부위에 침을 놓는 경우와 같다.

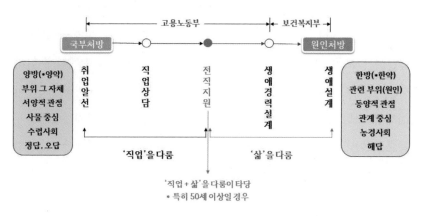

[그림 I-4 전직지원 서비스를 중심으로 한 각종 서비스의 상호 관계]

▶ 전직지원 서비스의 위치

위 그림 상의 위치에 기초해서 살펴보면, 취업알선, 직업상담, 전직지원은 직업 문제를 다루고, 전직지원, 생애경력설계, 생애설계는 삶의 문제를 다루는 것으로도 분류해볼 수 있다. 취업알선에서부터 생애설계에 이르는 순서는 서비스의 난이도나 질적 수준으로도 볼 수 있다. 취업알선과 생애설계의 중앙점에 위치한 전직지원은 직업과 삶을 동시에 다룬다. 특히 전직지원 서비스 대상 고객들은 대부분 치열한 일의 세계를 한 번 거친 중장년 계층에 속하므로 직업뿐만 아니라 이후 삶의 문제도 다루어야 한다.

비유해 보자면, 취업알선은 고객에게 물고기를 잡아주고, 직업상담은 고객이 물고기를 식별할 수 있도록 지원한다고 볼 수 있다. 전직지원의 경우에는 고객에게 물고기를 잡는 법을 가르쳐주며, 생애설계는 물고기를 양식하는 법을 가르쳐주는 경우로 상정해 볼 수 있다.

각 수준은 나름대로 기술이 필요하다. 예를 들어, 구인처 발굴과 취업알선은 모든 서비스의 근간이 되고, 각종 취업 지원의 최전선에 위치하고 있기 때문에 모든 것이 취업알선에서부터 출발한다는 점을 잘 이해해야 한다. 그 과정에서 내담자의 요구에 따라 전직지원, 생애설계 등으로 이어진다. 다만 생애설계 쪽으로 나아갈수록 고려해야 할 변수가 많아서 컨설턴트들의 경험 수준이나 학습 수준이 높아야 한다.

1. 재취업 지원 서비스 의무화의 3가지 구성내용은?
2. 2016년도에 정부에서 발표한 희망퇴직 트랙 1~3은?
3. 경영상 해고요건은?
4. 희망퇴직과 구조 조정의 차이점은?
5. 전직지원 서비스의 위치는?

생각 정리해 보기

* 어떤 생각이 드시나요?

전직지원 서비스 이해

제2장

전직지원 서비스 이해

✎ 희망퇴직이나 정년퇴직 등의 사유로 근무하던 기업을 떠나거나, 떠날 예정인 근로자들에게 제공되는 전직지원 서비스는 다양한 형태로 진행된다. 그래서 서비스의 중심에서 일하는 컨설턴트는 서비스 전반에 대한 이해도를 높여야 한다.

본 장에서는 서비스 운영 일반, 주요 서비스 프로세스, 그리고 서비스를 제공하는 전문 기관 및 전문 업체에 관한 내용을 중점적으로 다루어보고자 한다.

1. 전직지원 서비스 운영

기업에서 희망퇴직이나 정년퇴직 등을 하게 되는 근로자들을 대상으로 하는 서비스의 운영에서는 서비스 운영사유, 서비스 분류 및 진행, 서비스 대상자, 서비스 운영 8C 및 서비스의 전달 등 기본적인 사항에 대해서 논해 본다.

서비스 운영 사유

전직지원 서비스를 운영하는 사유는 다양하지만, 기본적으로 기업이 경영상의 문제가 발생할 때에 경영 상황을 개선하기 위해 시행하는 희망퇴직 제도의 중요한 한 부분으로 운영된다. 그 서비스를 희망퇴직 기업 차원에서 보면 긍정적 효과와 부정적 효과가 있다.

▶ 긍정적인 효과
① 기업 경영 상황 개선을 통한 조직의 분위기 쇄신
② 조직의 신진대사 촉진
③ 인력 활용 탄력성 제고 등

▶ 부정적인 효과
① 우수 인재 유출로 지식 자산 및 노하우(know-how) 손실
② 퇴직 위로금, 소송 대응 등 추가 비용 증가
③ 조직 신뢰도 하락 등

서비스의 운영과 관련된 주요 이해 당사자는 희망퇴직 기업, 희망퇴직 근로자, 정부, 그리고 잔류 근로자까지 포함하는데, 각 이해 당사자 차원에서 긍정적인 운영 사유를 살펴보면 아래와 같다. 특이한 점은 일부 기업에서는 저성과자에 대한 대책으로 전지지원 서비스를 다른 형태로 바꾸어 운영하는 경우도 있다. 전직지원 전문 업체들이 저성과자 서비스를 주로 제공하는 것은 아니지만, 간혹 저성과자 프로그램을 수주하여 시행하는 경우도 있다.

이해 당사자	운영 사유
희망퇴직 기업	• 기업의 사회적 책임 수행 및 이미지 유지 • 원활한 희망퇴직 실행 • 잔류 근로자의 사기 진작 • 관련 법정 소송 예방
희망퇴직 근로자	• 퇴직으로 인한 심리적 불안감 완화 • 변화 적응력 향상 • 전직 성공률 증대 • 경력 설계를 통한 경력 개발에 대한 동기 부여 및 자신감 획득 • 희망퇴직 근로자 사이의 네트워크 형성
정부	• 노동 시장의 유연성 증대 • 실업자 감소 등을 통한 사회적 비용 감소 • 장기 실업 등 고용 관련 문제 해결책 마련 • 노사의 극한 대립 완화 • 정부의 개입 최소화
잔류 근로자	• 기업에 대한 소속감 및 신뢰감 증진 • 미래 불안감 감소, 혹은 해소 • 개인의 안정성 인식으로 업무 동기 부여

[표 II-1 이해 당사자별 서비스 운영 사유]

희망퇴직 기업 차원에서 희망퇴직을 시행하는 세부적인 이유를 살펴보면 아래와 같다. 부정적인 효과보다는 긍정적인 효과가 크기 때문에 기업이 존재하는 한 전직지원 서비스는 어떠한 형태로든 계속될 가능성이 크다.

아래에서는 직접적인 이해 당사자인 희망퇴직 기업과 희망퇴직자들을 중심으로 하는 운영 사유를 상세하게 설명한다.

첫째, 기업의 사회적 책임 수행 및 이미지 유지이다. 모든 기업은 우선 수익 창출이라는 존재의 목적을 가지고 있지만, 그 과정에서 기업의

한국형 전직지원 기술

사회적 책임도 수행한다. 희망퇴직 근로자들의 퇴직 이후 삶을 지원하는 전직지원 서비스의 제공은 기업의 사회적 책임을 완수하는 조치로 볼 수 있다. 더불어 대부분의 기업은 서비스 혹은 물품을 일반 소비자에게 제공하는 입장이므로, 추후 기업의 이미지 유지에도 많은 관심을 기울인다. 전직지원 서비스의 제공은 그러한 대외적인 이미지 유지 및 향상 효과도 가지고 있다.

둘째, 원활한 희망퇴직이다. 인력 감축은 단기적인 비용 절감의 가장 신속한 방법으로서, 기업의 효율적 운영과 불필요한 비용 지출의 감소로 이어진다. 그러나 같이 근무하는 근로자를 희망퇴직 시키는 것은 가슴 아픈 일이다. 전직지원 서비스가 그런 힘든 과정을 원활하게 진행한다.

셋째, 잔류 근로자의 사기 진작이다. 평소에 같이 근무하던 동료, 후배 혹은 선배 근로자의 퇴직을 바라보는 잔류 근로자들의 마음은 어떠할까? 그들의 분노가 유발될 수도 있고, 다음은 자기 차례가 될 수 있다는 생각을 가지게 되면서 생산성 및 사기 저하로 이어질 가능성이 크다. 그러나 전직지원 서비스 제공은 희망퇴직자의 앞날을 기약하는 서비스이기 때문에 잔류 근로자의 마음을 안정시키는 효과가 있다.

넷째, 관련 법정 소송 예방 효과이다. 자칫 잘못하면 희망퇴직 대상 근로자들이 여러 가지 법적 소송을 제기할 수도 있다. 잘 알다시피 소송의 야기는 관련자 모두에게 많은 시간과 재원을 허비하게 만든다. 일정액의 퇴직 위로금 지급과 전직지원 서비스 제공은 소송의 감소 요인으로 작용한다. 특히 퇴직 위로금의 수준은 희망퇴직의 성공 여부를 좌우할 수 있는 중요한 요인이므로, 적절한 선에서 잘 결정해야 한다.

희망퇴직 근로자가 서비스를 통해서 얻을 수 있는 이점은 아래와 같다.

첫째, 희망퇴직자로서는 퇴직으로 인한 심리적인 안정을 꾀할 수 있다. 이는 본격적으로 전직 탐색 활동으로 들어가기 위한 전제 조건이다. 이후 각종 전직 스킬을 익혀서 전직 성공률을 높이게 된다.

둘째, 변화 적응력을 향상하고 경력 개발에 대한 동기 부여 및 자신감을 가질 수 있다. 이는 서비스에서 제공되는 프로그램을 통해서 전직 성공률의 증대로 이어진다.

셋째, 희망퇴직 근로자 사이의 네트워크를 형성한다. 이는 서비스에 참여하면서 서로 간의 정보 제공을 통해 전직이나 삶에 도움이 되면서, 변화 적응력을 향상시키는 효과를 낳는다.

서비스 분류 및 진행 개념

▶ 서비스 분류

민간 전직지원 서비스는 희망퇴직자를 대상으로 하는 일반적인 서비스, 정년퇴직자를 대상으로 하는 서비스, 퇴직 임원을 대상으로 하는 서비스, 그리고 기타 서비스로 구분할 수 있다. 공공 전직지원 서비스는 2020년도에 시행된 정부의 '재취업 지원 서비스 의무화' 정책에 기반하여 다양한 형태로 시행되고 있다.

주요한 몇 가지 전직지원 서비스의 기본 사항은 표 II-2로 요약하였다. 표에서 제시하는 내용은 기본적인 내용이며, 상황에 기초하여 다양한 형태로 실시된다는 점을 이해해야 한다.

구 분	대 상	기 간	내 용
전직지원 서비스 1	희망퇴직자(기본)	4~6개월	변화 관리, 전직 역량 강화, 알선 등 교육 및 컨설팅 중심
전직지원 서비스 2	정년퇴직자	1주일 내외	변화 관리, 역량 강화 등 교육 중심
임원 전직지원 서비스	퇴직(예정) 임원	6개월~1년	수준 높은 개인 서비스
재취업 지원 서비스 의무화	퇴직(예정)자	16시간 이상 (진로 설계)	진로 설계, 취업알선, 교육 중 택1, 혹은 복합 제공
기 타	① 임금피크제 대상 서비스 ② 저성과자 역량 향상 서비스	-	-

[표 II-2 전직지원 서비스의 분류]

첫째, 전직지원 서비스 1은 전형적인 기본 서비스로써 한국에서 아시아 재정 위기(IMF) 이후 실행되었던 서비스를 말한다. 이는 2~3개월의 집중 교육과 컨설팅 기간, 2~3개월의 사후 관리 기간을 포함하는 총 4~6개월의 기간 동안 실시된다. 서비스는 통상 1주일에 1~2번, 회당 2~3시간 제공하는 형태로 진행된다. 내용은 변화 관리를 포함하는 전직 역량 강화 및 재취업알선 등을 중심으로 이루어지고, 전환기에 있는 참여자들이 사용할 수 있는 사무 공간도 제공한다. 서비스 구성과 기간은 계약 혹은 상황에 따라 유연하게 조정된다.

둘째, 전직지원 서비스 2는 정년퇴직자를 대상으로 하는 서비스로 일반적으로 대기업에서 퇴직 1년 전 혹은 당해 연도에 1주일 정도 집중적으로 실시한다. 변화 관리, 역량강화 등 교육 중심으로 이루어진다.

셋째, 임원 전직지원 서비스는 임원급 퇴직(예정)자를 대상으로 하면서 통상적으로 6개월에서 1년 내외의 장기간에 걸친 수준 높은 서비스이다. 전직지원 전문 업체에서는 자격을 보유한 전문성 있는 별도의 임원 컨설턴트를 배치한다. 임원급의 경우에는 위의 일반적인 전직지원 서비스와 달리 별도의 개인 사무 공간을 제공하고 있다. 임원급들도 인원이 많을 경우에는 집단으로 서비스를 진행하기도 한다. 이 역시 기간은 계약 혹은 상황에 따라 유연하게 조정된다.

넷째, 재취업 지원 서비스 의무화는 진로 설계, 취업알선, 취업·창업 교육 중 한 가지를 선택하거나 복합적 형태로 실시한다. 주로 최소 16시간 이상의 진로 설계 교육을 주로 실시하는데, 통상 1일 8시간, 2일간 실시된다. 이 교육의 특징은 마지막에 진로 설계도를 작성하고 제출한다는 점이다.

마지막으로 유사 서비스로는 기업의 상황에 따라서 재직 중에 실시하는 임금피크제 대상 서비스나 각종 경력 개발 서비스가 존재한다. 더불어 저성과자 역량 향상 프로그램도 존재한다.

아래 표 II-3은 위에서 논한 재취업 지원 서비스 의무화 교육 내용 16시간을 간단하게 보여주는 예이다. 실제 현장에서는 일률적으로 내용이 구성되는 것이 아니라 서비스 발주 기업의 희망 사항, 대상자들의 희망 사항 등을 고려하여 다양하게 구성된다.

시 간	1일 차	2일 차
2시간	변화 관리	재무 설계
2시간	경력 설계	여가 및 취미 생활 설계
2시간	○○○ 검사	사회 공헌 및 봉사
2시간	정부 지원 제도 활용	진로 설계도 작성
비 고	• 2일간, 16시간 • 8과목, 각 2시간	-

[표 II-3 재취업 지원 서비스 의무화 교육 16시간의 예]

한국형 전직지원 기술

▶ 서비스 진행 기본 개념

각각의 서비스는 기본적으로 희망퇴직자, 정년퇴직자를 포함하는 (희망)퇴직 기업의 요구에 부응해야 한다.

퇴직자들이 기업 재직 중에는 통상적으로 상급 직위를 지향하는 종적 변화를 꾀하였지만, 퇴직 이후에는 일자리뿐만 아니라 일거리 혹은 개인의 삶을 지향하는 횡적 변화가 기다리고 있다. 그림 II-1의 개념을 이해하지 않은 채 이전과 동일한 형태의 재취업을 지향하는 서비스 형태는 재고되어야 한다. 특히 중장년들을 대상으로 하는 서비스에서는 퇴직 이후 개인의 경력 경로(career path)가 다양성을 띤다는 사실을 전제로 해야만 서비스의 질을 높일 수 있다.

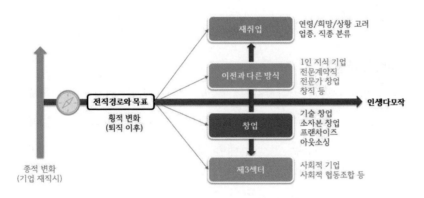

[그림 II-1 (희망)퇴직 이후의 경력 경로]

위 그림을 설명해보면 초기 컨설팅을 통해서 고객이 희망하는 전직 경로와 목표를 설정한다. 기업에서 근로자로 재직할 때는 기업 내부에서의 종적인 변화, 즉 경력 사다리를 올라가기 위한 역량 강화가 중요하였다. 퇴직 이후에는 개인의 성향, 그리고 욕구에 기초하여 횡적인 변화, 즉 다양한 일자리나 일거리를 지향해야 한다. 특히 중장년들의 경우에는 더 이상 재취업만을 지향하기보다는 재취업을 포함하여 남은 후반 삶을 효과적으로 살아갈 경력을 탐색해야만 한다. 이는 생애경력 설계라는 용어로 표현할 수 있다.

횡적인 변화는 재취업을 지향하거나, 재취업을 완전히 벗어나는 여러 가지 형태의 경력 경로를 선택하는 일이다. 대부분 재취업을 희망하는 상황일 수도 있으나, 기업에서 희망퇴직하거나 정년퇴직 이후에는 재취업의 문이 생각보다 좁기 때문에 재취업만이 단일한 경력 경로가 될 수 없다. 따라서 초기에는 다양한 형태의 경력 경로를 밟아보는 경우가 유리하다. 이전과 다른 경로를 가다가 자신에게 적합한 미래 일자리, 일거리를 발견할 가능성도 크기 때문이다.

서비스 대상자

여기에서는 서비스 대상자를 계층별, 성향별로 이해하고, 그 이해를 깊이 할 수 있는 페르소나(persona)도 가늠해보고자 한다. 고객에 대한 이해가 필요한 이유는 고객에 대한 맞춤형 서비스를 기획하고, 제공하기 위함이다.

먼저 모든 개개인은 고유한 특성을 가졌으며, 서로 동일하지 않다는 점을 이해해야 한다. 말하자면 각 개인의 차이점을 포용해야 한다. 따라서 서비스의 경우 수는 서비스에 참여하는 (희망)퇴직자들의 수만큼 많다는 전향적인 생각으로 접근해 보자.

▶ 계층별

전직지원 대상 고객층은 종종 40대를 포함하지만, 주로 50대의 중장년층으로서 희망퇴직자의 경우 대체로 50대 전후, 그리고 정년퇴직자의 경우는 50대 후반 혹은 60세 전후로 보면 좋다. 그러나 최근에는 30대 일부도 희망퇴직 대상자에 포함되는 경우가 있다. 그럼에도 불구하고, 희망퇴직자의 경우에는 대체로 그 계층을 중장년층으로 보면 된다. 아래에서는 중장년층이 처한 상황을 포괄적으로 설명해본다.

각종 서비스에서 중장년층의 연령대를 50세에서 64세로 규정하는 경우가 많다. 유사한 신중년이라는 개념은 50대와 60대를 포함하는 개념이다. 그들에 대해서는 전문적이고 체계적인 지원이 요구되며, 연령 및 생활 환경에 따라 전직지원의 폭이 결정된다.

퇴직의 종류로 구분해 보면 희망퇴직자의 경우는 대부분 가족 부양 혹은 자녀 교육 때문에 현실적으로 취업 상태를 유지해야 하는 경우가 많다. 그래서 현실적으로 재취업하고자 하는 욕구가 강하다. 반면 정년퇴직자의 경우에는 가족 부양이나 자녀 교육의 부담을 벗어난 경우가 많기 때문에 재취업보다는 생애경력설계 차원의 접근이 필요하다.

중장년의 특징을 몇 가지 들어본다면, 사회 경험이 많고, 변화에 대한 두려움도 가지고 있다. 새로운 시작에 대한 확신을 필요로 하는 경우도 많으며, 과거의 성공 경험에 집착하는 경우도 많다. 하지만 확신이 들면 열정적으로 시간과 비용을 투자하는 경향도 있다.

▶ 성향별

각 개인의 다양성에 기초하여, 고객을 분류해보면 아래와 같다. 이는 일반적인 고객 유형을 말하며, 컨설턴트가 인식해야 할 행동적 요소를 포함하였다.

① 능동적 고객: 최초 컨설팅 이전부터 개인적으로 목표를 설정해두고, 목표의 타당성에 관한 의문을 가지고 있거나, 혹은 주도적으로 목표를 향해 나가고 있는 고객이다. 컨설턴트 입장에서는 최상의 고객이지만, 수시로 진행 사항을 확인하고, 필요시 요청 사항에 대한 지원도 필요하다.

② 수동적 고객: 자신이 주도적으로 전직과 관련된 계획 수립 및 실행을 하지 않고, 타인의 지원만 바라는 상태에 있는 고객이다. 그들은 컨설턴트가 이력서 작성 등 전직에 필요한 모든 부분을 직접 지원해 주기를 원하는 경우가 많다. 이런 고객은 자신이 매우 힘든 상황에 있다고 생각하면서 컨설턴트가 많은 일을 대신 해 주기를 바란다. 희망퇴직자의 경우에는 전직지원 초기에는 해고 혹은 퇴직의 충격이 가시지 않아서 이런 모습을 보일 수도 있다.

③ 지원 거절 고객: 각종 지원을 거절하는 고객은 다음 2가지 중 하나의 이유로 지원을 거절하는 경우가 있다. 컨설턴트가 지원 노력을 기울이면서, 어떤 요청을 할 때 "잘 알겠습니다. 그런데…"라고 말하는 고객이거나, "예, 예, 예."라고 말하면서 컨설턴트가 요청하고 자신이 동의한 내용을 이행하지 않는 고객이다. 그런 경우의 고객은 특별한 방안을 가지지 않았을 경우도 있으니, 세심히 살펴볼 일이다.

④ 높은 직급을 누렸던 고객: 이 경우의 고객들은 자신이 최고의 컨설턴트로부터 최고의 전직지원 서비스를 받을 자격이 있다고 생각하기도 한다. 모두가 그런 것은 아니지만, 어떤 고객은 컨설턴트가 투자하는 시간, 관심, 그리고 예외적인 대우가 자신에게는 당연한 것이라는 생각도 한다. 이런 고객은 두 가지로 분류가 되는데, 삶

과 일 속에서 전혀 좌절감을 맛보지 못하였던 '고속 진급자'였거나, 혹은 비서나 보좌관이 있는 상황에 익숙했던 '상급 임원'이다. 최악의 경우에 컨설턴트를 자신의 부하 직원처럼 대하고 관계 개선을 위한 노력은 전혀 기울이지 않는다.

⑤ 정중한 고객: 어떤 점에서는 위의 수동적 고객과 유사하다고 생각할 수 있으나, 컨설턴트의 전문성과 권한을 인정하고, 컨설턴트가 통찰력을 지녔다고 생각하는 고객이다. 간혹 지원이 효과적으로 전달되지 않을 때 전문성을 지닌 컨설턴트가 배치되어 더욱 잘 지원해야 한다는 생각으로 비난할 경우도 있다.

⑥ 분석적 고객: 이 부류의 고객들은 자신의 논리적, 분석적 스킬에 대한 자부심을 가지고 있다. 그들은 자신의 전직도 하나의 문제로 보고, 다른 문제를 해결할 때와 같이 논리적이고도, 분석적으로 접근하는 경향을 가진다. 종종 컨설턴트뿐만 아니라 전직 활동 중에 만나는 사람들과의 관계 구축에 있어서 소홀할 경우가 있거나, 필요성을 느끼지 않을 수 있다.

컨설턴트는 위의 계층별, 성향별 특성에 대해서 이해해야 하지만, 고객과의 상호 작용에 대한 인식도 중요하다. 컨설팅 상황은 두 사람 간의 상호 작용으로 서로가 지속해서 영향을 미치거나 받는 상황이다. 전직컨설팅 대상은 사람이므로, 전직지원 전문 업체나 컨설턴트는 고객에게 '관계를 판매'한다는 점을 명심해야만 한다. 따라서 고객과 좋은 관계를 형성하기 위해 고객의 관심사, 특성, 스타일 그리고 행동에 관심을 가져야 한다.

▶ 대상의 페르소나(persona) 이해

여기에서는 전직지원 고객의 이해를 위한 다른 방법 중 하나로 '페르소나'에 대해서 알아보자. 페르소나는 고대 그리스 가면극에서 배우들이 썼다가 벗었던 가면을 의미한다. 이후 라틴어로 사람, 인격, 그리고 성격의 어원이 되면서, 심리학 용어로도 사용되고 있다.

페르소나는 마케팅에서 주로 활용되고 있는데, 고객이나 고객 그룹을 더 잘 이해하고 그들의 요구를 파악하는 데 도움이 되는 계층의 대표성을 띤 고객 프로필을 말한다. 따라서 전직지원 대상 고객들의 요구나 특성을 파악할 때에 페르소나 개념을 활용하면 좋다.

페르소나를 통해서 아래와 같은 정보를 수집할 수 있다.

① 인구 특성: 성별, 나이, 교육 수준, 직업, 소득 수준 등과 같은 기본적인 인구 특성을 포함함
② 행동 및 관심사: 고객의 쇼핑 습관, 관심사, 선호도, 어떤 종류의 제품이나 서비스를 찾는지, 어떤 미디어를 활용하는지를 파악
③ 목표 및 과제: 고객이 제품 또는 서비스를 구매하고자 하는 목표나 어떤 문제를 해결하고자 하는지 이해
④ 행동 패턴: 온라인 및 오프라인에서의 행동 패턴, 정보 수집 방법, 구매 결정 과정 등을 파악
⑤ 고객의 문제 및 우려: 제품이나 서비스와 관련된 고객의 문제, 우려 사항 및 불만사항을 이해

특히 페르소나를 작성하면서, 고객의 이득 포인트와 고통 포인트를

이해하면 좋다. 이득 포인트는 고객의 시간, 노력, 투자를 절약하게 만들어서 고객의 행복을 이끌어내는 점이며, 고통 포인트는 고객이 불평하거나, 불편함을 느끼는 점, 고민 혹은 걱정을 초래하는 고통점을 의미한다.

이런 페르소나를 이해하기 위해서 경우에 따라서 구성 내용은 다를 수 있지만, 고객의 페르소나를 작성해볼 수 있는 양식은 아래와 같다. 고객의 페르소나를 그려보면 전직지원 이전에 고객에 대한 이해도를 높여서 맞춤형으로 접근할 수 있다.

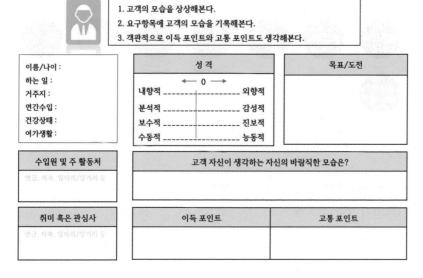

[그림 II-2 서비스 대상 고객의 페르소나 그려 보기]

서비스 운영 8C

전직지원 서비스의 원활한 운영에는 몇 가지 고려해야 할 핵심 구성 요소들이 존재하는데, 그 요소들이 서비스에 대한 이해도를 높여

준다. 그 구성 요소는 8C로 분류되는데, 먼저 서비스를 전달하는 전직지원 전문 업체(Company 1), 둘째, 서비스를 발주하는 (희망)퇴직 기업 혹은 기관(Company 2), 셋째, 서비스 전달의 핵심인력으로서 컨설턴트(Consultant), 넷째, 서비스의 대상인 고객(Client), 다섯째, 서비스의 질을 규정하는 각종 콘텐츠(Contents), 여섯째, 서비스를 원활하게 전달할 수 있는 장소인 전직지원 센터(Center), 일곱째, 서비스 전반을 이끌어가는 리더십을 가진 운영책임자(Captain), 그리고 마지막으로 서비스의 질 향상을 위한 상호 협업(Co-working)으로 구분할 수 있다.

[그림 II-3 서비스 운영 구성 요소 8C]

▶ 전직지원 전문 업체(Company 1)

전직지원 서비스를 전달하는 전문 업체를 이야기한다. 공공의 경우에는 전문 기관 혹은 단체로 보면 된다. 사실상 (희망)퇴직 기업과 고객, 희망퇴직 기업/기관을 제외한 구성 요소를 준비하고, 통제하는 역할을 한다.

▶ (희망)퇴직 기업/기관(Company 2)

서비스를 발주한 기업이나 기관을 이야기한다. 서비스를 발주한 이후에 그 진행에 대해 관심을 가진다. 그들은 퇴직자들의 전직결과에도 관심을

한국형 전직지원 기술

가지는데, 투자한 재원이 효과적으로 사용되었는지를 확인하고자 한다.

▶ 고객(Client)

전직지원 서비스에 참여하는 희망퇴직자, 정년퇴직자 혹은 기타 프로젝트에 참여하는 서비스 대상을 의미한다.

▶ 컨설턴트(Consultant)

서비스를 이끌어가는 핵심 요원이다. 서비스 투입 이전에 해당 계층에 대한 풍부한 이해력과 경험 경력을 가진 자격 있는 컨설턴트를 선발하고, 서비스에 대한 일정 기간 서비스에 대한 사전 교육을 실시하여 질적인 서비스를 제공할 수 있어야 한다. 특히 구성 요소 중의 하나인 운영 책임자인 리더십 혹은 프로젝트 매니저는 서비스에 투입되는 컨설턴트가 일을 잘할 수 있도록 지원 체계 등의 환경 조성에 힘써야 한다. 컨설턴트의 역할, 자격과 역량, 그리고 윤리 문제 등에 대해서는 제VI장에서 세부적으로 다루고 있다.

▶ 콘텐츠(Contents)

교육, 컨설팅 등 기간 중에 고객에게 제공되는 모든 요소를 포함한다고 보면 좋다. 이는 프로세스, 프로그램, 검사 도구, 집중 교육 및 컨설팅 콘텐츠 등을 포함한다. 전직지원 전문 업체의 성격에 따라 실행하는 콘텐츠가 상이하지만 하나의 공통적인 목표는 고객이 원하는 목적지에 도달하도록 질적인 지원을 하는 것이다. 콘텐츠는 서비스 표준을 제시하는 역할을 하면서도, 컨설턴트 개인이 지닌 역량을 향상시키거나, 보완하여 서비스의 질을 높여준다.

▶ 센터(Center)

서비스가 진행되는 장소 및 시설로서 표준 구성 요소가 규정되어 있다. 통상 전직지원에서는 전직지원 센터(Career Transition Center, CTC)라고 일컫는데, 운영 목적은 집중 교육과 컨설팅, 그룹 워크숍 실시, 정보 제공 및 획득, 정보 교환 네트워킹 장소, 그리고 전환기에 있는 희망퇴직자 등의 사무 및 행정 업무 공간으로 사용된다. 표준 구성 요소는 제5장 중 「2. 프로젝트 준비 및 실행 관련 사항」에서 세부적으로 다룬다.

▶ 운영 책임자(Captain)

전직지원 전문 업체의 리더 혹은 프로젝트의 리더를 이야기하는데, 그들의 프로젝트 리더십이 매우 중요하다. 그는 주어진 전직지원 서비스의 활동 관리뿐만 아니라 고객사의 요구에 맞게 서비스를 기획하고, 서비스의 귀중한 자산인 컨설턴트를 효율적으로 교육하고, 운영할 수 있는 리더십을 행사한다. 더불어 그는 서비스의 질 향상, 콘텐츠, 시설의 질 향상, 사업 윤리 준수, 그리고 서비스와 관련된 자유로운 의사소통 방안을 마련해 두어야만 한다.

▶ 상호 협업(Co-working)

전직지원 전문 업체 내의 타 부서 간, 그리고 컨설턴트 상호 간의 협력은 매우 중요하다. 이는 전직지원 서비스의 질 향상에 필수적으로 관련되기 때문에 간과할 수 없는 부분이다. 상호 협력을 통하여 준비 중이거나, 실행 중인 서비스의 질을 높이는 문제는 장기적으로 전문 업체의 명성 및 수익 향상에도 영향을 미치는 소중한 무형 자산이다. 조만간 생성형 AI를 활용하는 전직지원 업무도 기계와의 공생이라는 차원

한국형 전직지원 기술

의 협업, 혹은 'AI 직원'과의 협업이라는 개념으로 고려될 것이다.

위에서 이야기한 8C는 어느 하나만 중요하다고 볼 수 없고, 상호 연계되어 톱니바퀴처럼 맞물려 돌아가면서 궁극적으로 서비스의 질 향상에 이바지한다. 세부적인 발전방안에 대해서는 「제9장 미래 전직지원 지향점 스케치」에서 세부적으로 논한다.

서비스 전달

서비스의 전달 형태는 기본적으로 아래와 같지만, 다양하게 혼합되어 다양한 경우의 수가 나올 수 있음을 전제로 하면 좋다.

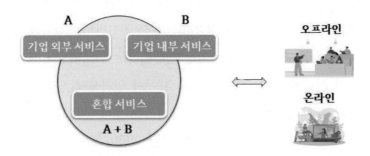

[그림 II-4 서비스 전달 형태 3가지와 고려 사항]

▶ 전달 형태

전직지원 서비스의 전달 형태는 희망퇴직 기업 내부에서 실시하는 '내부 서비스', 전직지원 전문 업체를 이용하는 '외부 서비스' 그리고 두 가지 서비스가 여러 가지 형태로 조합된 하이브리드(hybrid)형인 '혼합 서비스'라는 3가지 형태로 나눌 수 있다. 이 부분을 좀 더 세부적으로 설명하면 아래와 같다.

대부분의 희망퇴직 기업에서는 근로자를 퇴직시킨 이후에 다시 대면 접촉하는 일이 없기를 바라는데, 희망퇴직을 실시하면서 겪었던 힘든 상황을 다시 기억하게 되기 때문이다. 그런 이유로 다수의 서비스 발주 기업들은 '외부 서비스'를 선호한다. 그러나 모든 기업이 외부 전문 업체에 배타적으로 맡기지는 않고, 내부에서 서비스를 제공하기도 한다. 이 경우에는 전직지원 서비스를 제공하는 상근 컨설턴트를 자체적으로 운영하면서, 퇴직 근로자의 전직 활동 실행을 돕는 사무실 및 행정 지원 서비스를 사내에서 제공하는데, 기업 내부에 일시적 전직지원 센터 혹은 상설 전직지원 센터를 설치하여 운영하는 경우이다. 내부 서비스의 가장 중요한 문제는 신뢰성이다. 근로자는 기업이 희망퇴직을 시키면서도, 전직지원 서비스를 통한 지원을 동시에 한다는 양면성에 대해 의문을 품을 수 있기 때문이다. 더불어 보안 유지 문제도 있다. 퇴직자가 이전의 근무하던 기업의 관리자에게 자신의 전직 관련 상황과 정보의 노출을 꺼리기 때문이다.

외부 서비스를 이용할 경우에 비용이 소요된다는 점이 약점으로 작용한다. 내부 서비스를 운용할 때의 가장 큰 걸림돌은 서비스에 참여하는 희망퇴직 근로자가 자신이 아직도 퇴직하지 않은 근로자라는 생

한국형 전직지원 기술

각을 할 수도 있다는 점이다. 이는 전직 탐색 활동을 소홀히 하는 경우, 혹은 지연시키는 경우로 이어질 수 있다.

▶ 전달 방법

전달 방법의 경우에도 오프라인, 온라인, 그리고 오프라인과 온라인이 혼합된 형태도 존재한다. 특히 2019년도 코로나 팬데믹 발생 이후에 전직지원의 서비스의 전달 방법에 큰 지각 변동이 있었다. 대부분 오프라인으로 실행되던 서비스가 전격적으로 온라인 위주로 실시되었기 때문이다. 코로나 이후에는 오프라인과 온라인을 혼합하는 형태로 많이 변경되었으나, 아직은 오프라인을 선호한다. 각 방식의 장점과 단점을 간략히 설명하면 아래와 같다.

① 오프라인: 직접적인 상호 작용을 통해서 참여도를 높일 수 있고, 실시간 피드백을 받을 수 있으나, 비용 및 접근성의 문제, 운영 유연성 부족 등의 단점이 있다.
② 온라인 방법: 접근성, 유연성 차원, 그리고 비용 절감 차원에서는 유용하나, 상호 작용의 한계, 운영의 기술적 문제가 발생할 수 있다. 이는 서비스 대상자들의 자기주도적인 학습 관리와 동기 부여가 되어 있을 경우에 유용한 방법이다.
③ 오프라인과 온라인의 혼합방식: 유연성과 효율성의 균형을 유지하면서, 개인화된 학습경험을 제공할 수 있다. 이 역시 단점이 존재하는데 관리상의 복잡성이 대두되고, 온라인 체계를 유지하기 위한 기술적, 물리적 자원에 대한 투자가 수반되는 점이다.

▶ 고려 사항

위에서 설명한 서비스 전달 형태 및 전달 방법을 결정 시에는 여러 가지 요소를 고려하지만 몇 가지를 예로 들어보면 다음과 같다.

① 갈등 지속 가능성 유무이다.

사실상 퇴직하는 근로자를 다시 대면하느냐, 혹은 하지 않느냐의 문제인데, 이런 문제가 갈등 유발 요인이 된다는 사실을 고려해야 한다. 예를 들면, 기업 내부에서 서비스를 제공할 경우 희망퇴직으로 인한 잠재된 분노 등 때문에 퇴직 기업과 퇴직자 간에 갈등이 노출될 가능성이 있다.

② 서비스 제공의 전문성이다.

희망퇴직 기업이 내부 전문성을 보유했느냐 아니면 외부의 전문 업체가 전문성을 보유했느냐 하는 문제가 관건이 된다.

③ 적합한 공간 보유 여부이다.

앞서 전직지원 서비스 운영 8C에서 언급한 바와 같이 전직지원 센터와 같은 적합하면서도 질적인 서비스 공간을 퇴직 기업이 보유하였는지 여부이다.

④ 비밀 유지의 용이성 여부이다.

퇴직자의 경우, 특히 직급이 높은 경우에는 퇴직 이후의 진행 상황을 이전에 근무하던 기업이 아는 것 자체를 꺼릴 경우가 많다. 퇴직 이후에도 혹은 퇴직을 앞두고 또 통제를 받는다는 느낌을 줄 수 있다는 점이 고려되어야만 한다.

⑤ 기업의 상시 희망퇴직 시행 여부이다.

지금까지는 기업의 퇴직 프로그램 시행이나 기타 프로그램이 정기적인 개념으로 이루어지지 않았다. 그러나 정부에서 재취업(전직) 지원을 의무화한 이후에는 서비스를 의무적으로 하고 있기 때문에 문제가 달라졌다. 희망퇴직 소요가 상시로 발생하는 기업에서는 비용상의 이유로 서비스를 자체적으로 진행할 경우도 많아지고 있다. 특히 대기업의 경우가 그러하다.

⑥ 비용 절감이다.

이는 그 규모나 서비스 비용에 따라서 달라진다. 정기적으로 희망퇴직이 발생하거나, 혹은 정년퇴직자의 규모가 크면, 클수록 문제가 달라질 수 있다. 이는 내부 서비스를 통한 비용 절감을 할 수 있다는 생각으로 이어진다.

⑦ 희망퇴직 근로자나 정년퇴직 근로자의 퇴직 인식 강화이다.

기업 내부에서 프로그램을 진행할 때 희망퇴직 근로자의 경우 아직도 자신이 그 기업의 근로자인 것으로 인식할 수 있으므로 전직에 대한 절실함이나 현실감이 떨어질 수 있다.

⑧ 퇴직 기업과 전직지원 전문 업체의 역할 분담이다.

혼합 운영 시에는 상호 간의 책임 문제와 역할 분담 문제가 제기된다. 운영 구성 요소를 어떻게 구성 혹은 혼합할지를 가늠하는 문제이다.

결론적으로 전직지원 서비스는 서비스의 성격, 그리고 기업의 상황에 따라서 기업 내부 서비스, 기업 외부 서비스, 그리고 혼합 서비스를 선택하여 진행할 수 있다. 퇴직 기업의 관리자는 어떤 접근법이 최선의 방안인지를 잘 선택해야만 하고, 전직지원 전문 업체는 그에 따라 서비스를 잘 디자인해야만 한다.

현재 국내에서는 다수의 희망퇴직 기업이 외부 서비스를 선호하지만, 일부 대기업에서는 자체의 전직지원 센터를 운영하면서 내부 서비스 및 혼합 서비스를 제공하는 경우도 있다.

2. 주요 서비스 프로세스

여기에서는 민간 전직지원 프로세스와 공공 전직지원 프로세스의 일반적인 내용을 이야기해보고, 민간 및 공공 전직 프로세스의 예도 몇 가지 들어보고자 한다.

서비스 프로세스

모든 서비스가 그러하듯이 전직지원 서비스도 그 프로세스를 규정해볼 수 있다. 일부 국내 및 외국계 전문 업체는 각각 자사의 서비스 프로세스를 홈페이지에 게시하면서, 마케팅 효과를 노린다. 민간 전직지원 서비스, 공공 전직지원 서비스 모두 프로세스를 규정할 수 있는데, 그 차이점은 아래와 같다.

첫째, 민간 전직지원 서비스 프로세스는 공공 전직지원 서비스 프로세스보다는 좀 더 오랜 시간을 가지고 신중하게 진행하며, 다소 단계가 많고 고려 사항도 많다.

둘째, 통상적으로 우리가 이야기하는 대기업에서 주관하는 전직지원 서비스는 회사의 비용을 사용하지만, 일반적으로 대기업이 아닌 중소기업을 지향하는 공공 서비스는 정부에서 직접 지원 혹은 비용을 지원하는 경우가 많다. 미래에도 일정 규모 이상의 대기업은 자사의 비용을 사용하여 전직지원을 실시하겠지만, 그 이하의 중소기업은 정부 기관의 지원을 받을 가능성이 크다. 2016년부터 실행된 '조선업 희망센터'가 대표적인 예이다. 더불어 2020년 시행된 재취업(전직)지원 의무화 관련 법령에서는 1천 명 이상 기업을 의무화 대상 기업으로 하였다. 2023년부터는 300인에서 999인까지의 기업으로 확대해 나가고 있으며, 궁극적으로는 100인 이상으로 확대할 것으로 예상된다.

▶ 민간 전직지원 서비스 프로세스

민간 전직지원 서비스 프로세스가 매우 복잡한 이유는 희망퇴직의 어려움과 복잡성 때문에 고려 요소가 많기 때문이다. 여기에서는 정년퇴직 프로세스는 논하지 않는다. 그 이유는 희망퇴직과 달리 진행에 큰 문제가 없기 때문에 일반적 수준의 프로세스를 기획하여 진행할 수 있기 때문이다.

민간 전직지원 서비스 프로세스는 기업 경영 악화 등의 사유로 희망퇴직을 고려하는 순간부터 시작된다고 보면 된다. 일반적으로 아래와 같은 순으로 진행된다.

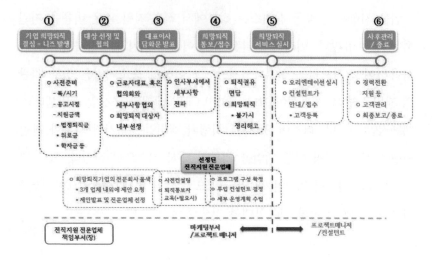

[그림 II-5 민간 전직지원 서비스 프로세스의 예]

① 기업 희망퇴직 결심 = 니즈 발생: 기업에서는 경영 상황 등 여러 가지 상황을 고려하여 희망퇴직을 고려 혹은 결심하는 순간이 바로 최초의 서비스 필요성에 대한 니즈가 발생하는 순간이다. 따라서 희망퇴직을 결심하는 순간부터 사전 준비가 시작된다고 보면 된다. 그 범위와 시기, 공고 시점, 각종 지원 금액을 고려하는 동시에 전직지원 서비스를 제공해줄 수 있는 전직지원 전문 업체 3개 내외를 접촉하면서 자사의 상황에 맞는 서비스 제안을 요청한다. 이후 제안 발표를 진행하고, 자사에 가장 적합한 전문 업체를 선정하여 서비스를 제공한다.

② 대상 선정 및 협의: 위 ①항의 진행과 발맞추어 희망퇴직에 대해서 근로자 대표 혹은 협의회와 세부 사항을 협의하고, 이어서 대상자를 내부적으로 선정한다.

이즈음에 선정된 전직지원 전문 업체를 통해서 희망퇴직과 관련된

한국형 전직지원 기술

사전 컨설팅(아래 ②-1 참조)을 받는데, 퇴직을 권유할 간부급 직원(*혹은 인사 부문 책임자 등)에 대한 퇴직 통보자 교육도 포함된다. 이는 갑작스러운 퇴직을 당사자에게 권유할 자가 퇴직 대상자에게 부드럽게 접근하면서 위로의 이야기를 전하고, 퇴직과 관련된 각종 지원 내용을 알리는 방법론에 대한 교육이다. 동시에 제공되는 전직지원 서비스 등 이후의 지원 조치에 관해서도 설명한다. 퇴직 통보자 교육은 회사의 필요에 따라 실시한다.

②-1 사전 컨설팅은 희망퇴직 기업 조직을 대상으로 전직지원에 관한 컨설팅을 하는 일이다. 주요 내용은 희망퇴직 기업의 희망퇴직 근로자에 대한 지원뿐만 아니라 개별적으로 전직지원 서비스에 참여하는 고객에게 영향을 미치는 이슈의 검토이며, 희망퇴직 기업의 목표를 동시에 토의한다. 근로자를 희망퇴직시키는 업무는 관리자의 업무 중에서 가장 어렵고, 회피하는 업무 중의 하나이다. 그에 따라 희망퇴직 프로세스의 모든 부분을 사전에 컨설팅하면서 적합한 희망퇴직 근로자의 선별, 최적 면담 시간 선정, 제반 퇴직 위로금 발표 준비, 필요한 서류 준비, 그리고 명확하고, 직접적이면서도, 동정적인 방법으로 희망퇴직 대상자에게 퇴직을 통보하는 일을 점검한다.

사전 컨설팅이 필요한 5개 주제는 관련 기록물 준비, 의사소통 준비, 법적 문제 검토, 희망퇴직 통보, 그리고 행정 서류 준비이다. 이 업무는 종종 법무법인이나 노무법인이 책임지는 경우도 있다.

[그림 II-6 사전 컨설팅 주제]

'관련 기록물 준비'는 희망퇴직에 필요한 모든 정보를 분류, 확인 및 기록하기 위한 준비이다. 퇴직 기업은 근로자를 희망퇴직시키는 표준 절차를 준비하고, 토의하고, 승인하고, 발표해야 한다.

'의사소통 검토'는 희망퇴직 근로자에게 전달해야 할 내용, 그리고 누구에게, 누가, 어떻게 희망퇴직을 통보해야 할지를 사전에 결정해야 한다.

'법적 문제 검토'는 퇴직 기업과 희망퇴직하는 근로자 개인 간의 법적 의무에 관한 내용으로서, 고려 사항은 희망퇴직 조건, 계약 관련 사항, 그리고 고용 평등 등과 관련된 내용이다.

'희망퇴직 통보'를 할 때 고려되어야 할 주요 사항은 대상, 시간, 그리고 장소 문제이다. 희망퇴직과 관련된 메시지는 신중하게 작성되어야 하고, 가능성 있는 대상 근로자의 반응도 고려하는 사실적이고, 목적적이면서도 정확해야 한다.

일반적으로 희망퇴직 면담은 관리자가 희망퇴직과 관련하여 수행해야 하는 가장 감정적인 책임 부분이며, 통보를 위한 사전 준비 내용, 통보 시 발언 내용 예문과 유의 사항은 표 II-4, II-5와 같다.

확인 사항	세부 내용
1. 면담 일시 및 장소 확정	• 주중의 이른 시간에 타인의 방해가 없는 조용한 장소 (가능한 주말이나 휴일 직전을 피함)
2. 면담 스크립트 작성	• 명확하고 간결한 문구로 현재 취해지고 있는 조치가 무엇인지 설명할 수 있도록 스크립트 작성 (퇴직에 대한 실질적 이유를 2~3개 정도 명시)
3. 예상되는 반응	• 퇴직 당사자별로 사전에 예상되는 감정 반응 예측 및 정리
4. 예상 질문	• 질문 사항에 대하여 정확하고 일관된 대답이 중요함
5. 담당자의 감정적 준비	• 개인적 차원의 부담이나 감정을 이입하지 말 것 • 퇴직 과정이 진행되는 동안 구조화된 스크립트에 충실 • 제3자와의 토의 금물
6. 대상자 선정 이유	• 대상자 선정에 있어서 타당한 선정 이유가 있는가?
7. 해직 통지의 사유	• 해직의 사유가 업무 실적인 경우에는 명확한 이유를 설명해 주고 세부 사항 언급은 회피함 • 객관적인 업무 평가 기록을 준비하되, 모호한 표현은 삼가고 간단명료하게 작성
8. 대상자가 보일 수 있는 반응	• 당사자가 퇴직을 예상했는가? • 퇴직 통보를 어떻게 받아들일 것인가? • 어떤 신체상 또는 의학상의 문제는 없는가?

[표 II-4 희망퇴직 통보 사전 준비 사항]

진행 절차	내 용
1. 만남	* 대상자에게 앉을 자리를 권한다. 바로 본론으로 들어간다.
2. 도입	"오늘 홍길동 반장을 면담하는 이유는 이미 잘 아시는 바와 같이 회사 경영상의 문제 때문에 내려진 희망퇴직과 관련된 이야기를 나누고 싶기 때문입니다. 먼저 이 결정은 사 측에서 여러 가지 노력을 기울였음에도 불구하고 어쩔 수 없이 내려진 결정임을 말씀드립니다."
3. 결정 사항 및 배경 설명	"이번 감원 결정은 우리 회사가 자구 노력을 위하여 심사숙고한 결과 내린 조치로써, 필수 기능에 따라서 적정 인원을 산정한 결과입니다. 기준은 최근 근무 평가 성적 등 기타 요소를 고려하여 대상자를 선정하게 되었습니다. 따라서 이미 발표된 바와 같이 유감스럽지만, 홍 반장님의 직무가 없어지게 되었습니다. 그리고 이 결정은 번복할 수 없는 최종 확정된 내용입니다."
4. 퇴직 패키지 설명	"회사는 경영상의 여러 가지 이유로 어쩔 수 없이 퇴사 대상이 되는 직원들에게 법정 퇴직금 이외에 퇴직에 따르는 추가 보상을 하기로 했습니다." (* 퇴직 관련 서류를 제시한다.) "퇴직 서류에 서명함과 동시에 그 내용에 명시된 혜택에 대한 모든 권리가 귀하에게 주어지게 됩니다. 혜택의 내용을 간략히 설명하자면 …." "지금 당장 서명할 필요는 없습니다. 마감일인 ○월 ○일까지 제출하시면 됩니다. 만약에 마감일까지 서류를 제출하지 않을 시에는 모든 퇴직 관련 혜택이 취소됨과 동시에 대기 발령에 들어갑니다. 대기 발령 시 현 급여의 ○○% 수준을 지급받거나, 무급 휴직에 들어갈 수도 있습니다. 또한 대기 발령 후 정리 해고 절차에 따라 어떠한 보상도 없이 해고될 수도 있습니다." "혹시 질문 있으면 말씀하십시오."
유의 사항	• 개인적인 차원의 부담이나 감정을 이입하지 말 것 • 해당 직원에만 초점을 둘 것 • 스크립트에서 벗어나지 말 것 • 불필요한 가능성 또는 희망을 주는 언급을 회피할 것 • 절대로 토론이나 방어는 피할 것 • 회사의 어려운 결정이었으며, 직원 배려에 대한 사항이 가장 우선임을 느끼게 할 것

[표 II-5 희망퇴직 통보 시 발언 내용 예문 및 유의 사항]

한국형 전직지원 기술

'행정 서류 준비'는 희망퇴직 통보서의 준비로써 희망퇴직 근로자를 대상으로 한 희망퇴직 토의의 서면 확인이다. 희망퇴직 통보서를 준비하는 이유는 희망퇴직 통보 혹은 면담 시에 감정적 특성상 토의하는 많은 내용을 기억하지 못하기 때문이다. 더불어 면담 이후 희망퇴직의 실제성과 회복 불가성을 인식시키는 효과도 있으며, 혹 개인이 품을 수 있는 불신도 감소시킬 수 있다. 희망퇴직 통보서는 조직의 책임 있는 관리자와 근로자가 상호 서명하거나, 서명자 양측을 보호하기 위해서 공증을 하는 예도 있다.

③ 대표이사 담화문 발표: 어느 정도 준비가 된 희망퇴직 기업에서는 적절한 시점에 대표 이사가 담화문을 발표하면서 희망퇴직을 할 수밖에 없는 상황, 추후 진행 상황 등과 관련된 내용을 공식적으로 발표한다. 발표 시점 이전에 대부분의 근로자들은 희망퇴직이 예정되었다는 사실을 인지한다. 그러나 공식적으로는 대표 이사가 담화문을 발표하면서 시작된다. 그리고 희망퇴직 기업의 인사팀에서는 대상자를 확정하고, 희망퇴직자의 명부를 정리하게 된다.

아래는 대표이사 담화문의 예이다.

= 대표이사 담화문의 예 =

"임직원 여러분, 잘 아시는 바와 같이 지난 ○월 ○○일 회사는 올해 ○월 말까지 ○○ 사업장의 생산을 중단하고 공장을 폐쇄하는 것으로 발표하였습니다. 그동안 ○○ 사업장에서 누구보다도 열심히 일해주신 임직원 여러분을 생각하면, 회사가 내린 어려우면서도 불가피한 결정을 알려드려야만 하는 현실을 매우 송구스럽게 생각합니다.

회사는 지난 몇 년 동안 세계적인 경제 상황 악화와 최근의 ○○ 지역과 ○○ 지역의 분쟁으로 인한 국제 물류 비용의 증가, 그리고 그 영향으로 인한 국내 경제 상황의 악화로 예상하지 못한 막대한 손실을 기록하였고, 올해도 막대한 손실이 예상됩니다.

악화되는 사업 환경을 고려하여, 회사에서는 근본적인 사업의 변화를 추구하기 위한 조치를 시급하게 취하게 되었다는 말씀을 드리고 싶습니다. 이는 회사의 생존에 필요한 사업의 최적화를 위해 불가피하게 내린 어려운 결정이었음도 말씀드리고 싶습니다. 더불어 결코 가볍게 내린 것이 아니라는 사실도 여기서 밝히고 싶습니다.

○○ 경영컨설팅사에서 실시한 회사에 대한 경영 평가 결과는 더불어 현재의 생산물량과 향후 생산 계획, 그리고 국제 경제 상황 등을 고려할 때 과도한 잉여 생산 능력을 보유한 것으로 평가되었습니다.

따라서 이런 문제를 해결하고, 생산력을 한 곳으로 집중시키는 사업장의 통합이 필요하다는 결론에 이르렀습니다. 회사에서는 사전에 신중하게 모든 사업장의 상황을 면밀하게 검토하였으며, 이번 결정이 최적, 그리고 최선이라고 믿고 있습니다.

잘 아시는 바와 같이 ○○○ 사업장은 작년 새로운 자동차의 생산을 포함하여, 사업장의 가동률을 높이기 위한 각고의 노력을 기울였지만, 지난 ○년간 ○○% 수준의 가동률을 보였으며, 그나마 이제는 더욱 하락하고 있습니다. 이런 가동률은 더 이상 사업장의 운영을 어렵게 만든다는 것을 의미합니다.

대표 이사로서 저는 이번 결정이 ○○○ 사업장에 근무하는 여러분과 지역 사회에 미치는 영향을 충분히 인지하고 있으며, 이런 결정으로 인해 여러분의 미래와 개개인, 그리고 가족이 받게 될 영향에 대해 매우 안타깝게 생각하고 있음을 말씀드리고 싶습니다.

회사에서는 퇴직하는 ○○○ 사업장 직원에게 국내 유수의 전직지원 전문 업체인 '라이프앤커리어디자인스쿨'을 통해서 희망퇴직 서비스를 제공할 계획입니다. 이에 관한 자세한 내용은 붙임자료를 참조해주시고, 많은 지원 바랍니다. 저는 임직원 여러분이 본 서신과 관련하여 추가적인 질문이 있으리라는 점도 잘 알고 있습니다. 회사에서는 여러분이 자신의 미래를 위해 최상의 결심을 내릴 수 있도록 꼭 필요한 정보와 지원을 지속해서 제공할 것입니다. 추가적인 질문 등이 있으실 때는 언제든지 제시해주시기 바랍니다. 감사합니다. "

○○○○년 ○○월 ○○일,

○○○ 자동차 대표 이사 ○○○ 드림

④ 희망퇴직 통보/접수: 모든 준비를 마친 희망퇴직 기업은 앞서 이야기한 퇴직 통보 혹은 퇴직 권유를 하면서, 희망자를 접수하게 된다. 이때 사 측에서는 사전 계획된 희망퇴직 인원을 채우기 위해서 노력한다. 이때 수용하는 대상자는 '희망 퇴직원'을 제출하는데, 회사에서 선정한 희망퇴직 대상자가 희망퇴직을 거부할 시에는 정리 해고 절차에 들어감을 공지하고 필요 시 그 수순을 밟는다. 이때 자발적으로 희망퇴직원을 내고자 하는 경우도 있음을 유의해야 한다. 그런 경우에는 회사 차원에서 최종적으로 퇴직 수용 여부를 결정해야 한다.

⑤ 희망퇴직 서비스 실시: 위 ④항을 통해서 확정된 희망퇴직 대상자 중 전직지원 서비스 참여 희망자가 제출한 '전직지원 서비스 신청서'의 연락처로 사전 지정된 전직지원 전문 업체의 컨설턴트가 연락하여 서비스를 최종 안내하게 된다. 필요 시 현장 오리엔테이션을 실시하여 서비스 참여 희망자를 추가 모집하기도 한다. 이후에는 계획된 집중 교육과 컨설팅 기간을 가지면서 고객에 대한 교육과 컨설팅, 워크숍 등을 계약에 의거 시행하며, 진행 상황에 대해서는 희망퇴직 기업에 보고하게 된다.

⑥ 사후관리/종료: 앞의 집중 교육과 컨설팅 기간이 끝나면 계약에 따른 사후 관리 기간에 들어가고, 이 기간에는 전직을 완료한 고객에 대한 안착 혹은 적응을 위한 컨설팅을 하고, 전직을 미완료한 고객에게는 지속해서 각종 전직 정보를 전달하거나, 컨설팅을 지속한다. 그리고 계약된 기간이 만료 시 최종 보고와 함께 서비스를 종료하게 된다.

▶ 공공 전직지원 서비스 프로세스

공공 전직지원 서비스의 경우는 정부 차원에서 지원이 필요하다는 결심이 설 때 실시하고 있으며, 서비스를 실행할 전직지원 전문 업체 선정 프로세스는 일반적인 공공의 각종 사업 제안 절차와 유사하다.

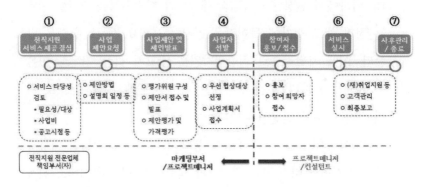

[그림 II-7 공공 전직지원 서비스 프로세스의 예]

① 전직지원 서비스 제공 결심: 공공의 각종 전직지원 서비스는 정부 기관(일부는 지방자치단체)의 결심에 따라서 서비스 제공 여부가 결정되고, 전직지원 서비스 대상이나 공고 시점, 사업비 등이 결정된다. 공공 전직은 우발 상황이 발생하는 경우에 일시적으로 실시되는 경우도 있고, 예산을 반영하여 매년 정기적으로 실시된다.

② 사업 제안 요청: 이후 절차에 따라서 발주 기관은 사업 제안 요청을 하게 되고, 설명회 등의 절차를 거쳐서 사업에 참여하고 싶은 전직지원 전문 업체의 사업 제안서를 접수한다.

③ 사업 제안 및 제안 발표: 제안 요청에 따라서 사업 제안을 한 전문 업체는 사업제안 발표를 하게 되고, 발주 기관은 전문 평가 위원을 구성하여 제안 평가 및 가격 평가 결과를 합산하여 우선협상

한국형 전직지원 기술

대상 전직지원 전문 업체를 선정하게 된다.

④ 사업자 선발: 결과에 따라 우선협상대상으로 선발된 전문 업체는 협상을 통해서 세부 사항을 재확인하고, 사업 계획서를 작성 및 제출하면서 서비스를 진행한다.

⑤ 참여자 홍보/접수: 이후 홍보를 통하여 희망자를 모집하고, 여기서부터 사업에 투입되는 프로젝트 매니저와 컨설턴트가 본격적으로 참여하게 된다.

⑥ 서비스 실시: 이후에는 각종 일반적인 재취업 지원 서비스 등과 같이 계획된 집중 교육과 컨설팅을 계약에 의거 시행하고, 예정된 진행 상황을 책임 기관 혹은 단체에 보고한다.

⑦ 사후 관리/종료: 앞의 집중 교육과 컨설팅 기간이 끝나면 계약에 따른 사후 관리 기간에 들어가고, 이 기간에는 전직을 완료한 고객에 대한 안착 혹은 적응 컨설팅을 하고, 전직을 미완료한 고객에게는 지속해서 각종 전직 관련 정보를 전달한다. 그리고 계약기간이 종료 시 최종 보고와 함께 서비스를 종료한다.

국내 전직지원 전문 업체 프로세스

최초의 국내 전직지원 전문 업체는 2001년도에 설립된 한국아웃플레이스먼트(주)였는데, 2005년도에 제이엠커리어사로 사명을 변경하여 오늘에 이르고 있다. 여기에서는 순수한 국내 전문 업체인 제이엠커리어사와 2020년도에 설립된 이음길사의 프로세스를 살펴보고자 한다. 아래에 소개하는 내용은 해당 회사 홈페이지에서 홍보하는 내용과 일부 관계자들과의 인터뷰를 통해 작성하였다.

▶ 이음길(●IEUMGIL) 프로세스

이음길은 한국형 전직지원 프로세스 설계와 프로그램 구현을 위해 노력하고 있다. 여기에서는 이음길의 '직원 전직 프로그램' 프로세스를 설명해보고자 한다.

이 프로세스는 서비스 시작에서부터 사후 관리까지 이르는데, 핵심 4개 STEP을 포함하는 7개 단계로 구성된다. 그 중앙에 STEP 1에서 STEP 4에 이르는 핵심 이음 단계를 두었고, STEP 2를 마친 이후에 개인 맞춤형 TRACK을 설정한 이후에 STEP 3, 4로 이어지는 차별적 프로세스로 구성되어 있다.

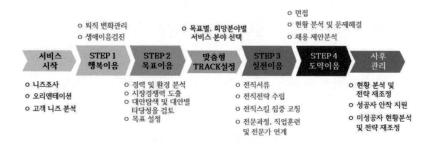

[그림 II-8 이음길사의 '직원 전직 프로그램' 프로세스]

① 서비스 시작 단계: 고객의 니즈 조사와 그 결과의 분석, 전직 프로세스와 프로그램 구성에 대한 오리엔테이션을 실시한다.

② STEP 1 행복 이음: 퇴직에 즈음한 변화 관리를 통해서 세상의 변화와 전직 시장의 변화에 관해서 이야기한다. 여기에서는 생애 이음 검진을 실시하여 생애설계 5개 영역에 대한 개인의 상황과 희망 상황을 분석하고, 그 차이를 해결하여 개인의 행복을 지향할 수 있도록 컨설팅을 실시한다.

한국형 전직지원 기술

③ STEP 2 목표 이음: 고객 개개인의 경력과 현재 처한 환경을 분석하여 시장경쟁력을 도출한다. 여기에서는 여러 가지 대안을 탐색해보고, 대안별로 개인적 타당성을 검토한다. 검토 결과에 따라서 (잠재) 목표를 설정하게 된다.

④ 맞춤형 TRACK 설정: STEP 2의 결과에 따라 STEP 3 실천 이음에서 본격적인 노력을 기울일 수 있도록 목표별, 희망 분야별 서비스 분야를 선택하게 된다.

⑤ STEP 3 실천 이음: 본격적인 전직을 위한 준비를 실시한다. 다양한 형태의 전직 스킬을 접목하여, 전직 전략을 수립한 이후에 전직 서류 작성 등 스킬에 관한 코칭을 집중적으로 실시한다. 이때 부족하거나, 지향하는 전문 과정이나 직업 훈련 과정을 연계하고, 필요시 분야 전문가를 접촉할 수 있도록 지원한다. 특히 전직지원 컨설턴트와 채용 지원 컨설턴트는 AI 서비스를 통해 전방위적으로 지원하면서 효과를 극대화시킨다.

⑥ STEP 4 도약 이음: 각종 전직 장애물을 제거하여 성공 기간의 단축을 목표로 한다. 그에 따라 면접 준비, 면접 실시 이후 현황 분석 및 도출된 문제를 해결한다. 이때 고용주들의 채용 제안을 분석하기도 한다.

⑦ 사후 관리 단계: 전직 성공자의 경우에는 안착을 지속적으로 지원한다. 미성공자의 경우에는 현황 분석 및 전략을 재조정하는 '원 모어 찬스(One More Chance)'라는 패키지를 통해서 본인이 희망하는 모든 프로그램을 전체적으로 한 번 더 제공하면서 한 단계 도약 가능한 발판을 제공한다.

▶ 제이엠커리어(JMCAREER) 프로세스

제이엠커리어의 전직지원 서비스는 일반 전직지원 서비스와 임원 전직지원 서비스로 구분되는데, 여기에서는 성공적인 전직을 위한 '일반 전직지원 에이스(ACE) 솔루션 프로세스'를 소개해본다.

프로세스는 크게 '해빙-변화-재결빙'이라는 의미를 가진 3단계로 구분하고 있는데, 전직의 변화 과정을 잘 표현하였다. 세부적인 단계 및 내용은 아래와 같다.

[그림 Ⅱ-9 제이엠커리어사의 '일반 전직 에이스 솔루션' 프로세스]

① 컨설팅 가이드: 초기 면접에서는 검사 도구 버크만을 통해서 자기 탐색을 실시하면서 경력 설계를 포함하는 예상되는 컨설팅 전반에 대해서 안내한다. 이를 통해 고객이 해결해야 할 문제점이나 지원 필요 사항 등을 파악하여, 본격적인 컨설팅을 준비하거나 대비한다.

② 메인 컨설팅: 주 컨설팅에서는 경력 설계 및 생애설계를 강조하고 있다. 이를 다시 해석해보면, '일과 삶'을 강조하는 형태이다. 대부분의 전직지원 대상자는 인생 전반부를 보낸 자들로서, 일뿐만 아니라 추후의 삶도 중요하기 때문에 설계 방향을 두 가지로

한국형 전직지원 기술

정해두고, 세부적인 컨설팅을 제공한다. 세부적인 내용에서는 생애설계의 몇 가지 영역과 경력 설계의 몇 가지 영역을 제시해 두고 있지만, 필요시 제시한 영역을 넘어선 컨설팅도 실시한다.

③ 목표 관리: 앞의 컨설팅을 통해서 목표를 설정하고, 동시에 그 목표를 관리하기 위해서 달성 가능성을 파악하는 등 목표 중심의 코칭을 실시하면서, 심리적 안정을 위한 지원도 한다. 대부분의 희망퇴직자들은 상황을 판단하여 자발적으로 퇴직할 수도 있지만, 성격상 비자발적인 퇴직인 경우가 다수이기 때문이다.

④ 성장플랜: 이후 심리적 안정이 자리를 잡아가는 가운데, 본격적으로 성장에 대해서 논하는데, 크게 생애설계, 경력 설계 과정으로 구분한다. 앞의 두 가지를 통합한 생애 밸런스 통합과정도 두고, 고객 맞춤형 서비스를 제공하고 있다.

⑤ 사후 관리: 컨설팅이 종료되거나, 진행되면서 일정 기간이 지나 안착된 고객이 나올 경우에 사후 관리로 접어든다. 여기에서는 성장을 지향하는 마음가짐에 대해서 컨설팅하고, 다른 일자리로 입직한 자에 대한 직업 적응 코칭, 그리고 삶 전반에 대한 코칭을 하는 형태로 이루어지면서 점차 서비스를 종료한다.

외국계 전문 업체 프로세스

해외 전직지원 전문 업체의 프로세스는 미국의 라이트매니지먼트사의 내용을 소개하고자 한다. 일부 해외 아웃플레이스먼트 전문 업체는 자사의 프로세스를 대부분 공개하지 않고, 필요시 문의하거나, 요청하도록 홈페이지에 공지하고 있다. 여기에서는 2000년대 초에 공개되었던 라이트매니지먼트사의 제로잉-인-프로세스(Zeroing-In-Process)를 살펴보고자 한다.

▶ 라이트매니지먼트(🔲 Talent Solutions) 프로세스

대한민국에 2003년도에 상륙한 라이트매니지먼트는 아래와 같은 5단계에 걸친 '제로잉-인-프로세스'를 가지고 있다. 특이한 점은 다수의 전문 업체들이 전직 성공을 한 이후에 사후 관리라는 이름의 단계를 마지막 단계로 구분해둔 것에 반하여, 라이트매니지먼트는 '경력 관리'라는 단계를 추가하고 있다. 이는 전직 목표 달성 혹은 경력 전환 성공 이후에도 경력 관리가 중요함을 의미하고 있다.

이 프로세스가 의미 있는 것은 성공을 향해 점차 좁혀 들어가면서, 성공 이후에도 경력 관리라는 이름 아래 다시 확장해 나가는 개념인데, 실제 전직을 경험하는, 그리고 경험한 세대가 전직 성공 이후에도 지향해야 할 바를 잘 설명해주는 좋은 프로세스이다. 단계 하나하나에 대해서 간략하게 설명해 보면 아래와 같다.

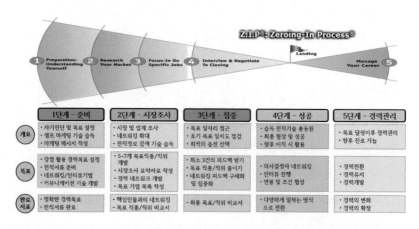

[그림 II-10 라이트매니지먼트사의 '제로잉-인' 프로세스]

한국형 전직지원 기술

이 프로세스는 준비, 시장 조사, 집중, 성공, 그리고 이후의 경력 관리 단계로 이루어진다. 각각을 설명해 보면 아래와 같다.

① 1단계 준비: 진단 및 목표를 설정하고, 각종 전직 서류의 준비 및 전직 스킬을 익히는 형태로 진행되며, 명확한 경력 목표 설정 및 전직 서류 작성을 완료 지표로 하고 있다.

② 2단계 시장 조사: 전직 시장 및 업계에 대한 조사를 진행하면서 네트워킹을 확대해 나가는 단계이다. 이때 몇 개의 목표 직종 및 직위를 개발하고 그 목록을 작성하는 가운데, 핵심 인물들과의 네트워킹을 실시하면서 목표 직종 및 직위를 비교하는 단계이다.

③ 3단계 집중 단계: 목표로 하는 일자리로 접근하면서 최초 목표와의 일치 여부를 점검하는 가운데 최적의 옵션을 선택하도록 한다. 이는 다수의 피드백을 받으면서 목표를 좁혀 들어가는 단계이다.

④ 4단계 성공 단계: 전직 기술을 총동원하여 최종 협상 및 궁극적인 성공에 이르는데, 앞의 단계를 통해서 익힌 전직 기술은 향후 전직 시에도 사용된다. 진행은 의사 결정자와의 네트워킹 및 인터뷰 진행, 그리고 협상을 통해 전직에 성공하게 된다.

⑤ 5단계 경력 관리 단계: 성공한 이후에도 불안정한 일의 세계를 반영하는 경력 관리를 지속적으로 해야 한다는 멋진 개념을 설명한다. 이는 향후 진로를 경력 유지 혹은 경력 전환 차원에서 다시금 가늠해보고 사전에 대비하는 경력 관리라고 보면 좋다. 통상적으로 목표 달성 이후에 손을 놓는 경우가 많은데, 미래 직업 세계에서는 반드시 최초 목표 달성 이후에도 추후의 경력 목표에 대해 가늠해 보아야 한다.

3. 주요 전직지원 전문 기관 및 전문 업체

전직지원 전문 기관은 공공기관을 의미하며, 전직지원 전문 업체는 컨설팅업, 아웃소싱업, 그리고 취업 포털업으로 분류하였으며, 주로 영리를 목적으로 하는 기업이다.

협회의 경우에는 회원사를 대변하는 전문 협회, 그리고 전직지원 전문가들을 대변하는 전문가 협회로 분류하였다. 더불어 유사한 업무를 하고 있는 전문 업체와 협회도 설명해 본다.

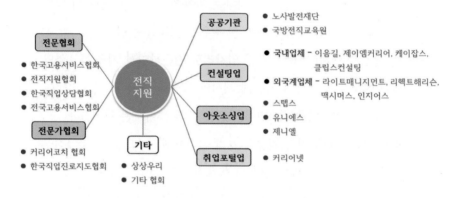

[그림 II-11 전직지원 전문 기관, 전문 업체 및 협회 분류]

공공기관

다양한 공공기관들이 관련 콘텐츠를 제작하거나, 여러 가지 형태로 전직지원 서비스를 제공하고 있다.

▶ 노사발전재단(노사발전재단)

2006년 노사 공동의 정책 사업 추진 및 재단 설립에 합의(고용노동부, 노사정위원회, 한국노총, 한국경총)하고 2007년 4월에 설립되었다. 현재 노사 상생 협력을 촉진하고 근로자들의 임금, 근로 시간 등에 대한 컨설팅을 통한 혁신 지원, 그리고 중장년 재직자 및 퇴직(예정) 근로자 근로 단계별 맞춤형 고용 서비스를 통한 일자리 안정화를 지원하고 있다.

주요 사업은 근로자 이음 센터 운영, 일터 혁신 사업, 노사 상생 협력 사업, 중장년 일자리 사업 및 국제 협력 업무이다. 근로자 이음 센터의 경우에는 '미조직 근로자들의 권익 보호와 이해를 대변하는 공간'으로써 상담과 각종 지원 및 소통의 공간을 제공하는데, 서울 근로자 이음 센터를 포함하여 전국에 6개소를 운영하고 있다. 특히 중장년을 위한 중장년 내일 센터를 2024년도에는 기존 31개소에 35개소로 늘리고, 전담 컨설턴트도 320여 명으로 확대하는 등 활발하게 중장년 사업을 전개하고 있다. 중장년 내일 센터는 40세 이상 중장년을 대상으로 생애 경력설계 서비스, 전직지원 서비스 등을 제공하고 있다.

만 40세 이상의 중장년 재직자(퇴직 예정자), 구직자를 대상으로 하는 생애경력설계 프로그램은 6~12시간으로 운영되며, 연령대별 과정 목표 및 주요 구성 내용은 아래와 같다.

연령대	과정 목표	주요 내용
40대	조직 내 성과 기반으로 한 주도적 경력 관리	• (사무직) 변화 관리 및 성과 관리 • (생산직) 세대 간 소통, 일의 가치 재정립 • (서비스직) 스트레스 관리, 신뢰 구축

| 50대 | 현역을 유지하면서,
인생 2막 준비 및 실행 | • (사무직) 직업 역량 도출, 경력 대안 개발
• (생산직) 시간 관리, 퇴직 선배로부터 배우기
• (서비스직) 네트워킹, 인생 3막 방향 설정 |
| 60대 | 퇴직 이후 삶을
준비하여 삶의 질 향상 | • 삶의 가치 발견, 삶의 균형 잡기, 100세 인생 |

[표 II-6 중장년 생애경력설계 프로그램 구성 개념]

▶ 국방전직교육원(🔵 **국방전직교육원**)

1997년도에 최초 국방전직지원 센터로 시작하여 2014년 국방전직교육원법 시행됨에 따라 2015년 1월부터 국방전직교육원이 설치되어 현재에 이르고 있다.

초기에는 주로 장기 복무자를 대상으로 서비스를 제공하다가 중기 복무자까지 사업 대상을 확대하였고, 최근에는 의무 복무 장병까지 서비스를 확대하여 명실상부한 전 계층의 군인들을 대상으로 한 서비스를 제공하고 있다.

주요 사업은 전직지원 교육, 일자리 지원 사업, 전직컨설팅이며, 전직지원 교육 체계도는 아래와 같다.

[그림 II-12 국방 전직지원 교육 체계도]

① 진로 설계 교육: 사이버 교육으로써 군 복무 중인 전 장병이 온라인 교육을 통해 진로 목표 및 전략을 수립하여 체계적인 전직 준비와 성공적 사회 복귀를 위한 자기계발, 생애설계 교육을 지원하는 상시 학습 과정이다.

② 진로 교육: 중장기 복무자들의 전역 2년 전에 1박 2일로 실시되며, 군 복무 중 개발하여 향상된 개인별 직무 역량을 확인하고, 전역 이후에도 군 경력을 활용할 수 있도록 새로운 경력 목표를 탐색 및 수립하는 과정이다.

③ 전직 기본 교육: 5년 이상 군 복무를 한 중기 복무자의 경우 전역 1년 전, 10년 이상 군 복무를 한 장기 복무자는 전직 교육 기간 중 2박 3일 실시된다. 이는 중기 및 장기 복무 전역 예정 간부의 전직 준비를 지원하기 위해 전직 목표(취업, 창업, 귀농, 귀촌 등)에 대한 맞춤형 구직 역량 향상 교육이다.

④ 전직 상담: 기본 교육 수료 이후 희망 분야별 1:1 상담을 통한 구직 지원으로 전역 후 빠른 재취업과 사회 정착을 지원한다.

⑤ 맞춤형 전문교육: 진로교육 수료 후 또는 기본 교육 수료 후 참여할 수 있다. 이는 군 간부의 직무 능력과 특성을 고려하여 경쟁력 있는 자격 과정 개발 및 맞춤식 교육으로 전역 예정 간부의 안정적 취업을 지원한다.

전직지원 전문 업체

다양한 국내 및 외국계 전문 컨설팅 업체가 전직지원 서비스를 전문적으로 제공하고 있다. 전문 컨설팅 업체는 업종이 컨설팅업이기 때문

에 타 업체와는 달리 사실상 컨설팅 콘텐츠 제공의 중심에 있는 업체들이다. (가나다순 배열)

▶ 컨설팅업(국내 전문 업체)

① 이음길(Eumgil, 🌐IEUMGIL)

2020년 설립 이후 한국형 전직지원서비스 모델 및 한국형 생애설계 교육 모델을 개발하고, 전직지원 서비스 업계 최초로 빅데이터와 인공지능 기반의 특허 출원도 완료한 콘텐츠 중심의 회사이다. 고용노동부 재취업 지원 서비스 의무화 생산직 프로그램 개발 및 시행과 AI 전직 시스템도 개발하였으며, 각종 전직지원 전문 컨설턴트 양성 과정도 자체적으로 실시하면서 서비스의 질 향상을 위해 노력하고 있다.

전직지원 전문 업체 최초로 벤처 기업 인증을 획득한 바 있으며, 사업의 홍보를 통해서 기관 투자 유치도 하는 등 다양한 형태의 노력을 기울이고 있다. 2024년도에는 경찰청 퇴직 설계 사업을 수주하는 등 업계의 선두 주자로 거듭나기 위한 노력을 지속적으로 기울이고 있으며, 고용노동부 중장년 경력 설계 카운슬링 사업을 실시한 바 있다.

② 제이엠커리어사(Job Megatrend Career, 🔵JMCAREER)

국방 전직컨설팅 사업, 경찰청 전직지원 센터 운영, 국가보훈부 제대 군인 지원 센터 운영, 공무원 전직지원 센터, 조선업 전직지원 센터 운영 등 다양한 공공사업 진행 및 센터 운영을 하고 있으며, 민간 부문의 전직지원 사업의 발전을 위해 많은 노력을 기울여 왔다. 2010년도에는 진단 전문 기업 ㈜버크만코리아를 설립하여 버크만 진단을 실시하고 있으며, 2015년도에는 EAP 전문 기업 ㈜위너스 제이엠을 설립하였다. 최근에는 고용노동부 중장년 경력 설계 카운슬링 사업을 실시한 바 있다.

③ 케이잡스(K-Jobs, **K-JOBS** 케이잡스)

2014년도에 법인 설립 이래 한국여성경제인협회 여성 기업으로 인증을 받았으며, 공공기관 및 민간기업 HRD 교육 사업을 개시한 이래, 전직지원의 원조인 고용노동부 이모작 지원 사업을 위탁한 연혁도 가지고 있다. 이후 조선업 전직지원 프로그램 사업을 거제와 목포에서 동시에 전개하는 등 다양한 전직지원 사업을 실시한 풍부한 경험을 보유한 회사이다.

이후에도 대기업인 현대자동차 미래 설계 프로그램을 운영하고, 국방 전직 교육원의 찾아가는 진로 도움 프로그램을 위탁 운영하고, 전역 장병 지원 컨설팅 사업도 경기도 지역에서 전개하고 있다. 최근에는 고용노동부 중장년 경력 설계 카운슬링 사업을 실시한 바 있다.

④ 클립스컨설팅(**CLIPS**)

자기 인식을 기반으로 커리어와 생애 전반의 성장을 돕는 기업 교육 및 전직지원 전문 기업이라는 캐치프레이즈 아래 다양한 사업을 펼치고 있다. 세부 사업 영역은 리더십 교육, 소통/조직 활성화 교육, 워크 스킬 교육, 셀프 리더십 교육 등으로 하고 있다. 특이한 점은 버크만 진단 도구에 기반한 리더십 교육도 실시한다는 점이다.

2017년도에 설립된 이래 전직지원 컨설팅, 중장년 경력 설계 카운슬링, 재취업 지원 서비스 의무화 기업 컨설팅 및 진로 설계 교육 등을 실시하고 있다. 2024년도에는 국방부 전직 교육원의 교육 사업을 수주하여 진행하고 있다.

▶ 컨설팅업(외국계 전문 업체)

외국계 전문 컨설팅 업체는 현재 아래 4개 업체가 주로 사업을 실시하고 있으며, 공공 전직지원 사업을 하는 업체와 하지 않는 업체로도 구분할 수 있다. 맥시머스와 인지어스의 경우에는 민간 및 공공 전직지원 사업을 병행하고 있고, 라이트매니지먼트와 리헥스해리슨의 경우에는 공공보다는 민간 전직지원 사업을 중점적으로 실시하고 있다.

① 라이트매니지먼트(Talent Solutions)

세계적인 아웃소싱 회사 맨파워 그룹에 소속된 기업으로써 대한민국에 진출한 이래 민간전직지원 사업을 운영하다가, 2009년도에 공공 전직지원으로 서울 제대 군인 지원 센터를 1년간 운영한 경험을 가지고 있다. 2010년도부터 2년간 전직지원 서비스의 효시인 고용노동부 전직 장려금 사업의 경력도 가지고 있으며, 쌍용자동차 전직지원 사업도 수행한 바 있다.

현재는 주로 민간 전직지원 사업에 주력을 기울이고 있으며, 공공 전직지원 사업은 실시하지 않고 있다.

② 리헥트해리슨(**LHH** | KOREA)

세계적인 아웃소싱 회사 아데코 그룹에 소속된 기업으로써 1999년도에 한국에 진출하였다. 진출 이후 각종 민간 전직지원 사업을 실시하였으며, 2004년도부터 국방부 전직컨설팅 사업을 몇 년간 실시하면서 공공 전직지원 사업을 실시한 바 있다.

초기에는 다양한 공공 전직지원 사업에 참여하였으나, 현재는 주로 민간 전직지원 사업에 중점을 두고 있다.

③ 맥시머스(**maximus**)

2020년도에 인텍스루트코리아(주)를 인수하여 맥시머스코리아라
는 이름으로 한국에서 사업을 전개하고 있는데, 민간 전직지원 사
업뿐만 아니라 공공 전직지원 사업에도 주력하고 있다.

고용노동부를 비롯해 정부 기관의 취업 지원, 전직지원, EAP 교
육 등 다방면의 HR 영역에서 전문적 서비스를 제공하고 있으며,
국방 전직 교육원의 찾아가는 진로 도움 프로그램 및 전역 장병
지원 컨설팅 사업도 실시하고 있다. 최근에는 고용노동부 중장년
경력 설계 카운슬링을 실시한 바 있다.

④ 인지어스(**ingeus**)

호주 인지어스 그룹의 한국 법인을 2008년에 설립하여 오늘에 이
르고 있다. 인지어스의 경우에는 유럽형 고용 서비스를 대한민국
고용 시장 및 고객의 특성에 맞추어 현지화한 경험을 가지고 있다.
2024년 현재 국내 전직지원 전문 업체 중 최대 규모의 다양한 사
업을 운영 중이다.

다양한 민간 및 공공 전직지원 사업을 전개하고 있으며, 경찰청 퇴
직 설계 교육, 국방부 전직컨설팅 사업, 조선업 희망 센터 운영, 경
찰청 퇴직 지원 센터 운영, 공무원 퇴직 지원 센터 사업 등 핵심적
인 전직지원 사업 경험을 가지고 있다. 최근에는 고용노동부 중장
년 경력 설계 카운슬링을 실시한 바 있다.

▶ 아웃소싱업

위에서 설명한 라이트매니지먼트코리아와 리헥트해리슨은 각각 세계
적인 아웃소싱 기업인 맨파워 그룹과 아데코 그룹의 소속이다. 이런 점

을 감안해 본다면 대한민국의 아웃소싱 기업이 취업 지원이나 전직지원 분야로 사업을 확장하는 것은 자연스러운 일로 볼 수 있다.

다양한 공공 일자리 센터 운영 사업 및 공공 취업 지원 사업을 실시하고 있으나, 정작 수준 높은 전직지원 관련 사업은 제니엘사만이 경험을 보유한 실정이다. 그러나 아웃소싱업은 자본력을 바탕으로 추후에도 전직지원 사업을 수행할 충분한 여력을 가지고 있다는 점에 주목해야만 한다.

① 스텝스(STAFFS)

2009년도에 최초로 취업 지원 사업 부문을 신설한 이래 경기도 일자리 사업 등을 실시하였고, 2011년도에 경기도 제대 군인 취업 지원 사업 운영 기관으로 선정되어 서비스를 제공한 바 있다. 다양한 고용노동부 취업 지원 사업을 운영하고 있으며, 최근에는 중장년 경력 설계 카운슬링을 실시한 바 있다.

② 유니에스(unies)

2000년도에 취업사이트인 잡 유니에스를 개설하면서 아웃소싱 사업을 실시한 이래, 서울시 취업 지원 관련 사업 및 고용노동부 국민 취업 지원 제도를 특정 지역에서 사업을 실시한 바 있다.

③ 제니엘(ZENIEL)

2005년도에 중소기업청 청년 채용 패키지 사업, 2006년에는 강남 구청 취업 정보 은행과 고용노동부 취약 계층 취업 지원 사업을 운영하였다. 그를 기반으로 현재 활발하게 취업 지원 및 전직지원 사업에 참여하고 있다.

다른 아웃소싱 업체와는 달리 제대 군인 취업 지원 사업 및 국방 전직컨설팅 사업, 그리고 조선업 희망센터 운영 경험을 가지고 있기 때문에 가장 경험이 많은 아웃소싱 전문 업체이다.

지자체 일자리 센터 다수를 운영한 경험도 가지고 있으며, 중장년층 퇴직자 재취업 지원 사업 등 중장년층을 대상으로 하는 각종 전직 사업을 실시하였다. 특히 2024년도에는 국방 전직 교육원의 전직컨설팅 사업도 수주하여, 일반적인 취업 지원 사업을 벗어난 질적인 전직지원 사업 경력을 축적하고 있다.

▶ 취업 포털업

취업 포털업에서는 스카우트, 사람인, 그리고 커리어넷을 중심으로 각종 취업 지원 사업을 활발하게 전개하였다. 특히 스카우트는 국방부 전직컨설팅 사업, 제대 군인 지원 센터 운영 등 다양한 전직지원 서비스를 제공하였으나, 2024년에 이르러서 전직지원 관련 사업을 접었다.

사람인은 경기도 취업 지원 사업 등 다양한 오프라인 취업 지원 사업을 전개하였으나, 주식 상장 이후에 오프라인 사업을 접었다. 현재 포털업에서는 커리어넷이 다양한 사업을 펼치면서 전직지원 유사 사업 현장에서 눈에 띄고 있다.

① 커리어넷(**career**ᵗᵍ)

취업 포털 사람인이 경기도에서 오프라인 센터 운영 사업에서 철수한 이후로 커리어가 오프라인 센터 운영 사업을 다수 수주하여 취업 지원 사업을 본격적으로 전개하였다. 2016년도에 조선업 희망 센터를 거제에서 운영한 바 있다.

현재 고유의 포털 운영 사업 이외에 고용노동부 재취업 지원 서비스 의무화와 관련된 기업 컨설팅 및 교육 업무 등을 실시하고 있다.

전문 협회

전직지원 분야에는 두 가지의 전문 협회가 존재한다. 하나는 전직지원컨설팅 기업 협회(AOCF, The Association of Outplacement Consulting Firms)로서 전직지원 전문 업체를 대변하는 산업 협회이다. 다른 하나는 국제 전직지원 전문가 협회(IAOP, The International Association of Outplacement Professionals)로서 개별적으로 일하는 전직지원 컨설턴트를 대변하는 전문가 협회이다. 대한민국에도 다양한 전문 협회가 존재하지만 3가지의 주요 산업 협회를 논해보고, 전문가 협회는 분리하여 논해 보고자 한다.

▶ 한국고용서비스협회/전직지원협회

전문 협회로써 현재 정부 기관과의 협의를 위한 전직지원 분야의 협회는 2가지이다. 종종 재취업 지원 서비스, 그리고 전직지원의 활성화 등을 위해 정부 기관이나 단체와 협의 창구로 활용되는 전문 업체를 대변하는 산업 협회이다. 특별한 홈페이지 등을 가지고 있지 않지만, 위 업무를 수행하면서 서비스의 발전에 기여하고 있다.

▶ (사)한국직업상담협회(*KIOCA*)

2005년 노동부로부터 사단법인을 인가받아서 본격적으로 직업상담 분야 최초의 협회로 시작하였다. 설립 목적은 '인간 복지 구현', '직업상담 저변 확대', 'HRD 실현', 그리고 '직업 문제 해결'로 하였으며, 이후 직업상담사 1급과 2급 자격 교육 과정 개발 및 교육을 실시하면서 직업상담 분야에서 명실상부한 전문 협회로서의 위치를 굳혔다.

이후에 직업 카드 등도 개발하여 직업상담사 교육 등을 통한 질적 향상을 꾀하고 있으며, 국가 인적 자원 개발 컨소시엄의 직업상담 서비스 산업 공동 훈련 센터를 8년째 운영하고 있다. 전문 협회의 구성을 참고하는 차원에서 홈페이지에 게시된 내용을 옮겨보았다.

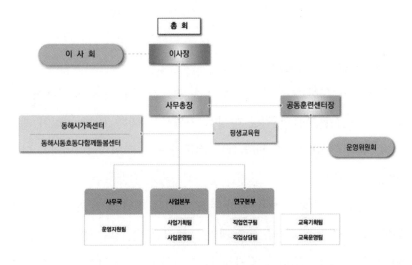

[그림 II-13 (사)한국직업상담협회 조직도]

▶ (사)한국고용서비스협회(NESA)

1997년 민간 고용 서비스 활성화 및 내실화를 위해 설립된 사단법인으로, 직업 소개 업무를 중심으로 다양한 프로그램을 개발 및 보급하는 업무를 주로 하고 있다. 고용서비스 활성화, 선진화, 표준화, 질 높은 고용서비스 제공, 그리고 국가 경쟁력 향상을 캐치프레이즈로 내걸고 있다.

민간 자격증 발급 및 평생 교육 사업과 국가 인적 자원 개발 컨소시엄 훈련 사업 등을 전개하면서, 직업상담사 및 취업알선원 등을 위한 각종 정부 지원 교육 사업도 펼치고 있다.

전문가 협회

(재)취업 지원을 포함하는 전직지원 분야에 종사하는 컨설턴트를 대변하는 전문가 협회는 여러 가지 협회가 존재하나, 여기에서는 커리어코치협회와 한국직업진로지도협회를 간략하게 소개한다.

▶ 커리어코치협회(**CCA** www.careercoach.or.kr)

"창조적인 혁신과 도전으로 미래를 열어갑니다."라는 캐치프레이즈를 가지고 전문가들의 역량 향상을 지원하는 대학 교수, 커리어 개발 센터, 취업 컨설턴트 및 경력 개발 전문가 등이 모여 만든 비영리 단체이다.

전문가들의 역량 향상을 위한 주요 사업은 취업 능력 개발 지원, 커리어 코칭, 경력 관리 및 경력 개발 프로그램 개발 및 지원 등이다. 매월 유명 인사를 초빙하여 정기세미나를 개최하고, 커리어 코치 자격 과정을 장기간 운영하고 있다.

▶ 한국직업진로지도협회( )

"대한민국의 행복지수를 높인다."라는 캐치프레이즈를 가지고 운영되는 전문가 협회 중의 하나인 한국직업진로지도협회는 주로 직업상담 및 진로 지도 분야의 전문가들로 구성되어 있다. 주요 전문가 협업 업무는 강사 파견, 교육 운영, 정기 교육, 사업 활동 및 봉사 활동 등을 하고 있다.

진로 지도자 자격증 과정을 장기간 운영하였으며, 매월 유명 인사의 세미나를 통해서 회원들의 역량 향상에도 기여하고 있다.

기타

▶ 상상우리( )

"중장년의 경험과 지혜가 사회 혁신의 자원이 되도록 한다."라는 캐치프레이즈 아래 2014년 서울형 (예비) 사회적 기업으로 선정된 이후 현대자동차, 삼성 SDS와 함께 하는 사회적 기업 맞춤형 지원 사업도 실시하였다. 최초 사회적 기업으로 출발한 상상우리는 현재 사회 공헌 사업뿐만 아니라 다양한 재취업, 전직지원 사업과 관련된 사업을 활발히 전개하고 있다.

사회적 기업으로서 고용노동부 중장년 취업 아카데미를 2016년에 운영한 바 있으며, 2017년도에 고용노동부로부터 사회적 기업 인증도 받았다. 서울시, 서울시 50+재단 등과의 활발한 사회적 사업 교류를 하였고, 신중년 굿잡 5060 프로젝트를 5년간 실시한 풍부한 경험을 가지고 있다. 이후 2019년 중장년 온라인 취업 플랫폼 위크위즈 사업을 개시하였고, 다양한 공공 취업 지원 사업, 공공 및 민간 전직지원 사업을 수행한 보기 드문 사회적 기업이다. 최근에는 고용노동부 중장년 경력설계 카운슬링을 실시한 바 있다.

▶ 기타 협회

기타 한국표준협회, 한국능률협회 등이 다양한 재취업 지원 사업 및 재취업 지원 의무화 사업 등을 수행하고 있다. 이와 더불어, 협회는 아니지만 한국생산성본부에서도 기업을 대상으로 한 유사 사업을 다수수행하고 있다.

1. 전직지원 서비스의 이해 당사자는?

2. 전직지원 서비스의 분류는?

3. 전직지원 서비스 운영 구성 요소 8C는?

4. 서비스 전달 형태 3가지와 고려요소는?

5. 공공 및 민간 전직지원 프로세스를 논해본다면?

생각 정리해 보기

* 어떤 생각이 드시나요?

전직컨설팅 스킬

제3장
전직컨설팅 스킬

　🔖 현재 전직컨설팅 스킬이라는 이름으로 확실한 형태로 구분되어 존재하는 별도의 스킬은 없다. 대한민국에는 아시아 재정 위기(1997년 IMF) 이후에 들어온 미국계 전직컨설팅 전문 업체들이 사용하였던 각종 컨설팅 스킬과 이후 국내에서 발전된 스킬들이 존재할 따름이다. 일반적으로 변화 관리, 자기 이해, 전직 탐색 활동, 전직 서류 작성, 네트워킹, 그리고 면접 등을 포함하는데, 직업상담 및 취업 알선 관련 스킬과 혼합되어 사용되고 있다. 특히 한국고용정보원과 노사발전재단에서 다양한 공공 프로그램을 개발 및 배포하였는데, 그 속에서 다양한 전직컨설팅 관련 스킬들을 찾아볼 수 있다. 전직컨설팅 스킬이 (재)취업 지원 스킬과 다른 점은 전직컨설팅의 목적은 다양한 일의 방식으로 옮겨가는 데 중점을 두고 있고, (재)취업 지원 컨설팅은 (다시) 취업을 하는 경우에 중점을 두고 있다는 사실이다.

　이 장에서는 전직컨설팅 스킬의 기본적 이해에 이어서 현장 전직 프로세스 및 도구를 소개하고, 회차 구성에 대한 내용, 그리고 여러 가지 전직컨설팅 스킬 중에서 핵심적인 스킬 21가지를 소개해보고자 한다. 소개하는 스킬의 다수는 해외에서 도입된 스킬을 한국화시켰거나, 새로이 고안한 한국형 스킬이다.

1. 컨설팅 스킬의 기본적 이해

우리가 적용하는 전직지원 컨설팅 스킬은 기본적으로 '고객이 존재하는 현 위치에서 희망하는 위치로 옮겨가도록 지원하는 스킬'로 이해하면 된다.

고객의 현 위치와 희망하는 위치 사이에는 항상 차이가 존재한다. 전직지원 컨설턴트는 항상 그 차이의 해결을 지원해야 한다. 그때 전직컨설팅 스킬을 사용한다.

[그림 III-1 컨설팅의 기본적 개념]

먼저 위와 같은 위치 이동을 지원하는 기본 프레임으로서, 우리에게 친근한 손자병법의 '지피지기 백전불태(知彼知己 百戰不殆)'와 '디자인 씽킹 기법(Design Thinking)'을 논해보고자 한다.

지피지기 백전불태
현 시대를 살아가는 사람이라면 누구라도 손자병법을 한 번씩 읽어보거나, 혹은 접했다고 볼 수 있다. 컨설턴트의 전직지원이나, 개인의 전직에서도 충분히 전환 적용이 가능한 개념이 손자병법의 '지피지기 백전불태'이다.

[표 III-1 손자병법 '지피지기 백전불태'의 적용]

① '지피'

'상대를 안다'로써 희망 직무, 기업 혹은 기관에 대한 탐색 단계이다. 즉 목적지에 대한 탐색 및 이해 단계이다. 이를 위해서는 탐색을 통해 희망하는 위치, 즉 목적지의 특성을 파악해야 한다.

② '지기'

'자기를 안다'로서 자신에 대한 이해 단계이다. 개인적인 상황에 대한 이해와 지식, 기술 및 태도 등의 유형, 무형의 보유 자산에 대한 이해이다. 각종 검사 도구 등을 통해서 가치, 성격 및 선호도 등을 이해하는 단계이다.

한국형 전직지원 기술

③ '백전'

'백 번의 싸움'을 의미하는데 희망하는 위치로 옮겨 갈 때 자신이 부족한 부분의 보완 혹은 해소를 위한 노력을 기울이거나, 희망 직무, 기업 혹은 기관에 지원하고, 면접과 협상도 하는 단계로 볼 수 있다. 이는 부족한 부분의 보완하기 위해 관련 교육 훈련을 받거나, 자신을 도와줄 수 있는 지원 기관이나 인적 네트워크를 탐색하는 노력도 포함한다.

④ '불태'

'위태롭지 않다'를 의미하는데, 온전한 상태에 접어들었다는 의미가 아니라 위태롭지 않다는 의미이다. 즉 앞의 세 가지 단계를 하나하나 잘 거쳐 오면 원하는 희망 위치에 일단 도착하였기에 위태롭지 않다는 의미이다. 희망 위치, 즉 전직을 완료한 이후에도 여러 가지 갈등이 발생하는 경우가 많기 때문에 온전함을 의미하지 않는 '불태'라는 용어의 사용이 매우 적합하다.

위에서 제시한 표 II-1을 이용하여 전직자는 자신의 상황을 상정해보고 전직 가능성을 가늠해볼 수 있다.

디자인 씽킹(Design Thinking) 기법

전문가들이 문제 해결을 위해서 사용하는 디자인 씽킹 기법도 전직 컨설팅 스킬로 전환 사용이 가능하다. 디자인 씽킹 프로세스인 공감하기, 정의하기, 아이디어 내기, 프로토타입(prototype, 원형) 만들기, 그리고 시험하기를 전직지원 개념으로 바꾸어 보면 이해도 빠르고, 용이하게 실행에 옮길 수 있다. 5개 단계는 크게 문제 발견과 문제 해결 단계로 구분할 수도 있다. 전직지원 현장에서 이 기법을 컨설팅 프로세스에 적용하는 차별적인 컨설턴트도 볼 수 있다.

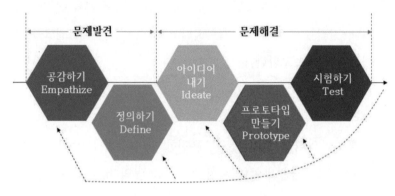

[그림 III-2 '디자인 씽킹' 기법의 적용]

① '공감하기': 상황을 관찰하고, 문제점을 발견하는 과정인데, 컨설턴트가 고객의 이야기를 들으면서 그의 생각에 공감하고, 문제점을 발견하는 과정이다.

② '정의하기': 고객과의 공감을 통해서 문제를 인식 및 공유하고 문제 지점 혹은 문제가 되는 내용을 식별하여, 정의하는 과정이다. (공감하기와 정의하기는 문제 발견 단계로 정의할 수 있다.)

③ '아이디어 내기': 위에서 정의된 문제를 해결할 수 있는 아이디어를 자유롭게 발산하고, 확장하는 과정이다.

④ '프로토타입 만들기': 아이디어를 현실화 혹은 구현하는 과정으로서 문제 해결을 할 수 있는 '원형(prototype)'을 만들어보는 과정이다.

⑤ '시험하기': 위의 원형을 시험해보고, 성찰을 거친 이후에 피드백을

통해 아이디어를 개선해보는 과정이다. (아이디어 내기, 프로토타입 만들기, 그리고 시험하기는 문제 해결 단계로 정의할 수 있다.)

2. 현장 전직 프로세스 및 도구

앞서 제2장에서 공공 및 민간 전직지원 프로세스와 전문 업체들의 고유한 프로세스를 논의해 보았다.

아래에서는 대한민국의 전직지원 현장에서 실제로 사용하는 전직 프로세스와 그런 프로세스 속에서 사용되는 현장 전직 도구들을 좀 더 세부적으로 설명한다.

현장 프로세스

현장에서 실제로 적용하고 있는 프로세스는 초기 컨설팅에서부터 시작하여 최종적으로 전직에 성공하거나, 실패하는 단계까지의 진행을 말한다. 물론 전직 성공자와 성공하지 못한 자에 대한 사후 관리는 일정 기간까지 계속 진행된다.

아래 그림과 같이 최초 컨설팅 이후 시야나 초점을 넓혀가다가, 일정 시점에서부터 좁혀 들어가면서 희망하는 바에 도달하는 프로세스인데, 크게 5단계로 구분한다. 단계나 세부 구성 요소는 서비스의 성격이나 환경, 그리고 컨설턴트의 역량에 기초해서 수정 및 가감하여 구성할 수 있다.

일부 전직자는 전직을 '한 번의 성공'을 지향하는 것으로 생각할 수

있으나, 인생 전반에서 다수의 전직을 경험할 것이므로 한 번의 성공이
나 실패에 그치지 않는다는 점도 이해해야 한다.

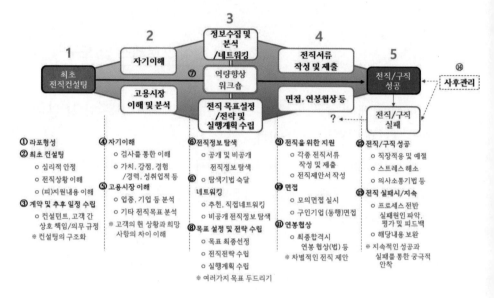

[그림 III-3 현장 프로세스]

▶ 현장 프로세스 설명

위 현장 프로세스 구성 요소를 하나씩 간략히 설명해보면 아래와 같다.

① 라포 형성: 최초 전직컨설팅에 온 고객과 컨설턴트 간의 라포
   (rapport) 형성은 무엇보다도 중요하다. 이는 고객과의 신뢰 형성
   과 추후의 컨설팅을 성공적으로 이끌어준다.

② 초기 컨설팅: 퇴직자들은 대부분 정년퇴직 혹은 급작스러운 희망퇴
   직으로 인한 심리적 불안을 가지고 있다. 따라서 초기 컨설팅 시에
   는 가능한 한 고객의 심리적 안정을 지원해야 한다.

③ 계약 및 추후 일정 수립: 여기에서는 컨설턴트와 고객 간에 상호 책

임과 의무를 규정한다. 서비스의 세부 사항을 설명하고 추후 진행에 관해 이야기하면서 컨설팅을 구조화시키는 작업이다. 민간 전직지원 서비스에서는 컨설팅 계약서를 작성하면서, 컨설팅 기간 중 상호 책임 구분을 명확히 하는 경우가 많다.

④ 자기 이해: 기본적으로 고객의 현 상황 혹은 현 위치를 이해하기 위한 최초 작업이다. 그를 위해서는 먼저 고객 자신의 가치, 강점, 경험, 경력 및 성취 업적 등을 분석하거나 추출하는 절차를 거친다.

⑤ 고용 시장 이해: 전직 시에는 고용 시장 전반에 대한 이해가 선행되어야 한다. 고객이 희망하는 시장의 상황, 업종과 직무, 그리고 목표 기업을 선정 및 분석하고, 이어서 위 ④항의 결과와 비교한다.

⑥ 전직 정보 탐색 및 네트워킹: 이 단계는 다양하게 일하는 방식과 관련된 정보를 탐색, 수집 및 분석하기 위한 네트워킹 단계이다. 그 과정에서 추천 네트워킹과 직접 네트워킹을 하면서 비공개 전직 정보도 탐색해야만 한다. 추천 네트워킹은 만나고 싶은 전문가를 모를 때 타인의 추천을 받는 방법이고, 직접 네트워킹은 추천받을 사람이 없는 경우에 직접 접촉을 시도하는 방법이다.

⑦ 역량 향상 워크숍: 자신의 현 상황과 희망 상황 간의 차이를 해소하기 위한 역량 향상 워크숍이나 교육 훈련에 참여해야 한다. 초기에는 여러 가지 잠재 전직 목표를 고려하기 때문에 우선순위 목표를 설정하고, 시간 관리를 잘하면서 하나씩 살펴보면 점차 목표의 범위가 좁혀진다.

⑧ 전직 목표 설정 및 전략 수립: 위 ⑥, ⑦항을 거치면 여러 가지 잠재적인 전직 목표가 어렴풋이 설정된다. 전직 목표를 최초에 설정하면 좋지만, 최초에 목표가 뚜렷하게 설정되지 않는다고, 혹은 않

았다고 걱정하지 말자. 크롬볼츠 박사의 『계획된 우연 이론』에서도 똑같은 이야기를 하고 있는데, 앞으로 나아가는 과정에서 우연히 자신의 목표를 발견할 수 있다는 이야기이다. 그를 위해서는 인내심을 가지고, 자신의 전직 프로세스를 착실하게 진행하면 된다.

⑨ 전직을 위한 지원: 여기에서는 수집된 정보에 따라서 전직에 필요한 각종 전직 서류를 작성하고 제출하는 단계이다. 그러나 다양한 경험을 이미 보유한 중장년의 경우에는 질적인 일자리나 희망하는 일자리를 얻기 위해서 '전직 제안서' 작성도 고려해보자. 이는 기업의 내부 고민을 해결하는 것이다. 평소의 네트워크를 통해서 그런 정보를 수집한 이후에 자신이 할 수 있는 적합한 직무라고 판단되면, 기업의 고민을 해결할 수 있는 '전직 제안서'를 작성하여 남보다 먼저 접근한다. 공개 채용 정보로 질적인 전직이 어려운 중장년의 경우에는 이러한 비공개 정보를 잘 파악하여 먼저 접근하는 노력을 기울여보자.

⑩ 면접: 각종 모의 면접을 거친 이후에 설정된 목표로 전직하기 위해 구인 기업 등에서 면접을 보게 된다. 사전에 예상 질문을 작성해서 답변을 작성해 보면 좋다. 기본적으로 자기소개와 자신의 성취 업적을 준비해야 한다. 필요시 동행면접도 고려해 볼 수 있다.

⑪ 연봉 협상: 전직을 하는 고객의 경우에는 인생 1막을 마친 관계로 특별한 자리가 아닐 경우 큰 연봉을 기대할 수 없다고 보면 좋다. 그럼에도 불구하고, 앞서 언급한 전직 제안서 작성 등을 통해서 자신의 연봉을 높일 수도 있다. 차별적이고도, 전문적인 전직 스킬이 필요한 이유이다.

⑫ 전직/구직 성공: 희망하는 전직에 성공한 경우에는 직장 적응이나

새로운 일에서의 적응 노하우와 의사소통 기법에 대해서도 이해해야만 한다. 더불어 전직 이후의 새로운 환경에 대한 스트레스도 해소할 수 있도록 지원한다.

⑬ 전직/구직 실패: 이 경우에는 프로세스 전반을 재검토하여 실패의 원인을 파악하고, 평가 및 피드백한다. 중장년의 경우에는 통상적으로 몇 차례의 성공과 실패를 필수적으로 거친 이후에 자신의 자리에 안착한다. 한국고용정보원의 종단 연구 결과인 '베이비부머의 주된 일자리 퇴직 후 경력 경로 및 경력 발달 이해를 위한 질적 종단 연구(7차 년도)'에서 논한 베이비부머 37명의 경력 경로를 보면 대부분 몇 차례의 실패와 성공를 거친다. 그래서 실패했다고 좌절할 일도 아니고, 성공했다고 해서 기뻐할 일도 아니다. 이후에도 지속적으로 자신의 경력을 관리하기 때문이다.

⑭ 사후 관리: 위의 ⑫, ⑬항인 전직 성공 혹은 실패의 경우 공히 사후 관리를 해야만 한다. 성공의 경우에는 직장 적응 혹은 안착을 위한 사후 관리를, 그리고 실패의 경우에는 그 이유를 파악하고, 다시 요구되는 단계로 돌아가서 재정비하면서 나아간다.

전직 도구

아래 그림은 전직 시에 필요한 각종 도구에 대한 설명으로, 순서는 현 상황에서부터 시작하여 희망 사항에 이르기까지 프로세스 진행 순으로 아래에서 위쪽으로 배열하였다.

통상적으로 보면 위로 올라갈수록 난이도가 큰 도구로 볼 수 있다. 대부분의 도구는 다음에 이어지는 '4. 컨설팅 스킬'에서 추가적으로 설명한다.

▶ 전직 도구 설명

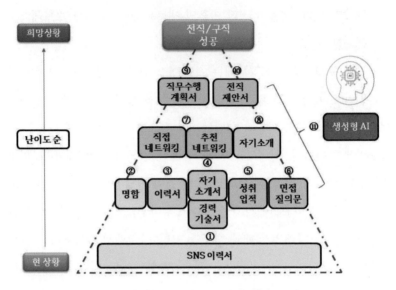

[그림 III-4 현장 도구 모음]

① SNS 이력서: 페이스북, 블로그, 인스타그램, 링키드인, 그리고 트
    위터 등의 SNS를 이용한 온라인 퍼스널 브랜딩을 의미한다. 최근
    에는 이를 통한 자신의 이미지 전파도 가능한 반면에 채용 측에서
    는 이를 검색하여 평가, 혹은 평판을 조사하는 경우도 있다. 그런
    의미에서 고용주가 호기심을 가지게 만드는 온라인 이력서와 같은
    역할을 작용할 수 있기 때문에 온라인 평판에도 유의해야 한다.
② 명함: 명함은 현직에 있을 때만 사용하는 것이 아니다. 전직자도
    명함을 만들어서 네트워킹 시 사용하면 좋다. 전직 기간에도 명함
    을 사용한다면 상대방에게 준비된 사람이라는 느낌을 준다.
③ 이력서: 연대기형, 기능형, 자유형, 혼합형이 있다. 이력서와 자기소
    개서는 채용 측이 자신을 사도록 만드는 문서인데, 면접에 도달하

도록 도와주는 수단이다.

④ 자기소개서/경력기술서: 지정된 양식 혹은 자유 양식의 자기소개서가 있다. 간혹 직무 관련 에세이를 요구하는 곳도 있다. 경력직의 경우에는 경력을 보유하였기 때문에 자기소개서보다 경력기술서의 제출을 요구하는 곳도 있고, 두 가지를 동시에 요구하는 곳도 있다.

⑤ 성취 업적: 이전 경력에서 성공적 업무를 수행한 사례로 지원 직무에 적합한 성취 업적을 찾아본다. 성취 업적은 전직 서류 작성 시에도 요약하여 사용하고, 면접 시에는 답변 자료로 사용할 수 있는 약방의 감초이다.

⑥ 면접 질의문: 면접에 성공하기 위해서는 사전에 기업의 홈페이지나 보도자료, 가능하다면 관련 업종이나 직무의 근로자, 혹은 분야 전문가를 통해 기업 상황을 가늠하면서, 예상되는 질문에 대한 답변을 준비하면 성공률을 높인다. 쉽게 이야기하면 채용 측과 코드(code)를 맞추는 행위이다.

⑦ 추천 및 직접 네트워킹: 정보 수집 목적 및 인적 네트워크 확장을 목적으로 네트워킹 시에 추천인이 있으면 추천 네트워킹을 하고, 없을 시에는 직접 네트워킹을 한다.

⑧ 자기소개: 자기소개는 면접 시나 자기 마케팅 시에 필요하다. 따라서 구두로 자신을 간단히 소개하는 프레임을 준비해두어야 한다.

⑨ 직무 수행 계획서: 민간에서는 직급이 높은 자의 채용 시에 요구하기도 한다. 공공에서는 대부분의 채용 시에 요구하는 서류로써, 입직 이후 그 직무를 어떻게 수행할 것인지를 전개한 계획서이다.

⑩ 전직 제안서: 기업에서는 항상 사업의 신사업 진출, 매출 증대, 비용 절감, 효율성 향상 등을 고민하고 있다. 그런 고민을 파악하여

해결해줄 수 있는 제안서를 작성하여 사업 책임 부서장급 이상과 직접 접촉하는 방법이다. 이는 매우 차별적인 방법이고, 전직 성공의 가능성을 매우 높여준다.

⑪ 생성형 AI: 전직 전반에서 필요한 사항을 적절한 프롬프트(prompt, 지시문)를 통해서 질문하면, 일정한 수준의 답변을 제공해준다. 주의해야 할 점은 완벽한 수준의 답변을 제공하는 것이 아니라, 개념적으로 고려할 수 있는 수준이나 전문가의 손을 다시 거쳐야 하는 수준이라는 사실을 유념해야만 한다. 질문의 수준을 높이기 위해서는 프롬프트를 모은 칫 시트(cheat sheet)를 참고하거나, 기본적인 수준의 프롬프트 엔지니어링(prompt engineering)을 이해하면 좋다.

3. 컨설팅 회차 구성

전직지원 서비스는 크게 집중 교육, 컨설팅, 그리고 사후 관리로 구분된다. 서비스의 가장 중요한 부분이라고 볼 수 있는 컨설팅은 주로 1:1로 이루어진다. 컨설팅 회차는 최초 서비스 기획 시에 퇴직 기업과 전직지원 전문 업체 사이의 계약에 따르는데, 통상적으로 최소 3회차에서 최대 15회차까지도 실시한다. 회차 수가 많을 경우에는 오프라인과 온라인 컨설팅을 혼합하는 경우가 많다. 서비스 기간이 컨설팅 횟수에 영향을 미치기는 하지만, 통상적으로는 6회차 내외로 규정하면 무리가 없다. 회차 간의 시간적 간격은 통상 1주일로 하고, 회차별 시간도 최소 1시간에서 최대 3시간으로 규정하는 경우가 많다.

컨설팅 주제는 서비스 기획, 혹은 서비스 제안 시에 요구되는 회차에 대해서 구체적인 컨설팅 주제를 정해두기도 하지만, 실제 컨설팅은 정해진 주제대로 진행되지 않는다는 사실을 명심해야 한다. 그 이유는 내담자 개개인의 상황이 다르기 때문에 진행 중에 자연스럽게 변경이 되는 경우가 많기 때문이다. 즉, 전직지원 전문 업체에서 사전에 회차와 회차별 컨설팅 주제를 기본적으로 정해두지만, 컨설턴트가 컨설팅 진행 중에 내담자와 합의하여 변경하는 경우가 거의 대부분이다.

여기에서는 컨설팅 사전 준비, 최초 컨설팅(1회차)과 사후 관리 컨설팅, 그리고 회차 구성에 관해서 이야기해보고자 한다. 더불어 저자들이 다수의 공공 전직 관련 기관과 민간 전문 업체의 프로세스 및 구성 요소를 분석하여 구성한 회차별 주제 체크리스트(checklist)도 제시한다. 체크리스트를 제시하는 이유는 현장에서 일하는 컨설턴트들이 회차 구성에 어려움을 겪는 모습을 보았기 때문이다. 컨설턴트가 체크리스트에 포함된 주제들을 보고, 자신의 생각을 가감하여 내담자 맞춤형 컨설팅 회차를 구성하는데 도움을 주기 위한 목적을 가지고 작성하였다.

컨설팅 사전 준비

컨설팅의 성격에 따라 사전 준비 사항은 변화될 수 있으나, 기본적으로 아래 요소들을 준비해야 원활한 컨설팅을 진행할 수 있다. 일반적인 최초 컨설팅 및 후속 컨설팅에 필요한 준비 사항을 예로 들었으니, 컨설팅 목적 및 상황에 맞게 가감해서 사용하면 된다.

구 분	내 용	비 고
시 간	• 내담자과 합의된 시간(통상 1~2시간)	기본 지침 의거
장 소	• 컨설팅이 가능한 별도 공간	자체 상담실 혹은 스터디 카페 등 민간 대여 공간
내담자 정보	• 사전 정보 및 획득 정보 • 경력, 직종, 직무, 직급 등	필요시, 최초 컨설팅 전 내담자와 온라인 의사소통
컨설팅 주제	• 주어진 전체 회차별 주제	회차별 주제 내담자와 상의 후 변경 가능
컨설팅 행정 서류	• 서비스 신청서 • 개인정보 제공 동의서 • 설문지 • 서비스 안내문 • 전체 일정표 • 컨설턴트 명함 • 검사 혹은 진단 도구 등	예시이므로 상황에 맞게 준비
비 고	• 사전에 시간과 장소를 안내하며, 추후 변경의 가능성이 있더라도, 전체 일정 및 컨설팅 주제를 내담자에게 송신하여 사전 동의를 받을 경우에 컨설팅의 신뢰성과 질을 향상할 수 있음	

[표 III-2 컨설팅 사전 준비 내용]

최초 컨설팅(1회차)

전직지원 최초 컨설팅은 직업상담에서 이야기하는 초기 상담과 크게 다를 바 없다. 특히 희망퇴직자들의 경우에는 최초 컨설팅 시에 심리적인 안정성 여부를 주의 깊게 관찰해야 한다. 최초 컨설팅에서 중요한 점은 이후의 원활한 컨설팅 진행을 위한 컨설팅 구조화를 실시해야 한

한국형 전직지원 기술

다는 점이다.

▶ 최초 컨설팅의 중요성

내담자와 처음 대면하게 되는 최초 컨설팅은 전직의 필요성을 인식하고 있음을 전제로 한다. 최초 컨설팅의 목적은 내담자와의 공감대 형성, 현재의 심리적, 물리적 상태 파악, 컨설팅 목표 설정, 그리고 전직 장애물 파악 및 문제 해결 방안의 모색 등에 있다. 이때 내담자가 부담스럽지 않은 선에서 가능한 한 정확하고, 많은 정보를 입수하여 후속 컨설팅에 도움이 되게 한다. 최초 컨설팅에서는 컨설팅의 구조화가 중요하다.

▶ 컨설팅 구조화

컨설팅 구조화는 컨설팅의 효과를 최대한으로 높이기 위해 컨설팅의 기본 성격, 컨설턴트와 내담자의 역할과 한계, 컨설팅 상호관계 및 윤리, 컨설팅 목표 및 진행 방식 등을 논의하고 합의하는 과정이다. 구조화의 목적은 컨설팅 관계를 바람직하게 이어 나가면서 더욱 효율적이면서도, 질적인 컨설팅을 진행하기 위함이다. 이는 내담자에 대한 컨설팅 오리엔테이션으로 볼 수도 있다.

구 분	내 용
역 할	• 컨설턴트: 컨설팅 및 진행 정보 제공, 지원 및 진행 사항 검토 • 내담자: 적극적인 컨설팅 참여, 전직 서류 작성 등 필요한 과제 수행 등
컨설팅 윤리	• 컨설턴트와 내담자 간의 명확한 관계 및 책임 한계 설정 • 내담자의 비밀 준수에 대한 확인 등

[표 III-3 컨설팅 구조화 내용]

▶ 내담자 정보 파악 및 수집

전직지원 전문 업체에서는 최초 컨설팅 시 확인해야 할 내담자 정보 목록을 컨설팅 신청서 양식 등에 포함하고 있다. 이후 최초 컨설팅을 통해서 정보를 추가적으로 파악 및 수정한다. 최초 컨설팅 시에 필수적으로 수집해야 할 정보는 아래 5가지이다.

① 심리적인 안정성 여부: 전직으로 인한 심리 상태 확인

② 내담자의 전직 욕구 파악: 전직의 필요성과 분야 파악, 표면적 욕구와 실제적 욕구 확인

③ 내담자 현 상황 및 희망 상황 파악: 본인의 현 상황과 부양가족, 건강 상태, 경제적 상황 등을 파악하고, 희망 상황과 관련된 실무 경력, 교육 경력, 자격증 등을 확인

④ 전직 준비 정도: 준비의 필요성, 걸림돌, 지원받고 싶은 내용, 인적 네트워크, 전직 서류의 준비 등을 확인

⑤ 기타 필요 사항: 정년퇴직자의 경우에는 재취업이 아닌 생애(경력) 설계의 필요성도 고려 등

후속 컨설팅

최초 컨설팅 이후에 계획된 잔여 회차에 대한 컨설팅을 진행하는데, 내담자의 상황에 따라 기설정된 각 회차의 컨설팅 주제를 변경할 경우도 자주 생긴다. 그럴 경우에는 다음에 설명하는 회차 구성 주제 모음에서 제시하는 컨설팅 주제 체크리스트를 참고하면 좋다. 더불어 컨설팅 회차는 내담자의 전직 완료 여부에 따라서 변경될 수도 있다.

후속 회차 간에는 이전 회차에서 시행한 컨설팅에 대한 재확인, 부여

과제 완수 여부, 그리고 이후 회차 일정과 내용을 확인해야 한다. 일정 규모 이상의 전직지원 전문 업체에서는 고객 관리 시스템(CMS, Client Management System)을 구축해두고 전직지원 서비스를 제공하기 때문에 컨설턴트는 그 시스템에 컨설팅 기록을 유지하면서, 업무를 용이하게 할 수 있다. 고객 관리 시스템에 대해서는 제5장에서 설명한다.

회차 구성 주제 모음

전직컨설팅은 그 시간의 흐름에 따라서 초기, 중기, 그리고 종결 단계로 구분할 수 있다. 전체적으로 컨설팅 단계는 현 위치에서 미래 희망 위치으로 옮겨가도록 지원한다. 이를 요약해 보면, 관계 설정, 컨설팅 구조화, (잠재) 능력 탐색, (잠재) 목표 설정, 해결 방안 도출, 실천 계획 수립, 실행 및 목표 달성, 그리고 피드백이라는 키워드로 대변된다.

▶ 컨설팅 주제 정립 이유

현장 컨설턴트는 서비스 진행 중에 주어진 회차를 준수하고, 그에 따른 컨설팅을 해야 한다는 압박감을 느낀다. 컨설팅 주제는 그런 컨설팅 진행의 혼란 방지와 개인별 맞춤형 컨설팅을 촉진하여, 서비스의 질 향상과 목표 달성을 위해서 정립하였다. 특히 현장에서 만나는 많은 컨설턴트가 회차 설정의 어려움을 호소하기도 한 바가 있어서, 국내외 기관, 기업들의 컨설팅 프로세스와 모델 속에 있는 주요 주제들을 모아서 분석하고, 정립한 '컨설팅 주제 체크리스트'를 표 III-4로 제시해본다.

체크리스트에 다수의 주제를 포함한 이유는 최초에 회차의 주제를 완벽하게 규정하거나, 가늠할 수 없으며, 개별적인 상황이 다르다는 점을 고려하였기 때문이다. 제시된 체크리스트의 컨설팅 주제를 보면서, 내담자의 상황에 기초한 적합한 주제를 각 회차로 구성한 이후에 컨설팅하면 된다.

더불어 주어진 회차의 준수가 필요한 이유는 최근 공공 및 민간 전직 서비스 제안 요청 시에 몇 회차의 컨설팅을 요구하면서, 서비스 비용을 회차 실행 횟수에 따라서 지급하는 사례도 있기 때문이다. 따라서 사전에 회차를 설정하고, 서비스 진행 간에 고객의 상황에 따라 유연한 변경을 하면 서비스 발주 기관이나, 희망퇴직 기업, 그리고 전직지원 전문 업체 모두의 목표를 달성하는 데 도움을 줄 수 있다.

이 주제들은 컨설턴트의 컨설팅 준비에 도움을 줄 수도 있으나, 서비스의 성격에 따라, 혹은 컨설턴트의 판단에 따라 가감해서 사용하면 좋다.

▶ 컨설팅 주제 체크리스트

전직지원 서비스 시행 시 주어진 회차에 기초하여, 컨설턴트의 필요나 고객의 현 상황과 희망 상황을 고려하여 주제를 선택 시 사용한다. 컨설팅 주제는 체크리스트 내에서 선정하거나, 혹은 컨설턴트가 고객과 협의하여 따로 주제를 설정할 수도 있다.

초기 단계에서는 접수(최초 접촉), 라포 형성 및 행정 처리, 위안, 진단, 성찰/균형 재유지(방향성 잡기), 준비를 위한 주제들로 구성되어 있다.

중기 단계는 정보 제공, 다양한 전직 활동 지원 전반에서 필요한 내용으로 구성되어 있다.

종결 단계에서는 사후 관리를 하면서 서서히 종결한다. 전직자 직장 적응, 미전직자 전직지원에 필요한 사항으로 구성되어 있다.

체크리스트 아래 부분에 있는 추가 사항은 서비스 진행 간에 추가로 주제를 설정하여 기록해두는 곳이다. 체크리스트에서 필요한 사항을 선택한 이후에는 그에 따른 진단, 성찰 혹은 상황 파악 목적의 다른 도구나 워크시트를 사전에 준비해야 한다.

초기단계		중기단계		종결단계	
대주제	소주제	대주제	소주제	대주제	소주제
접수 (•최초접촉)	* 명단의거 문자발송.전화등 • 상담사, 상담일자 및 장소소통 안내	정보제공	☐ 100세 시대 삶의 변화 ☐ 직업세계의 변화 ☐ 관련산업 동향 정보제공 ☐ 관련정보 수집 방법	사후관리 (•전직완료자 직장적응)	☐ 적응상 문제점검 ☐ 경력관리 및 개발 계획 ☐ 대인관계 및 의사소통 ☐ 이직상담
라포형성 및 행정처리	☐ 관계 형성 ☐ 계약서 서명 •전설링구조화 내용·설명 등 ☐ 전직컨설팅의 가치 소개 ☐ 컨설팅 프로세스에대한 이해		☐ 능력개발 및 관련 자격증 정보제공 ☐ 시장정보 탐색 및 분석 방법 ☐ 일자리 관련정보 제공 및 토의 ☐ 정부지원 교육 정보 제공 ☐ 4대 보험		
위안	☐ 호소문제 확인(•심리적 안정) ☐ 자기효능감 재확신	전직활동 지원	☐ 목표기업 재확인/재선정 ☐ 실행전략 및 계획 수립 ☐ 전직장애물 식별 및 제거방법	사후관리 (•미전직자 지원)	☐ 실행전략 재확인 ☐ 셀프마케팅 재점검 ☐ 전직장애물 재식별 및 제거 방법
진단	☐ 진단도구 사용(•전문성.적성.재능. 흥미.성격.가치 등 파악) ☐ 욕구 파악 ☐ 희망 진로/목표 파악 ☐ 재무상황 파악 ☐ 스트레스 상황 파악 및 해소방법		☐ 성취업계 재도출(•STARLNG기법) ☐ SWOT 분석 ☐ 입사서류(이력서. 자소서. 경력 기술서. 직무수행계획서. 솔루션제안서) 작성 지원 ☐ 마케팅이력서 작성방법 ☐ 솔루션 제안방법		
성찰/균형 재유지 (•방향성 잡기)	☐ 주변상황. 유무형 보유자산 파악 ☐ 인적 네트워크 파악 ☐ 핵심변화 등 파악 ☐ 강.점. 약점 파악(•핵심역량. 성공 및 실패 사례 토의/성취업적기법활용) ☐ 시간관리 방법 평가 ☐ 경력방안 탐색 -기존경력유지 혹은 전환 ☐ 다양하게 일하는 방식 소개 ☐ 희망시점 파악 ☐ 버켓리스트 작성		☐ 네트워킹/관계유지 ☐ 이미지메이킹 ☐ 의사소통 ☐ 셀프 마케팅 ☐ 면접기법/모의면접/스크립트작성 ☐ 전직사유서 작성 ☐ 감사편지/이메일 작성 ☐ 면접이후 디브리핑 ☐ 연봉협상		
준비	☐ 전직준비도 파악 ☐ 각종 사이트 안내 및 가입 ☐ 잠재목표 설정 ☐ 목표기업 목록 작성/최종목표 확인 ☐ 목표 요구역량 파악. 겝/해결방안 식별	생애경력 설계	☐ 생애설계 0대 영역 측정 및 토의 ☐ 라이프 라인 작성 및 토의		
추가사항	☐ ( ) ☐ ( )	추가사항	☐ ( ) ☐ ( )	추가사항	☐ ( ) ☐ ( )

[표 Ⅲ-4 컨설팅 주제 체크리스트]

컨설팅 주제 체크리스트에 추가하여 정부에서 시행하는 '재취업 지원 서비스 의무화 매뉴얼'에서 제시한 사무직, 생산직, 그리고 서비스직을 대상으로 한 '상담 모델'의 구성 내용도 별지 B로 제시하였으니, 회차 구성 시 참고하기 바란다.

4. 컨설팅 스킬

전직컨설팅은 '기업의 희망퇴직자나 정년퇴직자 개인의 희망 사항에 따라서 삶과 일의 조화를 지원하는 전문적인 1:1 컨설팅으로써, 전직 과정에서 발생할 수 있는 각종 삶과 일의 문제를 식별하고, 해결을 지원하는 활동'으로 정의된다. 전직컨설팅의 주 대상은 주로 50세 전후 혹은 정년퇴직 직전에 있는 중장년들로 대부분이 한 분야에 장기간 근무한 경우가 많고, 간혹 자신을 종사 분야의 전문가인 것으로 오해하고 있다. 더불어 일부는 자신의 기존 직무로 한정하여 전직 활동을 하는 경우가 많기 때문에 체계적인 컨설팅의 필요성이 존재한다.

컨설팅 기본 기법

전직지원의 효율적 실행을 위해서는 컨설팅 전체를 지배하는 주요 컨설팅 기본 기법에 대한 이해가 필요하다. 컨설턴트는 효과적인 전직지원을 위해 내담자의 상황에 따라 적합한 기법을 사용할 수 있는 유연성과 융통성이 필요하다. 컨설팅 기본 기법은 아래와 같이 크게 관계형성, 탐색, 역량 강화, 그리고 사후 관리 기법으로 구분한다.

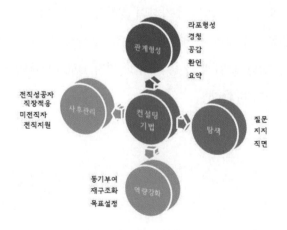

[그림 Ⅲ-5 주요 컨설팅 기법 구분]

한국형 전직지원 기술

▶ 관계 형성

① 라포(rapport) 형성: 라포는 '화합과 친근한 관계의 설정 혹은 복구'를 의미하는데, 최초 컨설팅 관계에서 중요한 역할을 한다. 라포는 '우리가 아는, 듣는, 그리고 가치를 인정하는 사람과 함께 있을 때 가지는 신뢰와 편안한 느낌을 의미'하는데, 최초 컨설팅 중에 라포를 통해 신뢰 관계가 형성되면, 이후의 후속 컨설팅이 원활하게 진행되면서 서비스의 질 향상과 성과 달성에 도움을 준다.

② 경청: 경청은 청각적, 시각적 자극을 받아들이면서 의미를 부여하는 행위이다. 경청은 라포에 이어서 컨설팅의 주춧돌을 놓는데, 내담자가 말하는 것을 컨설턴트가 잘 이해하고 있다는 모습을 보여주는 것이다. 경청을 위해서는 주의 집중과 경청할 의지와 능력을 갖추고 있음을 내담자에게 전달해야만 한다. 예를 들어, 내담자 쪽으로 몸을 기울이고, 바라보면서 내담자가 말하는 내용, 표정, 어투, 그리고 몸짓 등의 비언어적 의사소통에 집중하고 있음을 고객에게 전달한다.

③ 공감: 공감은 '내담자의 눈으로 세상을 바라보는 것'이다. 공감은 타인의 정서적 측면을 정확하게 이해하고, 그런 이해에 기초하여 의사소통을 하는 과정으로서 적절한 공감은 상호 간의 신뢰를 구축할 수 있는 기반이 된다. 공감은 내담자의 감정과 관심을 정확하게 지각하고 그 이해를 전달하는 '기본적 공감'과 내담자의 비언어적 행동에 바탕을 두고 내담자의 감정을 확인하려고 시도하는 '추론적 공감', 내담자가 자신의 감정을 탐색하도록 격려하고 초대하는 '초대적 공감'으로 나눌 수 있다.

④ 환언: 환언은 내담자의 말이나 아이디어를 컨설턴트가 자기 언어로 바꾸어 다른 각도로 말하는 기법이다. 컨설턴트가 내담자의 이야

기를 경청하여 잘 이해하고 있음을 알리며, 내담자도 그 이야기를 듣고 부정확한 부분을 수정할 기회를 제공한다.

⑤ 요약: 요약은 컨설턴트가 이해한 사항 혹은 가정을 확인하고, 관련된 아이디어를 묶어서, 복잡한 자료와 내용을 조직화하는 방법이다. 더불어 내담자에게는 장황하거나, 관계없는 내용을 정리하게 해준다. 요약은 환언과 유사한 방식으로 할 수 있지만 환언에 비해서는 좀 더 긴 이야기를 돌려준다.

▶ 탐색

① 질문: 내담자가 말하는 내용의 의미를 탐색하는 기법 중에 가장 핵심적인 기법은 질문이다. 질문은 적극적인 경청의 한 부분이며, 여러 가지 목적을 달성하도록 해준다. 특히, 고객이 좀 더 높은 수준으로 사고하도록 돕거나, 호기심을 자극하여 새로운 가능성을 발견할 수 있도록 하면서 이전에 느끼지 못하였던 것을 알아차리도록 한다. 질문의 종류에는 "예.", "아니오."로 용이하게 답할 수 있는 폐쇄형 질문과 여러 가지 답을 할 수 있는 개방형 질문으로 구분된다.

② 지지: 탐색 기법에는 질문 외에도 고객이 좀 더 이야기하도록 돕는 간단한 지지가 있다. 지지는 고객의 이야기를 듣는 가운데 적절한 때에 언어적, 비언어적으로 지지하는 행위를 의미한다. 판소리에서 장단을 짚는 고수가 창의 사이사이에 흥을 돋우기 위하여 사용하는 '좋다', '얼씨구', '흥' 따위의 추임새도 지지와 격려를 하는 용어이다.

③ 직면: 직면은 내담자가 간과하기 쉬운 자신의 성격이나 행동 양상에 대해서 좀 더 주의를 기울이게 만드는 방법이다. 이는 자신과 타인에 대해 더 높은 수준으로 이해하도록 돕는 수단이며, 내담자가 보

한국형 전직지원 기술

이는 중요한 불일치를 다루는 데 적합한 기법이다. 직면의 유형은 '피드백 직면'과 '불일치 직면'이 있으며, '피드백 직면'은 내담자가 타인에 의해 어떻게 지각되고, 타인에게 자신의 행동이 어떤 영향을 미치는지를 보여주는 것이다. '불일치 직면'은 모순되고 혼합된 메시지에 초점을 맞추는 것으로, 예를 들어, "내담자께서는 …라고 말하지만, …하게 행동하십니다."라든지, "컨설턴트 입장에서 보기에는 내담자께서는 어떤 때는 … 이고, 어떤 때는 … 입니다."라는 표현을 사용한다. 주의해야 할 점은 직면이 과도하게 사용되거나, 부주의하게 사용될 경우 내담자의 컨설팅 동기를 손상시킬 수 있다. 따라서 직면을 구사할 때는 내담자를 배려하는 가운데 실시해야 한다.

▶ 역량 강화

① 동기 부여: 동기 부여는 내담자가 전직으로 인한 변화 과정에 자발적으로 참여하는 정도를 의미한다. 높은 동기를 가진 내담자는 컨설팅 과정에 참여하려는 의지를 가지며, 에너지와 자원을 투자하려는 노력을 보인다. 그 과정에서 각종 걸림돌의 출현에도 장기간 해결 노력을 기울일 수 있는 자신의 능력을 믿으며, 자기효능감도 지니게 된다. 동기는 역량 강화를 위한 행동으로 이어진다. 기본적으로 동기는 내담자가 자신에게 부여하는 것이며, 컨설턴트는 동기가 부여될 수 있는 환경을 조성하는 역할을 한다.

② 재구조화: 내담자가 자신의 사고를 변화 혹은 수정하도록 돕는 기법이다. 이는 대안적인 해석을 하거나, 새로운 의미를 부여함으로써 내담자가 상황을 달리 보도록 돕는 행위이다. 즉 내담자가 자기 패배적이거나 위축되어서 막다른 곳에 이르렀다는 생각에서 벗어

나서 다른 생각을 해보도록 돕는 매우 중요한 기법이다.

③ 목표 설정: 내담자가 컨설팅을 통해 얻고자 하는 바를 용어로 정의할 수 있도록 돕는 과정인데, 그 목표는 컨설팅의 방향과 목적을 식별하게 해준다. 목표는 내담자가 전직컨설팅을 통해서 얻고자 하는 결과적 목표와 컨설턴트가 결과적 목표를 얻기 위해 수행하는 과제로 구분된다. 따라서 컨설턴트가 어떤 역할을 해야 할지를 분명히 해주고, 내담자에게는 전직 탐색 활동에 노력을 투자할 수 있는 동기를 가지도록 하는 효과도 있는데, 목표 달성 여부는 컨설팅의 효과를 평가하는 기준도 된다.

▶ 사후 관리

① 전직 성공자 직장 적응: 사후 관리 부분은 현장 컨설팅에서 간과하기 쉬운데, 통상 전직 성공자들도 3개월 정도의 사후관리가 필요하다. 현장에서는 내담자들이 업무 수행, 직장 내 관계, 복지 등과 관련된 문제를 접하게 되는데, 그 종류는 매우 다양하다. 컨설턴트는 전직 성공자들이 사후 관리 시에 말하는 애로사항을 경청 및 공감해주고, 가능한 수준에서 적응하도록 돕는다.

② 미전직자 전직지원: 아직 전직을 진행 중인 경우에는 목표가 높거나, 보유 자산의 적합성 여부 2가지를 판단해 보면 좋다. 대부분 손에 닿을 수 없는 높은 목표 혹은 부적절한 목표를 설정해 두었거나, 전직에 필요한 자산이 부족한 경우가 많기 때문이다. 컨설턴트는 내담자의 전직 상황을 경청하면서 그 가운데 비합리적인 신념 혹은 부적절한 조치 등을 파악하여 그에 대한 피드백을 제공한다.

컨설팅 스킬 모음

일반적으로 컨설턴트를 대상으로 한 교육이나 전문 서적에서 '구직지원 스킬', '취업지원 스킬' 등 여러 가지로 회자되지만, 여기에서는 전직지원 서비스를 다루는 입장에서 '컨설팅 스킬'이라는 명칭을 사용한다. 이는 앞서 설명한 4가지 기본 기법의 지배를 받는다.

먼저 현장의 구직 지원, 취업 지원에서 사용되는 스킬과 전직지원에 사용되는 스킬은 많은 공통점을 가지고 있다는 점을 이해하자. 이미 많은 전직, 재취업 및 퇴직 관련 책자에서 다수의 스킬을 언급하고 있으므로 여기에서는 스킬의 중복을 피하고, 차별적 형태로 스킬을 설명해 보고자 한다. 예를 들면, 전직 서류 작성 시에 키워드를 사용한 생각의 발산과 프레임으로 구조화하는 방법 등이다.

제시하는 컨설팅 스킬은 21가지이며, 그 목록은 아래와 같다.

검사	성취 업적	전직 대안/목표 설정
다양한 일의 방식	전직 서류 작성	정보 탐색 및 분석
자기 관리	네트워킹	전직 걸림돌
직업 능력 개발	면접	연봉 협상
시간 관리	스트레스 관리	사후 관리
직장 적응	의사소통	미션, 비전 및 핵심 가치
생애경력설계	생성형 AI 활용 컨설팅	슈퍼비전

▶ 검사

전직지원 서비스에서 검사의 목적은 자기 이해에 있다. 현재 국내의 전직지원 서비스 중에 사용하는 일반적인 검사 도구는 워크넷 심리검사, 엠비티아이(MBTI), 애니어그램(Enneagram), 프레디저(Prediger), 버크만(Birkman), 그리고 이고그램(Egogram) 등이 있으며, 각 검사는 나름의 측정 분야와 특성을 지니고 있다. 여기서는 검사 자체의 세부적인 설명은 생략한다.

다수의 전직자들은 재직 중에 유사 검사를 받은 경험이 있으므로 검사를 회피하는 경우가 많다. 그럼에도 불구하고 검사는 당시의 상황이나 심리 상태 등의 영향을 받을 수 있기 때문에 다시 한 번 진행할 수도 있다. 필요시 고객을 이해시키고 진행해도 좋지만, 내담자가 강력하게 저항시에는 도구가 아닌 상호 간의 직접적인 대화, 혹은 워크시트를 매개로 할 수도 있다.

먼저 검사와 진단의 구분, 검사의 목적, 검사의 주제, 검사 대상자, 검사 주제, 검사 시행상 이슈, 워크넷 심리 검사와 위에서 이야기한 MBTI 등 6개 검사 도구의 특성에 대해서 간략하게 논해 보고자 한다.

① 검사, 진단, 평가의 구분: 현장에서는 대부분 검사 도구, 진단 도구, 평가 도구를 잘 구분하지 못한 채 용어를 혼용하고 있다. 따라서 검사, 진단, 평가의 정의를 명확히 하고자 한다.

- 검사: 개인의 특정 특성이나 능력, 성격 등을 측정하기 위해 설계된 표준화된 절차를 말한다. 이는 체계적으로 데이터를 수집하고 이를 통해 다양한 측면을 평가하기 위한 도구를 포함한다. 지능 검사, 성격 검사, 적성 검사 등을 들 수 있는데, 표준화된 절차와 도구를 사용하며, 신뢰도와 타당도가 검증된 도구들이다.

- 진단: 검사를 통해 수집된 데이터를 분석하여 특정 문제나 상태

를 확인하고 명명하는 과정이다. 진단은 주로 문제를 식별하고, 이를 바탕으로 적절한 조치를 취하기 위한 첫 단계를 의미한다. 주로 치료 계획이나 개입 전략 등의 의학적, 심리적 문제나 장애를 평가하는 전문 분야에 사용된다. DSM-5(정신 질환 진단 및 통계 편람), MMPI(미네소타 다면적 인성 검사)가 그 예이다. 학습 장애 진단, 정신 건강 상태 진단 등을 들 수 있고, 검사를 바탕으로 문제를 정의하고, 이를 해결하기 위한 기초 정보를 제공한다.

• 평가: 검사와 진단을 포함하여 수집된 모든 정보를 바탕으로 종합적으로 판단하고 해석하는 과정을 말한다. 평가는 주로 의사 결정, 피드백 제공, 발전계획의 수립 등에 사용한다. 성과 평가, 직무 적합성 평가 등을 예로 들 수 있는데, 수집된 데이터를 종합적으로 분석하여 개인이나 상황에 대한 종합적인 판단을 제공한다.

② 검사의 목적: 검사는 두 가지의 주요한 목적을 가지고 실행한다.

첫 번째 목적은 고객의 자기이해를 촉진시키기 위함이다. 이는 가치, 흥미, 스킬, 그리고 성격 검사등을 포함하는 것으로, 검사에서 나온 정보를 통해 가능한 한 고객에 대한 완벽한 그림을 그려보는 것이다. 두 번째 목적은 고객의 자기 존중감을 향상하는 것이다. 대부분의 기업 퇴직자는 재직 중에 자신의 직무를 수행하면서 여러 가지 스킬을 사용하고 있었다. 그러나 정작 어떤 스킬을 사용하였는지는 정확하게 인식하지 못한다. 검사를 통해 그런 스킬을 찾아주면서 고객의 자기 존중감을 향상시킨다.

③ 검사 대상자: 아래는 검사를 필요로 하는 대상자들이다.

• 희망 퇴직과 전직 탐색 활동으로 인해 심각한 스트레스를 경험하는 내담자

- 급변하는 고용 시장 상황 속에서 경력 전환을 모색해야 하는 내담자
- 관리 스타일, 대인 관계 역량 혹은 개인적 동기 부분의 어려움으로 퇴직한 내담자
- 가능한 한 자신에 대해 많이 이해하기 위해 검사를 요청하는 내담자
- 장기간에 걸쳐 감정적 조절에 어려움을 겪는 내담자로 컨설턴트가 추가적인 심리적 안정이나 치료의 추천을 결심할 정보의 획득이 필요한 내담자
- 기타 검사 자격을 갖춘 컨설턴트가 필요하다고 인정하는 내담자

④ 검사 주제

검사 주제는 아래 그림과 같이 다양하며, 검사 자격자가 필요하다고 인정하거나, 내담자가 필요성을 느끼는 주제에 대해서 검사를 할 수 있다. 위와 같은 지침에 기초하여 고객에 따라 검사의 양과 형태가 달라지므로, 자격을 갖춘 컨설턴트는 검사의 목적과 바라는 바에 대한 명확한 의견을 가지고, 적합한 도구를 선택해야 한다. 통상적으로 많이 다루는 주제는 아래와 같다.

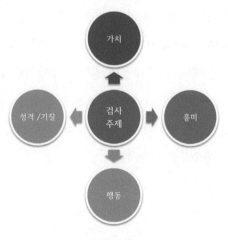

[그림 III-6 검사 주제]

⑤ 검사 시행상 이슈

여기에서는 컨설턴트들의 검사 방법뿐만 아니라 그 사용과 관련된 이슈 몇 가지를 이야기해보고자 한다.

• 컨설턴트의 검사 배경 및 훈련에 관한 내용이다. 일부 전직지원 전문 업체에서는 자격 있는 컨설턴트 혹은 심리 전문가만이 검사를 진행하고 있으나, 업체의 정책에 따라서 검사의 실시와 해석 업무만 도맡아 하는 컨설턴트나 전문가들을 두는 경우도 있다.

• 검사의 범위 및 피드백의 성격이다. 도구를 선택할 시에는 세심하게 판단해야 한다. 경력 전환의 심각성을 겪는 내담자에게는 더욱 광범위한 검사가 적합하고, 기존 경력을 지속하고자 하는 내담자에게는 광범한 검사를 할 이유는 적다.

• 전직지원 서비스에서 전형적으로 사용하는 검사는 자기 보고식 검사라는 점이다. 따라서 결과는 내담자의 선택에서 나오는 것이기 때문에 검사 결과가 개인의 숨겨진 부분을 말해준다는 이야기는 지양해야 한다. 검사가 왜곡될 수 있기 때문이다.

• 컨설턴트는 포괄적인 방법으로 그리고 내담자가 수용할 방법으로 검사 결과를 제시해야 한다. 컨설턴트가 결과를 제시하고 내담자가 그 해석을 잘 이해했는지에 대한 피드백도 받아야 한다. 결과 프로파일은 내담자에게 제공하여, 이후에도 다시 보면서 참고하도록 한다.

• 호기심의 충족이나 실시 규정 때문에 검사를 실시해서는 아니 된다. 단지 컨설턴트의 호기심을 충족시키거나 혹은 모든 내담자이 특정 검사를 해야 한다는 전직지원 전문 업체, 혹은 전문 기관의 정책 때문에 진행해서는 안 된다.

전체적으로 검사는 전직지원 프로세스에서 매우 중요한 부분을 차지하고 있으므로 전직지원 전문 업체는 내담자에게 실시하는 검사의 양과 형태를 결심할 가이드라인을 잘 설정해야 한다. 세부적인 내용은 '별지 D. 전직지원 컨설턴트 윤리 표준'에서 다루고 있다.

⑥ 검사 도구별 특성

아래는 검사 도구별 특성으로 사용 목적과 분야를 요약한 내용이다.

도구명	사용 목적	사용/측정 분야
워크넷 직업 심리 검사 (성인용)	다양한 심리적 특성을 객관적으로 측정하여 자신에 대한 이해를 돕고, 더 적합한 진로 분야 선택에 활용	12개 검사: 직업 선호도(S, L형), 구직 준비도, 창업 적성, 직업 가치관, 영업 직무 기본 역량, IT 직무 기본역량, 준고령자 직업 적성, 대학생 진로 준비도, 이주민 취업준비도, 중장년 직업 역량, 성인용 직업 적성 검사
MBTI	개인의 성격 유형을 평가하여 자기 이해와 대인 관계 개선, 직업 적성 탐구 등에 활용	교육, 직업상담, 팀 빌딩, 리더십 개발 등
스트롱 (Strong)	개인의 직업적 흥미 파악을 위해 사용	개인적 흥미, 직업적 흥미, 업무 환경 선호도, 여가 활동
애니어그램 (Enneagram)	개인의 성격 유형을 9가지로 분류하여 개인 성장, 대인 관계 개선에 활용	자기 이해, 대인 관계 개선, 개인 성장, 영적 탐구 등
버크만 (Birkman)	개인의 행동 스타일, 동기, 스트레스 반응 등을 평가하여 조직 개발, 팀 빌딩, 경력 개발에 활용	조직 개발, 팀 빌딩, 리더십 훈련, 경력 개발
이고그램 (Egogram)	개인의 자아 상태를 분석하여 자기 이해, 대인 관계 개선, 심리 상담에 활용	자기 이해, 대인 관계 개선, 심리 치료 및 상담 등
프레디저 (Prediger)	개인의 성격 유형과 행동 경향을 평가	자기 이해, 직업상담, 팀 빌딩, 리더십 개발

[표 Ⅲ-5 검사 도구별 특성]

특히 워크넷 직업 심리 검사의 경우에는 워크넷 회원 가입 후 즉시 무료 사용이 가능하며, 검사 결과도 바로 '검사 결과 보기'를 통해서 볼 수 있다. 더불어 검사 결과에 대한 문의 혹은 상담을 가까운 고용 센터에서 받을 수 있는 장점도 있다.

▶ 성취 업적

성취 업적은 '특정 상황에서 맡은 과제를 수행하기 위해 취한 행동과 그로 인해 얻어진 결과'로 정의할 수 있다. 성취 업적은 주로 경험 및 심층 면접에서 요구되며, 전직 서류에도 간략하게 기록된다. 이는 면접관이 지원자의 이전 경력에서 성취 업적을 추출하여 지원 직무에 대한 적합성을 가늠할 때 사용한다. 지원자의 입장에서 역으로 그 질문에 대비해보면 좋다.

성취 업적 구성은 일종의 프레임을 이용하는 스킬로써 자신의 이야기를 잘 조립하여 표현할 수 있다. 국가직무능력표준(NCS)에 의거하여, 채용이 이루어지는 경우에는 경험 기술서, 경력기술서, 그리고 자기소개서에서 요구하는 내용을 잘 작성할 수 있는 프레임을 제시해준다.

여기에서는 성취 업적 구성, 성취 업적 사용처, 그리고 계층별 성취업적 작성 주제, 순으로 국내에서 잘 정립되지 않았던 내용을 한국화하여 소개한다.

① 성취 업적 구성: 성취 업적은 일반적으로 S(situation, 상황/배경/동기), T(task, 수행과제 또는 목표), A(action, 수행과제, 목표를 달성하기 위한 절차, 조치, 행동), R(result, 절차, 조치, 행동에 따른 결과, 성과, 효과 또는 변화된 것, 느낀 것)로 구성된다. 앞의 STAR에 3가지를 'LNG'를 더하여 'STARLNG'로 사용하면 더욱 높은 효과를 낼 수 있다. 일반적으로 이력서, 자기소개서, 경력기

술서, 직무 수행 계획서 작성뿐만 아니라 면접이나 마케팅 등에 전반적으로 활용할 수 있다. STARLNG는 '별'을 의미하는 STAR, 그리고 '(천연) 가스'를 의미하는 LNG로 기억하여, 순서대로 이야기하거나 구성하면 된다.

구 분	설 명
S (상황, 배경, 동기)	• 경험, 사건이 발생하게 된 배경이나 동기 등
T (수행 과제, 목표)	• 맡은 업무가 어떤 것이었는가? • 어떤 상황 또는 환경하에서 과제를 수행하였는가? ※ 업무 마감 시한, 목표 초과 달성, 수익 향상, 부가 업무 등
A (조치, 행동, 절차)	• 어떤 일을 했으며, 어떤 강점을 활용하였는가? • 구체적인 예를 들어 설명하고 강한 동작 동사를 사용
R (결과, 성과, 효과)	• 행동의 결과가 어떤 영향을 미쳤는지? • 조직의 시각에서 본 기여도, 구체적 성과, 수치화된 결과
L (교훈, 배운 것)	• 그 성취 업적을 통해서 느낀 것, 배운 것은? • 얻게 된 인사이트나, 성찰한 사항은?
N (네트워크)	• 성취 간에 알게 된 인적 네트워크, 조직 네트워크는?
G (수익)	• 위와 같은 상황에서 내가 잘할 수 있는 일은? • 자신이 입사 시 회사에 안겨줄 수 있는 수익은? ※ 특히, 면접 시, 전직 마케팅 시에 사용

[표 III-6 성취 업적의 구성]

② 성취 업적 사용처: 아래 그림에서 성취 업적 사용처를 잘 설명해 주고 있다. 일반적으로 면접 시에만 사용하는 것으로 이해하지만, 실제로 다양한 얼굴을 가지고 있다.

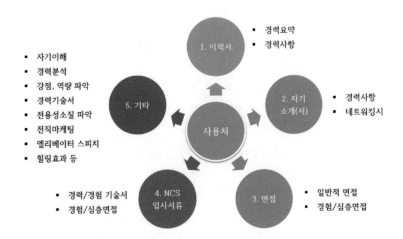

[그림 III-7 성취 업적의 다양한 사용처]

③ 성취 업적 주제: 많은 계층의 전직 희망자 혹은 재취업 희망자는 성취 업적 작성에 많은 애로를 겪고 있는데, 작성 주제를 가늠하기 힘들기 때문이다. 따라서 아래와 같은 주제를 보면서 생각을 발산시키면 다양한 주제를 기억해낼 수 있다. 이 주제는 전직컨설팅 및 강의 현장에서 많은 시험을 거쳐 구분한 내용으로 경력 사무직 등 6개 계층에 필요한 주제를 예로 들었다.

계층	내용
사무직(경력)	기획 우수, 부서 목표 달성, 예산 절감, 자격 획득, 상사 칭찬, 표창장/감사장 수상, 갈등 조정 경험, 스트레스 조절 방법, 인생의 변화, 성공적 민원 처리, 제도 개선 제안, 조직 운영 등
생산직(경력)	생산력 향상, 생산 기한 준수, 불량률 감소, 공정 개선 제안, 안전 사고 예방, 자재 관리, 대리 생산처 확보, 팀워크 향상, 직무 매너리즘 개선, 대인 관계 등

경력 단절 여성	육아 관련, 취미/관심사 향상, 자격증 취득, 이전 직장 생활 성취, 봉사 활동, 아르바이트, 팀워크 향상, 인턴 경험, 학부모 활동, 가족 문제 해결, 재테크 등
일반 공무원	관리 감독 우수, 실적 우수, 민원 처리, 고충 처리, 동호회 활동, 봉사 활동, 표창 수상, 자격증 취득, 성공적 행사, 승진, 법규 준수, 개선 제안, 예산 절약, 인생의 변화 등
경찰 공무원	수사 성과, 위기 상황 처리, 표창과 공로, 봉사 활동, 체력 관리, 약자 지원 사례, 변화 관리, (상습) 사건 처리, (악성) 민원 처리, 개선 제안, 조직 관리, 피해자 후속 처리 등
군인 공무원	힘든 시기 극복, 표창과 공로, 관리 우수, 교육 훈련 우수, 대민 지원, 해외 파견, 예산 절약, 취미 활동, 부하 문제 해결, 기획 사례, 인화 단결 사례 등

[표 III-7 계층별 성취 업적 주제의 예]

아래는 성취 업적 작성 프레임으로써 위 내용에서 자신의 성취 업적 주제를 식별해 보고, 그 주제를 적은 이후에 먼저 각 항목에 대한 키워드를 생성하고, 정리한 이후에 문장으로 구성하면 작성이 용이해진다.

구 분	내 용	
작성 주제	( )	
STARLNG	키워드	주요 내용
S (상황, 배경, 동기)		
T (수행과제, 목표)		
A (조치, 행동)		

한국형 전직지원 기술

R (결과, 성과, 효과)		
L (교훈, 배운 것)		
N (네트워크)		
G (수익)		

[표 III-8 성취 업적 작성 프레임]

▶ 전직 대안/목표 설정

전직 대안은 현재의 직업이나 직무를 벗어나 새로운 직업이나 직무로 전환할 때 고려할 수 있는 다양한 선택지와 경로를 의미한다. 이는 단순히 직업을 바꾸는 것을 넘어서, 자신의 경력 목표와 일치하는 다양한 가능성을 탐색하고 계획하는 것을 포함한다. 전직 대안은 개인의 경력 개발과 생애설계에서 중요한 역할을 하며, 직업적 성취와 만족도를 높이기 위한 전략적인 접근을 하게 해준다. 전직 대안의 중요성은 아래와 같다.

- 목표 달성을 지원한다. 다양한 전직 대안을 통해 개인이 자신의 전직 목표를 달성할 수 있는 최적의 경로를 찾을 수 있도록 한다.
- 리스크를 관리해 준다. 여러 대안을 탐색함으로써, 전직 과정에서 발생할 수 있는 리스크를 줄이고, 더 안정적인 전환을 가능하게 해준다.
- 유연성을 제공한다. 변화하는 전직 시장과 개인의 상황에 유연하게 대응할 수 있도록 다양한 선택지를 마련해준다.

전직 목표는 개인이 전직을 통해 달성하고자 하는 구체적인 목적이나 성취하고자 하는 결과를 의미한다.

목표 설정의 이유는 방향성을 제시해 주는 동시에 자신의 경쟁자들이 식별되고, 자신의 에너지와 자원을 한 곳에 집중하도록 하면서, 동기도 부여해준다. 이어서 전직 서류도 그에 맞게 작성하게 해준다. 여기에서는 목표의 종류와 통상적으로 사용하는 목표의 분류에 대한 이해를 깊이 하고자 한다.

① 목표의 종류: 현장에서는 대부분 목표를 단기, 중기, 장기 목표로 구분하지만, 목표를 설정할 때에 다른 다양한 목표의 종류를 이해하면 유연성과 융통성을 가지고, 자신의 목표를 성취할 수 있다. 아래 표는 다양한 목표의 종류를 간략하게 설명한다.

구 분		내 용
1	장기 목표	과정, 절차에 대한 내용과 일정을 규정, 전체적인 길 제시
	중기 목표	단기 목표를 수렴하고 장기 목표로 확산. 평가의 확인점
	단기 목표	장기 목표를 쪼갠 디딤돌, 더욱 명확한 길을 제시
2	접근 목표	미래의 원하는 결과. 원하는 결과는 하나라도 완료 시 성취됨
	회피 목표	미래의 원하지 않는 결과. 하나라도 실패 시 성취할 수 없음
3	개인적 목표	다양한 개인사에 해당하는 목표
	전문적 목표	일자리, 일거리 등의 전문성과 관련된 목표
4	최종 목표	궁극적인 목표: '나는 마라톤을 하고 싶다.'
	수행 목표	최종 목표를 지원하는 목표: '매일 아침마다 30분간 조깅하겠다.'

[표 III-9 목표의 다양한 분류]

한국형 전직지원 기술

② 단기, 중기, 장기 목표의 심층적 이해: 현장에서 주로 사용하는 목표이다. 아래 그림을 참고하여 3가지 분류에 대한 이해를 높여보자.

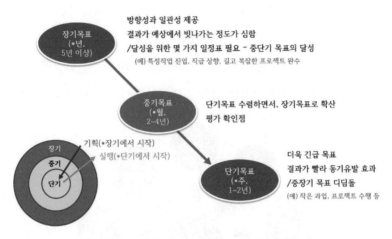

[그림 III-8 장기, 중기, 단기 목표의 이해]

목표의 설정 기한은 상황에 따라서 달리하면 된다. 유의할 점은 기획은 장기 목표부터 좁혀서 들어가서, 실행은 단기 목표에서부터 시작한다. 제시한 목표의 조화로운 기획 및 실행이 필요하고, 우선 설정해야할 것은 장기 목표임을 이해해야 한다.

▶ 다양한 일의 방식

다양한 일의 방식은 앞서 이야기한 전직 대안을 찾아볼 수 있는 생각의 운동장이다. 이전과 달리 평균 수명의 연장으로 인해서 인생 일모작에서 인생 다모작으로 변화된 일의 세계가 이미 우리 앞에 다가와 있다. 따라서 기존의 재취업 중심의 생각에서 벗어나서, 수명의 연장에 걸맞게 다양한 일의 방식으로 생각을 전환해야만 한다. 세계적인 전문가들은(영국 런던대학교 린다 그레튼 교수, 대한민국 김형석 교수) 근로 생애를

80세까지로 설정하는 것이 바람직하다고 강조하기 때문이다.

　명심해야 할 점은 중장년들은 최초에 한 가지 일의 방식으로 출발하지만, 시간이 지남에 따라 다른 방식으로도 확장해 나간다는 사실이다.

　아래에서 다양한 일의 방식을 하나씩 간략하게 설명해보고, 이런 다양한 방식을 혼합한 '포트폴리오 커리어(portfolio career)', 즉 한 가지에서 출발하여, 하나씩 확장해 나가는 방식에 대해서도 예를 들어보고자 한다.

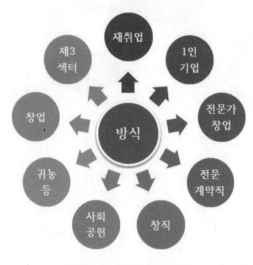

[그림 III-9 다양한 일의 방식]

① 재취업: 자신이 종사하던 동종 산업/동일 직무로 전직하는 방법도 좋지만, 동종 산업/다른 직무, 다른 산업/동일 직무, 다른 산업/다른 직무로도 전직할 수 있다는 방향으로 생각을 확장해야 한다.

② 1인(지식) 기업: 자신의 전문성에 기초하여 혼자 일하면서, 필요시 소수와 협업해서 일하는 방식이다. 1인 기업을 창업하여 다양한 고용주와 파트너로 일하는 방법도 바람직하다.

③ 전문가 창업: 동종 혹은 이종 산업에 종사하던 몇 명의 전문가가

지닌 전문성에 기초하여 협업하는 형태이다. 중장년의 경우 서로 협업하여 소기업을 창업하거나, 사회적 기업, 혹은 협동 조합을 창업하는 방법도 있다.

④ 전문 계약직: 개인의 전문성에 기초하여 기업에서 필요로 하는 특정 프로젝트를 기회적 혹은 정기적으로 수행한다. 완전한 고용이 아닌 특정 기간에 특정 업무를 중심으로 일한다. 이미 중장년들은 다수가 전문 계약직으로 일하고 있다.

⑤ 창직: 자신이 지닌 특정한 솔루션에 기초하여 새로운 직업을 만들어내는 형태이다. 새로이 창조, 발견, 기존의 있는 직업을 더욱 세분화하여 전문화하는 방법, 그리고 기존의 직업을 융합하는 4가지 방법이 있다.

⑥ 사회 공헌: 통상 사회 공헌이라고 자신의 전문성을 사회에 환원하면서 보답하는 형태로 본다. 100세 시대에는 순수한 공헌도 좋지만, 사회 공헌을 자신이 희망하는 궁극적인 일자리, 일거리로 옮겨가는 징검다리형 일자리로 볼 수도 있다.

⑦ 귀농/귀산/귀어: 새로운 장소에서 새로운 삶을 구사하는 형태로서 명심해야 할 것은 생산 아이템과 판로를 잘 구상해야만 한다. 따라서 일종의 창업 형태로 보아야 한다.

⑧ 창업: 다수의 중장년들이 재취업이 힘들면 창업을 고려하는데, 창업을 하더라도 소규모 창업을 지향하면 좋다. 기술 창업, 프랜차이즈 창업, 그리고 외주 창업으로 나눌 수 있다.

⑨ 제3섹터: 공공기관이나 민간 영리 기업에서 할 수 없는 일을 한다는 의미이다. 사회적 기업이나 협동 조합들이 하는 일을 상정해 보면 된다.

[그림 III-10 포트폴리오 커리어의 예]

다양한 일의 방식을 좀 더 확장해보면 그림 III-10의 '포트폴리오 커리어'와 연계된다. 포트폴리오 커리어는 크고 작은 다양한 일을 동시에 하는 개념으로서 재무 분야에서 이야기하는 "한 바구니에 모든 것을 담지 말라." 하는 재무 포트폴리오 구성에 관한 이야기를 생각해보면 이해가 용이하다.

'포트폴리오 커리어'란 온전한 일자리 하나를 가지는 것이 아닌, 여러 개의 조각 일거리를 가지는 개념이다. 이는 하나의 온전함이 어려울 경우에 여러 개의 다양함을 추구하는 중장년들에게는 적합한 방법론이 될 수 있다. 예를 들어, 작가로 일하면서 사진사를 병행하거나, 혹은 디자이너로 일하면서 스타일리스트(stylist) 일을 동시에 해나가는 것이다.

▶ 전직 서류 작성

여기에서는 전직 서류 작성에 참고가 되는 기본개념을 설명하고, 주요 전직 서류 몇 가지에 대해서 기본적인 개념과 프레임을 중심으로 논한다. 마케팅 이력서, 제안서, 직무수행, 그리고 컨설팅 일지에 관해서는 '별지 E. 주요 전직 서류 프레임 및 작성의 예'에서 볼 수 있다.

① 전직 서류 작성 기본 개념: 전직 서류에 대해서 세부적으로 논하기 이전에 전직 서류의 성격이나 작성 절차에 대한 개념 몇 가지를 먼저 논해 보고자 한다.

첫째, 전직 서류는 일반적인 서류가 아닌 제안 성격의 서류이다. 즉, 고용주가 바라는 바를 해결할 수 있다는 의지를 표현하면서 지원자의 가치를 높이는 서류이다. 즉, 일종의 마케팅 서류로, 고용주가 자신을 사게 만드는 문서이다.

둘째, 전직 서류 작성 절차는 먼저 무엇을, 어떻게 쓸 것인지에 대해서 브레인스토밍하고, 필요한 관련 정보를 수집한 이후에 작성을 시작한다. 초안이 완성 이후에는 냉각 시간(cooling time)을 갖는데, 일정 시간이 지난 뒤 다른 시각으로 보면서 수정하는 절차를 여러 번 거친다. 편집 시간을 거치고, 필요하면 지원 컨설턴트나 지인에게 자문을 의뢰해도 좋다. 전직 서류는 15초 혹은 그 이내에 보는 이의 관심을 끌 수 있어야 한다.

셋째, 주요 내용은 직무와 관련된 강점을 추출하여 잘 표현해야 하므로, 직무 관련 정보는 기업 사이트를 참고하거나, 관련 직무 근무자와 만남을 통해 수집한다.

넷째, 작성 시에는 잠재 고용주의 관점에서 작성하고, 자신의 첫인

상을 서면으로 보여준다는 생각을 가지고 작성해야 한다.

다섯째, 현장에서 클리닉 시 발견할 수 있는 보편적으로 간과하는 사항은 주제에 충실하지 않고, 무관한 내용을 넣는 경우이다. 많이 넣겠다는 생각을 자제하고, 주제에 맞는 내용만 선택하여 작성한다.

세부적인 전직 서류 작성에 대해서는 현장에서 많이 다루기 때문에 여기에서는 주로 키워드를 추출하여 프레임을 만들어나가는 방법을 제시해 본다. 소개하는 기법은 생각의 발산과 수렴을 위한 '가와 기타 지로법(KJ법)', 그리고 '상호 배제, 전체 포괄(MECE, Mutually Exclusive and Collectively Exhaustive)' 기법을 준용한 것으로, 생각을 발산 및 수렴한 이후에 정리하면 초안 작성이 용이하다.

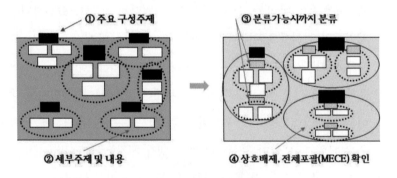

[그림 III-11 가와기타 지로법(KJ법)]

- 먼저 요구하거나, 생각하는 전직 서류의 주요 구성 주제를 적어 본다. (포스트잇을 사용하여 키워드를 적어보거나, 종이 위에 키워드를 적어보는 방식으로 해본다.)
- 주요 구성 주제에 포함될 세부 주제 및 내용을 적어 본다.
- 세부 주제 및 내용을 분류 가능할 때까지 분류해 보고, 필요하면 다시 주제명을 붙여서 구분한다.

한국형 전직지원 기술

- 상호 배제, 전체 포괄(MECE, Mutually Exclusive and Collectively Exhaustive) 기법을 준용하여, 세부 주제 및 내용의 중복됨이 없고, 동시에 빠진 것이 없는지를 살펴보고 필요하면 추가 혹은 삭제한다.
- 분류된 내용에 기초하여 더욱 세부적으로 전개하거나, 초안을 작성한다.

이 기법은 일종의 기획으로 볼 수 있다. 기획에 시간을 많이 투자할수록 작성 시의 시간을 절약하고, 서류의 질도 향상할 수 있다.

② 커버 레터(cover letter): 커버 레터는 첨부된 전직 서류를 채용 담당자가 읽어보도록 '부추기는 마케팅 문서'의 역할을 한다. 온라인을 통해서 제출 시에는 메일의 본문 내용으로 보면 된다. 흥미를 끌 수 있는 커버 레터를 작성 시 유의해야 할 5C는 아래와 같다.

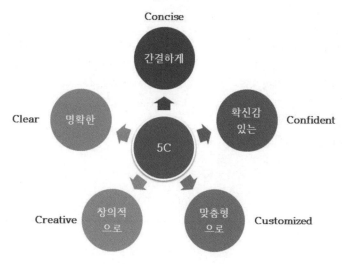

[그림 III-12 커버 레터 작성 5C]

일단 커버 레터는 간결하게 작성되어야 하며, 문장에서 지원자의 확신감이 넘칠 수 있어야만 한다. 더불어 지원하는 기업 등에 맞게 작성되어야만 하며, 통상적인 문구에서 벗어나서 채용 측에 적합한 창의적인 방법으로 명확하게 작성해야만 한다. 예문은 아래와 같다.

수신: 홍길동 길동 IT사 고객서비스 부장

홍길동 부장님, 안녕하세요?
이번에 길동 IT사 웹사이트 개발자 직무에 지원한 표남산입니다. 제가 지닌 기술적 스킬과 마케팅 관련 적성, 그리고 개발 경험과 경력을 혼합한 특별한 능력을 토대로 귀사의 IT 팀에서 많은 이바지를 할 수 있다고 확신합니다. 동봉된 제 자격과 관련된 사항을 참조해주시면 감사하겠습니다.
저는 최근에 세계 최고 IT사에서 5년 동안 웹사이트 개발 업무를 하면서 다수의 국내 굴지 대기업의 웹사이트를 개발한 경험과 보수 유지하는 업무를 성공적으로, 그리고 차별성 있게 지원한 바 있습니다. 따라서 실질적인 현장 경험과 함께 가장 최근의 현장 요구 사항에 대한 혜안도 가지고 있습니다.
다음 주 수요일과 목요일에 제가 길동 IT사 인근에 위치한 지원 기업을 방문할 예정입니다. 혹시 시간이 되시면 한번 만나 뵐 수 있기를 희망합니다. 가능하시다면 시간과 장소를 정하기 위해 별도로 연락드리도록 하겠습니다. 첨부된 저의 마케팅 이력서를 참고해주시면 감사하겠습니다.
제 전화번호는 XXX-XXXX-XXXX입니다. 필요시 연락해주십시오.

감사합니다. 좋은 하루 되십시오.

표남산 올림
captain918@xxx.com

③ 이력서: 이력서는 현장에서 연대기형, 기능형, 자유형, 혼합형 양식이 제시되고 있다. 일반적으로 연대기형 이력서를 많이 사용하지만, 여기에서는 양식이 특별히 규정되지 않은 자유형 이력서와 마케팅 이력서를 논해보고자 한다. 실제로 이력서는 전직에 필요한 기본 서류이다. 통상적으로 정해진 양식을 제시하는 기업도 있으나, 그렇지 않을 때는 자유형 이력서를 제출한다.

- 자유형 이력서

  자유형 이력서는 주로 인적 사항, 경력 요약, 경력 사항, 보유 자격, 교육 이수, 기타 사항, 그리고 서명란을 포함한다. 자유형인 만큼 다양한 형태로, 다양한 주제로 적합하게 작성해도 좋다. 통상적으로 2장 이내로 작성하나, 경력이 많은 경우에는 3장까지 작성할 수 있다.

- 마케팅 이력서

  마케팅 이력서도 어떤 의미에서는 자유형 이력서이지만, 시각적인 효과를 노리면서 전직 탐색 활동 중에 자신을 간단히 소개하는 마케팅용으로도 사용할 수 있다. 기존의 연대기형 이력서 같은 경우에는 많은 정보를 수록한 나머지 고용주의 결심을 어렵게 하는 점도 있지만, 마케팅 이력서는 핵심 사항만 넣기 때문에 오히려 읽는 이의 호기심을 자극하여 만나 보고픈 생각이 들게 만드는 효과도 있다. 마케팅 이력서 양식은 매우 혁신적인 형태로서 채용에 큰 영향을 미치는 기업의 경영진이나 새로운 직위를 창출할 수 있는 자에게만 송신하는 것이 좋다. 마케팅 이력서는 핵심 중의 핵심 정보만 담아서 간결한 점도 있다. 주요 구성 요소는 경력과 관련된 회사 로고(시각적 효과를 노림), 경력 목표, 핵심 역량, 주요 경력, 경력 사항, 기타 학력, 교육, 자격증 및 저서 등으로 구성된다. 별지 E에서 그 예를 볼 수 있다.

이력서 작성을 위한 브레인스토밍 시 사용할 수 있는 아래 프레임을 참고하여 키워드를 추출하여 하나씩 작성해보자.

구 분		키워드 추출		
인적 사항				
경력 요약				
주요 경력 사항	경력명			
	핵심 업무			
관련 교육 수강				
관련 자격증				
핵심 역량				
기타 사항 (* 컴퓨터, 언어 등)				

[표 Ⅲ-10 이력서 키워드 작성 프레임]

④ 자기소개서: 자기소개서 역시 잠재 고용주가 지원자를 사게 만드는 서류로서 이력서에서 표현하지 못한 차별성을 좀 더 세부적으로 표현할 수 있다. 앞서 이야기한 바와 같이 지원 서류에서 요구하는 항목이나 혹은 자신이 자유롭게 항목을 선택하여 작성하면 된다. 주요한 점은 요구하는 항목에 관련된 내용만 충실하게 작성하는 것이다.

한국형 전직지원 기술

이력서와 마찬가지로 자기소개서도 지원하는 기업의 홈페이지를 참고하여, 핵심 직무에서 요구되는 관련 용어를 다수 포함하면 좋다. 이는 채용 측과 코드를 맞추는 행위이다. 자기소개서를 요구하는 사유는 지원 동기, 장래성, 문서 작성과 논리 전개 능력을 파악하고, 면접의 기초 자료로 사용하기 위함이다. 통상 중장년의 경우 요구되는 작성 양식이 없을 경우에는 지원 동기, 경력 사항, 입사 후 포부 3가지 정도만 작성해도 무난하다.

자기소개서 역시 작성에 어려움을 겪는 경우가 많으므로, 현장에서 사용하는 키워드 추출 양식을 아래에 소개해본다. 아래와 같이 자기소개서 전체를 대변하는 문장을 1줄 정도 작성하고, 각 주제에 해당하는 표현 문장 1줄과 세부 주제 각 3가지 정도를 브레인스토밍한 이후에 작성하면 용이해진다.

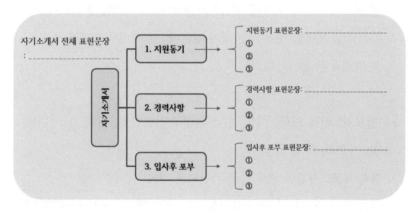

[표 III-11 자기소개서 작성 프레임]

⑤ 경력기술서: 기존의 경력에서 수행한 직무에서의 전문성을 강조하기 위해 작성하는 문서이다. 목적은 자신의 경력 배경을 명확하고 효과적으로 소개하여 채용 담당자가 지원자의 경력을 용이하게 이

해하고 평가하도록 돕는다. 따라서 경력기술서는 본인의 성과/성취 업적을 구체적으로 작성해야 한다.

최근에는 경력직에 대한 선호가 높아짐으로써 많이 요구되고 있다. 경력을 중시하는 이유는 별도의 교육 훈련 없이 업무에 바로 투입될 수 있기 때문이다. 그 배경에는 채용자들이 요구하는 경력 스킬을 확인할 수 있도록 기술해 달라는 것인데, 단순히 경력의 나열이 아닌 성과를 보고 싶다는 의미이다. 따라서 관련 경력에서의 성과를 잘 표현해야 한다.

경력기술서 전반에서 표현해야 할 내용은 전문성의 강조, 직무의 연관성 강조, 성과 강조 그리고 개인의 성장을 보여주어야만 한다. 사실상의 세부 사항은 앞에서 설명한 '성취 업적'의 작성 내용을 기반으로 하면 좋다.

실제로 지원하는 직무에 적합한지를 판단하기 위한 문서로서, 일반적으로 포함할 내용은 아래와 같은데, 말 그대로 경력을 중심으로 작성하는 문서이다.

- (필요시) 인적 사항: 이름, 연락처 정보(전화번호, 이메일), 생년월일, 거주지, 학력
- 경력 목표: 자신의 경력 목표 간단하게 제시
- 경력 사항(최근부터 작성/사실상 요구하는 핵심): 회사명, 근무 기간, 담당 직책 및 주요 업무, 주요 성과 및 기여도
- 보유 기술 및 자격: 유관한 내용 서술
- 추가 정보(지원 기업의 성격에 따라 변화): 가족 관계, 언어 능력, 컴퓨터 능력, 수상 내역 등

구 분	내 용			
1. 인적 사항				
2. 경력 목표				
3. 경력 기술	경력명			
	기 간			
	주요 수행 업무 및 성과	· · ·	· · ·	· · ·
4. 보유 기술 및 자격				
5. 추가 정보				

[표 III-12 경력기술서 작성 프레임]

⑥ 직무 수행 계획서: 직무 수행 계획서는 지원자가 해당 직무를 수행
하면서 구체적으로 어떤 전략과 계획을 가지고 업무를 처리할 것
인지를 체계적으로 제시하는 문서이다. 특히 공공기관이나 일부
기업에서 고위급 직책이나 전문 직책에 지원할 때 요구되는데, 지
원자의 업무 이해도 및 전략적 사고력을 평가하기 위해 요구한다.
이 계획서는 채용 측에서 요구하지 않더라도 종종 작성하여 제출
하는 경우가 있는데, 자신에 대한 신뢰도를 향상하고, 타인과의
경쟁에서 차별성과 능동성을 보여줄 수 있는 수단이 된다. 더불어
자신이 조직에 적합하다는 점도 보여주면서 능동적인 자세도 보여
주는 이점이 있다.

전직 현장에서는 사전에 목차를 제시하는 경우도 있지만, 목차 제
시도 없이 직무 수행 계획서 작성을 요구하는 경우도 있다. 이때에

는 지원하는 직무의 세부적인 요구 사항과 조직의 목표, 비전에 대한 충분한 이해를 바탕으로, 직무에 대한 자신의 전략적 접근 방식과 구체적인 실행 계획을 명확하게 서술하면 좋다.

별지 E에서 제시한 실제적인 작성 프레임도 참고하자.

계 층	내 용	특이 사항	핵심 포함 내용
1. 채용 기업 및 채용 직무			
2. 채용 기업 비전, 경영 이념 등			
3. 채용 직무 이해			
4. 직무 추진 전략			
5. 직무 수행 계획 및 추진 일정			
6. 비전 제시			

[표 III-13 직무 수행 계획서 작성 프레임]

⑦ 전직 제안서: 앞에서 설명한 각종 전직 도구에서 직무 수행 계획서와 함께 난이도가 높은 문서이다. 직무 수행 계획서는 채용 측에서 요구하는 경우가 있지만, 제안서는 자신이 먼저 채용 측의 상황

을 파악하고, 제안한다고 보면 좋다. 물론 특별한 만남을 가진 이후에 토의된 내용을 기반으로 제안하는 경우도 있다.

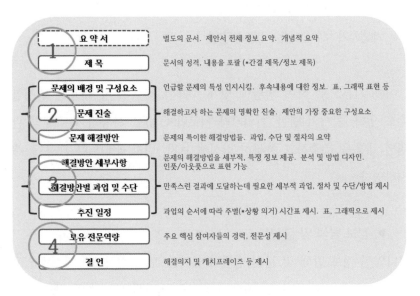

[표 III-14 전직 제안서 구성 항목의 예]

이 문서는 공개된 채용 공고에서의 높은 경쟁을 피하고, 공석 직무를 선점하기 위한 것이다. 따라서 평소에 관련 직종이나 직무에서 인적 네트워크를 확보하고 있다가 필요하면 기업의 수익을 향상할 수 있는 전직 제안서를 작성하여 만남을 추진한다. 또는 기업의 공석 직무가 없더라도 경험에 기초하여 신사업 진출 등 시장 개척이나 수익을 남길 방안 등을 미리 제시하여 추후 생겨날 직위를 선점할 수도 있다.

전직 제안서의 주제와 내용 구성을 간략히 이야기해 보면 양식에 포함되는 내용은 크게 4가지로 구분할 수 있다.

① 제목 부분

② 문제의 개요 및 해결 방안

③ 해결 방안 세부 사항과 추진 일정

④ 제안자가 보유한 전문 역량과 결언

이를 기본으로 하여 상황에 맞게 주제와 세부 구성 내용은 변경할 수도 있다. 앞서 설명한 '가와기타 지로법(KJ법)'을 사용하여 주제와 관련된 내용을 추출하고 차분히 작성해 보자. 별지 E에 일부 내용을 제시하였다.

▶ 정보 탐색 및 분석

다양한 정보 탐색 및 분석 방법이 있지만, 먼저 전직자가 통상적으로 실수하는 내용을 '동빙이몽'이라는 용어로 설명해보고, 기업 규모별 탐색 및 분석 내용을 설명한다.

① 동빙이몽(同氷異夢): 고용 시장의 문제도 있겠지만, 대부분의 전직자는 온라인 구인 정보에만 대응하면서 전직 시간이 오래 걸리는 경우가 많다. 명심해야 할 점은 대부분의 전직자가 의존하는 공개 채용 정보는 질적으로 떨어지는 일자리일 경우가 많고, 경쟁률도 심하다는 사실이다.

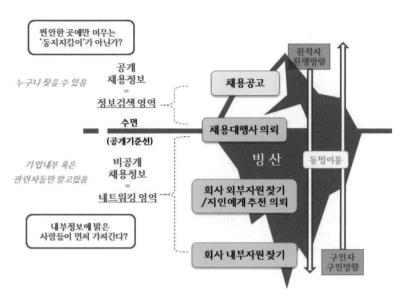

[그림 Ⅲ-13 전직자와 구인자의 동빙이몽 이해]

공개 채용 정보는 위 그림에서 보는 바와 같이 빙산의 일각으로 외부에 노출되어 있다. 반면 비공개 채용 정보는 외부에 노출되지 않은 상태이다. 공개 채용 정보는 사실상 누구나 찾을 수 있고, 비공개 채용 정보는 기업 내부 혹은 관련자만이 아는 정보로 보면 된다.

다르게 해석해 보면 공개 채용 정보는 '정보 검색 영역'에 속해 있고, 비공개 채용 정보는 '네트워킹 영역'에 속해있다. 더불어 비공개 채용 정보는 공개되기 전에 거의 채용이 이루어진다.

대부분의 그림에서 보는 바와 같이 구인자는 빙산의 하부에서 출발하면서 인근에서 적합한 자원을 찾기 시작하지만, 많은 전직자들은 빙산의 상부에서만 맴돌면서 전직 정보를 찾기 시작한다. 이 것이 '동빙이몽'의 시작이다. 현장에서 외부로 나오는 공개 채용 정보에만 매달려있는 전직자를 '둥지 지킴이'라고 부르기도 한다. 온라인이라는 둥지를 떠나 외부로 나가서 정보를 탐색할 경우에 전직에 소요되는 시간을 줄일 수 있다.

② 기업 탐색 및 분석: 전직 서류 작성 시를 포함해서 네트워킹이 필요한 경우에 사전에 기업 정보를 탐색하고, 수집된 정보를 분석하여 준비된 상태에서 접근해야 한다. 이를 위해서는 사전에 기업의 요구 혹은 희망 사항을 탐색하면서 자신이 할 수 있는 일을 능동적으로 찾아야 한다. 그를 위한 기업 정보 탐색 및 분석과 관련된 기본적 내용을 설명해 본다.

• 기업 정보 수집 사유, 규모별 탐색 및 분석 필요 내용

기업을 탐색할 시에는 기본적으로 아래 사항을 탐색 및 분석하여 준비한다. 아래에서는 컨설턴트 입장에서 수집해야 하는 사유와 수집 자료를 나열해 본다.

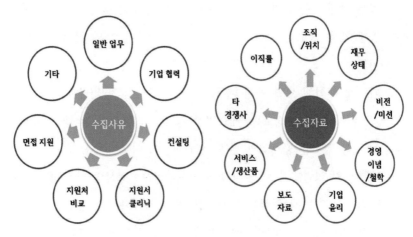

[그림 III-14 기업 정보 수집 사유 및 수집 자료]

구 분	내 용	
대기업 / 중견기업	• 채용 사이트 탐색 및 분석 • 자격 조건	• 모집 분야 • 기업 인재상 등
중소기업 / 벤처기업	• 직무 내용 • 회사 자본금, 매출액	• 자격 및 근무 조건 • 상시 근로자 수 등
외국계 기업	• 모기업 확인 • 직무 내용	• 현지 법인 혹은 지사 • 자격 조건
공공기관	• 공공 채용 사이트 탐색 및 분석 • 전형 절차 • 자격 시험 • 자격 조건 • 모집 시기 ※ 공공 기관의 경우 국가직무능력표준(NCS) 채용 기준 유의	

[표 III-15 기업 규모별 탐색 내용]

더욱 구체적으로 기업을 탐색 및 분석할 경우에 필요한 항목은 아래와 같다.

구 분	내 용
성장 가능성	그동안의 경과, 투자 사업 등
근무 환경	급여, 복리 후생 제도, 근무 지역, 사무실 환경 등
재무 상황	기업 규모, 보유 자본금, 매출액 증가, 감소 등 파악
전문성	기업의 생산 / 서비스 아이템, 마케팅 능력, 기술력 파악 등
이직률	채용 공고가 자주 나오는지 여부 파악 등

[표 III-16 세부적 기업 탐색 내용]

▶ 자기 관리

전직 시장이나 재취업 시장에서 이미지 메이킹(image making)이라는 이름으로 자신의 이미지 관리를 교육하는 내용이 있다. 여기에서는 그런 이미지 관리보다는 더 큰 개념으로 자기 관리에 필요한 7가지를 세븐-업(seven-up)이라는 이름으로 하나씩 논해 보고자 한다.

세븐-업은 말 그대로 아래 7가지를 단정하게 해보자는 이야기이다. '업(up)은 수준을 높인다.'라는 의미를 가지고 있는데, 앞에 붙은 단어의 수준을 높이는 것으로 이해하면 좋다. 다들 문제는 없겠지만, 전직을 하는 입장에서 자신을 한 번 점검할 필요가 있기 때문이다. 자신의 상황을 성찰해 보고, 필요한 부분을 다시 다듬어 보자.

- 클린 업(clean up)

  깨끗이 하자. 단정함을 유지하라는 의미이다. 자신의 신체도 청결히 하고, 더불어 자신의 생활 주변도 청결히 하라는 의미이다. 유형물뿐만 아니라 손에 잡히지 않는 마음가짐과 같은 무형물까지도 청결히 해야 한다는 의미도 포함하고 있다.

- 리슨 업(listen up)

  잘 듣자. 많은 중장년들은 듣기보다는 자신이 말하기를 좋아하는 경향을 지니고 있다. 혹은 중장년들은 자신의 경험 요인을 내세워서 자기주장만 앞세우는 경우가 있다. 한 걸음 물러서서 상대방 말을 경청하는 자세로 바꾸면 관계의 길도 열린다.

- 셧 업(shut up)

  입 다물자. 누군가가 "침묵은 금이다."라는 이야기를 하였다. 가능한 한 입은 다물고, 말도 아끼라는 이야기이다. 중장년들도 이제 젊은 층과 함께 일할 경우가 많이 생겼다. 그런데 듣기보다는 말을 많이 하기 때문에 종종 젊은 층들이 손사래를 치는 경우가 있다.

- 드레스 업 (dress up)

  잘 차려입자. 옷은 날개다, 아무렇게나 입지 말고, 자신의 수준에 맞추어 당당하게 차려입자. 여가 생활을 많이 즐기는 요즈음이라 그런지 편안한 등산복 차림을 하고 공식적인 자리에 나타나는 중장년들을 종종 본다. 경우에 맞게 그리고 약간 스타일리쉬하게 옷을 차려입어 보자. 자신을 바라보는 눈이 달라진다.

- 쇼우 업(show up)

  자기 모습을 보여주자. 자신을 적당하게 노출하자. 여러 가지 상황으로 중장년에 접어든 이후 스스로 모임 참석을 제한하는 경우도 종종 본다. 각자 사정은 있겠지만, 모임이 있을 때마다 사양하지 말고, 가능한 참석해서 사교적인 인간관계를 해보자. 사람들과의 관계는 자신의 사회적 건강과 정신적 건강도 유지해 준다.

- 오픈 업(open up)

  자신이 가진 것을 내놓아 보자. 타인과의 관계에서 내 마음과 지갑을 열 줄도 알아야 된다. .재무적인 상황이 어려운 중장년들도 종종 보지만, 적절한 수준에서 자신의 지갑이나 마음도 열어보자. 상대방, 특히 젊은 층들이 다가오기 시작한다. 직장에서는 점심 한 끼가 좋은 관계의 시발점이 되기도 한다.

- 기브 업(give up)

  포기도 하자. 세상사, 그리고 지나간 일들에 대해서 너무 미련과 집착을 두지 말자. 혹자는 "포기를 포기하라!"는 이야기도 하지만, 중장년의 연령대에 이르러서 포기할 일도 있다. 모든 것을 가지려는 생각보다는 미니멀 라이프(minimal life)처럼 최소한의 것만 가져도 지혜로운 풍요로움을 누릴 수 있다.

자기관리는 이미지 메이킹이다. 위에서 간단하게 설명한 세븐-업에 대한 자각과 성찰을 위해 펜을 들고 아래 워크시트 위에 자신의 상황을 메모해보자. 아래 샘플을 참고하여, 빈 공간에 자신의 상황을 10점 만점으로 하여 현 점수를 찍어보고, 선으로 이어보자. 자신의 현 상황이 자각될 것이다. 이어서 상황을 변화시키기 위해 할 수 있는 일들을 편안하게 빈칸에 적어 보자.

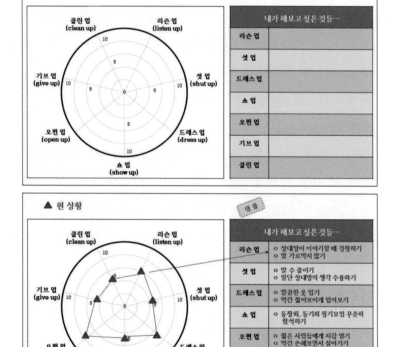

[표 III-17 자신의 세븐-업 자각 휠 측정]

한국형 전직지원 기술

▶ 네트워킹

전직의 성공률을 높이는 가장 좋은 방법은 바로 인맥을 통한 정보 수집과 도움을 받는 것이다. 따라서 자신이 지닌 인적 네트워크는 소중한 전직 자산이라고 해도 지나치지 않다. 네트워킹이 힘들다고는 하지만, 전직의 기회를 찾는 데는 가장 효과적인 탐색 방법으로 의심의 여지가 없다. 네트워킹은 사람을 많이 만나면 만날수록 기회가 많아지는 숫자의 게임이다. 대화를 나누는 모든 사람이 여러분에게 그 무언가를 안겨줄 그 누군가와 연결해 줄 수 있다는 말이다. 특히 전직지원의 대상이 대부분 기업의 희망퇴직자 혹은 정년퇴직자로 본다면, 그동안 쌓아두었던 인적 네트워크를 이용하거나, 확장하는 방법이 좋다.

① 네트워킹의 목적: 기본적으로 전직 네트워킹의 목적은 정보 수집 및 획득, 그리고 확인에 있으며, 서로 도움을 주는 것이다. 네트워킹의 목적은 아래 4가지이다.

첫째, 전직 시장 조사이다. 자신이 진입하고자 하는 분야의 안착을 위해 밖으로 나가서 사람을 만나거나 관련 세미나, 콘퍼런스, 그리고 박람회 등에 다녀야 한다. 온라인을 통해서 인지할 수 없는 사항을 체득할 수 있다.

둘째, 인적 네트워크 확장이다. 사실상 가장 중요한 목적일 수 있다. 앞서 이야기한 바와 같이 중장년들의 경우는 기존의 삶에서 획득한 인적 네트워크에 기반을 두거나, 그 네트워크를 통해서 귀중한 정보를 획득하고, 가능성을 확대할 수 있다.

셋째, 다양한 가능성의 발견이다. 실제로 네트워크를 중시하는 이유는 평소에 느끼지 못했던 전직 분야의 다양성이나 일하는 방식의 다양성 등을 느끼면서, 전직의 가능성을 높일 수 있기 때문이다.

넷째, 피드백이다. 모든 활동이 그러하듯이 네트워킹도 그 과정에서 전직자에게 남겨주는 것이 있다. 그 중에서도 가장 중요한 것은 현장에서 받는 타인의 피드백, 그리고 자신에 대한 피드백이다. 그를 통해서 경험적 성찰을 할 수 있다.

② 네트워킹 4품: '품'의 사전적 정의는 '어떤 일에 드는 힘이나 수고'를 이야기한다. 이를 머리, 발, 사람, 그리고 마음이라는 단어를 붙여서 표현해보면, 네트워킹 4품은 머리품, 발품, 사람품, 그리고 마음품으로 구분할 수 있다.

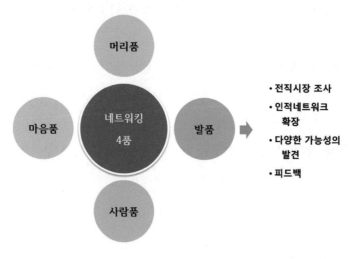

[그림 III-15 네트워킹 4품]

첫째, 머리품이다. 헤드워크(headwork)라고 이야기하고, 일반적으로 오픈된 온라인 정보나 미디어 등을 활용하여 양적으로 방대한 정보를 수집하는 단계이다. 다른 말로 표현하면 정보로 무장하는 단계이다.

둘째, 발품이다. 풋워크(footwork)라고 이야기하고, 위의 헤드워크를

한국형 전직지원 기술

보완하는 것이다. 정보로 무장한 이후에 부지런히 다니면서 각종 모임에 참석함으로써 현장을 경험하고 타인의 피드백을 받거나, 자기 자신에 대해 피드백을 하는 단계이다.

셋째, 사람품이다. 네트워크(network)라고 이야기하고 위의 헤드워크와 풋워크로 수집된 정보를 최종적으로 확인하는 단계로 볼 수 있다. 이는 전문가 등을 만나서 그 정보를 확인하는 것이다.

넷째, 마음품이다. 마인드워크(mindwork)라고 이야기한다. 이는 감사품이라고 칭할 수도 있다. 여러 가지 품을 통해서 확인된 내용을 정리하면서 네트워크 상대방의 마음을 헤아리고, 감사의 마음을 품으면서 미래에 자신도 도움을 주겠다는 마음가짐을 가지는 것이다. 마음품까지 완료해야 네트워킹이 종료된다.

구 분		실행 방안
머리품	관련 홈페이지 탐색, 온라인 정보, 문헌 정보 등	
발 품	현장 방문, 상황 및 환경 파악	
사람품	분야 근로자 혹은 전문가 만남	
마음품	감사한 마음을 전달함	

[표 III-18 네트워크 4품 작성 프레임]

위 네트워킹 4품은 순서와 관계없이 동시에 진행될 수 있지만, 필수적으로 거쳐야 한다. 작성 프레임을 사용하여 사전에 가늠해보고, 4품을 실행에 옮겨보자.

▶ 전직 걸림돌

내담자가 전직을 시도할 때에 전형적으로 나타나는 특정 걸림돌은 식별되고, 처리될 수 있다. 이는 내담자의 호소문제일 수 있다. 그런 걸림돌을 극복하고, 생산적인 경력기획 및 전직 탐색 활동을 촉진하기 위한 컨설턴트의 다양한 개입 노력이 필요하다.

다가오는 미래에는 고객의 걸림돌 극복을 지원할 수 있는 더욱 높은 수준의 개입 스킬을 필요로 할 것이다. 다양한 전직 탐색 활동주제 전반에서 정보 혹은 경험의 부재, 거절과 노출의 두려움, 목표 설정 애로, 자기 존중감의 부족, 직무수행 역량 부족이라는 5가지 기본적인 걸림돌들이 발견된다. 그에 대한 컨설턴트의 개입은 아래와 같다.

① 정보 혹은 경험의 부재: 다양한 전직 탐색 전략 및 구사에 필요한 정보가 부족하고, 탐색 활동을 능동적으로 수행하고 있지만, 직접적인 주요한 정보 혹은 경험이 없다. 이에 대한 전문가의 개입은 아래와 같다.

• 네트워킹을 독려한다. 일자리, 기업, 산업에 대해서 일차적으로 정보를 수집하고, 수집한 정보를 확인하기 위한 네트워킹을 독려한다.

• 동아리/워킹그룹 구성한다. 경험 있는 동아리/워킹 그룹 동료로부터 배우는 방안으로서, 구성이 불가할 시에는 다른 기관이나 단체의 지원도 소개한다.

• 사례 정보를 제공한다. 내담자가 보유한 전직 탐색 활동 경험을 전달하고, 컨설턴트 자신의 일화적인 사례 정보도 제공한다.

② 거절과 노출의 두려움: 전직 탐색은 모르는 사람에게 자기 스스로를 노출해야 하는 상황이고, 거절을 당할 수 있다는 두려움을 가질 수 있다. 이에 대한 전문가의 개입은 아래와 같다.

- 거절당한 경험을 다른 관점으로 재구성시켜 보고, 일정한 거절은 불가피함을 설명한다.
- 상대방의 거절은 성공하기 전에 숱하게 듣는 이야기라는 사실을 인식시킨다.
- 거절의 가능성을 인정한 이후에 그에 대한 대비책을 세우는 전략이다. 거절을 받으면 상처를 받기 때문에 '자신의 모든 것을 거는 행위'는 자제하도록 권고한다.

③ 목표 설정 애로: 목표와 방향을 확신하고 있는 내담자는 동기 부여가 더욱 잘된다. 그러나 많은 고객이 목표 혹은 방향에 대한 확신도 없이 전직 탐색 활동을 하고 있다. 이에 대한 전문가의 개입은 아래와 같다.

- 스킬, 성취 업적, 흥미, 가치, 스타일, 미래 비전, 그리고 막연하게 가지고 있는 목표에 대한 환상을 완벽하게 재평가해 고객이 올바른 목표를 설정할 수 있도록 지원한다.
- 목표는 정의되고 측정될 수 있음을 확신시킨다. 컨설턴트는 목표의 성취 수준과 달성 여부의 판단을 지원한다.
- 경력 기획만이 아닌 인생 기획에도 중점을 두도록 한다. 경력 목표와 삶의 다른 구성 요소와의 관계를 인식하도록 지원한다.

④ 자기 존중감의 부족: 실직 경험은 자신감을 상실한 내담자뿐만 아니라 자신감을 가진 내담자까지 혼란스러운 상황에 빠뜨린다. 이에 대한 전문가의 개입은 아래와 같다.

- 개인의 성취 업적 및 성공 스토리에 대한 평가를 하고, 명확히 하도록 지원한다. 이는 잠재 고용주에게 자신의 가치를 잘 표현하게 해준다.
- 과거에 있었던 실패나 약점을 성공적으로 극복했던 사실에 대한 이해를 지원한다. 그 당시의 대응을 이해하여 극복 전략으로 만들어본다.

- 가까이 있는 가족, 친구, 동료로부터 자신의 강점, 자산, 스킬, 그리고 제한점에 대한 피드백을 받도록 독려하여, 보유 자산을 파악하고, 확신감을 갖게 한다.

⑤ 직무 수행 역량 부족: 퇴직자들의 경우 다수가 다양한 일의 방식으로 옮겨갈 경우가 많다. 그럴 경우에 대개 직무 수행 역량 부족이라는 사실을 대면할 때가 많다. 이에 대한 개입은 아래와 같다.

- 역량 부족 부분을 구체적으로 파악하고, 성찰하도록 지원한다.
- 부족 부분은 역량 개발 혹은 자격증 취득 등으로 보완할 수 있도록 안내한다.
- 트렌드에 따라 생성형 AI 활용 능력 향상도 권고한다.

▶ 직업 능력 개발

직업 능력 개발이란 '재직자 또는 실업자가 자신의 경력을 유지하거나, 전환하는 데 필요한 역량 향상을 위해서 교육 훈련을 받거나, 자격증을 취득하는 행위'로 정의할 수 있다. 여기에서는 직업 능력 개발의 필요성, 직업 능력 개발을 위한 직업 훈련의 종류, 국가 자격 및 민간 자격, 국민내일배움카드, 그리고 직업 능력 개발 훈련 선정 기준에 대해서 논해 보고자 한다.

직업 능력 개발 훈련이란 "모든 국민에게 평생에 걸쳐 직업에 필요한 직무수행능력(지능 정보화 및 포괄적 직업·직무기초능력을 포함한다.)을 습득·향상시키기 위하여 실시하는 훈련이다(법률 제19174호, 국민평생직업 능력 개발법 제2조 1항)"라고 정의되어 있다.

직업 능력을 개발하기 위해서는 현재 자신의 상태를 확인하고 목표를 설정해 어떤 준비를 해야 하는지 확인할 필요가 있으며, 문제를 해결하기 위해 계획을 수립하고 실행하는 과정을 반복해야 한다. 특히 4차 산업혁명과 생성형 AI 출현으로 인한 직무의 변화에 대처하기 위해 직업 능력 개발은 선택이 아닌 필수가 되었다.

직업 능력 개발을 위한 직업 훈련은 직업 훈련 포털 HRD-Net(https://www.hrd.go.kr), 국가 자격과 전문 자격에 관해서는 자격의 모든 것은 Q-Net(https://www.q-net.or.kr), 국가 공인 자격과 등록 민간 자격에 관한 내용은 민간 자격 정보 서비스 PQI 사이트(https://www.pqi.or.kr)를 이용하여, 검색 혹은 신청하면 된다.

① 직업 능력 개발의 필요성: 직업 능력은 개인의 직업 능력 향상뿐만 아니라 국가 경제 발전과 사회적 안정에 기여하기 때문에 필요하다. 전직 시에는 미래 희망 상황과 현 상황 간의 차이를 줄이기 위해서 직업 능력 개발이 필요하다. 세부적으로 논해보면 아래 몇 가지 사항을 들 수 있다.

• 경제 성장 및 경쟁력 강화: 기술 발전으로 인한 시장의 변화 및 산업 구조가 변화함에 따라서 근로자들이 경쟁력 강화를 위해서 새로운 기술과 지식을 습득할 필요성이 있다.

• 고용 기회 확대: 근로자들은 적절한 직업 능력 개발 훈련을 통해서 직업 능력을 개발하여 새로운 직업 기회를 찾고, 고용 가능성을 높인다.

• 직무 만족도 및 생산성 향상: 지속적인 훈련은 근로자들이 자신의 업무에 대해 더 큰 자신감을 가지고 생산성 향상에 기여한다.

• 사회적 안정: 고용 안정성은 사회적 안정과 직결된다. 직업 능력 개발 훈련을 통해 근로자들이 안정된 직업 생활을 하고, 경제적 자립을 할 수 있도록 지원한다.

- 평생 학습 문화 조성: 빠르게 변화하는 현대 사회에서 평생 학습은 매우 중요하다. 직업 능력 개발 훈련은 평생 학습 문화를 조성하고, 근로자들이 지속적으로 자기계발을 할 수 있는 환경을 제공한다.

② 직업 훈련의 종류: 근로자가 직업에 필요한 직무수행능력을 습득 향상시키기 위하여 실시하는 훈련으로 크게 재직자 훈련(향상 훈련)과 실업자 훈련(양성 훈련)으로 나누어진다.

- 재직자 훈련(향상 훈련): 근로자의 직무능력 향상을 위하여 사업주가 근로자에게 훈련을 실시하거나 근로자 스스로 훈련을 받는 경우 정부가 비용을 지원하는 제도이다.

- 실업자 훈련(양성 훈련): 실업자의 취업 능력 또는 기초 직무 능력 향상을 위하여 정부가 훈련 기관에 실업자 훈련을 위탁하거나 실업자가 스스로 훈련을 받는 경우 정부가 비용을 지원하는 제도이다.

③ 자격증의 종류: 자격 제도는 국가가 직접 관리하는 국가기술자격과 국가전문자격, 민간에서 발급하고 정부가 공인하는 국가공인민간자격, 그리고 민간에서 자체적으로 관리하는 등록민간자격으로 구성되어 있다. 이러한 자격제도는 각 분야에서 필요한 기술과 전문성을 인증하고, 이를 통해 사회와 산업의 발전에 기여한다.

- 국가기술자격: 기술 분야에서 필요한 지식과 능력을 인증하는 자격으로 정부가 시행하고 관리한다. 이 자격은 산업 현장에서 필요로 하는 기술력을 평가하고, 이를 통해 산업 경쟁력을 높인다. (국가기술자격법에 따라 시행)

- 국가전문자격: 특정 전문 분야에서 활동하기 위해 필요한 자격으로, 해당 분야의 주무 부처에서 관리하며, 법적 자격을 갖추고 해당 분야에서 전문성을 인정받은 자격이다. (자격마다 개별 법령에 따라 시행)

한국형 전직지원 기술

- 국가공인민간자격: 민간에서 발급한 자격 중 정부가 일정 기준을 충족하는 자격을 공인하여 인증하는 자격이다. 관련 민간 단체가 발급하고 정부가 공인한다. 이는 사회적 수요에 부응하고, 민간 자격의 신뢰성과 공신력을 높이기 위한 목적을 가지고 있다. (자격기본법에 따라 시행) 국가공인민간자격은 국가 자격이 아닌 점에 유의해야 한다. 전직 현장에서 국가 자격증으로 오해하는 경우가 많다.
- 등록민간자격: 민간 단체가 자체적으로 설정하고 관리하는 자격으로 정부의 공인은 받지 않았지만, 자격기본법에 따라 등록된 자격이다.
④ 국민내일배움카드: 다양한 계층의 국민이 직업 능력을 향상시키고, 경력을 개발하며, 취업과 고용 안정성을 높일 수 있도록 지원하는 제도이다. 이를 통해 국민은 평생 동안 계속해서 학습하고 성장할 기회를 얻게 되며, 산업과 경제 전반에 긍정적인 영향을 미칠 수 있다.
- 대상: 실업자, 재직자, 자영업자, 특정 계층 등
- 신청 절차: 온라인(HRD-Net) 혹은 가까운 고용 센터를 방문하여 신청한다. 준비 서류는 신분증, 고용보험 가입 여부 확인 서류이다.
- 훈련비 지원: 5년간 최대 300만 원에서 최대 500만 원까지 지원한다. 훈련과정에 따라 차등 적용하는 일정 비율의 자부담이 있다.
- 훈련 과정의 종류: 직업 능력 개발을 위한 기초 훈련 과정, 특정 분야의 전문 지식을 습득하기 위한 심화 전문 과정, 특정 자격증 취득을 위한 훈련과정, 그리고 특정 산업에서 필요로 하는 인력 양성 목적의 맞춤형 훈련 과정에 사용할 수 있다.
⑤ 직업 능력 개발 훈련 선정 기준: 교육 및 훈련을 선정 시에는 그 내용이 특정 요구 사항을 충족하는지를 확인하고 결정해야 한다. 능력 개발 훈련 선정 시 참고해 봄직한 내용이다.

- 유의미성: 본질적이고 기본적이며 다른 지식을 학습하는 데 기초 요건이 되는지 여부
- 타당성: 전문가들이 입증하고 확신하며 내용의 깊이와 폭이 균형적인지 여부
- 유용성: 실제 활용하기 적합한지 여부
- 학습 가능성: 교수자 측면에서 가르칠 수 있는 내용인지 여부와 학습자 측면에서 학습 가능한 내용인지 여부
- 경제성: 가장 경제적으로 최대의 성취를 이룰 수 있는지 여부
- 내적, 외적 관련성: 다른 내용들과 유기적으로 연결되어 있는지 여부
- 균형성: 사회적, 시간적, 다양한 가치에 맞게 구성되어 있는지 여부
- 사회 가치 적합성: 개인의 변화와 사회 변화의 방향성을 제시하는지 여부

아래 표를 사용하여 현재 고려 중인 직무에서 요구하는 역량, 현재 본인이 보유한 역량을 비교해 보고, 요구 역량에서 보유 역량을 빼 보면, 개발 소요가 가늠된다. 그 개발 소요를 파악해서 채워보자.

구 분	직무 A	직무 B	직무 C
지원 직무			
요구 역량			
보유 역량			
개발 소요 (요구-보유)			
능력 개발 전문 업체, 기관			

[표 III-19 직업 능력 개발 소요 파악 프레임]

▶ 면접

면접이란 전직 탐색 활동 중에 식별된 목표 기업의 서류 전형을 통과한 이후에 면접관이 지원자를 직접 만나서 직무 수행 능력, 인품 및 언행 등을 평가하는 절차이다. 면접의 성격을 재미있게 표현해보면 면접관과 지원자가 만나서 서로 동상동몽(同床同夢)인지, 동상이몽(同床異夢)인지를 확인하는 것이다. 다시 말해서 같은 꿈을 꾸는 사람인지, 혹은 아닌지를 서로 간에 가늠해본다. 이때 서로의 역할은 면접관은 구매자로서, 지원자는 판매자로서의 역할을 한다고 보면 된다. 지원자는 판매자의 관점에서 면접관이 지원자라는 상품을 사게 해야 한다. 그러기 위해서 면접관의 관점에서는 조직이 중요시하는 지원자의 지식, 기술 및 태도에 대한 정보를 심층적으로 파악하고, 전직자의 관점에서는 자신에 대해 세부적으로 표현할 기회를 제공한다.

여기에서는 면접에 관한 일반적인 설명과 면접 준비에 필요한 차별적 기법 몇 가지를 소개해 보고자 한다. 예를 들면, 면접 시의 단골 질문인 자기소개를 좀 더 쉽게 하는 기법에 관해서 설명한다.

① 면접을 통한 평가: 면접관은 전직 서류를 통해서 일차적으로 평가하고, 전직자 중에서 가장 적합한 자를 선발하게 되므로, 일명 적합성 차원의 평가이다. 적합성 차원의 평가는 아래 그림에서 보는 바와 같이 공통, 직급별, 그리고 직무 역량 3가지를 포함하고, 면접관은 자연스럽게 3가지를 평가하는 목적을 가진 질문을 하게 된다.
첫째, 기업 혹은 기관 고유의 문화에 비추어본 적합성이다. 이는 공통 역량에 해당하는 사항으로, 해당 기업이나 기관의 고유 특성, 즉, 핵심 가치, 조직 문화, 경영 이념, 그리고 공통 인재상에 적

합한지 아닌지를 보는 것이다.

둘째, 부여할 직급에서의 적합성이다. 이는 직급별 역량에 해당하며 해당 직급에서 수행해야 할 역할 상으로서 리더십 역량 등의 적합성 여부이다.

셋째, 수행할 직무에서의 적합성이다. 이는 해당 직무 수행에 필요한 역량이다. 통상적으로 직무에 필요한 지식, 기술 및 태도를 의미하며, 요구 조건은 자격증, 학력, 그리고 경력 및 경험 등이 될 수 있다.

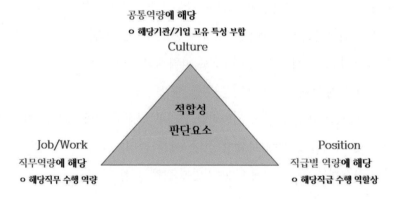

[그림 Ⅲ-16 면접 시 3가지 적합성 차원 평가]

② 면접 유형: 이는 면접관이 사용하는 기법으로 지원자의 관점에서 역으로 해석하여, 대비해 보자는 차원으로 소개해 본다. 면접 진행 시 과제 활용 여부에 따라서, 구술 면접, 시뮬레이션 면접으로 구분되고, 운영 방식에 따라서는 개인 면접, 집단 면접, 그리고 동행 면접으로 구분된다. 구술 면접의 경우 다시 전통적 면접, 경험 면접, 상황 면접, 그리고 압박 면접으로 구분되고, 시뮬레이션 면접은 다시 발표 면접, 토론 면접, 그리고 역할 면접으로 구분된다.

한국형 전직지원 기술

구 분		실행 세부 사항
과제 활용	구술 면접	질의 응답을 통해서 개인의 성격, 태도, 가치관 등 다양한 평가 요소들을 파악하고 관찰하는 방법
	① 전통적 면접	면접관의 재량권을 극대화하여 평가 항목, 시간, 운영 방법 등에서 제약을 가하지 않음. 면접관이 가진 노하우나 면접 평가 스킬에 따라 면접의 타당도 편차가 심함
	② 경험 면접	평가 항목과 연계될 수 있는 지원자의 이전 경험을 중심으로 질의 응답을 하는 방식
	③ 상황 면접	어떤 상황에서 경험할 수 있는 특정한 상황을 제시하고, 그 상황에서 어떠한 행동을 취하고 왜 그렇게 할 것인지를 평가
	④ 압박 면접	일부러 지원자에게 연속 질문을 하거나, 의도적으로 스트레스를 유발하도록 압박해 그 상황에서 통제력, 순발력 등 대처 능력 등을 테스트하는 면접
	시뮬레이션 면접	구체적 과제를 제시하고 지원자의 과제 수행 과정, 결과 도출 논리, 결과 등을 관찰하여 역량을 평가
	① 발표 면접	지원자에게 특정 주제와 관련 자료를 제공하고, 해당 주제와 관련하여 개인이 해결안을 작성하여 발표 및 추가 질의 시행
	② 토론 면접	지원자들이 같이 해결하는 공동의 과제를 제시하거나, 상호 갈등을 일으킬 요소가 들어있는 주제를 제시하고, 이를 해결하는 과정에서 상호 작용을 관찰
	③ 역할 면접	지원자에게 어떤 역할을 부여하여 그 역할을 수행하는 과정을 관찰하여 평가
운영 방식	① 개인 면접	다수의 면접관과 1명의 지원자가 1개 조로 평가 * 지원자를 더 심층적으로 평가
	② 집단 면접	다수의 면접관과 다수의 지원자가 1개 조로 평가 * 지원자가 많으면 면접 효율성 극대화에 유리
	③ 동행 면접	컨설팅을 진행한 컨설턴트가 함께 면접에 참석하여 지원하는 방식 * 지원자의 심리적 안정감 향상에 도움이 되지만, 지원자의 의존성을 높일 수도 있음

[표 III-20 면접 유형 분류]

③ 면접 시 자기소개 기법: 면접관은 거의 모든 면접에서 지원자에게 자기소개를 요구한다. 따라서 아래와 같은 '경력상의 자신'에서부터 '입사 후 포부'에 이르기까지 자기소개에 필요한 키워드만 기억해두고, 편안하게 자신의 언어로 소개하는 방법을 제시해본다. 어찌 보면 면접관은 말 잘하는 사람을 뽑는 것이 아니라 필요한 사항이나 듣고 싶은 내용을 정확히 이야기하는 지원자를 선발한다. 키워드를 기억하고 편안하게 자기소개를 해보자. 기타 면접뿐만 아니라 다른 경우에도 자신을 소개할 시에 잘 활용할 수 있다.

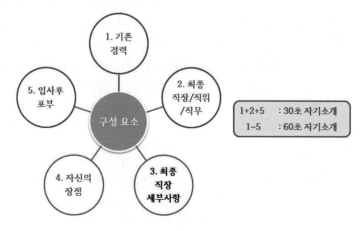

[그림 Ⅲ-17 면접 시 자기소개 구성 항목]

① 기존 경력: 직함이 아닌 자신의 기능적이고 전문적인 위치에 관해서 이야기한다. 지원 직무와 유사성이 있을 때는 좀 더 강조한다.
② 최종 직장 직위: 최종 직장에서 자신의 직위와 수행한 직무에 관해서 이야기한다. 필요시 퇴사 이유에 대해 간단히 이야기할 수도 있다.
③, ②항의 세부적인 설명: 좀 더 세부적으로 최종 직장에서의 직위와 직무에 관해서 이야기한다.

④ 자신의 장점: 지원 직무와 관련된 자신의 장점을 이야기한다. 이때 간단하게 성취 업적을 이야기해도 좋다.

⑤ 입사 후 포부: 지원한 기업으로 전직에 성공한 이후 자신의 장래 포부나 희망 사항을 이야기한다. 이때 자기 일에 초점을 두지 말고, 기업에 초점을 둔다.

면접관의 요구에 따라서 적절하게 3가지를 이야기하는 30초 소개(30초 전후)와 5가지를 이야기하는 60초 자기소개(1분 전후)로 구분하면 좋은데, 아래 작성 프레임을 사전에 작성하여 준비해 보자.

구 분	키워드	발언 내용
1. 기존 경력		
2. 최종 직장/직위/직무		
3. 최종 직장 세부 사항		
4. 자신의 장점		
5. 입사 후 포부		

[표 III-21 자기소개 작성 프레임]

▶ 연봉 협상

협상이란 복잡 미묘한 긴장과 대립 속에서 상대로부터 자신이 원하는 유리한 결과를 얻기 위해서 사용한다. 연봉 협상은 전직 탐색 활동을 거쳐서 면접 시나 기업으로부터 채용 제안을 받았을 경우 연봉과 관련된 협상을 효과적으로 하기 위해서 기업의 채용 제안과 본인이 원하는 조건 간의 차이점을 해결하기 위한 테크닉이다. 이때 전직을 희망하는 개인이 기업을 상대로 하기 때문에 불리한 심리적 상태에 놓일 수 있으므로, 사전에 그런 상태를 극복할 수 있는 나름의 전략을 가지고 협상에 임해야 한다.

연봉 협상은 양측이 모두 만족하는 결과를 도출하는 데 있으므로 협조적으로 협상에 임할 필요가 있고, 상호 간의 여러 가지 방안을 제시하면서 필요할 때는 기꺼이 타협도 해야 한다. 협상 과정에서 어느 정도 스트레스가 존재하지만, 긍정적인 태도로 자신이 고용주에게 이바지할 수 있는 바를 제시할 필요가 있다.

① 협상 전 확인 사항

연봉 협상 시에는 기본적으로 아래 사항을 확인하고 자신의 생각을 정리한 이후에 협상에 임해야 한다. 제시한 사항 일부는 경우에 따라 해당하지 않을 수 있다.

첫째, 정규직인지 계약직인지 확인하고, 계약직이라면 계약 기간 이후 정규직 전환 가능 여부를 확인한다.

둘째, 직급 및 직무 영역을 확인한다.

셋째, 연봉의 범위와 상여금 인센티브와 기타 보상 제도를 확인한다. 스톡옵션, 이익 분배, 실적 수당 등이다.

넷째, 휴가 제도와 그 밖의 복리후생 제도인 4대 보험, 퇴직 연금, 자녀 교육비 및 문화 지원비 등을 확인한다.

다섯째, 가능하다면 퇴사와 관련된 규정 및 회사 비밀 보장 업무 등의 존재 여부와 내용을 확인한다.

한국형 전직지원 기술

② 연봉 협상 5단계

연봉 협상에 적용할 수 있는 5단계는 아래와 같다. 단계는 순차적으로 진행해도 좋으나 필요하면 통합적으로 고려되어도 좋다.

- 1단계(급여에 대한 정보 수집): 먼저 유사 직무에 근무하는 유사 경력자의 평균 급여를 파악한다. 정보는 주변의 지인 혹은 같은 계통의 인사 담당자를 통해서 수집하면 된다.

- 2단계(자신의 가치 파악 및 입증하기): 채용 측을 설득하기 위해서는 자신의 가치를 객관적으로 파악하고 입증해야만 한다. 일반적으로 생산성 등 객관적인 가치와 기여도를 판단해본다. 이때 자신의 가치를 입증할 수 있는 성취 업적도 고려해야 하는데, 개인적인 가치 판단은 배제한다. 만약 자신의 가치 파악과 입증을 할 준비를 하지 않는다면 회사 측의 역공 때문에 원하는 급여보다 못한 금액을 받아들이는 경우도 발생할 수 있다.

- 3단계(최소 급여액 정해 두기): 최소한으로 어느 정도의 급여를 수용할 수 있는지를 사전에 생각해두지 않으면 협상 시 그보다 훨씬 낮은 금액을 수락할 수도 있다. 만약 급여를 먼저 제시해야 하는 상황이라면 실제 생각한 것보다 약간 더 높여 희망 범위를 규정하면서 말한다. 이때 5백만 원대의 범위로 이야기하는 것이 협상에 좋다. 예를 들어, 4천만 원 내외는 '3천7백5십만 원'에서 '4천2백5십만 원'의 범위를 가진다.

- 4단계(협상 난항 시 전략 수립하기): 협상 난항 시에는 실제로 자신의 가치를 다시 한 번 설득력 있게 말하면서 생각할 시간을 요구한다. 필요시에는 급여 분야가 아닌 다른 혜택의 조정도 고려할 수 있다. 필요시 급여 협상 후에는 다음 급여 조정 시점이 언제인

지 확인하고 그때 조정이 가능한지도 타진해 본다.

- 5단계(최종 결정하기): 최종 급여가 정해지면 수락하기 전에 반드시 생각해볼 시간을 가져야만 한다. 이때 최소한의 시간을 요구하고, 채용 제안과 연봉 수준을 다시 한 번 숙고해 보는 방법이 좋다. 일단 수락한 이후에 말을 바꾸는 것은 본인의 평판에 문제가 생길 수 있으니 짧은 기간이라도 반드시 시간적 여유를 가지고 제시된 조건과 회사에 대해 깊이 생각해본 뒤 최종 결정을 내리는 방법이 바람직하다.

③ 연봉 협상 성공 포인트

첫째, 가능한 한 급여에 관한 이야기를 먼저 꺼내지 않는다.

둘째, 기존 급여 혹은 이전 급여에 대해 굳이 말할 필요는 없으며, 상대방이 질문한다면 회사에서 제시할 수 있는 액수를 먼저 물어본다. 예를 들어서 "이 직무에 입직 시 어느 정도의 급여를 받을 수 있습니까?", "신입의 경우 급여는 어느 정도입니까?" 또는 "저와 비슷한 경력을 가진 직원의 급여 수준은 어느 정도입니까?"라고 역으로 질문해도 좋다.

셋째, 많은 고용주나 면접관은 일반적인 생각과는 달리 면접(고용에 대한 확신이 없는 단계)이나 협상의 초기 단계에서 급여에 관한 질문을 한다. 이때의 답변은 "급여는 일을 선택할 때의 고려 요소 중 한 가지에 불과하므로 그보다는 일 자체에 대해 자세하게 알고 싶다."라고 말하는 것이 좋다.

넷째, 불가피할 때 가장 좋은 대답은 공정한 수준이나 회사 내규에 따른다는 것이며, 이전 직장의 급여 수준을 이야기할 때는 정직하게 이야기하고 다른 혜택을 추가로 협상한다.

한국형 전직지원 기술

다섯째, 앞서 이야기한 바와 같이 지원 직무 급여에 대한 정보를 사전에 확보하는 것이 현명하다. 그런 정보를 확보하기 힘든 경우에는 그 회사에서 규정한 기준과 자신의 자질에 맞게 협상하면 된다.

▶ 시간 관리

시간 관리는 자신의 가치 및 행동을 관리하는 행위로써 한마디로 '가치 있는 행동을 관리하는 행위'로 보면 된다. 시간 관리는 반드시 목표 파악, 과업의 우선순위 설정과 함께한다.

따라서 시간 관리 3요소는 목표, 우선순위, 그리고 시간 계획이 된다. 각각은 달성, 설정, 그리고 수립을 필요로 한다.

[그림 III-18 시간 관리 3요소]

일반적으로 시간 관리를 위해서 '아이젠하워 매트릭스(Eisenhower Matrix)'를 사용한다. 이는 중요도, 긴급도에 따라서 분류한 4분면을 사용하는데, 일반적으로 아래 그림과 같이 개인의 상황이나 생각에 따라 분류가 달라질 수도 있다.

구분	긴급	긴급하지 않음	
중요	① 그냥 두어도 한다 예: 고객클레임 대응 마감에 쫓기는 회의자료	② ③에게 밀리는 경향이 있다 예: 장래를 위한 공부, 위기 예방	→ 철저히 한다
중요하지 않음	③ 중요하지않은데도 ②보다 우선시될 수 있다 예 : 중요하지않는 마감에 쫓기는 자료	④ 남은 시간에 해야 할 일이다 예: 중요하지도 긴급하지도 않음	→ 용기있게 버린다

[표 III-22 시간 관리를 위한 아이젠하워 매트릭스]

① 긴급하면서도 중요한 일: 이 일은 그냥 두어도 자연스럽게 하게 되는 일로써, 고객 클레임에 대응하는 일이나, 마감에 쫓기는 회의자료 등을 작성하는 일을 예로 들 수 있다.

② 긴급하지 않으나 중요한 일: 장래를 위해서 자기계발이나 공부를 하는 일, 미리 알 수 없는 위기에 대응하는 일인데, ③에 밀리는 경우가 있다. 따라서 별도의 시간을 확보하여 철저히 실행해야만 한다.

③ 긴급하나 중요하지 않은 일: 중요하지 않은 마감에 쫓기는 일로써 중요하지 않은데도 ②보다 중요시될 수 있다는 점을 간과해서는 안 된다.

④ 중요하지도 긴급하지도 않은 일: 사실상 의미 없는 일에 시간을 흘려보내는 것이므로, 용기 있게 버려도 좋다.

시간 관리 3요소와 관리를 위한 아이젠하워 매트릭스의 이해에 이어서 시간 관리의 보편적인 원칙을 설명해 보면 아래와 같다. 이는 시간 관리를 위한 행위로 보면 좋다.

한국형 전직지원 기술

① 시간이 무엇인지, 그리고 건전한 시간 관리 개념을 이해한다.

② 구체적인 목표를 설정한다.

③ 올바른 우선순위를 설정한다.

④ 계획을 현실적으로 수립한다.

⑤ 시간 낭비의 원인을 파악하고, 낭비를 최소화한다.

⑥ 효과적인 의사소통을 한다.

⑦ 시간 절약 도구를 적절히 사용한다.

⑧ 하루는 인생의 축소판이므로, 하루를 잘 관리한다.

⑨ 기분과 스트레스, 그리고 분노를 잘 다스린다.

⑩ 삶의 모든 영역에서 균형과 조화를 이룬다.

마지막으로 자신의 시간 관리 상황에 대해서 간단한 측정을 해보고, 시간 관리 목표를 세울 수 있는 '시간 관리 휠(wheel)'과 그 예를 제시하니 측정을 통해서 자신의 시간 관리 능력을 향상시킬 수 있는 기회가 되기 바란다.

먼저 위에서 설명한 시간 관리의 원칙을 8가지로 함축하여 휠로 제시된 곳에 현 상황을 10점 만점(10점을 최상의 상태)으로 찍어보고 직선으로 이은 뒤에, 희망하는 상황에 대한 점도 찍어보고 선으로 이어본다. 현 상황과 희망 상황의 차이를 보면서, 옆의 빈칸에 간단하게 자신의 시간 관리를 위한 목표를 샘플을 참고하여 적어 본다. 시간 관리에 대한 개인의 성찰이 목적이므로 편안하게 해보자.

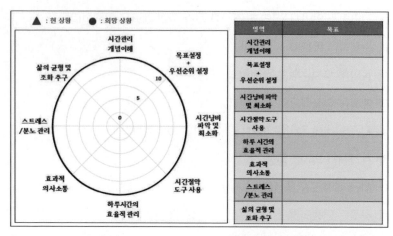

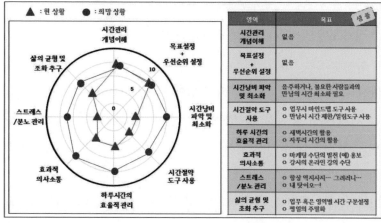

[표 III-23 시간 관리 휠 측정]

▶ 스트레스 관리

스트레스란 '적응이 어려운 환경에 처할 때 심리적, 신체적으로 감당하기 힘든 자극을 받아서 힘이 빠지는 상태'를 의미한다.

스트레스 상태가 계속되면 소진상태에 빠져서 업무상의 비능률, 탈진, 그리고 냉소주의로 이어지므로 관리를 해야만 한다. 특히 전직 시기에는 변화로 인한 스트레스를 많이 받으므로, 이를 잘 관리하여 전직 시기를 슬기롭게 헤쳐 나가야 한다.

스트레스는 그 자체만으로는 큰 의미가 없으며, 개인이 그 자극을 감지하고, 파악한 뒤에 반응할 때부터 비로소 영향을 미치게 된다. 그런 스트레스 요인은 대부분 직무수행 문제, 관계 문제에서 출발하는 경우가 많다. 스트레스 발생 이후 결과적으로 알코올 및 약물 중독, 관상동맥 질환, 고혈압, 수면 장애, 우울증, 불안 등으로 인해 인간관계의 질이 악화되고 궁극적으로 허무감과 소외감이 생성될 가능성이 커진다.

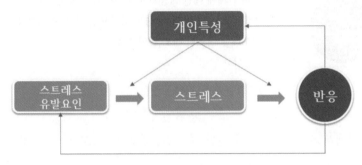

[그림 III-19 스트레스 발생 절차]

스트레스에 대한 반응은 3단계로 나눌 수 있는데, 1단계에서는 외부의 자극이 신체의 내부 기관을 동원하여 경고하는 단계이며, 2단계는 스트레스 지속 시 신체 기관이 저항하는 단계, 그리고 3단계는 2단계의 적응 기제가 고갈되면서 소진되는 상태에 이른다는 점을 잘 이해하면, 관리에 도움이 된다.

외부의 자극이 신체의 내부기관을 동원
호르몬이 분비(*코티졸)되고 심장박동수와 혈압이 증가
가장 먼저 드러나는 현상은 '불안'과 '우울감'
※ 심리적 화학적 반응 발생

스트레스 지속시 일반적응증후군은 저항단계화
스트레스 충격에 대처하는 기관이나 체제의 모음
극심한 긴장상태 경험 후 몸살 등 다른 질병화
※ 신체의 항상성 유지(*여러가지 환경변화에도 일정상태 유지)

두 번째 단계에 대한 적응기제가 고갈되고 소진단계 돌입
육체적 피로, 수면방해, 긍정적 강화요인 결여, 무기력감 등
업무에 대한 냉소적 태도 등의 특징
※ 기능저하 발생

[그림 Ⅲ-20 스트레스 반응 3단계]

여기에서는 전직 상황에 처한 중장년들을 중심으로 한 스트레스 대응 방안 8가지를 간략하게 이야기해 보고자 한다.

중장년들은 자신의 상황에 맞는 항목을 자각하고 대응해 보자.

① 인생을 하나의 장(章)이라는 개념으로 이해하기: 인생은 연속되는 하나의 장이다. 과거의 일과 사건부터 현재까지 순차적으로 정리하고 성찰해 보자. 그리고 미래의 삶을 전개해 보고, 현재를 살아가자.

② 인생의 다음 장을 위한 비전 세우기: 위에서 전개된 희망하는 미래 삶을 살펴보면서 자기가 이루고자 하는 큰 꿈, 즉 비전을 수립해 보고 다듬어 나간다.

③ 규칙적인 운동하기: 스트레스는 사회적, 정신적, 그리고 신체적인 문제 중 하나에서도 출발한다. 건강한 신체를 유지하면서 건강한

정신이 자리 잡을 수 있는 곳을 마련해 주기 위해서 규칙적인 운동도 해보자.

④ 자신의 응원군 마련해 두기: 우선 배우자이며, 재무 전문가, 창의적인 사람, 유머 있는 사람, 그리고 전직에 있어서는 컨설턴트, 선배 퇴직자, 동료 퇴직자 등을 옆에 두고 그들의 이야기를 들어가면서 자신의 응원군으로 만들어 보자.

⑤ 스스로 회복할 시간 가지기: 스트레스로부터 회복할 수 있는 자신만의 방법을 강구해 보자. 자신만의 회복 방법은 무엇인가? 산책 시간 가지기, 자신에게 보상하기, 그리고 음악 듣기 등을 예로 들 수 있다.

⑥ 자신의 주도적 선택권 활용하기: 자신의 삶은 자신의 책임하에 있다. 소소한 일이라도 자신의 선택권을 주도적으로 행사하면서 나름의 자긍심을 가져보자.

⑦ 배우자 혹은 파트너와 함께 무언가 해보기: 삶은 혼자 가는 여정이 아니다. 종이 한 장도 맞들면 가볍다. 먼 길을 가려면 혼자 가지 말고, 같이 가라는 이야기가 있다. 인생 여정을 배우자나 혹은 함께할 수 있는 파트너와 함께 무언가를 같이해 보자.

⑧ 삶의 전환 과정을 이해하고 적응해 보기: 삶에서 겪는 많은 변화는 전환에 필요한 요소들이다. 전직도 그런 변화 과정으로서 전환을 목표로 하는 경우가 많다. 전환 과정에서는 성공만 존재하지 않는다. 그 과정에서 실패와 좌절도 겪게 된다. 전환 과정을 자연스럽게 받아들이면서 적응해 보자.

결국은 마음의 안정이 전제되어야 한다. 회복 탄력성 전문가들은 탄력성 강화를 위한 방법으로 '감사하기'와 '운동하기' 2가지 방법을 제안하고 있다. 최근에는 스트레스 해소를 위한 명상법(마음 챙김, Mindfulness)도 다수 전파되고 있다.

▶ 사후 관리

전직지원 서비스는 통상 집중 교육 및 컨설팅 기간, 그리고 그 기간이 끝난 이후에 진행되는 사후 관리 기간으로 구성된다. 사후 관리 기간에는 전직 성공자에 대해서는 직장 적응 및 경력 관리에 관한 지원을 하고, 비성공자에게는 서비스 계약 종료 시까지 지원을 지속한다. 공공의 재취업 혹은 전직지원에서도 사후 관리 개념을 사용하고 있으며, 일정 기간까지 일주일 혹은 한 달에 한 번씩 온라인 혹은 방문을 통해서 성공한 고객의 직장 적응이나, 혹은 비성공자의 진행 상황 등을 확인하고 추가 지원을 한다. 사후 관리는 아무리 강조해도 지나치지 않다.

아래에서 사후 관리 전반에 대해서 설명해 본다.

① 전직 성공자 사후 관리

전직에 성공한 내담자의 경우에는 새로운 일의 적응을 지원하는 사후 관리를 해야 한다. 대부분 3개월 정도의 적응 기간이 필요하다. 직장 적응의 애로를 느끼고 전화를 해오는 경우, 그 상황에 대해 질문을 하고 그에 대해 조언을 한다. 연락을 해오는 내담자의 경우에는 상황을 인식하고 있으므로 문제가 되지 않지만, 연락하지 않고 혼자 고민하다가 그만두는 예도 있다. 따라서 집중 교육 및 컨설팅을 마치고, 사후 관리 기간에 들어가기 직전의 단계에서 사후 관리 기간에 지속해서 이루어질 서비스에 관해 설명해 둘 필요가 있다. 통상 직장 적응과 경력 관리에 대한 사안이 해당하는

데, 직장 적응에 대해서는 뒤에서 논하기 때문에 전직 성공 이후의 경력 관리에 대해서 살펴 보고 효율적인 경력 관리 방안 4단계에 관해서 이야기해 보고자 한다.

- 경력 관리란?

경력 관리는 '개인이 자신과 하는 일에 대한 통찰력을 키우고, 경력 목표와 전략을 수립하여 경력을 이어나가는 과정에서 피드백을 얻는 과정'으로 정의된다. 관리가 필요한 경력의 이론적 정의는 '개인의 일 관련 활동, 행동 및 연합된 태도, 가치 및 포부, 그리고 경력 관리 과정에 대한 일련의 결과'라고 할 수 있다. 경력은 시간, 경험, 그리고 능력이라는 3가지가 혼합된 것이다.

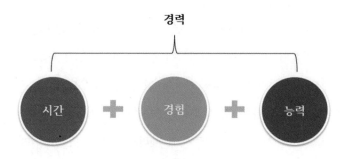

[그림 Ⅲ-21 경력 구성 요소 3가지]

경력 관리와 관련된 전직 성공자의 역할을 알아보면 아래와 같다.

① 종사하는 분야의 기회, 장애물, 그리고 요구 조건 이해하기
② 경력 추구에 대한 의미와 흥미 이해하기
③ 조직의 경력 시스템 내에서 교육 훈련 및 승진을 위한 자신의 위치 이해하기

④ 기회와 자원에 접근할 수 있는 인성을 갖추고, 좋은 인간관계 형성하기

⑤ 자신의 경력 내에서 발전을 위한 활동의 선택과 시기 이해하기

⑥ 맡은 책임을 효율적으로 수행하는 데 필요한 역량 구비하기

위와 같은 경력 관리를 위해서는 좀 더 도전적인 직무를 수행하고, 자신을 지원해 줄 수 있는 후원자도 물색하며, 협소한 직무를 지양하고 많은 직무를 수행하기 위해 노력해야 할 뿐만 아니라 새로운 지식과 기술을 익히는 학습을 지속적으로 병행해야 한다.

• 경력 관리 4단계: 전직에 성공하여 일하게 될 때도 미래의 돌발 상황에 대비하기 위해서 지속적으로 아래와 같은 경력관리 4단계를 유념할 필요가 있다.

경력 관리는 경력 유지에 초점을 두지만, 유사시에 대비한 경력 전환도 관심의 범위 내에 두어야만 한다. 경력 관리는 경력 선택을 전제로 하고, 필요시 경력 개발로 이어지는 경우도 많다. 경력 관리가 필요한 이유는 평생 직장이 아닌 평생 직업이라는 개념이 적용되고 있는 시대적 변화 추세에 따라서 이전과 다른 노력을 기울여야 하기 때문이다. 경력관리는 생애 근로 기간 중에 계속된다는 사실을 이해해야 한다.

[그림 III-22 경력 관리 4단계]

첫 번째 단계는 업무 상황 분석과 자기 이해이다. 자신의 현재 업무 상황을 분석하면서 만족과 불만족 요인을 파악해 보고, 자신의 기술과 능력을 확인해 본다. 자신이 해야 할 일과 관심을 가진 일에 대해서 분석해 보고, 자신이 지닌 정서적, 재무적 욕구도 탐색해 본다.

두 번째 단계는 각종 대안을 수립하고 검토한다. 자신이 장·단기적으로 선택할 수 있는 대안도 찾아보고, 먼저 고려해야 할 사항을 나열해 본 뒤에 우선순위를 설정한다.

세 번째 단계는 경력 목표의 설정이다. 자신의 인생과 경력에서 달성하기를 진정으로 원하는 경력 목표를 설정한다. 경력 목표는 경력 유지 혹은 확장 혹은 경력 전환으로 구분된다. 어떤 목표를 선택하더라도 반드시 특정한 경력 개발이 필수적으로 따른다.

네 번째 단계는 경력 목표 설정에 따른 경력 발전 계획의 수립 및 실행이다. 목표를 달성하기 위해서 가장 먼저 시행할 일을 찾아보고, 장기적인 차원에서 고려해야 할 기타 활동, 그리고 목표 달성을 지원하는 각종 유형과 무형의 보유 자산을 파악한다.

② 전직 비성공자 사후 관리

전직 비성공자의 경우에는 전직 탐색 활동에 대한 격려와 관련 정보의 제공과 지원을 유지해야 한다. 예를 들면, "○○ 님께 꼭 맞는 경력이 있을 겁니다. 함께 노력해 보시죠."라고 격려해보는 방법이다. 특히 장기간 연속되는 비성공 때문에 자신의 의지가 많이 꺾여 있고, 자신감이 없는 경우, 그리고 세상을 한탄하는 때도 있으므로 심리적으로 잘 접근해야 한다.

- 비성공자의 특성

  비성공자들은 대부분 자기 분석이 되어있지 않은 경우가 많다. 따라서 어떤 일을 할 수 있고, 하고 싶은지를 모른다. 또한, 최근의 전직 시장 동향과 일자리 정보의 흐름을 읽지 못하고, 직장 생활에 대한 비현실적인 기대를 하고 있다. 혹은 전직 자신감이 떨어진 상태에 빠져있거나, 대인관계 능력 및 의사소통 기술이 부족한 경우가 많다. 특히 중장년들의 경우에는 전산 능력 및 전직 서류 작성에 자신이 없는 경우도 많다.

- 비성공자 사후 관리 방법론

  특히 장기간의 시간을 보내고 있는 비성공자들은 재취업을 하기로 했다가 바로 마음이 바뀌어 컨설팅이나 면접 약속을 어기는 예도 있다. 또는 전직을 완료하여 며칠 출근하다가 갑자기 컨설턴트나 직장 모두에게 연락을 두절하는 때도 있는데, 현장에서 간혹 나타나는 특이한 사례이다. 컨설턴트는 비성공자를 사후 관리할 시에 시간 관리 측면, 전직 탐색 활동 측면, 그리고 네트워킹을 통한 자기 마케팅 측면의 컨설팅을 하면 좋다. 아래에서는 세부적인 비성공자 사후 관리 방법 몇 가지 예를 들었는데, 전직에 오래 시간을 소비하고 있는 장기 전직자와 잦은 퇴사자로 구분하여 설명한다.

방 법	세부 사항
비성공자 지원 리스트 관리	별도의 리스트를 작성하고, 개인별 중점 지원내용을 기록해 두면 지원의 효율성을 기할 수 있다.
자기 이해	• 장기 전직자: 심리 검사나 체크 리스트를 통해 자신의 흥미, 적성, 성격 등을 재탐색한다. • 잦은 퇴사자: 전직에 대한 준비가 부족한 경우가 많으므로 자신에 대한 객관적 이해, 진정 원하는 직종, 할 수 있는 일의 선택에 중점을 두고, 기타 요인도 파악해 본다.
전직 의지 확인	• 장기 전직자: 전직에 성공하더라도 일이 힘든 경우나, 인간관계의 어려움으로 쉽게 포기할 우려가 있어서 목표의 명확화를 위한 컨설팅이 필요하다. • 잦은 퇴사자: 역시 전직에 관한 확실한 목표 없이 일을 선택하여 출근하고, 쉽게 일을 그만두는 경향이 있으므로 일에 대한 본인의 의지 확인 및 강화가 필요하다.
집단 상담 프로그램 참여	• 장기 전직자: 단절 기간이 길기 때문에 전직 자신감 향상과 대인관계 능력, 의사소통 훈련 등을 위해 프로그램에 참여하도록 독려한다. • 잦은 퇴사자: 재취업 준비도가 부족한 경우가 많으므로 빠른 전직을 위한 알선보다는 단기 직업 의식 교육이나 훈련 과정을 통한 준비를 통해서 전직에 성공하도록 돕는다.
전산 능력, 직장 예절 및 자기 관리 능력	• 장기 전직자: 전산 능력을 필수로 점검하고, 기본적 직장 예절, 이미지 메이킹에 대한 컨설팅을 진행한다. • 잦은 퇴사자: 동일하게 직업 의식, 기본적인 직장 매너, 자기 관리에 대한 이해가 부족한 경우가 많으므로, 개선을 위한 방향으로 컨설팅을 진행한다.

[표 III-24 비성공자 사후 관리 방법 제안]

사후 관리는 미래에도 공공이나 민간 서비스에서 발전을 지속하고, 강조되어야 할 부분이다. 이는 경력관리, 경력 설계, 혹은 생애경력설계라는 이름으로 이후 삶과 일을 지원하는 차원의 프로그램으로 전환되어 사회적 비용 절감도 꾀할 수 있다.

▶ 직장 적응

직장 적응이란 개인과 직업 사이의 조화로운 관계를 의미한다. 근로자는 조직에서 요구하는 요건을 갖추고, 자신의 능력을 제공하며, 조직에서는 근로자의 가치에 따른 보상을 해주면서 상호 간의 만족을 추구하는 형태이다.

부적응의 경우는 개인의 내적 특성, 동기와 욕구, 그리고 직장의 조건 및 특성이 불일치를 이루거나, 부조화할 때 좌절감, 불안감, 그리고 불만족의 형태로 나타난다.

직장 적응과 관련된 외적 조건은 아래와 같다.

① 상사의 리더십 및 관리 스타일

② 직무 특성, 그리고 장래성

③ 능력의 활용과 육성을 도모할 기회 제공

④ 생활이 가능한 수준의 근로와 보수

⑤ 건강과 안전, 공평의 원칙

⑥ 직장 내의 대인관계 등

특히 직장에서는 근로자 간의 관계가 사실상 눈에 보이지 않는 적응 요인이다. 상호관계를 잘하기 위해서는 '직장 동료가 친구나 가족이 아님을 인정하기', '열까지 세는 습관 기르기', '긍정의 효과를 믿기', 그리고 '자기 자신을 존중할 때에 남도 자신을 인정해 준다.' 등의 생각이 필요하다.

직장 적응을 위한 컨설팅 개입 5단계와 개입 기법을 간략히 설명하면 아래와 같다.

구 분	내 용
1단계 (협력 관계 형성)	컨설턴트와 내담자가 서로 상의 및 협의한다.
2단계 (하소연 문제 파악)	급여, 복리후생 제도, 근무 지역, 사무실 환경 등에서 문제점 여부를 파악한다
3단계 (성격 특성 및 자아상 평정)	직업적 성격 특성과 가치 체계를 확인한다
4단계 (직장 환경 평정)	근로 조건, 임금 체계, 복지 여건 등을 확인한다.
5단계 (컨설팅 효과 평정)	컨설팅 결과에 대한 만족도를 확인한다.

[표 III-25 직장 적응 컨설팅 개입 5단계]

컨설팅 개입 간에 필요한 직장 적응 방법에 대해서 알아보면 아래와 같다. 내용을 참고하여 내담자의 컨설팅에 활용할 수 있다.

① 직장 적응 5C에 관심을 기울이자.

직장의 핵심 가치와 문화, 상황과 환경, 의사소통 기법의 발전, 동료 관계에 관한 관심, 그리고 자신의 핵심 역량을 이해하고, 부족한 부분을 향상시켜 보자.

Core values and culture :
ㅇ 조직구성원들의 말을 듣고 핵심가치/문화 이해
ㅇ 리더의 행동에서 가치 파악

핵심가치
/문화

Core Competencies :
ㅇ 역할 수행에 필요한 역량은?
ㅇ 나의 부족한 점은? 보완방법은?

핵심역량

상황/환경

5Cs

Context :
ㅇ 무엇을 말하고, 말하지
않을지에 대한 이해
ㅇ 특수상황이나 결정에 관련된
사항을 파악

Connection :
ㅇ 배우는 자세로 타인에게 관심 기울임
ㅇ 기업문화 통제자, 리더와 멘토,
문제해결자 식별

동료관계

의사소통

Communication :
ㅇ 공식적, 비공식적
의사소통 방법에 대한 이해
(예) 이메일, 문서, 음성메일, 미팅 등

[그림 III-23 직장 적응 방법 5C]

② 조직 안과 밖에서 자신의 경력을 관리하자.

자신이 지금 어디에 위치하고 얼마나 잘하는지를 평가하고, 점검하자. 모든 자원을 활용하여 조직 내부뿐만 아니라 외부에서 자신의 경력을 관리한다.

(예) 인력 관리 프로그램, 전문가 모임, 봉사활동 등

③ 가정과 자녀들의 문제도 고려하자.

워라하(work and life harmony)를 유지하면서 삶의 전체적인 관점에서 가정과 자녀들의 문제도 잘 고려한다.

④ 열심히 일하되 맹목적인 충성은 지양하자.

맹목적인 충성과 조직에서 맡은 바 일에 충실한 것은 다른 문제이다. 고용주와 근로자는 한 배를 타고, 상호 관심과 도움을 주는 관계이다.

⑤ 수직적 이동, 수평적 이동 모두에 관심을 가지자.

과거의 직장 생활은 수직적인 이동에 관심을 두었다. 이제는 더욱 폭넓은 경력을 가지기 위해 수평적인 이동도 필요함을 인식하고 자

한국형 전직지원 기술

기 발전을 꾸준히 해 나가면 수직적 이동도 할 수 있다.

⑥ 인사 담당자와 좋은 관계를 유지하자.

인사 담당자와 좋은 관계를 유지하면, 종사 산업과 관심 기업 등
에 대한 정보를 대화를 통해 획득할 수도 있다. 미래를 위해서 그
들에게 좋은 기억도 심어 주어야만 한다.

▶ 의사소통

사람들과의 관계 속에서 의사소통은 매우 중요한 부분을 차지하고
있다. 의사소통이란 '정보, 감정, 생각 또는 의견을 다른 사람과 교환하
는 과정'으로 정의할 수 있다. 이는 말하기, 듣기, 비언어적 신호, 시각
적 이미지, 심지어 문서 작성까지도 포함한다. 의사소통이 중요한 이유
는 상호이해와 관계를 구축하는 데 필수적인 요소이기 때문이다.

의사소통은 관계 구축, 팀워크 증진, 갈등 해결 혹은 설득, 그리고 리
더십의 발휘에 사용된다.

① 관계 구축: 직장 내부 혹은 외부에서 관계를 구축하고 유지하는 데 중
심 역할을 한다. 의견을 나누고 문제를 해결하며, 서로의 기대와 필요
를 이해함으로써 더욱 강력하고 지속 가능한 관계를 만들 수 있다.

② 팀워크 증진: 직장에서의 효과적인 의사소통은 팀워크와 협력을 증진
한다. 구성원들이 명확하게 의사소통을 할 때 각자의 역할과 책임에
대한 이해도가 높아지면서 전체적인 작업 효율성을 향상시킨다.

③ 갈등 해결 혹은 설득: 모든 조직에서 갈등은 발생하기 때문에 그런
갈등의 건설적 해결에 의사소통이 필요하다. 이는 내부 문제 발생

을 예방하는 효과도 가지고 있다.

④ 리더십 발휘: 리더는 강력한 의사소통 능력을 가진 사람들이 될 수 있다. 그는 팀에게 동기를 부여하고, 비전을 공유하며, 명확한 지침을 제공함으로써 조직의 목표 달성에 기여한다.

전직의 준비 혹은 진행 과정에서 의사소통 능력은 전직에 성공하고 새로운 직장 환경에 적응하면서, 다양한 이해관계자와 효과적으로 상호 작용하는 데 매우 중요하다.

여기에서는 개인적으로 의사소통 4단계 기술을 설명해 보고, 워크시트를 통해 개인이 진단 및 자각하는 방법을 제시해 보고자 한다.

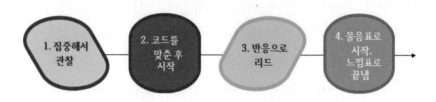

[그림 III-24 의사소통의 4단계 기술]

① 집중해서 관찰: 소통의 대상을 파악하고 관심사를 논해서 호기심을 유발하면 좋다. 대화 초반에 상대방의 대화를 경청하여 취향이나 관심사를 파악한다. 이때 세부적인 사항을 찾아내기 위한 공감 능력이 필요하다.

② 코드(code)를 맞춘 후 시작: 우리가 주파수를 통해서 방송을 듣는 것처럼 대화도 상호 간에 코드를 맞출 필요가 있다. 그 대화 코드는 위에서 말한 상대의 관심사인데, 그 내용을 중심으로 자연스런 대화의 흐름을 만들면 된다.

③ 반응으로 리드(lead): 대화의 주도권은 항상 자기가 잡도록 하는데, 말을 많이 한다는 이야기가 아니다. 오히려 상대가 말할 수 있도록 유도하는 것이 중요하다. 경청을 중심으로 상대의 본심을 파악해 보자. 상대의 입장에서는 자신이 말을 많이 하면서 대화가 통한다는 느낌을 가질 경우가 많다.

④ 물음표로 시작하고, 느낌표로 끝냄: 대화는 항상 물음표로 시작하고 느낌표로 끝내야 한다. 호기심이 물음표나 마침표로 끝난다면 다음의 의사소통 기회를 잡기 힘들다. 느낌표가 뜰 만큼 강력한 이미지를 남기면 다시 대화하고 싶은 사람이 된다.

아래 워크시트에서 4가지 의사소통 기술에 대한 자신의 현 상황을 5점 척도(최고점수)로 점수를 매겨보자. 이어서 자신이 개선해 보고 싶은 사항을 간단하게 적어 보고 성찰해 보자.

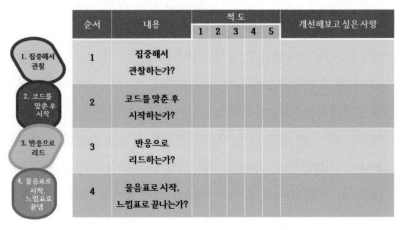

순서	내용	척도					개선해보고 싶은 사항
		1	2	3	4	5	
1	집중해서 관찰하는가?						
2	코드를 맞춘 후 시작하는가?						
3	반응으로 리드하는가?						
4	물음표로 시작, 느낌표로 끝나는가?						

[표 III-26 자신의 의사소통 상황 파악]

▶ 미션(mission), 비전(vision) 및 핵심 가치

삶과 경력에서 중요한 미션, 비전 및 핵심 가치를 국내에서 가장 잘 정의해 둔 책자는 정진호 외 저 『가치관으로 경영하라』라는 책자이다. 일부 내용은 그 책자에서 발췌하여 소개해 본다.

"개인의 미션과 비전, 핵심 가치 모두는 그 개인의 차별적인 존재 이유와 일하는 의미를 만들어준다. 이는 변화 혹은 전직 시에 신호등 혹은 나침반의 역할을 해준다."

- 미션은 개인의 존재 목적이나 이유이다. 궁극적으로 목표로 삼고 있는 지향점으로서 그곳에 도달할 수는 없지만 그곳을 향한다. 따라서 일반적으로 추상적이다. 개인의 입장에서는 '존재 목적과 의미는 무엇인가?'이다. 그래서 개인의 열정을 불러일으키는 본질적이며, 변하지 않고, 끊임없이 추구해야 하는 신념이 되는데, 궁극적으로 하는 삶과 일의 의미를 정확하게 파악하게 해준다.
- 비전은 꿈과 미래상이다. 달성에 매우 힘이 들지만 도달할 수 있는 것이기에 우리에게 설렘을 주는 목표이다. 따라서 구체적이다. 개인의 입장에서는 '삶의 목표와 꿈은 무엇인가?'이다. 이는 미래에 도달하고자 하는 큰 목표로써 개인의 몰입과 열정을 끌어내는 강력한 힘이며, 기대감이다. 1961년 5월 25일 당시 미국 대통령 존 에프. 케네디는 의회 연설에서 "1960년대가 가기 전까지 미국이 달에 사람을 보내는 최초의 나라가 되도록 하겠다."라는 원대한 미래 비전을 밝혔다. 이후 비전을 달성하겠다는 다양한 노력에 힘입어 1969년 7월 20일에 미국 우주 비행사가 최초로 달에 발을 디디게 되었

다. 비전은 앞서 이야기한 바와 같이 설렘을 주는데, 달성 기한의 설정이 중요하다.

• 핵심 가치는 일하는 원칙 및 기준으로서 우선순위 규범이 된다. '무엇을 가장 중시하는가? 그것을 위해 어떻게 할 것인가?'이다. 이는 매 순간 판단의 기준이 되는데, 선택의 기로에서 행동 방향을 제시해 준다.

미션, 비전, 핵심 가치의 예는 아래와 같다. 더불어 공동 저자 대표가 운영하는 1인 지식 기업 '라이프앤커리어디자인스쿨' 예도 제시해 본다.

구 분		내 용
미 션	애플사 (Apple)	세상을 바꾸고 인류를 앞으로 나아가도록 하는 일을 돕는다.
	구글사 (Goole)	전 세계의 정보를 조직해 누구나 쉽게 접근하고 사용할 수 있도록 한다.
비 전	빌 게이츠 (Bill Gates)	집집이 모든 책상 위에 컴퓨터를!
	엘지 디스플레이 (LG Display)	여러분이 꿈꾸는 미래 LG Display가 펼쳐갑니다. (You Dream, We Display)
	포드 자동차	10~20년 후 우리 꿈이 이루어졌을 때는 미국 대부분의 길에서 말과 마차는 사라지고, 대신에 우리가 만든 자동차가 짐과 사람들을 실어 나르며, 우리 노동자들이 만든 자동차를 타고 다닐 것이다.
핵심 가치	엘지 디스플레이 (LG Display)	고객 가치 최우선/인사이트/민첩/치밀, 철저/열린 협업

[표 III-27 미션, 비전, 핵심 가치의 예]

구 분	내 용
미 션	삶과 관련된 다양한 콘텐츠의 지속적 제공을 통해 대한민국에서 살아가는 모든 계층의 생애경력설계를 지원하는 가운데 그들의 자유 성취를 지원한다.
비 전	○○○○년! 대한민국 최고, 최상의 콘텐츠와 인력을 갖춘 라이프앤커리어디자인스쿨이 된다(○○○○년! School more than a School!)
핵심 가치	자율, 창의, 변화

[표 III-28 라이프앤커리어디자인스쿨의 예]

미션, 비전을 작성 시에는 위의 기본적인 개념을 읽어보고, 예를 참고하는 가운데 개인적인 존재 이유, 삶의 목표 등을 고려하여 작성해 본다. 핵심 가치의 경우에는 각종 가치 검사 도구를 사용할 수도 있다.

▶ 생애경력설계

최근 각종 매스컴에서 자주 등장하는 주제는 '저출산'과 '고령화'이다. 아이러니하게도 그런 주제들이 이미 우리 삶 속에 깊숙이 들어와 있어도 잘 인지하지 못하고 있다. 특히 기대수명의 연장에 따른 '고령화' 문제는 삶을 영위하는 우리 모두가 간과할 수 없는 문제이기 때문에 이전과 달리 '개인의 삶과 일에 대한 설계', 다시 말해서 '생애경력설계'는 이 시대를 살아가는 중장년들에게 필수적인 고려 사항이 된다.

먼저 생애경력설계를 하기 이전에, '생애 전환'을 해야 하는 자신만의 이유를 한 번 생각해 보고, 그에 따라 진행해 보자. 단순히 설계 절차에 따라 진행하기 이전에 목적 혹은 미래를 이해해 보고 그 기반 위에

한국형 전직지원 기술

서 설계하는 것이 바람직하기 때문이다.

① 우리가 몰랐던 삶의 변화: 물질적, 기술적 그리고 사회구조의 변화 및 발전 속도에 비해 습관화된 우리 개개인의 변화 및 발전 속도는 다소 느리다. 대부분의 중장년 세대는 자신들의 부모 세대가 살아가는 모습을 지켜보면서 유년기부터 삶과 일의 세계에서 필요로 하는 '교육'을 받는다. 청년기에 이르러서는 직업 세계에 들어가 '일'을 하다가 장년기에 즈음하여 은퇴하고 인생 후반부의 '여가'를 즐기다가 삶을 마감하는 일명, 3단계 삶만 생각하고 있었다. 그러나 세월의 흐름에 따라 의료 기술의 발달과 섭생의 개선 등으로 인해 수명이 점차 연장되면서 앞의 '3단계 구조'가 '다단계 구조'로 바뀌고 있음을 부지불식간에 체감하게 된다. 이제 중장년들은 인생 1막 이후에도 그와 비슷한 길이의 인생 2막, 혹은 그 이상을 살아가야만 하는 시대를 맞이하였다.

기존의 '교육-일-여가' 순이었던 3단계 삶에서 '교육-일/일/일-여가'라는 다단계 삶(최근에는 'n모작'이라고 불리기도 함)으로 옮겨가고 있다. 이전에는 교육, 일, 여가가 별도로 구분되어 있던 상황이 이제 통합적으로, 그리고 반복적으로 이루어진다. 그래서 필수적으로 '삶과 일의 (재)설계'가 필요한데, 그것이 바로 중장년들의 '생애경력설계'이다. 아래 그림에서 보는 바와 같이 이전과 달리 여러 가지 변화를 경험하면서, 개인에 따라 여러 차례에 걸친 다양한 '전환 교육'이 전제되는데, 우리가 자주 접하는 '평생 학습'을 그런 의미로도 해석할 수 있다.

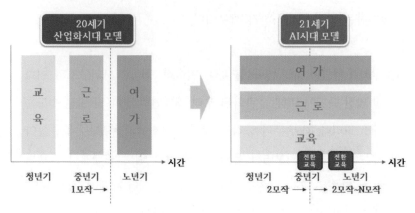

[그림 III-25 삶의 구조 변화]

② 생애 주기별 주요 컨설팅 과제: 생애 주기별 주요 컨설팅 과제는 도
널드 슈퍼의 '전 생애 진로 발달 이론'을 참고해서 과제를 추출할
수 있다. 이 이론은 개인과 환경은 끊임없이 변화하기 때문에 개인
과 환경 간의 연결은 결코 완전할 수 없으며, 전 생애에 걸쳐서 이
루어지고 변화한다는 점을 말한다. 슈퍼의 이론은 아래 표와 같은
데, 이 이론을 기반으로 적절한 컨설팅 주제를 상정해볼 수 있다.

생애 단계	연령대	주요 발달 과업	내 용
성장기	0~14세	자기 개념 설정, 일과 직업에 관한 초기 탐색	자기 개념을 형성하고 환상을 통해 다양한 직업을 상상하고, 교육과 놀이를 통해 자신의 능력과 흥미를 초기 탐색하는 단계
탐색기	15~24세	진로 탐색, 직업목표 설정, 교육 및 훈련	적합한 직업을 탐색하고, 구체적인 목표를 설정하고 그에 따른 교육과훈련을 받는 단계

한국형 전직지원 기술

확립기	25~44세	직업적 안정성 확보, 경력 개발	직업적 안정성을 추구하고, 자신의 경력을 발전시키는 단계
유지기	45~65세	직업 유지를 위한 적응, 역할 재평가	직업을 유지하며 역할을 재평가하고, 직무 만족도를 높이는 단계
쇠퇴기	65세 이상	은퇴 준비, 새로운 삶의 방식 탐색	은퇴 후의 삶을 준비하고, 새로운 생활 방식을 탐색하는 단계

[표 III-29 도널드 슈퍼의 '전 생애 진로 발달 이론']

③ 생애경력설계와 그 설계 단계는?: 여러 생애경력설계 기관과 전문 업체가 사용하는 생애경력설계에 대한 정의를 발췌하여 그 공통점을 통합해 본 결과, 생애경력설계는 '개인의 인생에 있어 가치를 기초로 한 삶과 일의 목표 실현을 위한 체계적인 활동 계획 수립 및 실행, 그리고 피드백'으로 요약된다. 일반적으로 설계를 위한 영역은 일, 재무, 건강, 사회적 관계, 여가, 가족, 사회 공헌/봉사로 구분된 7대 영역이다. 최근에는 자기계발, 커뮤니티, 주거 등의 중요성을 인식하여, 영역에 포함하는 경우도 자주 본다. 이는 우리 삶을 살아가면서 가늠해 보아야 하는 주요한 영역들인데, 그런 영역들을 중심으로 자신의 과거를 살펴보고, 미래를 희망하며, 현재를 살아가자는 개념이다.

생애경력설계의 방법론은 다양하지만, 여기에서는 아래와 같이 6단계로 구분하여 설명한다.

• 1단계(가치 파악): 대부분 중장년들은 유년 시절에 부모님과 선생

님 등으로부터 교육을 받으면서 자신의 가치를 형성하였다. 그리고 자신의 가치에 따라 적합한 행위를 하고 그에 대한 책임도 지고 있었다. 이제 인생 후반부에 도착한 시점에 자신의 가치를 다시 파악해 보면 좋다. 왜냐하면, 자신의 언어, 행동, 그리고 삶의 하나하나가 그런 가치관에서 나오기 때문이다. 다시 말해 가치는 자신의 삶에서 절대 포기할 수 없는 그 무엇이다. 진정한 퇴직 이후의 삶은 그런 가치에 기반을 두고 설계되어야만 한다. 진정한 자신의 가치는 어떤 것인가?

- 2단계(현 상황과 희망 상황 비교): 앞에서 설명한 각 영역 중에서 자신이 소중하게 여기는 영역 몇 개를 선택한 후 각 영역에서 자신의 현 상황과 희망 상황을 비교해 본다. 그리고 희망 상황에 도달하기 위해 필요한 시간, 노력 그리고 금전 투자를 함께 고려한다. 전체적으로 각 영역이 균형을 이루어 조화롭게 운영될 수 있는지 가늠해 보고, 두 가지 상황을 비교하여 그 차이를 발견해 낸다. 자신의 영역별 상황과 차이는 어떠한가? 이의 측정을 위해서 서울시 50플러스 재단의 '50+ 생애설계 자가진단'을 이용하면 가능할 수 있다. 일, 활동, 관계, 그리고 재무 영역 각각 9개, 9개, 8개, 8개 문항으로써 총 34개 문항에 답하면 영역별 준비도를 파악할 수 있다. 진단 사이트 주소는 'https://50plus.or.kr/selfCounsel.do'이다.

- 3단계(목표 설정): 위 2단계의 비교를 통해 각 영역에서 확인된 차이에 기반을 두어 조정이 필요한 사항이 바로 목표가 된다. 즉 차이를 줄이거나 해소하는 조치의 수행이 그 시점의 목표가 된다는 이야기이다. 자신이 소중하게 생각하는 영역별 목표는 어떤 것인

가? 예를 들어 일과 관련된 영역이라면 아래와 같은 세 가지 간단한 질문을 자신에게 해볼 수 있다.

- 일과 관련된 현 상황은?
- 희망하는 상황은?
- 차이를 해결하는 방안은?

- 4단계(실행 계획 수립): 위 3단계에서 도출된 사항을 기초로 하여 각 영역의 목표를 달성할 수 있는 실행 계획을 수립한다. 이는 자신의 현 상황과 희망 상황의 차이(gap)를 해결하는 계획이다. 핵심적이거나 우선순위가 높다고 생각되는 몇 가지에 대해서는 실행 계획을 세우고, 개략적 일정도 포함하면 좋다. 이때 목표는 장기 목표, 중기 목표 그리고 단기 목표로 나누어 계획을 수립하면 실행이 용이하다. 자신의 실행 계획은 우선순위를 규정하고 있으며, 장기, 중기, 단기로 나누어져 있는가?

- 5단계(평가 및 피드백): 설계라는 말 속에는 지속적이고, 반복적이며, 실행 중에도 자유롭게 수정이 가능하다는 개념이 포함된다. 진행 사항을 수시로 평가하고 피드백하는 개념으로 볼 수 있는데, 희망 상황과 실행 이후의 결과를 비교하는 개념으로 보면 좋다. 그를 통해서 좋은 모습으로 거듭나는 것이다. 수시 또는 정기적으로 자신의 실행 결과를 평가하고 피드백하는가?

- 6단계(습관화): 목표 달성도 중요하지만, 실행하는 의지와 태도를 습관화하여 자신의 삶을 더 나은 방향으로 바꾸어 보는 일은 아무리 강조해도 지나치지 않다. 실행이 습관화되지 않을 경우에 이전의 상태로 회귀할 우려가 있기 때문이다. 자신의 계획을 실행하고 피드백하는 습관을 유지하는가?

▶ 생성형 AI 활용 컨설팅

생성형 AI는 기계 학습과 딥러닝 기술을 활용하여 새로운 데이터와 이미지, 음성, 텍스트 등을 생성하는 인공지능 시스템을 통칭하는 용어이다.

생성형 AI 도구로써 ChatGPT 등이 소개된 이후로 전직 분야에서도 컨설턴트들이 많은 자료의 검색뿐만 아니라 전직 서류 작성 등에서 많은 도움을 받고 있다. 이는 작업 시간을 줄여주면서 적어도 일정 수준 이상의 생산성을 향상시켜 준다.

ChatGPT의 원리는 인터넷에 있는 모든 문서를 읽고 단어의 다음 단어를 확률적으로 예측하는 방식인데, 질문을 포괄적으로 하면 평균적인 답변밖에 얻을 수 없다. 따라서 프롬프트 엔지니어링(prompt engineering)을 통해서 프롬프트(prompt), 즉 명령어를 구체적으로 잘 작성하면 좋은 답변을 얻을 수 있다. 프롬프트 엔지니어링이란 '생성형 AI 도구에 매우 구체적인 질문을 하거나, 상세한 정보를 제공하여 최상의 결과를 얻는 행위'이다.

여기에서는 프롬프트 구성의 6가지 요소를 설명하여 현장에서 일하는 컨설턴트들이 생성형 AI 도구를 사용 시에 도움이 되고자 한다. 더불어 특정 프롬프트를 통해서 어떤 답변이 나오는지도 예로 들어보았다. 먼저 간략한 개념을 숙지한 이후에 관련된 전문 서적을 읽어보고 생성형 AI를 잘 활용할 수 있기를 바란다.

프롬프트 구성의 6가지 요소는 아래와 같다. 이 요소는 구글사의 프로덕트 매니저인 제프 수(Jeff Su)가 밝힌 내용이다.

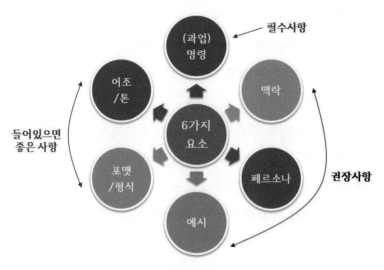

[그림 III-26 프롬프트 구성 6가지 요소]

① (과업) 명령(task): 반드시 포함해야 하며, 서술어(예: 작성해줘, 요약해줘)로 기술한다. 질 좋고 자세한 답변을 원한다면 한 프롬프트에 하나의 과업만 포함한다. 필요시 답변에 기초해서 다음 질문을 이어나가면 된다.

② 맥락(context): 이는 '어떤 상황/배경에 처해있는지? 의도와 목표는 무엇인지? 우려되는 점은 무엇인지? 그리고 고려해야 할 제약 사항이나 규칙은 어떤 것이 있는지?'를 포함하는 것이다.

③ 페르소나(persona): 해당 문제를 가장 잘 해결할 수 있는 사람, 역할, 직무를 넣어서 롤플레이를 시키는 방법이다. 구체적인 전문가 명칭일수록, 그리고 전문용어를 포함할수록 더 전문적인 답변이 나온다. 생성형 AI 도구로 하여금 전문가의 입장에서 전문적으로 생각하게 한다.

④ 예시(example): 체감을 할 수 있도록 해주는 것인데, 맥락에 잘 맞는 예시를 제시해 주는 것이 중요하다. 예시가 길지 않다면 2개 이상을 주는 것도 좋다. 예시는 링크, 혹은 파일 업로드, 텍스트로 할 수 있다.

⑤ 포맷/형식(format): 결과물의 형식이나 분량을 구체적으로 지정한다(예: 표 형식, 글 형식 등) 결과물의 구성내용이나 분량, 목차 등의 아웃라인을 제공해 주면 좋다.

⑥ 어조/톤(tone): 형용사를 사용한다. (예: 간결하게, 친근하게 등) 예시를 제공해서 답변의 어조를 요구하는 방법도 좋다. 좋은 예시를 제공할 경우에는 더 좋은 답변을 받을 수 있다.

위에서 설명한 6가지 요소는 반드시 다 포함해야 하는 것은 아니지만 (과업) 명령은 필수적 요소로서 반드시 포함해야만 한다. 맥락, 페르소나, 예시의 경우에는 권장 사항으로써 들어있으면 높은 확률로 결과가 개선되고, 포맷/형식과 어조는 들어있을 경우 좋은 수준 정도이다.

'경력 설계와 관련된 회차 수립'과 관련된 질문 ChatGPT가 답변한 결과를 게시해 본다.

= ChatGPT 답변 =

① 프롬프트
"50대 중장년들의 경력 설계를 돕기 위한 컨설팅 회차 구성을 해보고자 합니다. 컨설팅 대상 중장년들은 모두가 기업에서 30년 내외로 일한 이후에 전직하여 다른 일자리를 찾고자 합니다. 현재 그들이 전직에 겪고 있는 애로 사항은 고연령과 전문성 부재입니다.

한국형 전직지원 기술

그런 중장년들을 대상으로 각 2시간씩, 총 5회 10시간에 대한 회차별 컨설팅 내용을 전문적인 전직 컨설턴트의 입장에서 구성해 주세요. 형식은 주제와 세부 컨설팅 내용으로 2시간씩, 5번에 해당하는 회차 구성 내용을 정리하여 알려주세요."

② 챗GPT 답변
"중장년 전직컨설팅 프로그램을 구성하는 데 있어서 목표는 참가자들이 자신의 경험과 능력을 새로운 직업 분야로 활용할 수 있도록 돕는 것입니다. 이를 위해 회차별로 주제와 세부 콘텐츠를 다음과 같이 제안합니다."

- 회차 1: 자기 이해 및 경력 평가
  * 주제: 자신의 강점과 경력을 탐색하기
  * 세부 내용:
  - 자기소개 및 참가자들의 기대 사항 공유
  - 이전 직장에서의 업무 경험 및 업적 리뷰
  - SWOT 분석을 통한 개인 강점, 약점, 기회, 위협 분석
  - 경력 목표 설정 워크숍: 단기 및 장기 목표 정의

- 회차 2: 산업 및 직업 시장 탐색
  * 주제: 변화하는 직업 시장 이해 및 적합한 업종 탐색
  * 세부 내용:
  - 현재 시장의 산업 동향 및 고령 친화적 직업 설명
  - 흥미와 능력에 맞는 새로운 산업 분야 탐색
  - 정보 인터뷰 및 네트워킹 기술 소개
  - 온라인 자원 및 직업 검색 플랫폼 활용법 안내

- 회차 3: 전문성 강화 및 스킬 업그레이드
  * 주제: 필요한 기술 및 자격증 습득
  * 세부 내용:
  - 필요한 기술 및 자격증에 대한 조사 및 소개
  - 교육 및 훈련 프로그램 연계
  - 온라인 학습 플랫폼과 공개 강좌 소개
  - 개인별 학습 계획 수립 지원

■ 회차 4: 이력서 및 인터뷰 준비
  * 주제: 효과적인 이력서 작성 및 면접 전략
  * 세부 내용:
  • 이력서 및 커버 레터 작성 워크숍
  • 실제 면접 시뮬레이션 및 피드백 제공
  • 자기 PR 및 이야기하기 스킬 향상
  • 면접 질문과 효과적인 답변 전략

■ 회차 5: 네트워킹 및 전직 전략 마련
  * 주제: 전직을 위한 네트워킹 및 전략 개발
  * 세부 내용:
  • 효과적인 네트워킹 방법과 연결의 중요성 강조
  • 알선 및 추천받기 전략
  • 전직 계획의 실질적 실행: 체크 리스트 제공
  • 계속적인 커리어 관리 및 성장을 위한 자원 안내

"이 프로그램은 참가자들이 현재 시장의 요구와 맞는 새로운 기회를 찾아내고, 전직 과정에서 필요한 기술을 개발하며, 효과적으로 자신을 마케팅할 수 있도록 설계되었습니다. 각 회차는 참가자들의 피드백을 반영하여 필요에 따라 조정할 수 있습니다."

위와 같이 ChatGPT가 제시한 내용은 컨설턴트들이 분야 전문가 입장에서 다시 한 번 상황에 맞게 검토해야 한다.

▶ 슈퍼비전(supervision)

슈퍼비전은 전직지원 컨설턴트가 자신의 전문성을 유지하고 향상시키기 위해 더 경험이 많은 슈퍼바이저(supervisor)로부터 받는 체계적이고 구조화된 피드백과 지원을 말한다. 슈퍼비전은 슈퍼바이지(supervisee, 여기서는 전직지원 컨설턴트)의 전문적인 성장을 촉진하고, 컨설팅 서비스의 질적 수준을 향상시키는 목적을 가지고 있다. 즉 슈퍼바이지의 개인적, 전문적 성장을 촉진하고, 고객과의 상호 작용 및 서비스를 개선할 수 있도록 지원한다.

슈퍼비전 과정에서 슈퍼바이저는 슈퍼바이지에게 지도, 평가, 피드백, 조언 및 교육을 실시한다. 이때 슈퍼바이지는 아래와 같은 자세를 갖추어야만 한다.

- 책임감을 가지고 슈퍼비전에 필요한 사항을 성실하게 준비하고 배우려는 자세
- 공감과 자기수용, 질문을 통해 통찰하는 자세
- 슈퍼바이저와 좋은 관계를 유지할 수 있는 의사소통 자세
- 슈퍼바이저의 피드백에 대한 방어적이지 않은 개방적 자세

슈퍼비전 세션(session)의 일반적인 구성은 아래와 같다.

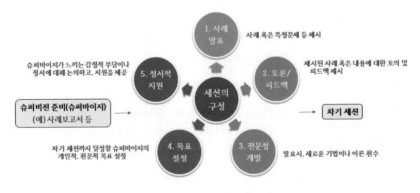

[그림 III-27 슈퍼비전 세션 구성의 예]

슈퍼비전을 위해 작성하는 사례 보고서에 일반적으로 포함되는 항목과 주요 포함 내용은 아래 표와 같다.

주요 항목	포함 내용
1. 내담자 인적 사항	• 인적 사항 • 컨설팅 신청 사유 / 호소 문제 • 개인의 인상 및 행동 • 기존 경력 및 요구 사항 / 개인의 강점 및 제한점 등
2. 검사 결과 및 해석 내용	• 검사 명칭, 실시일, 해당 검사 선택 사유 등 • 검사 결과 및 해석 내용
3. 사례 개념화 및 컨설팅 방향 설정	• 내담자에 대한 이해 사항 • 컨설팅 핵심 사항 / 내담자의 희망 사항 • 이론적 접근 내용 및 컨설팅 방향 설정
4. 컨설팅 목표 및 진행	• 위 3항에 기초한 컨설팅 목표 제시 • 컨설팅 목표 달성을 위한 내용 구체적 제시 • 이론을 제시 시 이론에 기반을 둔 개입 방법 제시
5. 슈퍼비전 희망 사항	• 슈퍼비전을 통해서 도움을 받고 싶은 내용 • 어려웠던 점 혹은 궁금한 점 등
6. 컨설팅 진행, 내용, 축어록 등	• 컨설팅 진행 과정 및 회차의 주제 • 컨설팅 내용: 내담자 호소 내용, 컨설턴트 개입 내용, 컨설팅 축어록 제시, 컨설턴트 의견 및 성찰 내용 등

[표 III-30 슈퍼비전 사례보고서 작성 내용]

한국형 전직지원 기술

1. 컨설팅 스킬의 기본인 디자인 씽킹 프로세스는?
2. 전직 프로세스의 개념과 현장 도구의 종류는?
3. 컨설팅 회차 구성 시 참고할 사항은?
4. 주요 컨설팅 기본 기법 4가지는?
5. 생성형 AI에서 프롬프트 구성 요소 6가지는?

생각 정리해 보기

* 어떤 생각이 드시나요?

전직지원 프로그램 계획

제 4 장

전직지원 프로그램 계획

🔑 전직지원 서비스는 (희망)퇴직 기업 혹은 관련 기관에서 요구하는 전직지원 프로그램을 일정 기간 운영한다. 프로그램의 주요 구성 내용은 집중 교육, 컨설팅, 그리고 사후 관리이다. 이때 프로그램 대상자 혹은 (희망)퇴직 기업 혹은 관련 기관의 요구 사항을 사전에 파악하여 그에 기초한 프로그램 구성을 하고, 진행하게 된다. 프로그램 계획을 위한 대상자에 대한 이해는 '제2장. 전직지원 서비스 운영'에서 서비스 대상자라는 주제로 논하였고, 계획된 프로그램의 운영에 대해서는 '제5장. 전직지원 프로그램 운영'에서 세부적으로 논할 예정이다.

여기에서는 요구 조사, 프로그램 디자인 개념, 프로그램 프레임워크, 프로그램 기본 모델, 그리고 프로그램 개발 및 구성 기법과 구성 사례 순으로 논해 보고자 한다.

들어가기에 앞서서 프로그램(program), 프로세스(process), 그리고 프로시저(procedure)에 대해 간단히 설명해 보고자 한다. 프로그램은 '특정 목표를 달성하기 위해 계획된 활동이나 프로젝트의 집합'이다. 프로세스와 프로시저는 통상 '절차'로 동일하게 부르기도 하지만, 현장에서는 프로세스는 일반적으로 '프로세스', 프로시저는 '절차'라고 이야기한다. 프로세스는 '특정 결과를 얻기 위해 순차적으로 수행하는 일련의 단계'이며, 프로시저는 '특정 작업을 수행하기 위해 실행하는 구체적인 단계나 지침'을 이야기한다. 프로시저는 프로세스 내에서 구체적으로 수행해야 할 행동이나 단계를 말한다. 아래 그림 IV-1에서 프로그램 기획에서부터 프로그램 평가까지는 프로그램 개발에 대한 프로세스를 말하고, 프로그램 기획에서 개발 필요성 확인부터 학습목적, 목표진술은 프로시저로 보면 된다. 그래서 크게 프로그램, 프로세스, 프로시저 순으로 세부화된다.

더불어 현장에서 혼용되어 사용되는 기획과 계획의 차이점을 이해해보자. 기획과 계획은 서로 밀접하게 관련되어 있으나, 그 목적과 범위가 다르다. 기획은 '목표 설정과 전략 수립을 포함하는 전반적인 방향성 설정'이라면, 계획은 '기획을 기반으로 한 구체적인 실행 방안과 그 세부 일정을 설정'하는 행위이다. 다시 말해서 기획은 '큰 그림을 그리는 과정으로 조직이나 프로젝트의 전반적인 방향성을 결정'하는 행위이고, 계획은 '기획을 구체화하고 실행 가능한 단위로 나누는 과정으로 실질적인 행위를 위한 로드맵(roadmap)'이다.

프로그램 개발은 프로그램 기획, 프로그램 설계, 프로그램 마케팅, 프로그램 실행, 그리고 프로그램 평가로 이어진다. 아래 그림의 개발절차를 먼저 이해하면 좋다.

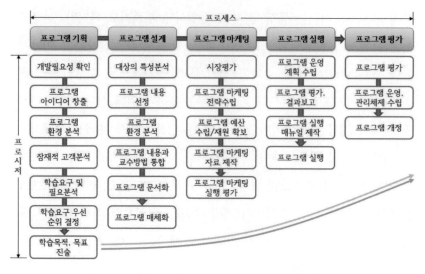

[그림 IV-1 프로그램 개발 절차]

1. 요구 조사 기법

특정 프로그램을 개발 시에는 여러 가지 제약 조건이 존재하더라도 필수적으로 (희망)퇴직 기업이나, 관련 기관, 대상자에 대한 사전 요구 조사를 한 이후에 프로그램을 개발해야만 한다.

요구 조사란 무엇인가?

'요구'란 '바라는 것(희망 상황)과 실제(현재 상황)의 차이'이다. '요구 조사'는 '현재 상황(As-Is)'과 '희망 상황(To-Be)' 사이의 '차이(gap)'를 조사하는 행위이다. 각종 서비스 프로그램에서 고객이 희망하는 상황과 현재 상황의 차이가 그의 요구이고, 그 요구의 탐색이 요구 조사이며, 그

조사를 통해서 요구를 해결하는 수단이 바로 프로그램이나 컨설팅이 된다. 따라서 그런 요구를 구체화할 경우에 계획하는 프로그램이나 컨설팅의 효과가 높아진다는 사실은 말할 나위가 없다.

요구 조사 시 고려해야 할 사항은 대상자의 특성, 조사 시기, 조사에 필요한 자료 수집 방법 및 장소가 된다. 우선 대상자의 성별, 연령대, 그리고 학력과 사회적, 경제적, 문화적 수준 등을 고려하여 특성을 파악해야 한다.

요구 조사의 시기는 특정 프로그램의 제안 시 혹은 실행 이전에 실시하고, 대상자들을 가장 많이 접하는 오프라인 혹은 온라인 공간을 선택해서 조사하면 된다.

예를 들어, 전직지원 서비스 프로그램에서는 주로 퇴직 기업 혹은 관련 기관, 그리고 퇴직자의 요구를 조사하면 좋다. 특별한 경우에는 먼저 퇴직 기업이나 관련 기관에서 프로그램에 대한 요구사항을 먼저 제시하는 경우도 있다.

▶ 니즈(needs)와 원츠(wants)에 관한 이해

현장에서는 욕구, 요구, 니즈, 원츠 등 다양하게 사용되고 있는데, 여기에서는 현장에서 일반적으로 사용하는 니즈와 원츠에 대해서 간략하게 논해 보고자 한다.

'니즈'는 '고객의 욕구나 심리 상태'를 의미한다. 이는 필요한 것에 대한 욕구이지만, 구체적인 해결 방안을 떠올리지 못한 상태를 의미한다. '원츠'는 그런 니즈를 충족시킬 수 있는 방안으로 이해하면 좋다. 니즈는 생리적 본능적 욕구 등 기본적인 욕구이며, 원츠는 상황에 따라 선택하는 구체적 욕구이다. 따라서 우리가 고객(내담자, 참여자)의 니즈 파악에 관심을 두는 이유는 니즈를 알아야 여러 가지 원츠를 파악하고, 그 속에서 우선순위를 설정할 수 있도록 돕기 위함이다.

니 즈	원 츠
"나는 학습 공간이 필요해…."	독서실, 카페
"목이 말라…."	물, 사이다, 콜라
"배가 고파…."	밥, 빵, 피자
"해외 시장으로 나가야겠는데…."	해외 시장 상황, 진출 가능 품목
"IT 분야로 전직하고 싶은데…."	직무 구체화(네트워크, 소프트웨어 등)

[표 IV-1 니즈와 원츠의 예]

요구 조사 방법론

여기에서는 생성형 AI를 이용하여 개념적으로 요구를 이해하는 방법론을 포함하는 8가지 기법을 소개해 본다. 요구 조사가 필요할 경우에는 상황에 적합한 조사 방법을 선택하면 된다.

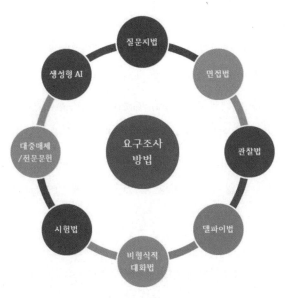

[그림 IV-2 요구 조사 방법 8가지]

▶ 질문지법

서면 혹은 온라인의 형태로 요구를 조사하는 방법이다. 많은 양의 정보를 동시에 모으고, 단시간 내에 많은 사람이 실시할 수 있다는 장점이 있으나, 답변 회수율이 통상 5~10%에 불과하다. 질문지법에 포함해야 할 주요 내용은 인사말, 설문에 대한 지시 혹은 설명을 한 뒤에 질문 내용을 배열하고, 마지막에 감사 인사를 포함하면 된다. 대량의 질문지를 사용할 때는 사전에 해당 계층의 표본 집단을 선정하고 테스트한 이후에 수정하여 질문하면 질을 높일 수 있다. 질문지법은 응답자의 익명성을 보장할 경우 답변 회수율을 높일 수 있다.

▶ 면접법

관련자들을 직접 만나서 대화를 통해 조사하는 방법이다. 사전에 질문을 이해 가능한 용어로 바꾸어 면접하면서, 답변에 집중하면 된다. 이때 답변에 대해 면접자가 가치 판단을 하면 안 된다. 면접법의 경우에는 필요에 따라서 그 계층의 표본 집단 몇 사람을 선정하여 실시하는 포커스 그룹 인터뷰(FGI, Focus Group Interview)도 실시한다. 이때 피면접자의 사전 동의를 얻어서 인터뷰 내용을 녹음하고, 그 당시의 장소, 상황 등에 대해서도 잘 기록한다. 이후 인터뷰 내용을 텍스트로 복기하고, 핵심 사항을 추출하여 프로그램 개발에 반영한다.

▶ 관찰법

현장에서 대상이 되는 개인이나 특정 계층, 혹은 현상을 직접 관찰하는 방법이다. 이는 그들의 대화 내용을 직접 듣거나, 그들의 행동을 관찰하면서 파악하는 방법인데, 대화나 행동을 통해서 계층이나 대상의 요구를 파악하는 방법이다. 의외로 이 방법을 통해서 수집할 수 있는 내용이 다양한데, 사람이 많이 모이는 공공장소 혹은 카페 등에서 평소에 생각하지 못한 요구 사항을 자연스럽게 파악할 수 있다. 이때 관찰자는 대상자들에게 관찰당한다는 인식을 주지 않도록 주의해야만 한다.

▶ 델파이법

미국의 군사문제에 대한 세계적으로 권위를 가진 대규모 싱크 탱크(Think Tank)인 랜드 연구소(Rand Corporation)에서 개발한 조사 기법으로써, 해당 분야 전문가의 의견을 몇 차례 수렴하는 형태의 조사 방법이다. 전직 분야의 조사 시에는 유사 사업을 기획하거나 경험한 전문가를 선택하면 좋다. 전문가의 직관과 판단이 미래를 예측하는 데 효

한국형 전직지원 기술

과적이기 때문에 시행한다. 이는 일반적인 질문지보다는 더욱 전문적인 의견을 수렴하는 방법으로써 산재한 전문가의 의견을 수렴하는 장점이 있는 반면에 전문가를 잘못 선정한다면 편파적인 의견이 수렴될 수도 있다. 더불어 몇 차례에 걸친 의견 수렴에 시간이 소요되는 단점도 있다.

▶ 비형식적 대화법

비공식적으로 형식을 갖추지 않는 일상 속의 편안하고, 빈번한 접촉 속에서 요구되는 정보에 관한 대화를 통해서 다양한 내용을 수집하는 방법이다. 이는 조사 대상자들과의 비형식적인 대화를 통해 문제점이나 요구를 파악하는 방법이다. 또한, 이미 확인된 정보를 다시 다른 특정한 사람과 대화하면서 현실성과 구체성을 높일 방법이다. 유의해야 할 점은 소수보다는 다수와 비형식적 대화를 통해 초점을 좁혀나가는 방법이 좋다.

▶ 시험법

조사 내용과 관련된 내용의 시험(test)을 통해서 상황을 파악하면서 조사하는 방법이다. 일반적으로 서비스 대상자들이 지닌 지식, 기술, 그리고 태도의 부족 부분을 파악하여 그들이 지닌 문제와 요구를 조사하는 방법이다. 현장에서 자주 볼 수 있는 적성 검사, 능력 검사 그리고 성취도 검사 등이 있다. 유의해야 할 점은 시험 도구의 신뢰도와 타당도이며, 시험을 진행하는 자의 전문성이다. 따라서 적합한 도구의 사용과 진행자의 전문성이 관건이 된다.

▶ 대중 매체 및 전문 문헌

일반적으로 다른 조사 방법의 적용이 불가능한 경우가 생길 수도 있다. 그럴 경우에는 대중 매체나 전문 문헌을 검토하면서 요구를 파악하는 방법도 채택하면 좋다. 특히 전문 문헌은 전문가가 많은 노력을 통해 수집한 자료로써 해당 고객의 요구를 파악하게 해주는 좋은 정보원이 된다. 특정한 경우에는 희망하는 내용이 담겨 있지 않은 경우가 있으나, 적어도 여러 가지 실마리를 제공해 주는 경우가 많다. 실제로 현장에서는 시간적인 여유가 없을 경우, 그리고 적합한 다른 조사 방법이 없을 경우에 대상과 관련된 대중 매체나 전문 문헌을 통해 요구 사항을 파악한다.

▶ 생성형 AI

인공지능 발달에 힘입어 프로그램 대상자의 요구를 조사하는 방법도 위에서 설명한 7가지 기법에 추가해본다. 현재 수준에서 생성형 AI는 완벽한 내용을 제공한다기보다는 적어도 계획자에게 기본적인 개념과 내용은 제공해준다. 「제3장 컨설팅 스킬」에서 논한 '생성형 AI 활용 내용'을 참고하여 조사를 위해 질문하는 내용을 잘 구성하면 참고할 수 있는 좋은 수준의 답변도 얻을 수 있다. 일반적으로 오픈에이아이사(OpenAI)사의 ChatGPT, 구글사(Google)의 Meena, 페이스북(Facebook)의 BlenderBot, 마이크로소프트사(Microsoft)의 DialoGPT 등을 활용할 수 있다. 이해를 돕고, 시대의 흐름에 뒤처지지 말자는 의미에서 오픈 AI사의 ChatGPT를 사용한 간단한 요구 조사 사례를 아래에 제시하니 참고 바란다.

질 문

전직지원 서비스에서 특정 프로그램을 구성할 때에 필요한 요구 조사에 대한 글을 쓰고 있습니다. 50대에 전직하는 희망퇴직자들이나 희망퇴직 기업에 대한 프로그램 계획을 위한 요구 조사입니다. 50대에 희망퇴직하는 퇴직자들이나 그들을 내보내는 희망퇴직 기업에서 프로그램 계획 시 요구할 수 있는 내용을 주제 및 세부 사항으로 구분하여 3가지씩만 이야기해 주세요.
작성 시에는 전직지원 프로그램 전문가의 입장에서 작성하시고, 희망퇴직자나 희망퇴직 기업에서 이해할 수 있는 용어로 작성해 주세요.

답 변	
희망퇴직자 요구	희망퇴직 기업 요구
■ 주제 1: 경력 전환 및 재교육 　- 세부 사항 　* 새로운 경력경로에 맞는 교육 및 훈련 　　프로그램 제공 　* 업계 전문가의 멘토링 및 코칭 　* 전직 가능성이 높은 분야에 대한 정보 　　제공 및 진로 상담 ■ 주제 2: 네트워킹 및 개인 브랜딩 강화 　- 세부 사항 　* 온라인 플랫폼을 활용한 개인 브랜딩 　　방법 교육 　* 업계 네트워킹 이벤트 및 세미나 참여 　　지원 　* 실질적인 네트워킹 기술과 전략 개발 　　지원	■ 주제 1: 조직 내 전직 문화 확립 　- 세부 사항 　* 퇴직자가 퇴직을 긍정적 전환으로 　　보는 문화 조성 　* 기업 내부의 전직지원 프로그램 홍보 　　및 인식 제고 　* 퇴직자의 경험을 활용한 후배 교육 및 　　멘토링 프로그램 개발 ■ 주제 2: 기업 이미지 및 사회적 책임 　- 세부 사항 　* 희망퇴직 프로그램을 통한 기업의 　　사회적 책임 실천 강조 　* 외부에 공개하는 기업의 사회적 책임 　　보고서 및 활동 결과 발표 　* 퇴직자 지원을 통한 긍정적 기업 　　이미지 구축 및 유지

■ 주제: 심리적 지원 및 동기 부여 　－ 세부 사항 　＊ 전직 과정에서의 스트레스 및 불안 　　관리를 위한 워크숍 　＊ 긍정적 마인드셋 유지를 돕는 동기 　　부여 세션 　＊ 전문 상담가와의 1:1 상담 제공	■ 주제 3: 비용 효율성 및 프로그램 지속 　가능성 　－ 세부 사항 　＊ 프로그램의 비용 대비 효과 분석 　＊ 장기적인 비용 절감을 위한 전략 수립 　＊ 지속 가능하고 효율적인 전직지원 　　프로그램 설계

이러한 요구 조사를 바탕으로 전직지원 프로그램을 구성하면 희망퇴직자들이 성공적으로 새로운 경력을 준비하고, 기업은 사회적 책임을 이행하면서, 긍정적인 기업 이미지를 유지할 수 있습니다. 희망퇴직자와 희망퇴직 기업 모두에게 유익한 결과를 제공하기 위해, 이들의 요구와 기대를 충족시키는 프로그램을 설계하는 것이 중요합니다.

[표 IV-2 ChatGPT를 사용한 요구 조사의 예]

2. 프로그램 디자인 개념

전직지원 업무는 매우 폭넓기 때문에 다양한 전문성을 요구한다. 특히 서비스 프로그램의 구성은 더 높은 전문성을 요구하고 있는데, 서비스 고객, 즉 (희망)퇴직 기업이나 전문 기관, 그리고 (희망)퇴직자들의 요구에 부응해야 하기 때문이다.

프로그램 계획에 필요한 전문성은 어디에서 나오는 것일까? 경험적 전문성도 좋지만, 여기에서는 그 기반이 되는 '디자인의 개념'을 소개해 보고자 한다.

디자인의 개념

디자인은 통상적으로 설계로 번역되어 사용되고 있다. 디자인 (design)은 'De'와 'Sign'의 합성어이다. 따라서 '해체/분리'를 의미하는 'De'와 '보이는 것'을 의미하는 'Sign'을 합해보면 '보이는 것을 해체하고, 숨어있는 가치를 찾아내는 행위'로 볼 수 있다. 더불어 디자인은 '가능성의 예술'이라고도 표현하는데, 실 가닥 같은 가능성을 구현하는 예술이며, 가능성을 시험하는 사람들의 기술이다. 그래서 디자인을 하는 '디자이너'들은 문제, 생각의 확장 및 수렴, 상황의 재구성에 능숙한 사람으로 볼 수 있다. 이 개념을 기본으로 해서 프로그램을 계획해 보자.

디자인의 개념을 잡기 위해 독일의 산업 디자이너로서 브라운사의 수석 디자이너로 일한 디터 람스의 '좋은 디자인의 10가지 원칙'을 소개해 본다. 이는 물품이 아닌 서비스 프로그램 디자인 시에도 준용할 수 있는 기본 개념이 된다. 서비스 디자인은 사용자의 경험을 중심으로 서비스 전체의 상호 작용, 프로세스, 그리고 구조를 계획하고 최적화하는 창의적이고 전략적인 과정이다.

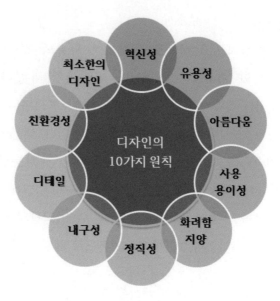

[그림 IV-3 좋은 디자인의 10가지 원칙]

프로그램 디자인이란?

프로그램은 하나의 디자인 대상이 되고, 프로그램 계획자는 프로그램 디자이너가 된다. 그래서 프로그램을 계획할 때에는 기존에 존재하는 숱한 프로그램을 '해체하고, 숨어있는 가치를 찾아내는 행위'를 해야만 한다. 물론 창조적인 프로그램의 개발도 이에 해당한다.

프로그램 디자인은 전직지원 프로그램 대상자들과 퇴직 기업의 요구와 경험을 깊이 이해하고, 그를 바탕으로 프로그램의 모든 접점과 상호작용을 설계하며, 대상자들이 프로그램에 참여하는 동안 최적의 경험을 할 수 있도록 전략적으로 조직하는 과정이다.

프로그램 디자인의 소재는 기존에 존재하는 프레임워크(framework)와 모델(model)을 활용하여 설명할 수 있다. 프레임워크는 특정 작업을

한국형 전직지원 기술

수행하기 위한 구조와 절차를 제공하는 반면, 모델은 현실 세계의 특정 측면을 이해하고 예측하기 위한 도구이다. 프레임워크는 특정 상황에 맞게 조정하고 확장할 수 있는 반면, 모델은 주로 고정된 구조를 가지며, 그 안에서 특정 변수들의 변화를 통해 다양한 시나리오를 분석한다. 프레임워크와 모델은 상호보완적으로 사용될 수 있는데, 특정 프레임워크 내에서 모델을 사용하여 더 정교한 분석이나 예측을 수행할 수 있다.

두 가지 개념은 프로그램의 흐름을 디자인 혹은 구상하는 데 큰 참고가 된다. 아래에서는 캐나다의 프로그램 프레임워크를 소개해본다. 다시 말해서 프레임워크는 '어떤 일에 관한 판단이나 결정 따위를 위한 틀'로 정의되는데, 이어지는 '3. 프로그램 기본 모델'에서 설명하는 모델이라는 개념보다 더욱 광범위한 개념으로써 특정 목적을 달성하기 위한 기본 구조나 절차로 이해하면 된다.

▶ 캐나다 카운슬링 교육 및 연구 기관인 CERIC의 프로그램 프레임워크
(CERIC: Canadian Education and Research Institute for Counseling)

캐나다 카운슬링 교육 및 연구 기관인 CERIC은 사회 발전을 촉진하는 비영리 기관으로서 일단의 카운슬링 전문가들이 운영하는 조직이다. 기관이 추구하는 가치는 공공의 선, 경력 개발의 촉진과 경력 개발지식 구축, 그리고 사회적, 경제적 가치 추구 및 경력 개발 중심의 에코시스템(Eco System) 구축에 두고 있다.

이곳에서 제시한 '체계적 경력 지원 프레임워크(framework)'는 5가지주제를 가지며, 대상자를 중심에 두고 그가 처한 특이 환경 및 니즈에따라 유연하게 이동하면서 설계를 지원한다는 개념을 가지고 있다. 이

프레임워크에서 다루는 5가지 주제는 자기 탐색 지원, 결심 지원, 전환기 전반을 지원, 미래 지향적 사고 지원, 그리고 정신적 건강 증진 지원이다.

앞의 프레임워크를 기반으로 프로그램의 종류를 고등학생, 대학생으로서 갭 이어(gap year)를 보낸 자, 능력 대비 질 낮은 일자리에서 일하는 자, 이전 경력이 있으나 1년 이상 실업 상태에 있는 자, 퇴직 혹은 은퇴를 진행하고 있는 자, 그리고 캐나다로 이민 온 성인들을 대상으로 하는 6가지 프로그램을 구성하였다.

소개한 프레임워크에 기반을 둔 6가지 프로그램은 아래와 같은데, 절차에 따라서 선형적인 프로세스를 따를 이유는 없다고 명시되어 있으며, 대상자의 상황에 따라서 비선형적 운영도 가능하다.

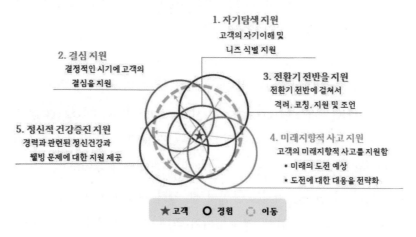

[그림 IV-4 캐나다 CERIC의 프로그램 프레임워크]

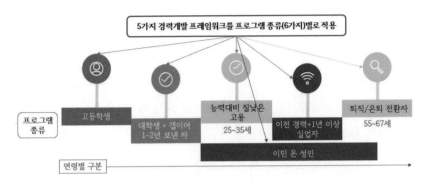

[그림 IV-5 프레임워크에 의한 6가지 프로그램 종류]

3. 프로그램 기본 모델

각 모델은 기업에서 희망퇴직을 하는 근로자와 정년퇴직을 하는 근로자를 대상으로 하는 전직지원 서비스에도 기본적으로 적용할 수 있으므로, 현장에서 프로그램 개발 시 참고할 수 있도록 소개해 본다.

각종 기본 모델의 소개

아래에서 5가지 모델을 소개하는데, 앞의 3가지 모델은 모두 「저널 오브 엠플로이먼트 카운슬링(Journal Of Employment Counseling)」에 게재된 내용이다. 1985년도에 발표된 리처드 제이 미라벨(Richard J. Mirabile)의 『전환 카운슬링으로서의 전직지원(Outplacement as Transition Counseling)』에서 논한 '전환 카운슬링 모델', 1994년도에 발표된 제임스 제이 커크(James J. Kirk)의 『전직지원 제자리 잡기(Putting Outplacement in Its Place)』에서 논한 '전체론적 전직지원 모델', 그리고 1999년도 타라 엠 아퀴란티(Tara M. Aquilanti)와 제니스 러룩스(James Leroux)의 『전직지원 카운슬링 통합 모델(An Integrated Model of Outplacement Counseling)』에서 논한 '통합 모델'이다. 다른 2가지 모델은 프록시(Prosci)사의 '아드카(ADKAR) 모델'과 이음길사의 '한국형 전직지원 서비스 모델'이다.

아래에서 소개하는 모델 중 미라벨과 커크의 모델은 한국고용정보원에서 2014년도에 개발한 '사무직 베이비부머 퇴직설계 프로그램'에 적용된 모델이다. 미국의 모델을 설명하는 이유는 1980년대에 미국에서 수천 개의 기업이 구조 조정(희망퇴직)을 하는 상황에서 발전된 이론으로 경험적 가치와 의미를 담고 있고, 아시아 재정 위기 이후에 대한민국에서 실시된 전직지원 프로그램에 큰 영향을 미친 최초의 모델들이기 때문이다.

▶ 미라벨의 '전환 카운슬링 모델'

이 모델은 희망퇴직 기업 차원에서는 경제적, 구조적, 수행능력, 희망퇴직 관리, 그리고 내부 정치적 차원의 대책을 강구할 수 있도록 한다. 더불어 희망퇴직자 각각의 개인 차원에서는 단순한 이력서 작성 등을 중심으로 하는 면접 훈련소가 아닌 심리적 부담을 감소하기 위한 평안, 성찰, 그리고 명확화를 추구하는 모델이다.

[그림 IV-6 미라벨의 '전환 카운슬링 모델' 5단계]

한국형 전직지원 기술

1단계, 위안하기: 이는 실직으로 인한 감정적 트라우마를 처리하고, 자기효능감과 정체감을 재확신하기 위한 단계로서 컨설턴트의 역할은 심리적인 지원뿐만 아니라 실직 및 퇴직으로 인한 상황의 심각성을 컨설팅하는 것이다. 대부분의 희망퇴직 모델에서는 첫 단계로 이와 유사한 지원을 실시하는 점을 주목할 필요가 있다. 그 이유는 자신이 예상하지 못한 희망퇴직을 하기 때문에 정신적 아픔을 겪는 경우가 많기 때문이다.

2단계, 성찰하기: 위의 심리적, 감정적 트라우마가 감소하면서, 발생한 상황에 대한 이해가 높아지면 전직에 대한 에너지가 발생하는데, 전환의 '씨앗'이 뿌려지는 단계이다. 컨설턴트는 실직 및 퇴직, 그리고 그로 인한 상황의 이해에 도움이 되는 성찰을 지원한다. 여기서 강점, 약점, 동기 부여 요인 및 행동 패턴 등을 새로운 관점이나 인생 전체의 관점에서 성찰하도록 돕는다.

3단계, 명확화하기: 말 그대로 일어난 상황을 명확하게 바라보는 단계인데, 이전의 경력과 미지의 경력 간에 발생할 수 있는 차이를 인식하는 단계이다. 이는 미래 경력과 개인의 고민 등에 대한 이해를 심화하는 단계이다. 컨설턴트는 내담자가 이해한 여러 가지 내용을 통합하여 명확성을 띠도록 지원한다.

4단계, 방향성 잡기: 새로운 경력 경로를 지향하는 질적 전환이 발생하는 단계이다. 컨설턴트와 내담자는 전환이 가능한 경력 경로를 탐색한다. 이때 컨설턴트는 전직 서류 작성, 네트워킹 및 마케팅 전략, 면접 등을 지원하면서 전환 과정을 이해하도록 지원한다.

5단계, 관점 이동하기: 앞의 4단계를 거친 이후에는 새로운 경력을 지향하는 관점이 명확하게 되고, 조직화된다. 이때 실직과 퇴직이 새로운 의미로 다가오면서 처음과 달리 퇴직자 자신의 전직을 하나의 전환 과정으로 인식하게 된다.

미라벨의 모델에서는 전직지원 컨설턴트가 특별히 명심해야 할 핵심 5가지를 제시하고 있는데, 금과옥조와 같은 내용이다.

① 컨설턴트는 내담자와 신속히 라포를 형성하고, 신뢰를 구축해야만 한다. 내담자는 실직으로 인한 감정적 고통과 재정적 고통이라는 2가지를 경험하므로, 2가지 중에 어떤 문제가 더 심각한지를 잘 식별하고 지원해야 한다. 희망퇴직자의 경우에는 2가지 문제가 서로 얽혀있고, 정년퇴직자의 경우에는 대부분 그동안 축적한 유형 자산의 절약에 대한 관심이 많을 수 있다.

② 희망퇴직 기업을 향한 내담자의 분노나 거부감이 극복되었는지를 파악해야 한다. 그런 감정이 남아있을 시에는 이후의 전직 탐색 활동에 방해되기 때문이다. 따라서 컨설턴트는 그런 감정의 해소 여부를 잘 파악하고, 그에 적합한 컨설팅을 해야 한다.

③ 컨설턴트는 순수한 치료와 전직 스킬의 전수 사이를 유연하게 오가는 지원을 해야만 한다. 즉, 언제 심리적인 문제를 다루고, 언제 개인의 전직 스킬을 전수해야 하는지를 잘 구분해야 한다. 심리적인 문제가 과도할 경우에는 심리치료 전문가에게 인계해야 한다는 점도 명심해야만 한다.

④ 간혹 전직 걸림돌이 출현할 시에는 내담자와 직면할 필요가 있다. 이때는 "왜 잘 안 될까요?", "무엇이 잘 안 되시나요?" 혹은 "어떻게 해볼까요?"라고 말하면서 직면한다. 직면 기법은 자주 사용할 경우에 컨설턴트와 고객의 관계를 해칠 수 있으므로, 꼭 필요시에만 사용한다.

⑤ 전직지원의 궁극적인 목표는 내담자의 '성공적인 전직'이지만, 실제로 가

한국형 전직지원 기술

치 있는 산출물은 전환과 지원의 과정에서 고객이 획득한 '통찰력'이다. 통찰력의 획득이 중요한 이유는 이후에 유사한 전직의 경우가 발생하더라도, 내담자가 자기 발로 잘 설 수 있는 힘의 근간이 되기 때문이다.

▶ 커크의 '전체론적 전직지원 모델'

이 모델은 기업 내부 혹은 외부의 경력 개발 전문가들이 투입되는 특이한 방식이다. 최초에는 지역의 경력 개발 전문가, 고용 관련 기관, 그리고 직업 훈련 전문가가 투입되는 말 그대로 모든 이해 당사자가 협업하는 모델이다. 대한민국의 최근 사례는 2016년도 조선업 불황으로 인해서 희망퇴직을 대규모로 실시할 때에 정부 기관, 지자체, 전문 업체, 그리고 고용 관련 기관이 통합되어 지원한 경우이다. 이런 모델은 미래에도 유사한 공공 전직의 필요성이 제기되거나 한국화에 응용할 모델이 될 것으로 전망된다.

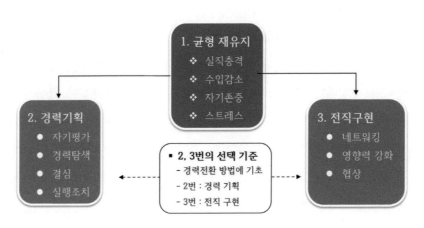

[그림 IV-7 커크의 '전체론적 전직지원 모델' 3단계]

1단계, 균형 재유지: 여기에서는 최초 심리적, 재정적인 긴급 조치를 한다. 그 이유는 희망퇴직자가 실직 초기에 퇴직 기업에 대한 실망과 불신을 가지면서, 스트레스 수준이 가족의 건강에 이상이 생긴 수준과 유사하기 때문이다. 그런 상황은 전직에 필요한 스킬의 습득과 전직 탐색 활동의 구현에 영향을 미친다. 따라서 다시 균형을 유지할 수 있도록 지원해야 한다.

2단계, 경력 기획하기, 3단계, 전직 구현하기: 각각 경력 기획과 전직 구현 단계로써 퇴직자가 보유한 재원이나 자산 상황에 따라서 경력 기획 단계 혹은 전직 구현 단계로 진입한다. 이때 어느 정도의 재원이나 자산이 있을 때는 시간을 가지고, 자기 평가 등 새로운 경력을 기획하는 2단계를 채택하고, 재원이나 자산이 부족 시에는 인적 네트워킹이나, 자신의 영향력 등을 강화하여 바로 전직을 시행하는 3단계를 선택한다. 이후 개인적인 상황에 따라 2단계에 있다가 3단계로 전환하거나, 3단계에 있다가 2단계로 전환할 수도 있다.

▶ 아퀴란티 등의 '통합 모델'

앞에서 설명한 미라벨과 커크의 모델은 선형적으로 단계를 차근차근 밟아가는 형태이다. 그러나 계획 목적으로 단계를 차근차근 밟아가는 단계로 기획은 하지만, 실제 현장에서는 각 단계 사이에 명확한 경계선이 그어져 있는 것이 아니라 일부는 겹쳐져서 진행되거나, 여러 단계가 동시에 진행되는 경우가 통상적이다. 아퀴란티의 모델은 여러 단계가 동시에 진행되는 형태로 디자인하였다.

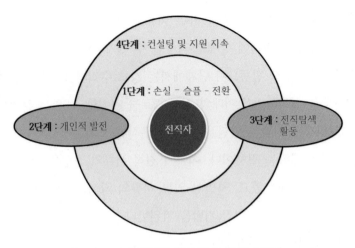

[그림 IV-8 아퀴란티 등의 '통합 모델' 4단계]

1단계, 손실-슬픔-전환: 이 단계에서는 죽음과 관련하여 '거부'에서부터 '수용'까지의 5단계 이론을 발표한 정신과 의사 엘리자베스 퀴블러 로스의 이야기와 같이 초기에 손실, 슬픔, 그리고 전환의 감정을 경험한 내담자의 경우에 맞게 컨설팅을 실시한다. 개인에 따라 이 단계가 일부 생략되기도 하고, 경험하는 기간도 다르다. 컨설턴트는 따뜻하고 개방된 자세로 유연함, 신뢰감 구축, 이해, 그리고 공감으로 내담자를 대해야 한다. 아퀴란티는 그런 관계가 성공적 전직지원의 핵심임을 강조하고 있다.

2단계, 개인적 발전: 앞의 단계를 거친 이후에 개인적인 발전을 추구하는 단계로써, 세부적으로 나누어 보면, 평가, 개인적 스트레스 측정, 재무 기획, 그리고 전직 탐색 활동을 들 수 있다. 이 단계에서는 최초로 검사를 실시한다. 내용은 가치, 흥미, 개인 스타일, 그리고 보유 스킬 등이고, 방법은 질문, 시험, 파악, 혹은 작성해보기 등이다. 이어서 스트레스 관리 수준을 측정한 이후에 내담자가 스스로 자기 관리를 잘하도록 지원한다. 재무 기획을 하는 이유는 개인의 재무적 스트레스는 전직 탐색 활동의 실행에 장애로 작용할 수 있기 때문이다.

3단계, 전직 탐색 활동: 이 단계에서는 정보 수집과 관련된 네트워킹 인터뷰 등을 실시하면서 미래의 경력 경로를 결심할 수 있는 준비를 한다. 네트워킹은 정확한 판단을 위한 필수적인 조치로써, '자신을 도와줄 사람과 연계하는 절차'이다. 이어서 전직 서류의 작성을 지원하지만, 최종적으로 설득력 있고, 차별성 있는 서류의 작성은 개인이 마무리하도록 한다. 마지막으로 면접 기법을 지원한다.

4단계, 컨설팅 및 지속적인 지원: 마지막 단계로, 가장 중요한 부분이다. 전직지원 서비스는 특별하게 한정된 시간으로 수행할 수는 없고, 전직에 성공할 때까지 지속해서 지원해야 한다고 아퀴란티는 주장하고 있다. 이 단계에서는 내담자에 대한 '격려'가 핵심이며, 후속 조치도 필요한 단계이다. 예를 들면, 전직 인터뷰 이후의 디브리핑(debrieng)이나, 지속적인 전직 활동 지원, 그리고 각종 피드백이다.

▶ 프록시(Prosci)사의 '아드카(ADKAR) 모델'

이 모델은 개인적 차원의 변화와 조직적 차원의 변화를 지향하는 목표 지향적 변화 관리 모델로서 개인과 조직이 변화를 채택, 적용 그리고 포용하도록 설계된 모델이다. 이 모델은 조직의 리더, 변화 관리자, 프로젝트 매니저가 광범하고, 다양한 변화를 주도할 때에 필요하다.

개인적인 변화의 경우에는 일단 개인적인 수준에서 출발하지만, 모델의 각 순서가 축적되어 목표가 달성된다고 설명하고 있다. 특별하게 규정해둔 사항은 앞 단계가 완료되어야만 다음 단계로 넘어갈 수 있다는 점이다. 단계는 자각(A), 희망 사항(D), 관련 지식(K), 실행 능력(A), 그리고 강화(R)로 구분하였다.

이 모델이 개인적 차원의 변화에 유용한 점은 변화에 대한 저항 진단, 변화 프로세스를 통한 변화 관리 계획 발전 및 전환 지원, 그리고 성공적 실행 계획 생성 및 전문적 발전을 이룰 수 있다는 점이다.

먼저, 개인 차원의 변화 거부 요인은 아래 그림과 같은데, 변화 관리 프로그램 설계 시 참고해야 한다.

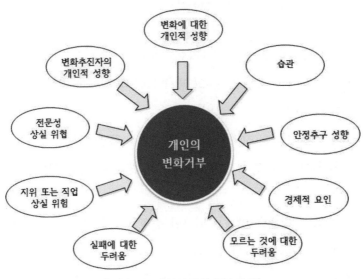

[그림 IV-9 개인의 변화 거부 요인]

'아드카 모델'을 단계별로 요약하면 우선 변화의 니즈를 자각하고, 변화에 참여하거나 변화를 지지하면서 희망 사항 식별, 변화의 방법에 관한 관련 지식 축적, 요구 스킬과 요구 행동의 실행 능력, 그리고 변화를 지속 유지할 수 있는 강화로 구성되었다. 앞서 논한 바와 같이 아드카 모델은 조직의 변화에 부응하는 개인의 변화 모델로써 소개하고 있으나, 개인의 변화 그 자체에도 5단계 모델을 충분히 적용할 수 있다.

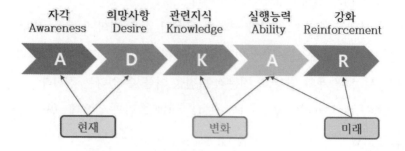

자각 Awareness 희망사항 Desire 관련지식 Knowledge 실행능력 Ability 강화 Reinforcement

A D K A R

현재 변화 미래

[그림 IV-10 프록시(Prosci)사의 '아드카 모델' 5단계]

개인에게 적용할 수 있는 시나리오는 아래와 같다.

① 자각: 변화 필요성을 인식하고 계시나요? 왜 변화를 인식하고 관리해야 하나요?

② 희망 사항: 변화를 하려는 개인적인 동기는 무엇입니까?

③ 관련 지식: 효과적이고, 목표지향적인 변화 관리 방법을 알고 있나요?

④ 실행 능력: 방법을 알게 되었다면 실행 능력을 가지고 있습니까? 언제, 어떻게 실행하실 수 있습니까?

⑤ 강화: 다시 변화 이전의 상태로 돌아가는 것을 방지할 수 있는 강화를 위한 방법론은 있습니까?

▶ 이음길사의 '한국형 전직지원 서비스 모델'

전직지원 전문 업체 이음길은 2020년 4월에 론칭한 '한국형 전직지원 서비스 모델'과 2020년 9월에 론칭한 'AI 활용 온라인 전직지원 서비스 모델'을 통합하여 '한국형 전직지원 통합 모델'을 운용하고 있다. 더불어 지속적으로 전직지원 애플리케이션 개발 등을 통해 모델의 최

한국형 전직지원 기술

신화를 기하고 있다.

목적은 '한국형 전직지원 서비스'라는 패러다임의 전환을 위해 최신 IT 기술과 지식 서비스의 과감한 융합으로 높은 수준의 일관성 있는 서비스를 제공하는 것'이라고 설명하고 있다. 아래 그림은 통합 모델의 서비스 구성한 내용인데, 이음길 홈페이지나 인터뷰, 그리고 보도 기사 등을 참고하여 작성했다. 오프라인 모델과 온라인 모델을 병행하여 사용하는데, 전직 기상도와 전직지원 애플리케이션(application)이 특이하다.

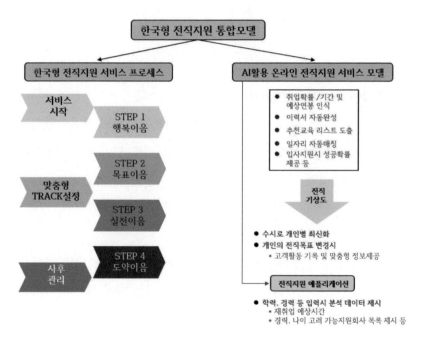

[그림 IV-11 이음길사의 '한국형 전직지원 통합 모델']

전체적으로 소개한 모델들은 단계나 구성내용이 상이하지만, 모든 모델이 대상자가 현재 위치에서 희망하는 위치로 옮겨가도록 지원하는 개념을 가지고 있다.

4. 프로그램 개발 접근법

여기에서는 콘텐츠에 기반을 둔 프로그램 개발에 대한 성찰과 개발 접근법에 대해 논해 보고자 한다.

프로그램 개발에 대한 성찰

기본적으로 프로그램 개발의 성격은 미래 지향적인 활동이면서도, 효율성을 증대하기 위한 것이고, 연속적이면서도 단계적인 과정이다. 디자인의 개념처럼 지속된다는 이야기이고, 지속되어야만 한다. 그를 위해서는 다수의 관련 전문가가 참여하여 전문적인, 체계적인, 그리고 차별적인 프로그램을 구성해야만 한다.

제한점은 프로그램 개발에 다소의 비용이 소요되는 관계로 현재 전직지원 전문 업체가 독자적으로는 개발하기 힘든 실정이다. 외국계 전문 업체는 사실상 전 세계를 대상으로 프로그램을 개발하고 있다. 일부 국내 전직지원 전문 업체에서는 오랜 경력을 가진 컨설턴트 그 사람 자체, 혹은 그가 보유한 전문성을 콘텐츠로 대체되고 있다고 볼 수도 있다. 다행스러운 점은 한국고용정보원과 노사발전재단에서 다양한 공공 프로그램을 개발하여 전파하고 있다는 사실이다.

한국형 전직지원 기술

이 장에서는 전직지원 서비스의 질을 높일 수 있는 프로그램 개발 접근법을 간략하게 논해 보고, 공동 저자들이 현장에서 체득한 프로그램 구성 기법도 다양하게 소개해 보고자 한다.

프로그램 개발 접근법

개발 접근법이 필요한 이유는 프로그램을 개발 시에 보유한 자원의 효율적 활용과 구성 작업을 용이하게 하기 위함이다. 더불어 개발에 참여하는 전문가들 간의 역할 분담을 하는 기준으로 작용할 수도 있다. 프로그램 개발 접근법은 크게 4가지로 나뉘는데, 선형, 비선형, 통합, 그리고 비통합 접근법이다.

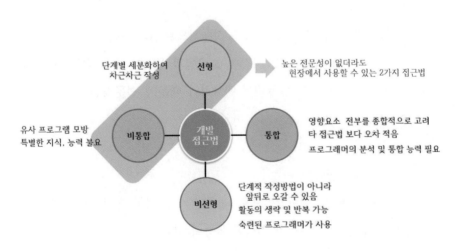

[그림 IV-12 프로그램 개발 접근법 4가지]

▶ 선형 접근법

이 접근법은 개발 과정을 단계별로 세분화하여 마치 계단을 올라가듯이 하나씩, 차근차근 개발해 나가기 때문에 초보자도 쉽게 개발이 가능한 방법이다. 유연성과 융통성이 다소 떨어지기는 하지만, 용이하게 사용할 수 있다.

▶ 비선형 접근법

선형 접근법에 반하는 방법으로 차근차근 단계적으로 접근하면서, 필요시 활동의 생략 혹은 반복 접근이 가능한 방법이다. 이는 수시로 수정이 가능한 융통성을 가지고 있으며, 시간이나 노력의 절약은 가능하지만, 프로그램 전문가만이 구사할 수 있는 난이도가 높은 방법이다.

▶ 통합 접근법

내용 전체를 통합적으로, 그리고 전체적으로 고려하는 방법이기 때문에 접근 과정이 복잡하고, 시간이 소요됨과 동시에 전문성이 요구되는 방법이다. 정확한 분석 능력이 필요하기 때문에 전문가들만이 실행할 수 있다.

▶ 비통합 접근법

통합 접근법에 반하는 방법으로 다른 유사 조직의 프로그램을 모방하는 방법이다. 이는 특별한 지식이나 능력 없이도 가능하지만, 프로그램의 성공 여부가 불투명하고, 재창조 수준이 아니라면 저작권 문제에 휩싸일 수 있다. 개발 전문성이 부족하고, 비용이나 시간을 투자할 수 없을 경우에 유리한 방법이다.

결론적으로 초보자도 채택할 수 있는 기법은 차근차근 단계적으로 구성하는 '선형 접근법'과 기존에 존재하는 내용을 벤치마킹하는 '비통합 접근법'이다. 프로그램 개발의 필요성이 있을 때는 타 프로그램 벤치마킹이나 자사의 기존 프로그램 보유 여부를 파악하여, 차근차근 계단을 오르듯이 개발해 보자.

5. 프로그램 구성 기법

여기에서는 생성형 AI를 활용하는 기법을 포함하는 여러 가지 기법을 소개하니 자신에게 적합한 기법을 사용하면서 전문성을 향상하기 바란다.

소개하는 기법들은 최초 사용 시 시간이 걸리는 등 애로를 겪을 수 있으나, 몇 번 사용한 이후에는 오히려 시간이 절약되는 효과를 볼 수 있다. 대부분의 기법은 구성 내용의 '상호 배제 및 전체 포괄'(MECE, Mutually Exclusive Collectively Exhaustive)을 지향한다. 소개할 기법은 생성형 AI 활용 기법을 포함하는 8가지 기법으로서 아이디어 목마 기법, 만다라트 기법, 클러스트 기법, 템플릿/리스트 기법, 스토리보드 기법, 마인드맵 기법, 패턴/모듈 기법, 그리고 생성형 AI 활용 기법 순이다.

아인슈타인은 "똑같은 생각과 같은 일을 반복하면서 다른 결과가 나오기를 기대하는 것보다 더 어리석은 생각은 없다."라고 이야기하였다. 다른 생각을 하면서 아래 기법들을 적용해보면서 차별성 혹은 전문성을 실현해보자.

아이디어 목마 기법

이미 존재하는 프로그램이나 내용에 새로운 내용을 삽입하는 기법이다. 기존의 프로그램 내부에 일정 부분 다른 내용을 넣는 내삽법, 외부에 추가하는 외삽법, 그리고 기존의 내용 두 가지를 잇는 중삽법 3가지이다. 이 내용은 단순하지만 그런 개념의 인식 여부가 개발 시에 도움이 될 수 있다.

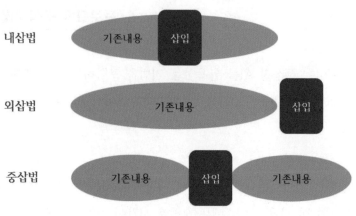

[그림 IV-13 아이디어 목마 기법]

만다르트(mandalart) 기법

하나의 생각에서 아이디어를 계속 이어나가는 것이다. 9개로 나누어진 정사각형 그림인 만다르트 중앙에 특정 주제 혹은 최종 목표를 적고, 그 주변 여덟 개의 칸에 주제 혹은 최종 목표 관련된 아이디어를 발산한다. 그 이후 8개의 소주제 하나하나도 똑같은 방법으로 전개해 볼 수 있는 방법이다. 더 확장하면 다시 소주제에서 전개한 내용을 가지고 또 다른 만다르트를 이어나갈 수 있다.

아래 그림은 발산 방법의 예와 현장 사용의 예를 보여준다.

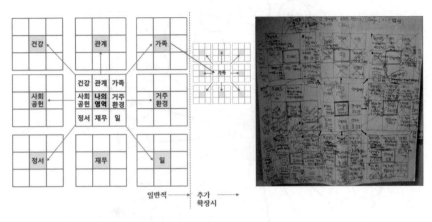

[그림 IV-14 만다르트 기법과 적용의 예]

클러스트(cluster) 기법

클러스터란 무리, 집단, 뭉치를 의미한다. 어떤 프로그램을 구성하든지 그 프로그램의 주요 구성 요소와 세부 구성 요소가 존재한다. 그런 요소들을 나열한 이후에 유사한 것끼리 묶어서 클러스트를 만드는 방법이다.

아래 그림에서 보는 바와 같이 큰 클러스트인 주요 구성 요소, 작은 클러스트인 세부 구성 요소로 구분하고, 우선순위대로 혹은 요구되는 순서대로 나열해 본다. 그리고 시간에 적합하게 프로그램을 구성해 나가는 기법이다.

예를 든 실제 구성 내용은 생애설계 프로그램의 구성과 관련된 내용으로써, 대, 소 클러스트를 시간이나 필요에 따라서 배열해 보았다. 더불어 대상자에게 적합한 명언, 격언, 토의, 과제 및 퍼실리테이션을 추가하여 프로그램의 유연성을 높일 수 있다.

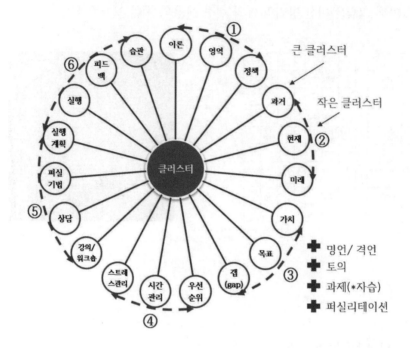

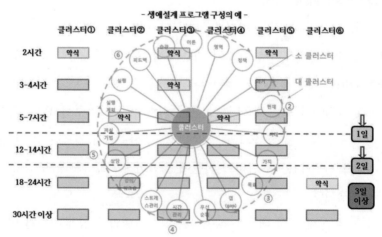

[그림 IV-15 클러스트 기법과 적용의 예]

한국형 전직지원 기술

리스트(list)/템플릿(template) 기법

리스트 혹은 템플릿 활용 기법은 주어진 프로그램 주제와 관련된 세부 내용에 대한 아이디어를 발산하여, 목록으로 만들거나 혹은 템플릿으로 만들어 그룹으로 분류한 이후에 시간이나 요구에 맞추어 필요한 내용만 선택하여 구성해 나가는 방법이다.

아래에서 발산된 리스트가 기록된 종이 템플릿을 만들어서 그 템플릿을 자유자재로 옮겨 가면서 더욱 용이하게 프로그램을 구성할 수 있다. 템플릿을 만들 시간적 여유가 없을 경우에는 종이 위에 리스트를 적어서 구성하면 된다.

아래는 생애설계 프로그램과 관련된 리스트의 모음이다. 주어진 시간에 적합한 리스트를 추출하고, 추가 및 삭제해 나가면 된다.

도입/일반내용

- 목차
- 학습목표
- 아이스브레이킹
- 디자인이란?
- 라이프앤커리어디자인?
- 100세/120세 시대
- 생애설계 영역의 이해
- 생애설계 각 영역 설명
- 거꾸로 생애설계

진행 중

- 아이스브레이킹/스팟
- 동영상

진행내용 : 워크시트 중심

- 인생관/직업관/통합
- 미션 및 비전
- 감정의 기복
- 삶의 질 파악
- 자기표 상장
- 나의 분기점
- 행복일지/실패일지
- 가치파악
- 성취업적 작성
- 강점파악
- 목표설정
- 역할지도
- 중력/앵커문제
- 비합리적 신념
- 에너지지도
- 보유자산 파악
- 지원체계 파악
- 목표달성방해요인 파악 및 해소

- 스트레스 관리
- 시간관리
- 일과 가정의 상호작용
- 프로토타입 커리어(*마인드맵)
- 내가 가장 잘하는 일
- 메이커 믹스
- 엔딩노트
- 버킷 리스트
- 라이프휠 측정 및 목표 설정
- (*)년후 나의 모습
- 그룹 아이디에이션(*고민해결)

마무리

- 주요한 성찰사항
- Q & A
- 결언
- 나눔노트
- 소감문 받기/토의

[그림 IV-16 생애설계 프로그램 구성을 위한 리스트 모음]

스토리보드(storyboard) 기법

스토리보드 기법은 최초 영화 산업의 중심지 미국 할리우드에서 영화를 촬영할 때에 만족스럽지 못한 촬영 장면(NG, No Good) 때문에 필름을 계속 소비하는 일을 방지하기 위한 조치로 고안되었다.

이는 사전에 종이 위에 그린 네모 모양의 박스 속에 연출하려는 각 장면을 적어 보면서 브레인스토밍하는 방법에서 유래하였다. 대한민국에서도 오스카영화상 4관왕을 차지한 「기생충」 영화를 제작한 감독 봉준호는 수상 인터뷰에서 영화를 만들기 위해서 사전에 주요 장면을 만화로 그려서 충분한 브레인스토밍 및 토의를 거친 후에 촬영했다고 보도된 바 있다.

이는 각종 프로그램 구성 시에도 사용할 수 있는 효과적인 방법이다. 스토리보드는 작성하면서 유사시 위치가 잘못된 박스는 선을 이용하여 위치를 옮겨놓을 수 있으며, 전체를 한눈에 볼 수 있는 장점도 있다. 아래의 박스와 실제 현장에서의 기법 사용을 참고해 보자.

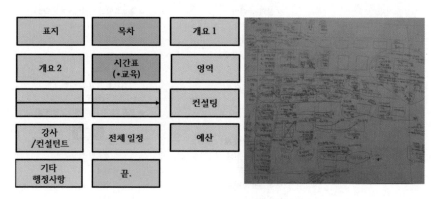

[그림 IV-17 스토리보드 기법과 적용의 예]

한국형 전직지원 기술

마인드맵(mind map) 기법

프로그램 전체를 구상할 경우뿐만 아니라 단시간 특강 등을 구성할 때 사용할 수 있는 생각의 발산 및 수렴 기법으로 중심에 주제를 놓고, 생각을 확산해 나가는 방법이다. 자유로운 생각의 확산을 통해서 천천히 해당 내용을 이어 나가는 방법이다.

아래에 제시된 왼쪽 사례는 대학생을 위한 취업 특강을 기획한 내용이다. 오른쪽 사례는 삶(life)을 키워드로 하여, 생각을 확장한 마인드맵으로, 그 우측에 5가지의 생각을 정리하고 2가지 우선순위를 추출한 경우이다. 마인드맵도 한눈에 볼 수 있는 장점이 있다.

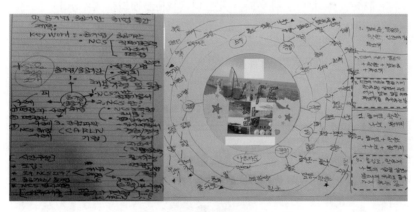

[그림 IV-18 마인드맵 적용의 예]

패키지(package), 모듈(module), 패턴(pattern) 기법

특정 교육 과정이나 프로그램(예: 전직지원)에 대한 특정 주제의 콘텐츠 다수(예: 변화 관리, 전직 서류 작성, 네트워킹 등)를 평소에 잘 구성해 두고, 필요시 특정 프로그램에 해당하는 특정 콘텐츠를 몇 가지 선택하여 진행 순서(이론 강의, 실습, 평가 등)를 잘 구성하면 하나의 프로그램이 된다. 그것을 패키지, 모듈, 패턴 기법이라는 이름으로 소개해 본다.

위에서 이야기한 특정 교육 과정이나 프로그램은 패키지가 되고, 특정 주제과 과목은 모듈이 되며, 진행 순서나 구성은 패턴이 된다. 이는 교육이나 컨설팅 프로그램의 체계적인 구성과 일관성 있는 진행에 도움이 된다.

이해를 돕기 위해서 다시 설명하면, 패키지는 '특정 목표를 달성하기 위해 구성된 여러 모듈의 집합'이며, 모듈은 '패키지 내에서 특정 주제를 중심으로 설계된 독립적 학습 단위'이다. 패턴은 '교육이나 컨설팅 과정에서 반복적으로 사용되는 구조나 절차'로 정의할 수 있다.

패턴, 패키지, 모듈의 개념을 그림으로 설명하면 아래와 같다.

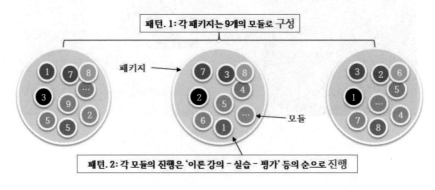

[그림 IV-19 패턴, 패키지, 모듈에 대한 이해]

위 3가지에 대한 이해가 될 경우에 아래와 같이 패키지와 모듈로 구성된 내용을 특정 내담자의 요구에 맞게 맞춤형으로 제공할 수 있다. 이는 특정 내담자 개인뿐만 아니라 특정 계층에게도 그대로 적용할 수

한국형 전직지원 기술

있는 개념이다. 아래는 자기 이해와 분석이 필요한 진시황에게는 준비된 A 패키지를 직업 정보, 자격증 정보가 필요한 양귀비에게는 B 패키지를 제공하는 개념이다.

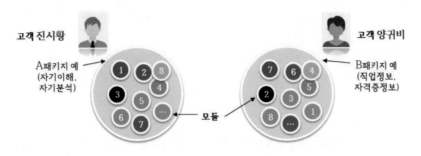

[그림 IV-20 특정 내담자에 대한 맞춤형 패키지 및 모듈 제공의 예]

▶ 생성형 AI 활용 기법

「제3장 컨설팅 스킬 모음」에서 논한 생성형 AI 활용 스킬에서 프롬프트 엔지니어링을 논하면서 프롬프트 구성 6가지 요소를 설명하였다. 동일하게 그 6가지 요소를 잘 혼합한 질문을 통해 생성형 AI에게 프로그램 구성에 대해 질문할 수 있다. 아래 표는 전직지원 프로그램 구성에 대한 질문 내용과 생성형 AI인 ChatGPT의 답변이다.

질 문

기업의 희망퇴직자에 대한 전직지원 프로그램을 구상 및 구성하려고 합니다.
대상은 조선산업에서 종사하던 20년 이상 근무하고 희망퇴직하는 50대 내외 사무직
근로자입니다. 일단 20시간의 강의 및 워크숍, 그리고 6회차 컨설팅을 실시하려고 합니다.
20시간 집중 교육 내용(각 2~3시간으로 주제 구분), 그리고 6회차 컨설팅(각 회차 1~2시간)
주제를 맞춤형으로 구성해 주세요.
작성 시에는 50대 사무직의 상황을 잘 이해하는 프로그래머 입장에서 작성해 주세요.
더불어 희망퇴직자들이 잘 이해할 수 있는 용어로 구성해 주시면 감사하겠습니다.

서 문

조선 산업에서 오랫동안 근무한 50대 사무직 희망퇴직자를 위한 20시간의 집중 교육 및
6회차 컨설팅 프로그램을 아래와 같이 구성해 보았습니다. 이 프로그램은 참여자들의
경력 전환을 원활하게 지원하고, 퇴직 후에도 계속해서 활발한 사회적, 경제적 활동을 할
수 있도록 돕는 것을 목표로 합니다.

20시간 집중 교육	6회차 컨설팅
1. 경력 설계 및 전환 계획 (4시간) • 자신의 경력 평가 및 향후 목표 설정 • 실현 가능한 경력 전환 전략 수립 2. 시장 동향 이해 및 기회 발굴 (4시간) • 산업 동향과 고용 시장 분석 • 새로운 직업 기회 탐색 3. 디지털 역량 강화 (4시간) • 기본 IT 스킬 및 소셜 미디어 활용 • 온라인 학습 자원 소개 4. 재무 계획 및 준비 (4시간) • 퇴직금 관리 및 재무 계획 • 투자 및 자산 관리 기초 5. 웰빙과 건강 관리 (4시간) • 중년 건강 관리 • 워크-라이프 밸런스	회차 1: 개인 경력 계획 및 전환 전략 검토(1~2시간): 개별 경력 목표 및 전환 계획 점검 및 조언 회차 2: 디지털 기술 실습 및 활용(1~2시간): 실제 디지털 도구와 소프트웨어 사용에 대한 실습 회차 3: 재무 관리 전략 상담(1~2시간): 개별 재무 상태 분석 및 투자 계획 상담 회차 4: 시장 기회 분석 및 적응 전략(1~2시간): 새로운 직업 기회에 맞춘 시장 분석 및 적응 전략 개발 회차 5: 심리적 전환 지원 및 스트레스 관리(1~2시간): 퇴직 후 심리적 전환 지원 및 스트레스 관리 기술 학습 회차 6: 네트워킹 및 사회적 참여 전략(1~2시간): 효과적인 네트워킹 방법과 지역 사회 참여 전략에 대한 지도

[표 IV-3 ChatGPT를 사용한 프로그램 구성의 예]

다시 강조하지만, 생성형 AI를 사용 시에는 구성 시간을 줄이면서 생산성을 향상시키는 장점도 있으나, 프로그램 계획 전문가의 마지막 터치(touch)를 필요로 한다는 점을 명심해야 한다.

6. 프로그램 구성 사례

여기에서는 주요 민간 프로그램 및 공공 프로그램 구성 사례에 관한 내용 3가지를 소개해 본다.

프로그램 구성에 관한 세부 내용은 전직지원 전문 업체나 전문 기관의 저작권 문제 등이 존재하므로, 홈페이지 등에서 이미 공개된 자료를 요약해서 제공한다.

대한민국에 전직지원 프로그램이 최초로 도입되어 운영될 당시의 통상적이었던 민간 전직지원 프로그램의 기본 구성은 아래 그림에서 보는 바와 같다. 프로세스는 진로 상담과 경력 컨설팅, 전직 교육과 훈련, 그리고 전직 활동 지원이라는 3개 단계로 구성되어 있고, 부가적으로 행정적 지원이나 사후 서비스로 이루어져서 실행되었다.

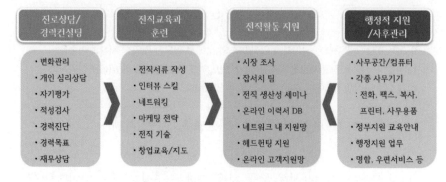

[그림 IV-21 일반적 민간 전직지원 프로그램 구성]

아래에서 민간 및 공공 전직지원 프로그램 구성의 예를 들어본다.

민간 전직지원 프로그램 구성

여기에서는 국내 전직지원 전문 업체 구성 사례 2가지와 해외 전직지원 전문 업체의 프로그램 구성 사례 1가지를 예로 들어보고, 해외 전문 업체의 사례도 1가지 예로 들어본다. 전문 업체의 사례를 소개하는 이유는 컨설턴트들이 프로그램 구성 시에 충분히 참고할 수 있는 질적 자료이기 때문이다.

▶ 이음길사(Eumgil, 🌀 IEUMGIL) 전직지원 프로그램 구성

이음길의 다양한 프로그램 중에서 '직원 전직 프로그램'은 고객의 빠르고 편한 전직 성공을 위해 최대한 디테일(detail)에 집중하면서 차원이 다른 전직지원 서비스를 제공하는 전직 코디네이터(coordinator)가 함께한다.

세부적인 내용은 이음길사 홈페이지에 나와 있는 내용을 참조하였으며, 핵심 내용을 아래 표로 정리해 보았다.

- 정년 또는 희망퇴직 예정자가 퇴직에 따른 변화에 능동적으로 대처하고, 퇴직 후에도 기존의 경험과 전문성을 활용하여 경력 목표를 실천하도록 지원
- 체계적인 인생 설계와 전직 준비를 통해 새로운 일을 통한 행복한 생활을 계획 및 실행할 수 있도록 통합적, 전문적 전직지원 서비스 프로그램 제공
- 획일화를 지양하고, 개인 맞춤형 전직지원 서비스를 지향

서비스 구분	프로그램 구성 내용
1:1 컨설팅	• 업계 최고 전문 컨설턴트가 고객 니즈에 따른 맞춤형 개인 컨설팅 • 세무, 재무, 부동산 등 전문 컨설팅 연계
그룹/역량 강화 세미나	• 재취업, 창업, 경력 개발 등 인생 2막 새로운 도전을 위한 세미나 • 생애 5대 영역은 물론 변화 관리, 인문학 등 주제별 강의
AI 지원	• 개개인의 독창적이고 전문적인 브랜드가 담긴 컨설팅 AI 퍼스널 브랜드 빌더(brand builder) • AI 전직 서류 패키지(이력서, 자기소개서, 경력기술서) 자동 완성 • 빅데이터(big data)를 기반으로 AI 커리어 트렌드(career trend) 예측
재취업 지원	• 핵심 역량 도출을 위한 이력서, 자기소개 작성 • 네트워킹 전략, 면접 전략, 협상 전략 수립을 통한 신속한 지원

창업 지원	• 20년 이상 경력의 업계 최고 전문 창업 컨설턴트 투입 • 아이템 선정, 사업 계획서 작성, 입지 분석, 인테리어, 직원 교육 등
생애설계 지원	• 생애 이음 검진 서비스를 통한 생애 습관 평가 및 처방 • 가치/흥미/전문성 등의 진단 결과를 통한 이음길 유형 추천
채용 지원	• 적극적인 고객 마케팅을 통한 취업알선 및 잡 매칭 • 공개 및 비공개 채용 정보 발굴, 전문 헤드헌터 연계
맞춤 정보 제공	• 맞춤 기업 추천, 희망 기업 채용 정보 제공 • 관심 포켓 및 관심 키워드 추천 교육 정보 및 생애설계 정보 제공
업무 공간 및 행정 지원	• 개인 업무 공간 제공, 휴게실 및 회의실 제공 • 사무용품 및 행정 지원 서비스

[표 IV-4 이음길사 '직원 전직 프로그램' 구성 내용]

▶ 인지어스사(Ingeus, ingeus) 전직지원 프로그램 구성

인지어스도 다양한 전직지원 프로그램을 보유하고 있다. 일반 전직지원 프로그램, 임원 프로그램, 그리고 공공 전직지원 프로그램을 홈페이지에 게시하면서 홍보하고 있다. 그중 일반 전직지원 프로그램 구성 내용을 아래와 같이 소개한다.

[그림 IV-22 인지어스사 '일반 전직지원 프로그램' 구성 내용]

- 고객이 프로그램에 등록한 첫날부터 고객 개별 특성에 맞는 최적의
  취업 지원 계획을 수립하여 실질적인 고객 성공에 집중함
- 전문 심리 상담을 통해서 고객이 퇴직과 관련된 충격과 불안을 덜
  게 하고, 빠른 기간 내에 변화를 받아들여 긍정적으로 적극적 구직
  활동에 임하도록 함
- 고객 니즈에 따른 맞춤형 대안(1,000명을 위한 1,000개의 프로그램)으
  로 성공에 이르는 개인별 경로를 구축하고, 고객별 취업으로의 경로
  를 도출

• 채용 기업 서비스팀을 운영하여 고객 특성에 맞는 구인처를 개발하고, 구인처와 고객 각각의 요구를 중재함

▶ 챌린저그레이앤크리스마스사() 프로그램

챌린저그레이앤크리스마스의 설립자 제임스 이. 챌린저는 1961년도에 실직을 경험하였다. 그 당시에는 미국에서도 명실상부한 아웃플레이스먼트 산업이 존재하지 않았는데, 그는 자신의 실직 경험을 기반으로 1966년도에 챌린저그레이앤크리스마스를 설립하여, 주로 대규모 기업을 위한 전직지원 서비스를 제공하였다.

크리스마스사의 홈페이지에 게시된 구성 내용을 그림으로 요약하면 아래와 같다.

[그림 IV-23 크리스마스사의 프로그램 구성 내용]

한국형 전직지원 기술

① 경력 전환 기획 및 전략 수립: 경력의 종류를 불문하고, 다음 경력의 기획을 지원한다. 참여자들이 동일한 직종이나 직무를 선택하거나, 산업을 옮길 경우라도 경력 전환 계획을 수립하고, 단계별 실행을 돕는다.

② 개인 전직 탐색 코칭: 참여자들의 계획 수립을 지원하고, 전략, 열정 그리고 동기를 가늠해 주는 전문 코치와 함께 일하게 된다. 전문 코치는 전직 탐색 및 인터뷰 과정에서 모의 연습의 대상 역할을 수행한다. 이러한 핵심적인 1:1 코칭은 개인의 성공과 전직지원 프로그램의 핵심이 된다.

③ 전문적인 이력서 컨설팅: 산업 및 표준에 따라 최상의 이력서는 신속하게 진화하고 있기 때문에 전문적인 이력서 작성 컨설턴트가 고용주 혹은 채용 담당자들의 관심을 끌 수 있는 디지털 시대에 적합한 이력서 작성을 지원한다.

④ 디지털 브랜딩 서비스: 전직 탐색 중인 참여자들은 소셜 미디어, 디지털 포트폴리오 그리고 온라인 커뮤니케이션 전반에 대한 컨설팅을 받는다. 전문가들은 개인의 링키드인(LinkedIn) 프로필을 최적화하는 가운데, 온라인 전직 시장 현장에서 돋보이도록 지원한다.

⑤ 다양한 전직 도구 지원: 각자의 경력 경로는 특이하기 때문에 참여자가 희망하는 곳에 이를 수 있도록 지원하는 최상의 도구와 자원을 보유하고 있다. 참여자들은 경력 평가, 웨비나(webinar), 맞춤형 전직지원, 그리고 세부적인 연구 내용 등에 접근할 수 있다.

⑥ 인터뷰 및 전직 탐색 지원: 인터뷰는 매우 힘든 과정이기 때문에 전문가들이 개인적으로 가장 어려운 부분에 대한 탐색을 지원한다.

공공 전직지원 프로그램 구성

공공 전직지원 프로그램은 국방 전직 교육원, 경찰관 전직지원 센터를 통해서 전역예정 군인과 퇴직 예정 경찰관에게 주로 제공되고 있다.

다양한 전직 유사 공공 프로그램이 존재하지만, 고용노동부에서 2020년부터 '재취업 지원 서비스 의무화'를 추진한 이래로 노사발전재단을 중심으로 다양한 프로그램이 개발되었다. 그 종류는 기업에서 정년퇴직하거나, 조기퇴직(희망퇴직)하는 사무직, 생산직, 그리고 서비스직을 대상으로 하는 프로그램이다.

먼저 의무화 프로그램에 대한 경과를 이야기해 보고, 프로그램 내용에 관해서 소개해 보고자 한다. 소개하는 내용을 노사발전재단에서 발간한 '재취업 지원 서비스 운영 가이드라인'을 참고하였다. 노사발전재단에서 규정한 재취업 지원 서비스는 진로 설계, 취업알선, 그리고 (재)취업/창업 지원으로 구분되며, 세부적인 구성 개념은 아래 그림과 같다. 생애설계라는 용어가 다수 들어가 있음에 주목하고, 프로그램 구성 시 유념하자.

한국형 전직지원 기술

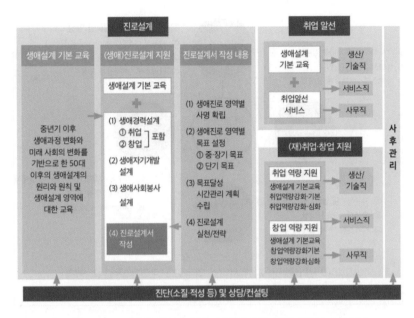

[그림 IV-24 노사발전재단의 생애 기반 재취업 지원 서비스 개념도]

서비스 개념도에 따라서 현장에서 실행되는 '(재)취업-창업지원' 프로 그램의 구성은 총 12개로 구성되어 있다. 사무직, 생산직, 그리고 서비 스직 3가지로 구성되며, 이를 조기퇴직 예정자와 정년퇴직 예정자로 각 각 구분하였다. 더불어 각각의 예정자들을 대상으로 표준화 40시간과 간소화 20시간 프로그램을 구성되어 있다. 그래서 총 12가지 프로그램 이 존재한다.

위의 구성 개념은 아래 그림과 같으며, 각각의 프로그램에 대해서 별 도의 명칭을 부여하여 동기가 부여될 수 있도록 하였다. 세부적인 각각 의 프로그램 구성의 사례는 '별지 A. 재취업 지원 서비스 의무화 프로 그램 구성'에 표준화된 40시간용 구성 내용 6가지를 수록하였으니, 프 로그램 구성 등에 참고하면 된다.

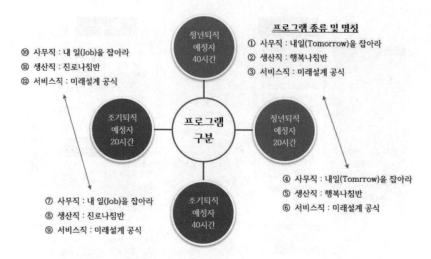

프로그램 종류 및 명칭

① 사무직 : 내일(Tomorrow)을 잡아라
② 생산직 : 행복나침반
③ 서비스직 : 미래설계 공식

⑩ 사무직 : 내 일(Job)을 잡아라
⑪ 생산직 : 진로나침반
⑫ 서비스직 : 미래설계 공식

정년퇴직 예정자 40시간

조기퇴직 예정자 20시간

프로그램 구분

정년퇴직 예정자 20시간

④ 사무직 : 내일(Tomrrow)을 잡아라
⑤ 생산직 : 행복나침반
⑥ 서비스직 : 미래설계 공식

⑦ 사무직 : 내 일(Job)을 잡아라
⑧ 생산직 : 진로나침반
⑨ 서비스직 : 미래설계 공식

조기퇴직 예정자 40시간

[그림 IV-25 재취업 지원 서비스 의무화 프로그램 종류 및 명칭]

서비스의 명칭이 '재취업–창업 지원'으로 발표되어 실행되고 있지만, 실제로 전직이나 혹은 생애설계를 다루는 내용이 다수 포함되어 있다는 점에 주목해야만 한다.

1. 요구 조사 방법론의 종류 8가지는?

2. 프로그램 디자인의 개념을 설명하면?

3. 모델의 개념은?

4. 프로그램 개발 접근법 4가지는?

5. 패턴과 모듈에 관해서 설명해보면?

생각 정리해 보기

* 어떤 생각이 드시나요?

전직지원 프로그램 운영

전직지원 프로그램 운영

📌 전직지원 서비스를 계획한 이후에는 관련 프로그램의 운영으로 이어진다. 이 장에서는 앞의 제4장에서 계획한 프로그램을 운영하는 데 필요한 내용을 논한다.

우선 프로그램 운영을 하나의 프로젝트로 보고, 프로젝트 관리에 대한 내용과 전직지원 서비스 프로젝트의 특성에 관해 소개한다. 이어서 운영을 위한 준비, 프로그램 제공 장소인 전직지원 센터, 운영에 참고할 만한 기업 및 개인의 (전직) 지원과 관련된 다양한 사례, 집단 서비스 및 고객 관리 시스템에 대해 논하고자 한다. 운영에 필요한 행정 업무에 대해서는 「제8장 전직지원 행정」으로 분리하여 논한다.

1. 프로젝트 관리

현장에서 보는 민간 전직지원 프로그램은 통상 몇 개월에 걸친 기간으로 계약되어 운영되고 있고, 공공 전직지원 프로그램은 몇 개월에서부터 년 단위까지 이른다. 대부분의 프로그램은 특정 기간 내에 실시하기 때문에 프로젝트라고 부를 수 있다. 공공의 경우에는 매년 예산의 배정에 따라서 지속적으로 실행되는 경우가 있고, 민간에서는 필요에 따라서 프로그램을 계획하고 실행하는 경우가 다수이다.

프로젝트는 '연구나 사업 또는 그 계획, 고유한 제품, 서비스 또는 결과물을 창출하기 위해 한시적으로 기울이는 노력'으로 정의되는데, 프로젝트 관리를 논하는 이유는 어떤 전직지원 서비스 프로그램일지라도 일정 기간 효율적 운영을 위해서는 프로젝트 관리 기법을 도입해야만 하기 때문이다.

즉, '전직지원 프로그램 운영' 그 자체를 하나의 프로젝트로 보자는 이야기이다. 전체적인 내용은 프로젝트 관리 이론의 틀 속에 전직지원 관련 내용을 넣어서 전개하였다.

프로젝트 관리 개념

아래에서는 전직지원과 관련 프로젝트의 관리, 프로젝트의 특성, 그리고 특별히 프로젝트 수행 시 요구되는 사항을 설명해 본다. 통상 전직지원 프로를 책임지는 사람을 프로젝트 매니저(PM, Project Manager)라고 부르는데, 공공 사업에서는 '사업 부장'으로 부르기도 한다. 그는 프로젝트를 실행하면서 사전에 설정된 목표 달성을 위해서 전직지원 전문 업체에서 지정한 책임자이며, 관련 지식, 기술 및 태도 등의 역량을 보유한 일정 기간 이상의 프로젝트 수행 경험을 지닌 자이다. 전직지원 전문 업체의 채용 공고에서 특정 프로젝트의 매니저의 관련 경력을 5년 이상으로 설정해 둔 경우를 종종 볼 수 있다.

먼저 일반적인 프로젝트를 이해할 수 있는 아래 그림을 참고하면 좋다. 김병호 전문가가 저작한 '통통통 프로젝트 관리'에서 소개한 내용이다.

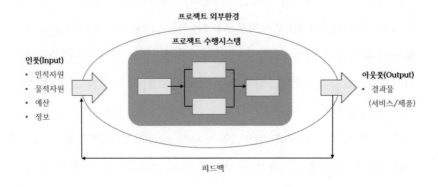

[그림 V-1 일반적인 프로젝트 진행도]

그림에서 보는 바와 같이 모든 프로젝트에는 수행자원의 투입인 인풋과 수행 결과물인 아웃풋이 포함되어 있다. 그리고 수행 과정은 시스템화되어 운영되는데, 프로세스와 프로그램 구성 체계를 가지고 있다는 의미이다. 동시에 여러 가지 외부 환경의 영향도 받으며, 결과물인 아웃풋은 다시 인풋으로 피드백되는 선순환 구조를 가진다.

아래 표는 공동 저자 대표가 경험한 4가지 프로젝트 관리와 관련된 내용을 정리한 것이다. 먼저 프로젝트의 성격을 가늠하고 후부의 내용을 읽어보면 좋다. 내용은 운영 당시의 상황으로 현재와 상이할 수 있다는 점을 먼저 밝혀 둔다.

한국형 전직지원 기술

구 분	제대 군인 지원 센터(서울)	북한 이탈 주민 취업 지원 센터	경찰 공무원 전직지원 센터	중장년 경력 설계 카운슬링
해당 연도	2009년	2012년	2013년	2023년
기 간	1년	10개월	10개월	10개월
발주처	국가보훈처	북한 이탈 주민 지원 재단	경찰청	고용노동부
운영 형태	센터 운영	센터 운영	센터 운영	카운슬링 운영
대 상	제대 (예정) 군인	북한 이탈 주민	퇴직(예정) 경찰관	1천인 미만 기업 재직자 5천 명
장 소	서울 제대 군인 지원 센터	재단 본부	전국 5개 센터(민간 4, 공공 1)	29개 참여 업체 전국 시설
투입 인력	30명 (1개 업체)	4명 (1개 업체)	19명 (1개 업체)	업체등록 카운슬러 다수 (29개 업체)
수행 업무 (과업)	취업 상담, 교육, 창업, 기업 협력, 전산 홍보 (1,700명 전직)	취업 상담/교육, 일자리 발굴, 이동 취업 상담(채용 500, 알선 800명)	퇴직 지원 컨설팅, 교육 (재취업 400명, 컨설팅 250명)	내담자 1인당 3~5회차, 각 2~3시간, 총 10시간 경력 설계 카운슬링
사업 환경	전문 업체는 인력만 배치, 시설 등 일체 보훈처 제공	전문 업체는 인력만 배치, 시설 등 일체 재단 제공	전문 업체에서 인력, 시설, 장비 일체 배치(1개소 제외)	전문 업체에서 인력, 시설 등 운영
인력 계약	프로젝트 매니저 1년, 기타 인력 개인사업자	계약직	계약직	자사 인력 및 프리랜스 인력
예산	14.16억	2.3억	6.34억	50억

[표 V-1 (재)취업 지원, 전직지원, 경력 설계 카운슬링 프로젝트의 예]

▶ 전직지원 프로젝트 관리

프로젝트 매니저는 프로젝트 관리 시에 아래 사항 5가지를 책임진다.

첫째, 진행 관리이다. 모든 프로젝트는 정해진 특정 기간을 가지고 있다. 그리고 고려해야 할 주요 요소는 기간, 범위, 그리고 예산이다. 핵심적인 3가지 요인을 잘 고려하고, 필요시 조정을 가하면서 사업의 성공을 책임진다.

둘째, 프로젝트 수행 조직 관리이다. 전직지원 프로그램을 제공하기 위해서는 직접적으로는 관련 팀을 구성한다. 예를 들면, 프로젝트의 규모와 필요에 따라 기업 협력팀, 컨설팅팀, 교육팀, 창업팀, 홍보팀, 그리고 행정 지원팀 등으로 구성되는데, 팀원들의 선발, 교육, 그리고 교체 등이 관리사항이다.

셋째, 이해 당사자 관리이다. 프로젝트를 책임지는 매니저의 수행 능력은 어찌 보면 이해 당사자들의 성공적 관리와 직결되어 있다. 이해 당사자는 프로젝트의 성공과 실패로 인해서 영향을 받는 당사자들로 이해하면 된다. 그들을 잘 식별하여 지속적인 소통을 통해 프로젝트를 성공적으로 이끌어야 하는데, 이해 당사자의 우선순위도 프로젝트의 성공과 실패로 인해서 받는 영향의 정도에 따라 달라진다.

넷째, 위기 관리이다. 어떤 프로젝트일지라도 수행 중에 각종 크고 작은 위기 사항을 접하게 된다. 예를 들면, 기간의 축소 혹은 확대, 범위의 축소 혹은 확대, 그리고 소속 컨설턴트의 이직 및 기타 사항이다. 그런 위기는 프로젝트 실행 이전부터 종료 이후 일정 기간까지 지속적으로 관리되어야만 한다.

다섯째, 예산 관리이다. 어떠한 프로젝트라 하더라도 배정된 재원이 존재한다. 전직지원 분야의 예산은 대부분 컨설턴트의 인건비가 차지한다. 일반적으로 컨설턴트의 직접적 혹은 간접적 인건비, 운영비, 교육 강사료, 컨설팅 비용, 그리고 전문 업체 수익 및 예비비 등으로 구분할 수 있다. 예산 구성은 프로젝트의 청사진이다. 이는 프로젝트의 범위, 기간과 맞물려서 책정된다.

▶ 전직지원 프로젝트 특성

프로젝트가 지닌 고유의 특성은 여러 가지가 있는데, 그중 중요한 6가지 특성은 아래와 같다.

첫째, 모든 프로젝트는 착수일과 종료일을 가지고 있다. 모든 프로젝트는 특정 기간 내에 수행된다는 이야기이다. 그 기간은 프로젝트의 기획에서부터 종결까지를 의미한다.

둘째, 모든 프로젝트는 변화를 수반한다. 어떤 일을 하더라도 시간이 지나면 변화를 일으킨다. 프로젝트 역시 변화를 가져오는데 최초 상태와 종결 시의 상황이나 상태가 달라진다는 의미이다. 그런 변화는 질적, 양적인 변화를 포함하는데, 완벽하지는 않더라도 더 나은 상태로 변화한다는 점을 말하고 싶다.

셋째, 동일한 프로젝트는 없다. 이 의미는 여러 가지 프로젝트 구성 요소 중 같은 요소는 없다는 의미로 해석하면 좋다. 각각의 프로젝트는 기간, 투입 인원, 예산, 고객, 희망 퇴직 기업 그리고 전직지원 전문 업체 등의 구성 요소가 다를 수밖에 없다.

넷째, 프로젝트 목표가 존재한다. 공공 혹은 민간 프로젝트를 불문하고, 모든 프로젝트는 재원이 투입되기 때문에 목표가 필수적으로 존재한다. 예를 들면, 전직 성공 비율, 컨설팅 몇 회 이상, 집중 교육 몇 시간 이상 등 기본적인 수행 목표를 가지고 있다.

다섯째, 이해 당사자가 존재한다. 이는 전직지원 프로젝트의 사업이나 결과에 영향을 미치는 사람 혹은 예산을 투입하는 기관, 사람으로 볼 수 있다. 많은 사람이 이야기하는 프로젝트를 발주한 '갑'을 핵심 이해 당사자로 볼 수 있다.

여섯째, 전문 업체의 관련 부서 직원들이 참여한다. 간혹 특정 프로젝트에 직접 참여하는 프로젝트 매니저나 컨설턴트만 사업에 대한 책임을 져야 한다고 생각한다. 그러나 프로젝트를 수행하는 전문 업체 내부의 관련 부서 직원도 지원기능을 가지고 있기 때문에 우선순위는 낮을 수 있으나 이해 당사자가 될 수 있다는 사실을 명심해야 한다. 예를 들어, 프로젝트 수행 중에 인사 부서는 컨설턴트 선발, 회계부서는 각종 비용 처리, 그리고 교육 부서는 교육 지원 및 운영 등에 개입하기 때문이다.

▶ 전직지원 프로젝트 요구 사항

전직지원 프로젝트는 일반적인 타 프로젝트 관리와는 달리 특별한 요구사항을 가지고 있다. 특히 인간 중심의 접근 방식을 요구하며, 아래와 같은 5가지로 요약해 본다.

① 참여자 중심: 전직지원 서비스 프로젝트는 각 개인의 경력 전환 지원을 목표로 한다. 따라서 개별 참여자의 필요와 기대에 맞춘 맞춤형 서비스 제공이 중요하다. 프로젝트 관리를 위해서 이러한 개별적 요구 사항을 정확히 파악하고, 최적화된 지원을 하는 참여자 중심의 계획을 세워야 한다.

② 관련 전문가들의 협업: 전직지원 프로젝트는 경력 전문가, HR 전문가, 심리 전문가, 교육 전문가 등 다양한 전문가들의 협력을 필요

로 한다. 프로젝트 매니저는 다양한 배경을 가진 전문가들과 협업을 강화하여, 프로젝트의 성공을 창출하는 질 향상을 위해 노력해야 한다.

③ 변화 대응: 경제 상황 및 산업의 변화, 기술 발전 등 외부 환경 변화에 빠르게 대응해야 하며, 프로젝트의 목표와 계획도 그에 맞추어 적절히 조정되어야 한다. 프로젝트 매니저는 참여자들의 요구사항에 신속히 대응하는 유연성을 가져야 한다.

④ 결과 중심과 성과 측정: 전직지원의 성공을 가늠하는 측정치는 참여자들이 다양한 일의 방식으로 성공적인 전환을 이루는 것을 중심으로 한다. 따라서 프로젝트 관리를 위해서 명확한 성과 지표를 설정하고, 프로젝트의 효과를 수시 혹은 정기적으로 평가하고 개선해야 한다.

⑤ 보안 유지: 전직지원 프로젝트에서는 참여자들의 개인정보와 경력 관련 데이터를 다루기 때문에, 보안 유지가 매우 중요하다. 프로젝트 관리에서 이런 정보의 보호를 위해 엄격한 절차를 적용하고, 실행해야 한다. 이는 참여자들의 신뢰를 획득하고, 프로젝트의 성공적인 진행을 보장해 준다.

전직지원 프로젝트 관리 4단계

전직지원 프로젝트 관리는 크게 4단계로 나눌 수 있다. 기획, 준비, 실행, 그리고 종결 순이며, 일종의 선형적 프로세스 개념으로 이해하기 쉽지만, 실제 현장에서는 비선형적으로 혼합되어 진행된다는 점을 이해해야 한다.

- (희망)퇴직 기업 및 의 퇴직자 요구 파악
- 예상문제 정의 및 이해당사자 파악
- 목표정의 및 달성을 위한 요구자산 (유형, 무형자산) 등 식별

- 각자 부여된 과업 수행 여부 관리
- 정기적 회의, 일정 및 예산 관리
- 정기 및 수시보고서 작성 및 보고
- 발생되는 각종 문제점 해결(인력 교체, 예산 부족 등)

1. 기획 **2. 준비** 전직지원 프로젝트 관리 **3. 실행** **4. 종결**

- 팀 구성 및 개별 업무분장
- 추진일정 및 예산계획 수립
- 최초회의 개최 - 투입전 교육 - 행정적 준비

- 사업 성과 및 교훈 도출
- 최종보고서 작성 및 사업 종결
※ 필요시 새로운 부서, 업체에 후속사업을 인계

[그림 V-2 전직지원 프로젝트 관리 4단계]

▶ 첫째, 기획 단계이다.

이 단계에서는 퇴직 기업과 퇴직자의 요구 사항 파악과 계약에 따라서 예상되는 프로젝트의 문제를 정의하고, 관련 이해 당사자를 파악한다. 그를 통해서 목표를 정의하고, 그에 필요한 자산 등을 식별한다.

▶ 둘째, 준비 단계이다.

이 단계에서는 팀을 구성하고 팀별, 개인별로 업무를 분장하여 실행계획을 수립한다. 프로젝트의 원활하고 성공적인 진행을 약속해줄 업무 분장의 중요성은 아무리 강조해도 지나치지 않다. 그를 통해 세부적 일정 및 예산을 수립하고, 최초 회의를 개최하여 진행상의 추가적인 문제점을 식별한다. 이어서 최종적으로 행정적 준비를 함과 동시에 프로젝트의 성공을 위해서 수행 요원에 관한 투입 전 교육을 실시한다. 일반적으로 전직지원 전문 업체에서는 실행 전에 2~3일간 사전 교육을 하고, 실행 직전까지 행정적 준비를 하는 형태로 진행한다.

▶ 셋째, 실행 단계이다.

이 단계에서는 사전 준비 및 교육에 기반을 두어 각자가 부여된 과업을 수행하고, 프로젝트 매니저는 수행 여부를 관리하면서 프로젝트 성공의 토대를 다져간다. 정기적으로 회의도 진행하면서, 수립된 일정 및 예산 관리상의 문제점 등을 파악하고, 각종 보고서를 작성하여 이해 당사자들에게 보고한다. 수행 중에는 발생하는 각종 문제점을 식별하고, 해결해야 한다. 프로젝트 매니저는 필요시 세부적인 업무에 대한 권한을 특정 수행 인력에게 위임할 수 있다는 점도 유념해야 한다.

▶ 넷째, 종결 단계이다.

이 단계에서는 프로젝트 성과 및 교훈을 도출하고, 최종 보고서를 작성하며, 프로젝트를 서서히 종결해나간다. 공공 프로젝트의 경우에는 기한 도달 시 바로 종료되거나, 타 전직지원 전문 업체로 차기 프로젝트 수행을 넘기는 예도 있다. 이런 경우는 연 단위 사업의 경우이다. 민간 전직지원 프로젝트는 계약에 따라 종결되며, 차기 프로젝트를 수주할 때까지 타 프로젝트에 컨설턴트 인력을 투입하면서 인력운영의 효율성을 기한다.

모든 단계가 다 중요하지만, 사실상 최초 기획 단계와 준비 단계에서 많은 시간과 노력을 투자해야만 후속 단계에서 실수를 줄일 수 있고, 성공적인 프로젝트 수행 결과를 낳을 수 있다. 간단하게 프로젝트 성공 요소를 나열해 보면 다음과 같다. 팀워크, 네트워크, 의사소통, 참여자 이해, 문제 분석, 프로세스 파악, 전문 인력 구성, 업무 분장, 정보 공유, 상호 존중, 권한 위임, 목표 달성 등이다.

프로젝트 리더십

프로젝트 매니저를 선발 시에는 최소한의 경력과 경험, 역량 그리고 자격을 갖춘 자를 선발한다. 리더십은 일차원적인 개념이 아니기 때문에, 효과적인 리더의 역할은 '과업 중심' 그리고 '관계 중심'으로 과업을 효과적으로 혼합하여 수행해야 한다. 그 2가지 리더십은 아래와 같다.

▶ 과업 중심 리더십

이는 리더로서 특정한 목표 혹은 과업을 달성하는 데 필요한 프로젝트 수행 인력들의 역할을 규정하는 범위를 말한다. 리더가 자신이 제공하는 업무 수행 구조, 지시 그리고 조직을 명확히 규정하는 행위이다. 규정을 구조화하는 수준이 높을 경우에 종종 과업 중심적이고, 지시적인 내용이 되는데, 리더로서 프로젝트의 기술적인 측면, 효율성, 그리고 목표 달성에 중점을 둘 경우이다. 여기에 포함되어야 할 내용은 프로젝트 수행 과정 및 규정, 과업 할당, 기준 유지, 시한 설정, 목표 강조, 결과 중심의 과업 수행 등이다.

▶ 관계 중심 리더십

이는 프로젝트 수행 인력들의 복지 및 대인관계에 관심을 보이는 것이다. 리더는 협력, 신뢰, 그리고 개방적 의사소통을 강조하고, 사려 깊은 리더로서 긍정적 관계를 프로젝트 내에서 구축하는 데 중점을 둔다. 더불어 지지적인 환경을 조성하고, 수행 인력들의 개인적, 사회적 니즈를 해결하기 위한 지원도 한다. 궁극적으로 프로젝트 리더는 상호 존중을 가치 있게 생각하고, 응집력 있고, 조화로운 업무 환경의 생성을 지향한다.

2. 프로젝트 준비 및 실행 관련 사항

여기에서는 프로젝트 준비 및 실행에 관련된 사항을 논하는데, 주요 내용은 프로젝트 수행을 위한 사전 교육 및 배치, 교육 구성의 예, 서비스를 전달하는 센터 운영, 그리고 예산의 운용에 관해 간략하게 소개한다.

사전 교육 및 추진 일정

프로젝트 수행이 결정된 이후에는 실행 이전에 각종 교육자료 및 컨설팅에 관한 준비를 한다. 이때 가장 중요한 구성 요소는 프로젝트를 수행할 컨설턴트인데, 대체로 제안 단계에서부터 자사 내부의 컨설턴트를 선발하거나, 외부의 적합 자원을 선발하여 투입한다.

▶ 사전 교육

투입 인력에 대한 사전 교육은 통상 프로젝트 시작 10일 전후에 시행하면 좋다. 이어서 가용하다면 실제 사업장에 2~3일 전에 배치하여 준비한다. 통상 투입 인력을 직급이 높은 순으로 먼저 배치되어, 프로젝트 제안 내용을 살펴보면서 세부적인 실행 계획을 전개한다.

일반적으로 전직지원 전문 업체는 서비스의 난이도 혹은 전문성 요구에 따라 2~3일간에 걸친 사전 교육을 하는데, 서비스에 관련된 이해 도모 및 완벽한 사전 준비가 그 목적이다. 사전 교육 강사는 회사 경영진에서부터 그 프로젝트 혹은 서비스의 성격을 잘 이해하는 강사진이다. 교육 내용은 서비스의 성격 및 상황에 따라 달라지며, 프로젝트 매니저가 사전 교육 전체를 책임지고, 기획 및 통제를 하는 경우가 많다.

아래는 사전 교육의 예인데, 상황에 맞게 조정하여 운영하면 프로젝트의 성공에 기여한다.

구분	구성 주제	세부 사항
1	인사 말씀	경영진 혹은 책임 부서장의 인사
2	회사 및 조직 소개	회사 및 조직에 대한 전반적인 내용(*특히 새로이 채용된 컨설턴트 중심)
3	고객 관리 체계 등록 및 운용 방법	• 장비 운용 관련 사항 • 회사 업무 체계 접근 I.D. 부여 및 고객 관리 체계 소개 등
4	서비스 성격 및 대상 고객에 대한 이해	유사 사업 수행 경력자에 의한 서비스 전반 경험 소개
5	서비스 세부 진행 내용 및 행정	• 서비스 관련 법령/사업 시행 및 지원 조직 • 발주 기업/기관의 협조 요망 사항 • 추진 일정/사전 준비 사항/업무 분장 • 컨설팅 기법 및 일지 운용 • 사업 유의 사항 및 컨설턴트 윤리 • 행정 업무 등
6	애로 및 건의 사항	현재 및 미래의 사업 수행에 대한 애로 및 건의 사항

[표 V-2 프로젝트 투입 사전 교육 구성의 예]

▶ 추진 일정

추진 일정의 기획은 먼저 프로젝트의 주요 구성 요소를 식별하고, 전체 프로젝트 기간 내 수행할 업무의 전체 일정을 가늠하기 위한 조치이다. 일정 수립 시에는 각종 업무의 실행 시점으로부터 역산하여 일정을 정하는 방법이 좋다. 예를 들어, 아래 일정표에서 보는 바와 같이 프로젝트가 8월 1일부터 시작될 때 사전 교육을 7월 20일경에 실시하도록 조치하는 등 역산해서 시행하고, 계획된 대로 집행하면서 진행 간 문제점을 해결하면 된다.

　프로젝트는 기획 및 철저한 사전 준비가 필수적이다. 따라서 예상되는, 그리고 요구되는 프로젝트 주요 사항을 하나하나 기획하는 전체 일정표를 먼저 그려보면 프로젝트 수행이 용이하고, 프로젝트 목표 달성에도 도움을 준다. 아래는 특정 계층의 전직지원 센터 설치 및 교육 실행 이전에 기획한 추진 일정의 예이다. 세로축에는 주요 서비스 항목을, 그리고 가로축에는 기간을 표시하였다. 이에 기초하여 세부적인 실행 내용을 일정에 맞추어 수립한 이후에 시간이 지남에 따라 하나씩 지워 나가면서 진행 상황을 확인한다. 프로젝트에 투입된 컨설턴트 및 기타 서비스 관련자 모두가 이 일정을 공유할 경우에 서비스의 질 향상에 직접, 간접적인 도움이 된다.

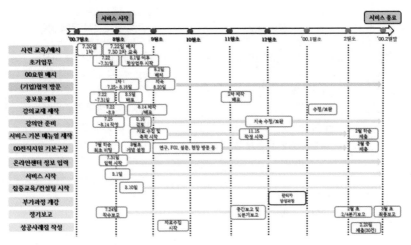

[그림 V-3 프로젝트 일정표의 예]

전직지원 센터 운영

전직지원 센터(CTC, Career Transition Center)는 전직지원 전문 업체에서 개인 혹은 집단의 경력 기획 및 전직 탐색 활동을 위한 집중 교육과 컨설팅을 위해 준비한 공간이다. 이는 전환 과정에 있는 고객의 사무실 역할도 해주는 시설이다. 일반 퇴직(예정)자들은 일반적인 센터 시설을 이용할 수 있지만, 임원급 고객들에게는 계약에 기초하여 개인 사무실이 제공되는 경우가 많다. 공공에서는 각종 공공 시설을 센터 운영에 적합하게 전환하여 활용하고 있다.

고용노동부 '국민취업지원제도 매뉴얼'에 보면 사업 시설의 구성 요소와 크기를 규정하고 있다. 따라서 공공 프로젝트에서는 관련된 규정을 준수하여 준비하고, 민간 프로젝트에서는 퇴직 기업에서 요구하는 수준에 부응하는 센터 시설을 구비한다.

구 분	상담 공간	단체 프로그램 운영 공간
면 적	10평방미터 이상(약 3평 이상)	16.5평방미터 이상(약 5평 이상)
구조 및 시설	• 독립된 상담 공간(부스 형태 가능) 공간 필수 • 구직 정보대 등 휴게 공간(인터넷 사용 가능한 태블릿 등 기기 1대 이상 구비)	• 단체 프로그램 운영을 위한 기본시설 구비(테이블, 의자, 마이크시설 등)
비 고	• 전용 공간 내지, 전용 시설일 것을 요하지는 않음	

[표 V-3 고용노동부 센터 시설 기준의 예]

한국형 전직지원 기술

▶ 센터 운영 목적

센터 설치 시에 가장 고려해야 할 요소는 고객의 접근성과 사용 편의성 및 고급화이다. 대한민국의 주요 전직지원 전문 업체가 주로 서울 강남의 테헤란로에 위치하고 있는 이유는 고객의 접근성 문제를 최대한 고려하였기 때문이다. 그렇지만 접근성이 좋은 곳에 센터를 임대할 경우에 고정적인 고비용 지출이 문제가 된다. 더불어 시설의 고급화 편의성을 위한 비용이 소요되기 때문에 만만치 않다는 사실도 인식해야 한다. 센터는 전환 과정에 있는 고객들의 사무실 역할을 한다. 부가하여 센터의 환경과 구성 요소는 고객 서비스에 영향을 미칠 뿐만 아니라 고객의 행동 및 서비스에 동적인 영향을 미친다. 특히 서비스 환경에서 나타나는 고객의 행동은 서비스 프로세스에 통합되어 질적인 서비스가 촉진되도록 한다. 센터의 운영목적은 아래와 같다.

· 전직지원 컨설팅 및 교육 실시   · 그룹 워크숍 실시
· 전직 정보 제공 및 획득   · 정보 교환 및 네트워킹 장소
· 행정 및 사무 공간 제공 등

▶ 센터 구성 요소

센터는 전직지원 혹은 (재)취업 지원 등을 목적으로 설치되기 때문에 그에 적합한 구성을 가진다. 아래 표는 센터 구성 요소의 핵심 요소들이다.

구성 요소	상담 공간
리셉션(reception)	행정 요원 배치/안내, 행정 처리, 전화 수신 등
(온라인) 강의장 / 그룹 컨설팅실	(온라인) 강의, 워크숍, 그룹 상담에 사용
1:1 컨설팅실	개인과의 심층 상담 시 사용
컨설턴트 사무 공간	컨설턴트의 업무 공간
자료 검색 공간	컴퓨터가 비치된 전직 활동 및 검색 공간
정보 게시판	각종 일정, 전직 정보, 기타 공지 사항 게시용
휴게실 / 자료실	휴식, 다과 공간으로 잡지 및 전직 관련 도서류 비치
비품 / 장비	복합기, 전화기, 사무 비품, 냉온방기, 장식 소품, 냉장고, 기타 고객용 편의 장비(책장 등)

[표 V-4 센터 구성 핵심 요소]

전직지원 전문 업체는 전국 범위로 다양한 곳에서 다양한 서비스를 신속하게 제공하고 있다. 따라서 프로젝트에 기반을 둔 센터 설치 경험과 프로젝트 종료에 따른 센터 폐쇄 경험이 많다. 아래에 일본에서 실제로 운영하는 북해도 잡 카페(job cafe)의 예를 들었는데, 위의 구성 요소들을 대부분 구비하고 있다.

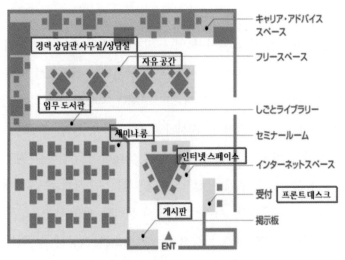

[그림 V-4 센터 배치의 예]

▶ 유니버설 디자인(universal design)

더불어 센터를 설치 시에는 반드시 보편 설계 원칙, 즉 유니버설 디자인 원칙을 적용하는 것이 좋다. 이는 센터 시설의 운영을 통한 프로젝트의 질을 높일 가능성이 크니 설치 전에 아래 원칙 7가지를 응용하여 현장 상황에 맞게 디자인하면 좋다. 이 원칙은 미국 노스캐롤라이나 주립대학 보편 설계 센터의 자료를 인용하였다.

① 공평한 사용
② 사용상 유연성
③ 간단하고 직관적인 사용
④ 정보이용의 용이
⑤ 오류에 대한 포용력
⑥ 적은 물리적 노력
⑦ 접근과 사용을 위한 충분한 공간

▶ 원거리 서비스 운영

전직지원 전문 업체의 본사를 떠난 원거리 지역 혹은 지방에서 전직지원 서비스를 제공할 때에는 사용 시설의 문제와 컨설턴트 배치 문제가 생긴다. 이런 경우에는 전국적으로 산재한 지사를 이용하는 경우가 많다. 그러나 지사가 없거나, 지사가 좁으면 지방 협력 업체의 시설을 이용하는 때도 있으나, 스터디 카페 등을 임대하여 운영하는 경우도 있다. 소요가 많아질 경우에는 전직지원 센터를 신속하게 그 지역에 설치하여 서비스를 제공하고, 서비스 종료 시 센터를 폐쇄한다.

더불어 원거리 지역에는 통상적으로 서비스를 제공할 수 있는 역량을 갖춘 컨설턴트가 부족한 경우가 많다. 따라서 대규모 프로젝트 수행 시에는 수도권에 거주하는 컨설턴트를 이동 배치하는 경우도 있다. 그럴 경우에는 컨설턴트에게 보수 이외에 숙소를 제공하고, 주말에 거주지로 복귀하는 교통비도 제공한다. 일부 전문 업체에서는 복지 차원에서 식사비 일부를 지원한다. 그러나 이는 업체의 내부 규정과 프로젝트의 성격, 그리고 예산에 따라 지원의 범위가 달라진다. 업체에 따라서는 프로젝트 예산의 효율적 운용을 위해 그 지역의 우수 컨설턴트와 계약을 맺는 경우도 있다.

COVID-19 팬데믹(pandemic) 시기에 온라인 집중 교육이나 컨설팅을 많이 한 경험을 이미 많이 가지고 있기 때문에 온라인 도구가 발달될 미래에는 원거리 센터 설치의 필요성이 감소할 가능성이 크다. 이미 코로나 시절을 통해서 많은 고객들이 온라인 도구를 활용한 경험이 많고, 전직지원 전문 업체에서도 관련된 장비를 별도로 보유하고 있기 때문이다.

예산 운용 개념

예산은 각 프로젝트의 성격 혹은 지침에 따라서 운용되므로, 사업의 청사진이다. 각종 프로젝트 비용 처리는 대부분 영수증을 붙임 혹은 제시하는 형태로 정산된다. 아래에서 예산 운용에 필요한 주요 항목과 비용 처리에 대해서 간략하게 논해 본다.

▶ 일반적 전직지원 프로젝트 예산 항목

예산은 세부 사항을 공식적으로 밝힐 수 없으므로 금액, 비율 등을 삭제하고 아래와 같이 일반적인 전직지원 분야의 예산 항목만 예로 제시해본다. 전직지원 프로젝트 예산은 크게 컨설턴트 인건비와 각종 경비, 그리고 전문 업체의 수익으로 구분된다. 예산은 프로젝트의 범위, 기간, 그리고 참여자 혹은 고객의 수에 기초하여 산정된다. 아래 표에서 일반적인 예산 운영 항목의 예를 들었는데, 프로젝트에 적합하게 가감하여 사용하면 된다.

구 분			비 고
인건비	직접 경비	프로젝트 매니저	보수 지급
		선임 컨설턴트	
		컨설턴트	
		행정 인력	
	간접 경비	간접비	4대 보험, 퇴직 충당금, 연차 수당 등
	외부 강사비	강사비	필요시 내부 강사비도 포함

		교재	교재 제작비
경 비	교육 프로그램	검사	검사지 구매비용 등
		프로그램 운영비	다과, 문구, 인쇄, 행사비, 식대 등
		보험료	참여자 단체 여행자 보험
	홍보비	홍보비	홍보 전단지, 배너, 현수막, 인쇄물, 기념품 등
	복리후생비	복리후생비	프로젝트 수행 인력 생일, 경조사, 명절 선물 등
경 비	운영비	임차료	전직지원 센터 건물 임차료
		공공 요금	전기세, 수도세 등
		일반 운영비	서비스 요원 문구, 식대 등
		출장비, 회의비	간담회, 관계 기관 및 기업 방문, 사후 관리 방문 등
		기타	격려 회식비 등

[표 V-5 프로젝트 예산 구성 일반적 요소]

▶ 프로젝트 운영 비용 처리

전직지원 서비스를 제공할 때 프로젝트 예산의 범위 내에서 서비스 제공과 관련된 각종 비용이 소비된다. 비용처리는 청구서를 작성하여 처리권자의 승인을 받아서 재무 부서에 제출하여 처리하게 된다.

비용 청구서는 통상 '개인 지급 청구서'와 '거래처 지급 청구서' 두 가지로 나뉜다. 개인 지급 청구서는 프로젝트 수행 요원이 개인 카드, 법인 카드, 현금 등으로 결제하였을 시에 사용하는 청구서이며, 거래처 지급 청구서는 용역이나 재화를 직접 제공한 자에게 대금을 입금하기 위해 사용하는 청구서이다.

각 전문 업체는 비용 사용에 대한 내부 규정을 유지하고 있으며, 금액에 따라 승인권자를 차등화하고 있다. 통상 제반 교육 및 컨설팅 운영비와 강사료, 교통비 등이고, 외부 강사료의 경우 강사로부터 통장 사본, 신분증, 그리고 필요시 강의 계획서와 강의 자료를 받고, 거래처 지급 청구서를 작성하여 승인권자의 승인을 받아서 결재를 받고 재무 부서에 제출하면 지급 일자에 강사에게 지급하게 된다. 기타 거래처도 관련 서류와 청구서를 받아서 동일하게 처리한다.

업무에 필요한 교통비의 경우에는 교통카드를 제공하거나, 자가 차량은 킬로미터 당 일정액을 지급하는 방식, 유류비와 톨게이트 통과료 등의 영수증을 제출하면 실비로 처리하는 방식 등이 있다.

비용 처리는 각 전문 업체의 내부 규정에 명시된 절차에 따르면 된다.

3. 전직지원 사례

여기에서는 사례 관리에 대한 이론적인 내용과 (희망)퇴직 기업과 퇴직자가 현장에서 직면한 여러 가지 문제, 그 문제의 해결에 관한 현장 중심의 의사 결정 과정 등에 관한 사례들을 기술하였다. 이를 통해서 희망퇴직자나 정년퇴직자가 현실 상황을 가늠하고, 자신의 전직 탐색 활동에 참고하면서 실제 전직 현장에서 얻는 것과 유사한 간접 경험을 얻을 수 있도록 한다.

먼저 사례 관리 전반에 대한 이해를 돕기 위해서 사례 관리의 정의,

목적, 사례 관리자의 역할에 대해 알아본다. 이어서 실제 사례로 희망 퇴직 기업의 사례 3가지, 개인에 대한 전직지원 사례 및 개인의 전직 사례 6가지를 포함하는 총 9가지를 제시한다.

사례 관리

대한민국에서의 사례 관리는 1990년대 사회복지학과 간호학 분야에서 관심을 가지게 되면서 도입되었다. 당시는 시설 중심의 복지에서 지역사회 중심의 복지로 변화하면서 재가 복지 서비스가 확대되던 시기였고, 이후 1995년에 제정된 정신보건법에서 사례 관리가 강조되었다. 그 이전에는 서비스에 고객을 맞추는 개념이었으나, 사례 관리를 강조하면서 고객에게 서비스를 맞추는 고객 중심 서비스로 전환하게 되었다.

우리가 사례 관리를 도입한 미국에서는 1960년대 케네디 행정부 당시 숱한 복지 정책을 구사하였다. 이는 서비스의 단편성이나 연속성 결여 문제를 해결하기 위한 서비스의 통합, 1970년대 탈시설화 촉진, 그리고 1980년대 서비스의 조직화로 적절한 소득 보장, 직업 훈련과 취업 등을 강조하는 형태로 진행되었다. 그런 개념이 1990년대에 대한민국에 도입되었다.

▶ 사례 관리 목적

사례 관리의 목적은 고객의 삶의 질 향상, 지속적인 보호의 제공, 서비스 조정 및 개선, 적합한 개별적 서비스 제공, 그리고 효과적 자원의 개발과 분배에 두고 있다.

참고로 미국 사례 관리 협회에서는 사례 관리를 '질적, 비용 효과적 결과를 촉진하기 위한 의사소통 및 가용 자원을 통해 개인의 건강한 욕구에 부응하기 위한 서비스의 평가, 기획, 촉진 및 지지를 위한 상호 협력적 절차'로 정의하고 있다.

전직지원 사례를 논하면서, 전직자에게 간접 경험과 방법론을 제공해야 하는 이유는 그들이 아래와 같은 다양한 생각을 하고 있기 때문이다.

① 고용 시장의 급격한 변화 때문에 전직이 이전보다 어렵다.
② 아직 젊은데 퇴직이 너무 빠르다.
③ 아직도 가족 부양, 자녀 교육 등의 책임이 많이 남아 있다.
④ 노후에 대해 생각해 볼 겨를이 없어서 전혀 준비되어 있지 않다.
⑤ 나이가 많아서 재취업이 안 될 것이다.

따라서 '전직을 잘할 수 있을까?' 그리고 '가능하다면 어디로 전직할 수 있을까?'라는 의문에 답하는 사례를 제시하면서 동기를 부여하거나, 희망을 북돋워 주어야 한다. 이는 전직지원 사례 관리 및 작성의 중요한 목적 중 하나로 볼 수 있다.

▶ 사례 관리자

사례 관리자란 일종의 문제 해결자나 서비스를 모니터링하는 사람 혹은 컨설턴트 등이다. 그의 역할은 전체적인 프로세스 관리와 계획의 발전을 위한 컨설팅을 제공하는 일이다. 전직지원 컨설턴트는 사례 관리자로서 고객과의 관계를 형성하는 가운데, 고객의 욕구를 파악하고 각종 지원 가능한 서비스를 고객과 연결하는 역할을 한다.

그 과정에서 사례 관리자로서 컨설턴트가 지켜야 할 사항은 아래와 같다.

① 고객의 가치, 라이프스타일, 태도 및 자세에 대해 믿음을 가진다.

② 고객과 전문적 관계를 유지하면서 고객 중심적 목표를 수립하고 고객의 의사 결정 내용을 존중한다.

③ 합의된 목표를 달성할 수 있는 고객의 능력에 대해 믿음을 가진다.

④ 고객의 비밀과 사생활을 존중하면서 비판단적 태도를 유지한다.

▶ 사례 관리 절차

아래 그림은 미국 웨인주립대학의 소셜 워크 스쿨(social work school, 사회복지학교)의 교수이면서 사례 관리 분야의 세계적인 전문가인 데이비드 피. 목슬레이(David P. Moxley)가 이야기하는 사례 관리 5단계를 전직지원 분야로 전환해 본 것이다. 사례 관리의 기본 개념을 제공하는 차원에서 전환하여 제시해 본다.

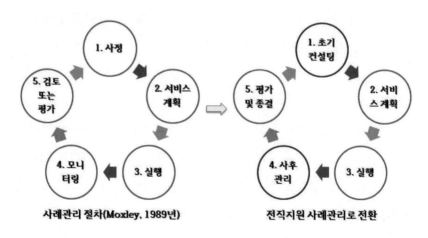

[그림 V-5 사례 관리 절차와 전직지원 사례 관리 개념 발전]

사례 작성 기법

컨설팅 분야의 사례는 초기 컨설팅, 서비스 계획, 실행, 사후 관리, 그리고 평가 및 종결 내용 순으로 사례를 작성하면 된다. 일반적으로 고객의 상황 및 능력 등에 대한 검사 혹은 진단의 시행, 목표 설정 및 타당성 검토 지원, 개별적인 전직 탐색 활동 계획 수립, 실행 촉진 및 사후 관리, 그리고 평가 및 피드백하는 절차로 전환해서 실시하면 된다.

사례의 소재는 전직지원 서비스 프로세스를 진행하면서 발견된 모든 내용이 될 수 있다. 각종 특정 프로젝트의 사례를 모은 사례집은 전직지원과 재취업 분야 등 프로젝트의 성격에 따라 광범위하게 작성되어 발간되는데, 그를 통해서 이후에 같은 경로를 택하는 전직(예정)자 등이 참고하게 한다. 아래에서는 사례 작성과 관련된 내용을 제시해 본다. 사례의 기록 및 작성 내용은 사례 관리 주관 기관 혹은 기업, 사례 관리자, 혹은 상황에 따라 수정될 수 있다.

▶ 사례 작성 주제

먼저 기업의 (희망)퇴직 사례를 작성하는 데는 기사 검색을 추천하고 싶다. 그 이유는 기업에서는 자사의 (희망)퇴직 사항을 알리고 싶지 않기 때문에 자발적으로 공개하는 자료가 제한적이기 때문이다. 따라서 키워드를 이용한 기사 검색을 추천하는데, (희망)퇴직 상황을 보도하는 기자들이 전체적으로 잘 정리해서 보도하기 때문이다. 그 자료에 기타 참고 자료를 더하면 비교적 완벽한 사례가 작성된다.

퇴직 후 전직한 개인의 사례 작성은 개인이 전직 과정에서 겪은 여러 가지 내용을 중심으로 작성하면 된다. 개인의 사례를 작성하는 이유는 앞서 이야기한 바와 같이 희망퇴직자나 정년퇴직자에게 전직이 가능하다는 자신감을 심어 주기 위한 것이다.

기업과 개인의 사례 작성은 아래 표의 내용을 중심으로 주제를 가감하거나, 세부적으로 전개하면 좋다.

구 분	(희망)퇴직 기업의 사례	개인 전직자의 사례
사례 작성 주체	1. (희망)퇴직 기업명 2. (희망)퇴직 실시 사유 3. 대상, 기간, 인원 4. 진행 상황 　* 노사 협력, 보상 　* 전직지원 서비스 지원 등 5. 기사 등의 논평 6. 기타 사항	1. 인적 사항 2. 기존 경력 및 업무 3. 새로운 경력 및 업무 4. 성공을 위한 노력 5. 성공 포인트 6. 기타 사항

[표 V-6 사례 작성 내용의 예]

▶ 사례 작성 시 유의 사항

사례는 전직과 관련된 기업이나 고객의 활동 사항을 기술하면서, 객관적으로 간결하게 작성해야 하며, 올바른 용어를 사용해야 한다. 아래에서 사례 작성 시 유의 사항을 간략하게 소개해 본다.

첫째, 개인 및 기업 정보를 보호해야 한다. 사례에 포함되는 개인 및 기업 정보는 반드시 비밀을 유지해야 한다. 개인의 신원이나 기업 내부의 민감한 정보가 포함되지 않도록 하는 것이다. 예를 들어, 실제 이름 등의 구체적인 정보 대신 익명성을 보장할 수 있는 표현을 사용하는 방법이다.

둘째, 객관성을 유지해야 한다. 사례 작성 시 주관적인 해석을 최소화하고, 가능한 모든 데이터와 사실에 근거하여 객관적인 정보 제공을

　　　　　　　　　　　　　　　　　한국형 전직지원 기술

해야 한다. 사례를 통해 특정한 인상을 주거나 결과를 유도하지 말고, 사실 그대로를 정확하게 전달하는 것이 중요하다.

셋째, 법적 문제를 준수한다. 관련 법령을 잘 숙지하고, 준수해야만 한다. 특히 희망퇴직과 관련된 법적 요건과 전직지원 서비스의 법적 테두리 내에서 사례를 작성해야 한다. 더불어 고용과 관련된 법과 규정을 확인하여 사례가 이러한 기준에 부합하는지도 확인해야 한다.

넷째, 윤리적으로 접근해야 한다. 사례를 다룰 때는 항상 윤리적인 접근을 고려해야 한다. 특히 감정적인 영향을 받을 수 있는 개인의 경험을 다룰 때는 더욱 그러하다. 사례 작성 과정에서는 개인의 존엄성을 존중하고, 특히 부정적인 결과나 경험을 다룰 때는 신중을 기해야 한다.

다섯째, 실질적 가치를 제공해야 한다. 사례 작성의 목적 중 하나는 미래의 전직 희망자나 전직 중인 자들에게 유익한 정보의 제공이다. 따라서 사례는 실질적으로 그들이 직면할 수 있는 문제에 대한 해결책을 제시하거나, 유사한 상황에서 활용할 수 있는 통찰을 제공해야 한다. 즉, 그들이 자신의 상황을 개선하거나 더 나은 결정을 내릴 수 있도록 돕는 내용이 되어야 한다.

전직지원 사례 및 개인의 전직 사례

기업에서 희망퇴직하거나, 정년퇴직하는 근로자들이 가장 궁금하게 여기는 것은 앞서간 사람들의 사례이다. 그를 통해서 간접적인 지식과 경험으로 자신의 전직에 도움을 받을 수 있기 때문이다.

여기에서는 각종 관련 문헌 및 기사 검색을 통해서 공공 및 민간 전직지원 사례를 정리해 보고, 개인의 사례도 몇 가지 제시한다. 공공 차원의 사례는 조선업의 희망퇴직 사례, 민간 차원에서는 대한민국 쌍용자동차와 해외 폭스바겐 자동차의 구조 조정 사례, 그리고 개인에 대한 전직지원 및 개인의 전직 사례 6가지를 제시한다. 사례 중 일부는 시간이 경과되었음에도 불구하고, 우리에게 암시하는 바가 많기 때문에 포함하였다.

▶ 조선업 희망퇴직 사례

대규모 공공 전직지원 프로젝트였으며, 정부에서 주도하여 2016년도부터 시작되었던 '조선업 희망 센터'를 중심으로 논해 보고자 한다. 조선업의 불황은 선박 건조의 가격 경쟁력이 높은 중국 조선소의 대규모 수주, 그리고 셰일가스(shale gas, 비전통 천연가스)의 출현으로 인한 유가 하락 등이 그 원인이었다. 2015년 기준으로 세계 선박 건조량 1위에서 4위까지를 현대중공업, 대우조선해양, 현대삼호중공업, 삼성중공업에서 차지하고 있었고, 6위는 현대미포조선, 9위는 STX조선해양이었으나, 앞의 불황 요인으로 인해 대규모 희망퇴직의 위기를 겪었다.

① 정부의 조치

2016년도부터 정부에서는 울산, 창원, 거제, 그리고 영암에 4개의 '조선업 희망 센터'를 설치하여 2016년도부터 조선업 희망퇴직 근로자나 하청 업체 근로자들을 대상으로 서비스를 제공하였다. 당시 4개 지역 대부분에서 각 3개사 내외의 전직지원 전문 업체를 선발하여 전직지원 서비스를 제공하였다. 서비스를 제공한 전직지원 전문 업체는 중앙의 대형 전문 업체가 다수였고, 일부 지역에서는 지방 전문 업체가 참여하였다.

② 주요 전직지원 프로그램 구성

주요 프로그램은 아래 간략하게 정리된 표에서 보는 바와 같이 전 직지원, 심리 안정, 그리고 집단 상담이었다.

구 분	주 관	프로그램 구성
영 암	목포시 일자리 경제과	• 전직지원: 전 생애에 걸친 생애경력설계, 변화 관리, 진로 지도, 구직 스킬 강화, 취업알선 등 서비스를 원스톱으로 제공
거 제	(사)한국커리어 경남지사 사무국	• 심리 안정: 상담을 통한 스트레스 및 심리 상태 측정, 개인별 문제 확인, 후속 심층 상담 및 스트레스 관리와 관련된 집체 교육
창 원 / 진 해	경남경영자 총협회 고용사업팀	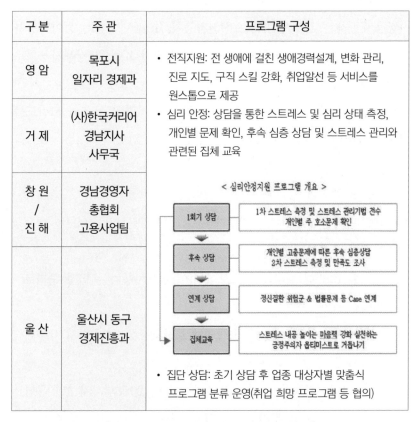
울 산	울산시 동구 경제진흥과	• 집단 상담: 초기 상담 후 업종 대상자별 맞춤식 프로그램 분류 운영(취업 희망 프로그램 등 협의)

[표 V-7 조선업 희망 센터 프로그램 구성 예]

③ 특징

조선업 희망 센터의 경우에는 정부, 지방자치단체, 고용노동부 그리고 전직지원 전문 업체가 유기적으로 협력을 유지하면서 프로젝트를 수행 한 좋은 사례로서 대규모로 실시된 전직지원 프로젝트의 좋은 예이다.

▶ 쌍용자동차 구조 조정 사례

민간 대기업의 전직지원 사례인 쌍용자동차의 구조 조정 사례는 강남 노무법인의 정봉수 대표가 저작한 '실무자를 위한 인력 구조 조정 매뉴얼'에 게재한 내용을 요약하여 제시해 본다.

쌍용자동차는 1970년대에는 신진자동차, 1980년대에는 동아자동차로 회사명을 운영하다가 쌍용그룹이 인수하면서 1988년 쌍용자동차로 사명을 변경하였다.

1993년 독일의 벤츠사와 기술 제휴로 SUV 차량인 무쏘와 코란도를 출시하여 4WD 차량을 대표하는 메이커로 자리 잡았다.

① 구조 조정 원인
- 1992년부터 적자가 누적되다가 이를 견디지 못하고, 1998년 대우자동차로 매각
- 1년 후 1999년 대우의 부도로 인하여 쌍용차동차는 법정 관리로 넘어감
- 이후 법정 관리를 통해 경영 상태가 호전되자 2004년 다시 상하이자동차에 매각
- 이후 상하이자동차는 법정 관리를 신청한 2008년까지 4년 동안 전혀 신차 개발에 투자하지 않았고, 기존의 SUV 기술과 주요 인력만 빼내어 갔다는 비판을 받으며 한국 시장에서 철수

② 구조 조정 경과
- 2009년 4월 법정 관리인은 경영 정상화를 위해 근로자 7,135명 중 37%인 2,646명의 감원을 발표
- 이에 노조에서는 2009년 5월에 평택 공장을 점거하고 파업에 들

어가 8월까지 공장 점거 총파업을 진행하다가 경찰의 진압과 노사 측의 협상 타결로 파업을 중단

- 이에 따라 최종적으로 감원 인원 2,646명 중 희망퇴직으로 2,019명, 무급 휴직 459명, 영업직 전환 3명, 정리 해고 165명(생산직 159명, 관리직 6명)이 결정됨
- 이후 2010년 11월에 인도 마힌드라 자동차에 매각되고, 회사의 경영 상태에 맞추어 무급 휴직자와 해고자들을 점진적으로 복직시킴
- 2016년 2월에 40명, 2017년 4월에 62명, 2018년에는 16명에 대한 복직 진행
- 2018년 9월에 남아있는 119명의 복직을 차기 년도 말까지 완료하기로 합의함

③ 구조 조정 결과

- 2011년도에 1,412억 원 적자, 2012년도에 990억 적자, 2013년 89억 적자
- 2016년도에 흑자로 전환되고, 2017년도 9월 판매량에서 한국GM과 삼성르노를 제치고 내수 시장 3위 달성(1위 현대, 2위 기아)

▶ 독일 폭스바겐 자동차 구조 조정 사례

폭스바겐 자동차는 1937년 나치 독일 치하에서 아돌프 히틀러의 명령에 따라 국영기업으로 설치되었다. 이후 1960년 주식을 공개해 민영화한 이후 9년 뒤 그룹의 또 다른 축인 아우디 그룹을, 그리고 1990년에는 스코다를 인수해 유럽 최대 자동차 메이커로 성장하였다.

① 구조 조정 원인

- 1993년 폭스바겐의 독일 내 근로자 수는 10만 3천여 명으로, 최대 수준에 달했으나, 공장은 전혀 수익을 내지 못함. 근로자 인건비는 매출액 대비 임금이 25%로 타 국제적 자동차 회사들보다 20% 가까이 높았고, 생산성도 업계 최하위에 달하였음

- 이후 일본 업체의 유럽 진출이 본격화되고, 통일 이후의 경기 거품이 빠지는 등의 후유증으로 인해 1993년도에 19억 4천만 마르크 적자로 돌아서면서 구조 조정 0순위 업체로 지정될 정도에 이르게 됨

② 구조 조정 경과

- 이후 1995년까지 독일 근로자의 30%인 약 3만1천여 명의 감원 계획 발표

- 노조는 사 측과 협의 끝에 해고 대신 임금 보전 없는 근로 시간 단축을 택함

- 1993년 11월 폭스바겐 노사는 협상 4주 만에 일자리 나누기 도입을 합의한 '고용 안정과 경쟁력 강화를 위한 노사 협약'을 체결

③ 구조 조정 결과

- 1994년부터 일자리 나누기를 통해서 사 측이 근로자의 고용을 보장하는 대신 노조는 임금 보전 없는 근로 시간 단축에 합의(주 4일제 도입으로 주당 노동 시간 36시간에서 28.8시간으로 단축)

- 따라서 근로 시간은 20% 줄어들고, 근로자 소득은 최고 20%가 줄었으나, 고용 안정으로 인해 노사 간 신뢰가 쌓였고, 노동 유연성을 위한 조치도 마련됨

- 1995년 감산으로 인해 조업이 단축될 시에는 근로자에게 근로 시간에 해당하는 임금 보장을 하는 등의 '근로 시간 계좌제'를 도입

- 근로 시간이 줄어든 근로자는 정부가 최대 6개월까지 유급 직업 교육을 보장하는 블록(block) 시간제 혜택 실시
- 폭스바겐의 성공 요인은 일자리 나누기와 동시에 진행된 체질 개선 이었음

▶ 개인의 전직 혹은 전직지원 사례

아래 사례들은 전직지원을 받았거나, 개인이 지속적으로 전직을 이어나가는 사례이다. 사례 중 전직지원 서비스를 받은 사례는 '전직지원 사례'로, 개인이 노력을 기울여서 전직한 사례는 '개인 전직 사례'로 표기하였는데, 각각 4가지, 2가지를 제시해본다. 사례의 내용은 객관성을 유지하려고 노력하였으며, 익명으로 처리하였다.

① 동일 업종, 동일 직무로 전직한 흑산도- 전직지원 사례

40대 중반의 흑산도는 조선 산업의 디젤 엔진부 가공 장비 운영과 관리, 생산 설비 현장 감독을 하는 직장 출신으로, 20여 년 근무한 이후에 2015년부터 조선업 불황 상황으로 인해 희망퇴직을 하게 된 경우였다. 당시 전직지원 전문 업체를 통해서 전직지원 서비스를 받고, 전직에 성공한 사례이다.

- 컨설팅 최초 상황: 최초 컨설팅 시에 흑산도는 전기기능사, 태양광 설비사업, 그리고 화물차 기사로의 재취업 방안들에 관심을 보였으나, 너무 준비가 되어 있지 않았다. 이에 컨설턴트는 커리어 앵커 검사, 인맥 수준 진단 등을 통해서 타 직종보다는 동일 직종 생산직으로 전직하는 것이 효율적이고, 적합하다는 내담자와 합의한 결론을 내렸고, 목표 달성을 위한 실행 계획을 수립하는 데 노력

을 투자하였다.

- 컨설팅 진행 상황: 목표를 설정하고, 실행 계획을 수립하는 가운데, 이력서 작성 및 클리닉, 자기소개서 작성 및 클리닉, 모의 면접 등에 대한 10차에 걸친 컨설팅을 하였다. 최초 마스터 이력서를 작성한 이후에 목표 기업의 채용 조건, 기업 비전과 경영 이념 등에 맞추어 타깃 이력서와 자기소개서를 작성하는 가운데, 거주 지역이 아닌 타 지역에 소재한 자동차 부품 조립 업체의 가공 장비 관리자 채용 공고에 지원하였다. 다행스럽게도 성공적으로 면접을 본 이후에 전직자로서는 비교적 고액의 연봉인 ○천○백만 원 정도의 채용 제안을 받았다. 그러나 가족(자녀가 ○명으로 많았음)을 떠나 타지에서 기숙사 생활을 해야 한다는 거부감으로 인해 채용 제안을 거부하려는 상황까지 치달았으나, 컨설턴트가 자신의 과거 전직 경험을 들려주는 등 격려도 하고 용기를 북돋워 주어 채용 제안을 수용하고 며칠 후 출근하게 되었다.

- 컨설팅 교훈: 전직지원 시 내담자와 채용 기업의 채용 조건(직무, 급여, 근무 조건)을 중시해야 하지만 내담자의 개인적 환경도 심층적으로 고려하여 컨설팅해야 한다. 그 과정에서 다양한 형태의 심리적 지원도 필요하다.

② 전직 동기 부여가 되지 않았던 홍두깨의 사례(*실패 사례)- 전직지원 사례

50대 초반의 홍두깨는 ○○자동차에서 20여 년을 생산직으로 근무하다가 회사의 경영 사정 악화로 인해 사업장이 폐쇄되면서 희망퇴직을 하게 된 상황이었다. 당시 일하고 있던 희망퇴직 기업은 몇 개월에 걸친 집중 교육과 컨설팅을 하는 패키지 전직지원 프로젝트를

진행하게 되었다. 홍두깨는 최초에 전직지원 서비스를 신청하지 않았으나, 퇴직자를 대상으로 하는 컨설턴트의 콜드 콜(cold call)을 통해 서비스에 참여한 경우이다.

- **컨설팅 최초 상황:** 홍두깨는 최초 전직지원 서비스를 구체적으로 설명하는 설명회에 참석하지 않았고, 서비스 신청서도 작성하지 않았다. 그는 당시 본인의 컴퓨터 활용 능력을 높이기 위한 학습은 하면서 전직지원 서비스의 효용성에 대해서는 의문을 가지고 있었기 때문에 서비스를 신청하지 않았다. 따라서 컨설턴트는 다시금 서비스의 효율성을 설명하고 참여를 독려하는 온라인 컨설팅의 시간을 가졌다. 얼마 후에 그로부터 연락이 오고 컨설팅 약속을 잡아달라는 요청을 하여, 컨설턴트로서는 매우 반가웠는데, 자발적인 서비스 참여 의지가 추후 컨설팅 진행에 많은 도움이 될 것으로 생각하였기 때문이다.

- **컨설팅 진행 상황:** 그러나 첫 대면 컨설팅에서 컨설턴트의 희망은 산산조각이 났다. 그는 첫 대면에서 "그래, 여기서 서비스를 해준다고 해서 왔으니, 어서 선물 보따리나 풀어보세요. 뭘 해줄 수 있어요?"라고 말하였다. 동시에 그는 컨설팅을 받으면서 몸을 뒤로 젖히고, 팔짱을 끼거나, 다리를 꼬는 등 컨설턴트를 경멸하는 자세를 보이면서, 컨설턴트를 평가하려는 자세를 보였다. 컨설턴트 입장에서 초기 라포 형성과 컨설팅의 방향을 잡기 위한 노력을 보였음에도 불구하고, 급기야 컨설턴트를 교체해 달라고 소란을 피우기 시작하였다. 다시 한 번 그를 설득하였으나 무위로 끝나고 컨설팅 매뉴얼에 따라서 다른 컨설턴트에게 인계하게 되었다. 그러나 그는 다른 컨설턴트에게도 똑같은 행태를 보였고, 다시 전직지원

센터에 모습을 보이지 않았다. 이후 컨설턴트의 전화도 받지 않는 상황에 접어들었고, 결국 컨설팅을 중단하게 되었다.

- 컨설팅 교훈: 이전의 안락한 둥지를 떠날 마음 자세가 되어있지 않은 내담자나 본인의 의지가 없는 내담자의 경우에는 컨설턴트의 진정한 노력도 무위로 끝나는 경우가 생긴다. 이후에 컨설턴트는 자신의 자세를 가다듬고, 최초 라포 형성 이후에 컨설팅에 들어가기 이전에 컨설팅 전반에 대한 구조화를 필수적으로 실시해야 한다. 구조화가 이후 진행 상황을 미리 가늠하게 해주기 때문이다. 더불어 그런 내담자를 즉시 응대할 수 있는 심리 상담 전문 컨설턴트를 전직지원 센터에 상근으로 배치하면 좋겠다는 생각도 하게 되었다.

③ 기존 경력을 이어 나간 철도 기관사 강원도의 사례- 전직지원 사례

현재 60대 초반인 강원도는 젊은 시절 방위산업체에서 8년여 경력을 거친 이후에 뜻한 바 있어 기관사로 일찍이 전직한 경우이다. 최초 철도청으로 전직하였고, 이후에 한국철도공사에서 20여 년을 근무한 베테랑 기관사였으며, 마지막 경력으로는 ○○고속철도 승무사업소에서 지원기장 업무를 수행하였다. 그가 지나온 경력과 전직을 위한 노력과 현재의 경력은 아래와 같다.

- 철도 기관사로서의 생활: 최초에는 ○○지방철도청에서 기관사 및 기관조사로 일하면서 무궁화호, 비둘기호와 화물 열차를 5년여 운행하였다. 이후 직급을 올려서 타지역으로 전근되어 새마을호와 통근형 열차를 10여 년 운행하였으며, 그곳에서 KTX 기장으로 승진되어 총 12년여를 일하였다.

- 전직을 위한 노력: 중장년이라면 누구라도 그러하듯이 길어진 삶

을 생각하면서 경력을 이어나가고 싶은 마음을 가지고 있다. 강원도의 경우도 동일하였다. 그는 퇴직 후에도 자신이 좋아하고, 잘할 수 있는 직무를 탐색한 이후에 그곳에서 일하고 싶었다. 그 과정에서 전문 업체 컨설턴트를 만나서 컨설팅을 몇 회차 받아나가면서 미래 경력을 설계하기 시작하였다. 컨설턴트와의 컨설팅 중에 자신의 인적 네트워크를 두드려 보라는 이야기를 듣고 자신의 기존 인적 네트워크를 지속적으로 두드렸다. 마침내 지인의 추천으로 철도 구간의 여러 가지 공사를 하기 위해 운영하는 철도 모터카(motor car) 구내 운전직에 도전하여 전직에 성공하였다.

- 전직 성공 포인트: 어찌 보면 동일 업종, 동일 직무로 전환한 경우로 볼 수 있다. 그는 지속적으로 인적 네트워크를 잘 관리하여 성공한 경우로 볼 수 있다. 더불어 동일 업종, 동일 직무로 전직하면서 기존의 철도 기장으로서의 경력과 면허증 소지가 많은 도움이 되었다.

- 현재 상황: 현재 근무하고 있는 철도 구내 운전직은 모터카를 운영하면서 주 3일 혹은 4일 정도 근무하고 있다. 주로 밤 12시에서 새벽 4시 사이의 야간 근무라서 체력적 소모가 있지만, 짧은 근무 시간과 여유 있는 삶을 영위할 수 있어서 본인의 만족도는 매우 높다. 현재 60대 초반이지만, 거주 지역 인근에서 퇴직한 기장을 대상으로 하는 공채가 있을 경우에 다시 지원하여 70세까지는 일을 하겠다는 희망도 가지고 있다.

④ 중장년 경력 설계 카운슬링을 통해서 요양보호사로 경력 전환을 한 이미지의 사례- 전직지원 사례

50대 후반의 이미지는 젊은 시절 ○○전자 경리로서 5년간의 직장

생활 중 결혼을 하게 되어 경력이 중단되었던 여성이다. 이후 전업주부로 일하다가 아이들이 어느 정도 성장한 이후에 다시 자기 실현을 위해 여성 의류 소매업을 창업하여 3년간 일하고 다시 경력이 단절된 여성이었다.

- **경력 단절 기간 중 생활**: 자녀들이 어느 정도 성장하여, 더 이상 부모의 손길이 필요하지 않았다. 그러나 자녀 교육비 등의 문제로 애로를 겪던 이미지는 고령화 시대에 접어들어서 추후 관련 일자리가 많이 생긴다는 이야기를 듣고, 요양보호사 자격증을 취득하게 되었다.

- **요양보호사로서의 근로 상황**: 다행히 요양보호사 일자리가 많았던 관계로 자격증 취득 이후 바로 민간 주간 보호 센터에서 돌봄 업무를 2년 동안 수행하게 되었다. 그러나 동료들 간의 알력이나 일거리 떠넘기기 등을 참지 못하던 그는 자진퇴사를 고려하던 중 고용노동부에서 실시하는 중장년 경력설계 카운슬링에 자발적으로 참여하여 전문 카운슬러를 통해 10시간에 걸친 경력 전반 재검토 및 경력 설계 지원을 무료로 받게 되었다.

- **전직 상황**: 카운슬러를 통해서 다시 한 번 자신의 모든 상황을 파악하였고, 연령 문제 등으로 유사 경력으로 이어나가는 것이 좋다는 생각에 이르게 되었다. 이후 카운슬링 진행 도중에 공공 데이케어 센터에서 동일한 돌봄 업무를 진행하는 업무로 전직하여 근무 중이다.

- **전직 성공 포인트**: 보수가 높고, 편안한 일자리는 아니지만, 자신의 일자리를 가지고, 어느 정도 수입을 가질 수 있는 일자리를 찾기 위해 꾸준한 자기계발을 통해 자격증을 취득하고, 경력의 단절

한국형 전직지원 기술

없이 다시 일자리를 찾기 위해서 전문 카운슬러의 도움을 받았다.

- **현재 상황**: 구립으로 운영되는 현재 근무 중인 데이 케어 센터는 규정상 60세까지 근무할 수 있으나, 성실성이 인정될 경우에는 근무 연장이 가능하여 장기 근속을 목표로 하고 있다. 최근에는 관련 자격증으로 장애인 활동 지원사 자격증도 취득하여 장애인 돌봄도 동시에 할 수 있는 능력을 갖추었다.

⑤ 원예 치료사로 인생 2막을 사는 체육 교사 출신 울릉도- 개인 전직 사례

60대 중반의 울릉도는 고등학교 체육 교사로 생활하다가, 진로 교사로 직무를 바꾼 바 있다. 퇴직 전 교사 생활 중에 화단과 등굣길을 가꾸어 나가면서 원예에 관심을 가지고 있다가, 퇴직하면서 원예 치료사로 전직하여 일하고 있는 경우이다.

- **학교 교사 생활**: 고등학교에서 체육 교사로 오랜 기간 근무하다가 진로 상담 교사로 직무를 변경하였다. 교장이나 교감으로 퇴직할 수도 있었으나, 그런 기회를 마다하고 진로 상담 교사로 직무를 바꾸었다. 그는 학생들과 더 많은 시간을 보내고, 그들의 고민을 들어주는 일을 하고 싶다는 생각을 하던 차에 교육부에서 전국의 고등학교에 진로 상담 교사를 배치한다는 정책을 내놓아서 지원하여 직무를 바꾸어 일하게 된 경우이다. 그는 미리 전문 상담 교사 자격증 취득과 상담 경력을 보유하고 있었던 상황이었다. 더불어 심리 상담사 1급을 취득하였으며, 몇 가지 상담 도구 사용 자격도 취득하였다.

- **원예 치료사로 전직 상황**: 학교에 근무하면서 15년 정도 학교의 환경을 바꾸어 나가는 일을 자발적으로 하고 있었다. 틈틈이 화단에 꽃을 심고 가꾸는 활동은 다른 사람들보다 자신에게 더 큰 행

복감을 주었고, 하루하루 물이 오르는 식물에 매력을 느끼기도 하여 원예 치료사로 전직하게 되었다. 전직을 위해서 교사로 근무하던 기간과 퇴직 직후에 '마음 원예 교육 지도사 2급', '정원 관리사 1급'을 준비하여 미래에 대비하였다.

- 전직 성공 포인트: 체육 교사에서 진로 상담 교사로 직무를 바꿔 정년 퇴직하고, 퇴직 후 교사에서 원예 치료사로 용이하게 전직하여 일할 수 있었던 것은 그의 사전 준비 덕분이었다. 그는 "전직을 위해 끊임없이 도전하고, 세상의 변화에 대비하여 다양한 인맥을 형성한 것이 현재 위치에 도달하게 해준 기반이었다."라고 말한다.

- 현재 상황: 현재는 장애인이나 도움이 필요한 시설에서 원예 치료사로 활동하고 있으며, 틈틈이 상담교사로 일했던 경험을 바탕으로 학생 상담과 강의를 하고 있었다. 울릉도는 그들의 삶에 희망과 즐거움을 주고 있다는 자부심을 느끼며 일하고 있다.

⑥ 라이프앤커리어디자인스쿨 대표 경력 선장 표성일- 개인 전직 사례

'경력 선장'이란 브랜드 네임(brand name)을 가지고 일하는 '라이프앤커리어디자인스쿨' 표성일 대표(공동 저자 대표)는 2008년도 해군 중령으로 전역한 이후 군의 마지막 경력인 '국방부 보건복지관실 전직지원 교육 담당관'의 경력을 살려서 이후 4개의 민간 전직지원 전문 업체에 근무한 경력을 가지고 있다. 현재는 1인 지식 기업인 위의 스쿨을 운영하면서, 각종 프로젝트 자문, 컨설턴트 교육 및 콘텐츠 구성 작업 등에 매진하고 있다. 그의 최초 전직 이후의 경과를 브랜드라는 명칭을 붙여서 소개해 본다.

- 브랜드 탐색 및 진입: 약 33년에 걸친 인생 1막에서 해군 전투 장교 생활을 마치면서 몇 가지 잠재 목표를 설정하고, 전역 7여 년

전부터 차근차근 준비하면서, 잘할 수 있는 일과 관련된 역량을 축적하기 시작하였다. 이후에 주변 상황 및 개인적 역량에 기초한 국제무역사, 물류관리사, 커리어 컨설턴트 및 통번역사 준비를 하였으나, 군 생활의 마지막 직무였던 '국방부 전직지원 교육 담당관'의 경험을 살려 다행스럽게 제대 군인 재취업 지원 센터 운영을 책임지는 업무로 옮겨갈 수 있었다. 이후 민간 전직지원 전문 업체 컨설턴트들과의 네트워킹 및 협력을 통해서 민간 및 공공 전직지원을 경험하였는데, 제대 군인, 신용 회복 대상자, 북한 이탈 주민, 경찰관 재취업 및 전직지원 등의 프로젝트였다.

- 브랜드 구축: 그러나 인생 2막의 각종 사업을 관리하거나 컨설팅 업무를 수행하는 10여 개월, 길게는 2년 반 정도의 직장 경험을 가지면서, 3번의 이직과 재취업이라는 시련 아닌 시련도 겪었다. 그때에는 군 생활 당시에 어려웠던 일들을 잘 헤쳐 나가면서 목표를 달성했던 경험을 거울삼아 인내하면서 슬기롭게 잘 헤쳐 나갔다. 그 과정에서 50대 후반이라는 자신의 나이를 고려하여 조직에 소속되어 일하는 것도 좋지만, 장기적으로 자신의 전문성에 기초해서 '1인 지식 기업'을 운영하는 프리랜서의 길을 걷는 것이 좋겠다는 결심을 하게 되었다. 이에 기존의 직무 수행 경력 및 경험, 그리고 전문성에 기초하여 전문 강사의 길을 택하게 되었다. 그러나 프리랜서 강사의 길은 만만하지 않았다. 그 과정에서 전문 강사인 자신의 정체성을 잘 알릴 수 있는 '브랜드는 무엇인가?' 하는 생각이 자주 들었고, 자신의 차별성을 간단하게 알리면서, 기억에 남게 만들 수 있는 것에 대해 고민하기 시작하였다. 이후 명함 만들기 워크숍에 몇 회 참석하면서 '경력 선장'이라는 브랜드 이름을 탄

생시켰다. 이는 선장이 운항하는 '선박(제공하는 강의 혹은 컨설팅)'에 고객이 승선할 경우에 원하는 목적지까지 안전하게 도착하도록 지원한다는 개념이 혼합된 브랜딩이었으며, 선장이라는 명칭으로 고객의 전직에 책임을 다한다는 의미도 부여하였다. 이후 9년여 동안 '경력 선장'이라는 개인 브랜드로 전직지원 컨설턴트 양성 과정 등 각종 과정의 전문 강사로 활동하면서 스쿨의 등록 민간 자격 과정도 4가지를 운영하는 등 업계 발전을 위해 노력하는 가운데 자신의 브랜드 '경력 선장'을 차별화시켰다.

- **브랜드 공고화:** 이후 만나는 많은 분이 건네 드리는 명함을 받아들면서 "경력 선장이라는 명칭이 참 특이합니다."라고 말씀하시는 것을 자주 들었고, 일반적인 명함 교환 시나 자기소개 시와 달리 단시간 내에 서로 교감할 수 있는 대화 수준을 유지할 수 있었다. 그의 브랜드 공고화 내용은 아래 몇 가지로 들 수 있다.

① 사전에 미래의 프로그램 변화를 예측하여 사전 준비 등을 철저히 하였다. 예를 들어, 생애설계를 위해서는 미국의 유명 프로그램을 벤치마킹하기 위하여 직접 2번에 걸쳐서 도미하여 수강하였고, 그 내용을 한국화하여 등록 민간 자격 과정 등으로 전파하고 있다.

② 생애설계 7대 영역에 기반을 둔 3장의 '라이프 앤 커리어 디자인 캔버스(Life and Career Design Canvas)'를 디자인하여 중장년들의 삶과 일에 대한 전반적인 사항을 측정하고 성찰하도록 하였다.

③ 고용노동부에서 실시한 중장년 경력 설계 카운슬링 프로젝트를 수행할 시에는 프로젝트 매니저로서 '패턴과 모듈'이라는 개념을 도입하여, 카운슬링 국면에 필요한 각종 콘텐츠를 정제화하여 경력 설계에 도움이 되게 한 바 있다.

④ 각종 생애설계 프로그램 강의나 워크숍 시에는 자신이 익숙한 바다를 삶과 연계시키고, 바다에서 사용하는 각종 항해 장비나 기타 장비들을 현실적인 삶과 연계시켜서 브랜드를 강화하고 있다.

• 브랜드 기여: 현재 미력하나마 '라이프 앤 커리어 디자인 스쿨'이라는 밴드를 통해서 1천여 명 이상의 회원을 확보하여 서로 소통하면서, 좋은 콘텐츠를 전파하는 등 기여하고 있다. 60대 후반에 접어든 나이에도 전문성에 기초하여, 전문 업체에 재취업을 하여 10여 개월 동안 중요한 국가 프로그램 운영도 경험하고, 다시 1인 지식 기업으로 복귀한 바도 있다. 마지막으로 자신이 가진 것을 업계에 환원하기 위하여 현재는 콘텐츠 작업 및 저작 작업에 열중하고 있다. 추후 사회기여 형태로 업계에서 놓치거나, 독자적으로 재창조한 많은 콘텐츠를 업계에 전파하면서 남은 생을 이어갈 계획을 가지고 있다.

4. 집단 서비스

전직지원 서비스 기간은 크게 집중 교육과 컨설팅, 그리고 사후 관리 기간으로 나누어진다. 그중에서 컨설팅의 경우에는 컨설턴트와 내담자 사이의 개인 서비스이지만, 변화 관리 전반을 주로 하는 집중 교육은 거의 집단 서비스 형태로 진행된다.

그 이유는 대부분 서비스 효율성 향상과 관련되어 있다. 희망퇴직 기업의 입장에서는 집단 서비스가 비용의 효율적 사용에 기여하기 때문에 참여자 수를 확장하여 더욱 많은 정년퇴직자가 서비스를 받게 하는 것이 좋다. 더불어 집단 서비스는 내담자나 컨설턴트, 그리고 교육이 이루어질 전직지원 센터의 위치와 관련이 있다. 고객이 원거리에 위치할 때 상시 경쟁력 있는 개인 서비스를 제공하기 어려우므로 다소 제한된 기간 내에 집단 서비스를 진행하는 형태가 효율적이다.

여기에서는 집단 서비스 진행 및 전달 방법, 집단 서비스 진행자에 관해서 이야기하고자 한다.

정년퇴직 특히 희망퇴직 이후 최초 3개월 내에 실시되는 집단 서비스는 매우 중요하다. 그 이유는 그 기간에 다수의 퇴직자가 개인적 감정 저하를 경험하기 때문이다. 결론적으로 집단 서비스는 상호 지원과 자기 존중을 촉진하는 요소, 그리고 다른 하나는 전직 탐색 활동을 촉진하는 요소이다.

집단 서비스는 개인적인 감정의 하강을 막고 더욱 긍정적 경험으로 이동하게 하는 놀라운 힘을 지니고 있다. 그런 힘은 집단 서비스 종료 이후에도 오래 지속되는데, 단시간 내에 전직에 성공하지 못하더라도 효과적인 전직 탐색 활동을 지속하면서 상호 관계와 자기 관리를 할 수 있는 힘을 가지게 된다.

진행 내용

집단 서비스는 크게 두 가지 형태로 구분할 수 있다. 하나는 전통적인 집단 프로그램으로서 주로 집중 교육 시에 사용하는 형태이며, 다른 하나는 유사한 전직 욕구를 가진 고객을 묶어서 전직 동아리 혹은 워킹 그룹(working group)을 자발적으로 운영하는 형태이다.

▶ 집단 프로그램

집단 프로그램은 주로 서비스의 집중 교육 시에 운영하는 형태이며, 계약에 따라서 1주일에 1회 내지 2회, 1회에 3시간에서 길게는 6시간 정도로 그 진행 기간 및 운영 형태는 다양하다. 일반적인 집단 프로그램은 자기 평가, 전직 서류 준비, 면접, 전직 탐색 기법, 생애경력설계 그리고 보수 협상 등을 주요 주제로 다룬다. 각 주제에 배당하는 시간은 상황에 따라 변화된다.

재취업 지원 서비스 의무화의 경우 통상 16시간의 진로설계를 2일 내지 3일 내에 진행한다. 주로 주입식과 경험적 수업 형태이며, 그 이후에 컨설팅을 통해서 좀 더 심화 단계로 옮겨간다. 특별히 지리적으로 원거리에서 집단 프로그램을 시행하게 되면 전직지원 전문 업체는 그 지역에 있는 프리랜서 컨설턴트를 운영할 때도 있는데, 전문 업체의 자원을 유용하게 사용하면서 비용을 절약하는 방법 중의 하나다.

▶ 전직 동아리 / 워킹 그룹

전직 동아리는 전직 탐색 활동의 효과적 촉진을 위해 집단을 더욱 능동적으로 운영하는 형태이다. 예를 들어, ○○전직 시장 공략팀, ○○전직 클럽 혹은 ○○전직 팀이라는 이름 등으로 다양하게 불린다.

그중에서 가장 효과적인 접근법은 집단 서비스 운영 경험이 풍부한 책임 컨설턴트의 주도하에 정기적으로 모일 수 있는 동일 경력 목표를 가진 집단으로 구성하는 방법이다. 이런 접근법은 다수의 고객이 자신보다 많은 자산, 혹은 다른 자산을 가진 다수 고객으로 구성된 집단 속에서 더욱 효과적인 전직 탐색 활동을 할 수 있다는 논리에 기초한다. 특히 성공적인 전직 탐색 활동을 저해하는 장애물을 해소하는 데는 매우 효과적인 방법이다.

　전직 동아리의 장점은 아래와 같다.
① 동아리 동료의 추천을 통해 인적 네트워크를 상당한 수준으로 확장할
　수 있다.
② 동아리 구성원은 자신에게는 작용하지 않고, 다른 사람에게만 작용한
　다고 생각하던 전직 탐색 활동을 시도하게 된다.
③ 동아리 구성원의 조언을 받으면서 정확한 정보를 접하게 된다.
④ 서로 지원하는 가운데 전직으로 인한 스트레스를 감소시킨다.
⑤ 전직 이후에도 서로 도움을 주는 네트워크로 존재한다.

　전직 동아리의 운영 시 고려할 사항은 다음 2가지이다.
　첫째, 동아리 구성원의 모집이다. 간혹 동아리 구성에 대한 오리엔테
이션을 실시하는 이유는 프로그램을 설명하고 참여를 독려할 때에 사
용하는 수단이다. 이때 참여자의 수준 및 배경을 주의 깊게 살펴야 한
다. 종종 모집 시 유사한 직종이나 직무에서 일했던 근로자만으로 구성
하기도 하는데, 기존 직업의 기능, 전직 희망 직무 혹은 성별로 구분하
여 운영하면 좋다.
　둘째, 동아리의 구조 및 운영 회차 등이다. 그 규모는 10명 이내로 상
황에 따라 구성하고, 규정한 회차에 정기적으로 출석하고, 상호 협력을
독려하는 형태이다. 동아리의 회차는 평균적으로 6회에서 12회차로 제
한하여 설계하여 운영하고, 일주일에 한 번 정도 만나는 수준이 좋다.
첫 회차는 책임 컨설턴트가 진행 등에 관해서 설명하고, 이후에는 동아
리 자체적으로 회차를 운영해나간다. 마지막 회차는 책임 컨설턴트가

전체적인 운영에 대해 피드백을 하고 마친다. 동아리 활동의 경우에 책임 컨설턴트는 모든 활동이 원활하게 진행되도록 지원을 아끼지 않는다. 공공이나 민간 서비스에서는 동아리 운영 공간을 제공한다.

성공적인 전직 동아리의 근간을 구성하는 다양한 활동은 아래와 같다.
① 다양한 전직 탐색 활동을 위한 특정 목표를 설정한다. 예를 들면, 네트워크 관련 미팅, 콜드콜, 채용 권한자와 만남, 채용 공고 대응 등이다.
② 회차마다 이슈, 질문, 그리고 구성원의 전직 탐색 활동 발전을 검토한다. 그룹 운영이 잘되면 브레인스토밍을 통해서 여러 가지 문제 해결도 하고, 서로 추천까지 한다.
③ 상호 간에 흥미가 있는 주제가 있을 경우에는 정보가 많은 구성원이 사례식으로 발표도 한다.
④ 동아리 학습에는 스트레스 감소, 부정적 사건의 최소화 그리고 긍정적인 자세 유지 내용을 포함한다.
⑤ 다양한 학습 위주의 집단 활동을 통해서 동아리 구성원은 긍정적 자기이미지를 유지하고, 목표로 하는 생산적인 활동에 부응할 수 있도록 상호 지원한다.

집단 서비스 진행자

여기에서는 집단 서비스를 집단 프로그램과 전직 동아리/워킹 그룹 활동이라는 두 가지로 구분하여 진행자가 성공적으로 이끌어갈 수 있는 방법론 몇 가지를 이야기해 보고자 한다.

▶ 집단 프로그램

전통적인 집단 프로그램 진행자가 지녀야 할 중요한 특성은 많다.

첫째, 진행자의 지식, 기술 그리고 태도이다. 제한하는 것은 아니지만, 진행자는 이력서 준비, 면접, 전직 탐색 활동, 그리고 보수 협상을 포함하는 전 방위적 전직 탐색 활동 주제에 대한 식견을 가지고 있어야 한다. 더불어 앞에서 언급한 주제에 관한 필수 정보를 잘 다룰 수 있어야 한다.

둘째, 진행자는 집단 프로그램의 동적 요인에 대한 기본 지식을 가져야 한다. 진행자의 책임은 기업의 교육 담당자와 유사한 책임을 지는데, 쉽고 포괄적 방법으로 정보에 대해 소통할 수 있어야 한다. 더불어 각본에 의한 방법을 고집하지 말고, 어떤 질문을 할지, 어떻게 토의를 촉진할지, 그리고 방해를 하는 개인 혹은 물러나 있거나 참여를 하지 않는 개인과 같이 특별한 도전을 던지는 참여자를 어떤 방법으로 대응할지에 대해 잘 알아야 한다. 그 방법론에 대해서는 다음의 집단 서비스 진행자의 문제 해결에서 별도로 이야기한다.

셋째, 높은 에너지 수준을 유지해야 한다. 전직지원 서비스 계약 기간 전반에 걸쳐서 장시간 동안 집단을 일치되게 이끄는 일은 에너지, 열정, 그리고 지속적인 관심을 투자할 수 있는 높은 에너지 수준이 필요하다. 그렇지 못하면 집단 구성원의 긍정적 참여를 유지하기가 어렵기 때문이다.

▶ 전직 동아리 / 워킹 그룹 활동

동아리 활동 책임 컨설턴트의 진행이나 지원 역량도 매우 중요하다. 컨설턴트는 활동 주제에 대해서 확실하고 완벽한 지식을 갖추어야 하며, 높은 수준의 에너지와 열정도 가져야 한다.

한국형 전직지원 기술

그가 지녀야 할 역량은 아래와 같다.

첫째, 운영 프로세스와 집단의 동적 요인과 어려운 전직 시장과 관련된 통상적인 이슈에 대해서 잘 이해하고 있어야 한다.

둘째, 동아리를 구성하는 다양한 계층에게 동기 부여를 할 수 있는 다양한 감정과 접근법을 아우를 수 있어야 한다.

셋째, 동아리 활동 책임 컨설턴트는 퍼실리테이터, 코치, 교사, 자문, 그리고 전문가의 임무를 수행해야 한다. 그러나 책임 컨설턴트의 역할에 고착된 나머지 동아리 구성원이 서로 강점을 끌어낼 기회와 효과적으로 문제 해결을 할 기회를 제한해서는 안 된다.

집단 서비스 진행자의 문제 해결

집단 프로그램이나 동아리 활동에서 공통으로 예상되는 일반적인 문제점 중 주요한 몇 가지를 이야기해 보고, 해결 방안을 제시해 보면 아래와 같다.

▶ 한 사람이 계속 토의를 지배하거나 방해하는 경우

진행자는 자신이 많은 사람의 의견을 원한다는 사실을 이야기하거나, 다수의 참여가 필요한 활동으로 전환한다. 계속해서 진행을 방해할 시에는 방어적이거나 무시하지 말고, 발언 사항을 인정하고 나중에 발언 기회를 제공한다고 이야기한다. 더불어 다른 사람이 발언 중인데도 손을 계속 흔들면서 경청하지 않을 때는 순서에 의해서 발언하도록 유도한다.

▶ 몇 명의 참여자가 큰 그룹으로 구성된 활동에 참여하지 않을 시

그룹을 2개 내지 혹은 3개 정도의 소그룹으로 분리한다. 어떤 사람은 소규모 그룹 내에서 더욱 편안하게 이야기할 수 있기 때문이다.

▶ 집중하지 못하는 참여자가 있으면

그룹의 주위를 환기하면서 초점이 없거나 그룹의 진행을 방해하는 토론을 차단한다. 적어도 최초 주제가 해결 시까지는 원 주제를 상기시키면서 초점에서 이탈하는 것을 방지한다.

▶ 어떤 참여자의 공격적 발언으로 타 참여자의 분노나 침묵 상태
　　초래 시

공격적 발언은 갈등을 일으킬 수 있음을 인지시키고, 발생 상황을 통제한 이후에 계속 진행한다. 참여자의 주의를 환기하는 가운데, 프로그램 참여자의 다양성에 대해서 이해하도록 한다.

▶ 진행자가 편견을 가졌다고 참여자가 시험하는 경우

이런 경우에는 정직이 최선의 방책이다. 다른 사람과 마찬가지로 진행자도 편견을 인식하고 있고, 그런 인식을 고려하면서 진행한다고 공지하면 상호 존중과 그룹 내 가식을 불식시킬 수 있다.

▶ 참여자가 구두로 진행자의 진행을 방해하거나 무시하는 경우

공격을 개인적으로 받아들이지 말고, 자신의 논리를 차분하게 설명한다. 휴식 시간에 개인적으로 그와 토의하고, 실제로 잘못을 발견 시에는 사과하고 계속 진행한다.

▶ 참여자가 부정확한 정보를 가지고, 토론의 중점에서 벗어나 있는 경우

참여자가 정보의 부정확함을 인지시키고, 발언 내용을 통제한다. 다른 참여자에게도 부정확한 정보를 수정하도록 요구한다. 답을 모르면 검토할 것이라는 사실을 언급하고, 부정확한 답변은 자제한다.

▶ 참여자가 "전혀 희망이 보이지 않아요. … 사람들의 자세를 바꿀 수 없는데 왜 그런 노력을 하세요…."라는 발언을 할 경우

참여자의 감정을 인정해주고, '희망 없음'이라는 발언을 지적하면서, 집단 프로그램은 희망을 찾는 프로그램이며, 그동안 많은 자세 변화를 통한 성장을 목격하였다는 사실만 언급한다. 조심해야 할 점은 그 프로그램이 어떤 차별성을 만들지에 대한 토론에 빠지지 말아야 한다.

▶ 진행자로서 참여자를 싫어하는 자신을 발견할 경우

자신도 인간이기 때문에 개인적인 호불호를 지니고 있다는 사실을 인정한다. 그러나 진행자로서의 중립은 집단 프로그램의 성공에 이바지함을 인식하는 형태로 자신의 감정을 인정한 이후에 계속 진행한다.

진행자는 롤 플레이(role play)를 통해서 위와 같은 도전적 상황에 대해 서로 연습하는 기회를 만들어도 좋은데, 롤 플레이를 통해서 자신의 스타일 변화를 느낄 수 있기 때문이다. 마지막 진행자는 프로그램 종료 이후에 항상 자기 피드백을 하여 문제 상황 등에 대해서 성찰해 보는 시간을 가지는 것이 좋다.

5. 고객 관리 시스템

전직지원 서비스와 관련하여 조직의 인원 감축에 직면한 희망퇴직 기업과의 상호 작용에서 '고객 관리시스템(CMS, Client Management System)'은 중요한 역할을 한다. 이는 더 넓은 범주를 다루는 '고객 관계 관리(CRM, Client Relationship Management) 시스템과 일치하며, 서비스를 제공하는 기간 중 의사소통 및 관리 절차의 간소화를 지원하는 개념으로 설계하였다. 대부분의 전직지원 전문 업체 중 일부 규모가 큰 전문 업체에서는 오래전부터 운용하고 있다.

일부 영세한 전직지원 전문 업체는 일반 사무용 프로그램을 자체적으로 잘 구성하여 사용하는 경우도 있는데, 시스템을 사용 시에는 (희망)퇴직 기업, (희망 혹은 정년)퇴직자, 그리고 전직지원 전문 업체 간의 의사소통과 그를 통한 프로그램의 질 향상에도 기여한다.

고객 관리 시스템이란?

고객 관리를 위한 플랫폼으로써 전환 기간 동안 모든 이해 당사자들에게 일관된 전환 관련 정보를 제공하고, 다양한 요구와 문제를 효율적으로 관리하는 데 중추적인 역할을 하는 시스템이다. 이 시스템은 데이터(data) 중심으로 운영되며, 필요한 모든 전환 관련 정보를 한눈에 볼 수 있는 솔루션을 제공한다.

▶ 운용 목적
- **정보의 중앙 집중화**: 모든 관련 데이터를 하나의 시스템에 저장하

여, 관리의 일관성과 정확성을 높임

- **효율적 커뮤니케이션**: 이메일, 메일 시스템 등을 통해 쉽고 빠른 의사소통 촉진
- **성과 모니터링 및 보고**: 개별 진행 상황을 추적하고, 필요에 따라 서비스를 조정하며, 전체적인 효과를 분석
- **맞춤형 지원 서비스 제공**: 사용자의 필요에 따라 개별화된 지원 제공
- **운영 비용 절감**: 관리 작업의 자동화를 통해 시간과 비용을 절약

고객 관리 시스템 구성 내용

전직지원 컨설턴트가 사용하는 고객 관리 시스템은 고객의 경력 전환 지원 과정을 체계적으로 관리하기 위해 설계된다. 구성은 모두 사용자 친화적이고, 직관적인 인터페이스로 구성되어야 하며, 전직지원 서비스 제공자가 고객의 경력 전환 과정을 효과적으로 지원할 수 있도록 도와줄 수 있어야 한다. 또한, 시스템은 개인의 정보 보호와 데이터 보안을 중시하여 설계해야만 한다.

▶ 구성 내용
- **데이터 관리**: 고객 및 직원 정보를 저장하고 업데이트함
- **커뮤니케이션 도구**: 외부와 내부 커뮤니케이션을 위한 통합된 플랫폼 제공
- **스케줄 관리**: 중요한 미팅, 인터뷰, 교육 훈련 세션을 관리
- **분석 및 보고**: 진행 사항을 실시간으로 분석 및 보고
- **지원 모듈**: 교육 자료와 전직 관련 도구에 접근하도록 지원

전직지원 전문 업체에 적합한 고객 관리 시스템은 아래 표의 주요 화면과 기능을 가질 수 있다.

주요 기능	개요	세부 사항
1. 대시보드 (dashboard)	실시간 최신화로 고객 활동, 중요 이벤트 및 전체 프로젝트 진행 사항을 한눈에 파악	• 참여자별 진행 상황 • 최근 상황 • 중요 일정 및 기한 • 성과 지표와 목표 달성도
2. 고객 관리	개별 고객의 전체 정보를 관리하고, 각 참여자의 요구 사항과 진행 상황을 개별적으로 추적	• 개인정보 • 경력 목표 및 선호 사항 • 전직 서류 관리 • 컨설팅 및 면접 일정 등 관리
3. 컨설팅 일지	고객에 대한 컨설팅 내용과 일자, 고객 정보, 피드백 내용 및 차기 컨설팅 계획 등을 기록	• 컨설팅 내용 요약 • 고객 반응 및 컨설팅 후 반응 • 추후 계획 및 고려 사항
4. 활동 및 교육 관리	워크숍, 교육, 세미나, 네트워킹 이벤트 등 고객이 참여할 수 있는 활동 및 각종 이벤트 관리	• 계획된 일정, 장소, 참석 고객 명부 • 참석 등록 및 참여 확인 • 피드백 및 결과 분석
5. 통계적 분석	데이터를 기반으로 한 통계적 분석을 제공하여, 서비스의 효과를 평가하고 미래의 전략 계획에 필요한 인사이트 제공	• 고객별, 기간별 성과 지표 • 서비스 활용도 및 고객 만족도 분석 • 전직 성공률 및 고용률 통계 등

[표 V-8 고객 관리 시스템 주요 구성의 예]

한국형 전직지원 기술

1. 프로젝트의 특성과 프로젝트 관리 4단계는?
2. 프로젝트 리더십에 대해서 논해보면?
3. 전직지원 센터(CTC)의 구성 요소는?
4. 사례 관리의 목적과 사례 작성 시 유의 사항은?
5. 전직 동아리 / 워킹 그룹을 설명해 보면?

생각 정리해 보기

* 어떤 생각이 드시나요?

제6장

전직지원 컨설턴트

전직지원 컨설턴트

🕊 전직지원 컨설턴트는 서비스를 이끌어나가는 핵심 구성원이다. 컨설턴트는 사전에 규정된 절차에 따라서 수행 능력과 전문성을 발휘하지만, 개인적으로 지닌 인성이나 콘텐츠가 서비스 전체의 차별성과 전문성을 보장하기도 한다.

본 장에서는 먼저 전문가에 대한 정의를 내려보고, 컨설턴트의 전문성, 역할, 구비 역량 및 요구 자격, 전문성 개발 방법론, 그들의 채용 방식과 일하는 방식, 업무로 인해서 생기는 스트레스 관리 방법과 컨설턴트 윤리 등 컨설턴트와 관련된 사항 전반에 관해 논해 보고자 한다.

먼저 전제하고 싶은 것은 전직지원 컨설턴트는 사실상의 전문가로서 전직지원 전문 업체의 매뉴얼 등에 따라서 기본 업무를 수행하지만, 자신이 지닌 전문성, 차별성도 있으므로 일반적인 매뉴얼로 설명이 잘 안 될 경우도 있다. 더불어 컨설턴트가 일하는 방식은 현장에서 만나는 많은 컨설턴트 지망생이나 전직지원 분야에서 일하고 싶은 유사 분야 컨설턴트가 궁금해하는 부분이다. 이 역시 통상적인 방식으로는 설명이 잘되지 않는 경우가 많다. 전직지원 컨설턴트는 일자리에서 일한다기보다는 일거리에서 일하는 형태가 많기 때문이다.

여기에서 설명하는 컨설턴트가 일하는 여러 가지 방식은 어떤 의미에서는 전문가가 일하는 방식으로도 볼 수 있다.

1. 전문가

전문가란 '특정 분야의 일을 줄곧 하여 그 분야에 대한 풍부하고 깊이 있는 지식과 경험을 소유한 자'로 정의한다. 따라서 해당 분야의 복잡한 문제를 해결하거나 질문에 신뢰할 수 있는 답변을 제공할 수 있는 사람을 말한다.

일반적으로 전문가를 정의할 수 있는 내용은 아래와 같다.

첫째, 심층적 지식을 가지고 있다. 자신의 분야에 관한 한 광범위한 이론적 지식을 갖추고 있는데, 일반적으로 고급 교육 과정이나 지속적인 학습, 혹은 자격증 취득 과정을 통해 습득한다.

둘째, 경험과 기술을 보유하고 있다. 위의 이론적 지식뿐만 아니라, 실제 경험을 통해 얻은 실무 기술과 직관도 가지고 있다.

셋째, 문제 해결 능력을 지니고 있다. 실제 상황하에서 복잡하고, 예상치 못한 문제에 직면했을 때 창의적이고 효과적인 해결책을 제시할 수 있다. 이는 심층적 지식과 경험이 결합된 결과이다.

넷째, 인정과 존경을 받는다. 고객 혹은 동료들로부터 고객의 잠재 능력이나 발전 가능성을 찾아내는 혜안을 가져 그 능력과 기여를 인정받는다. 더불어 해당 분야의 다른 전문가들 사이에서도 신뢰와 존경을 받는다.

다섯째, 지속적으로 연구하고, 개발한다. 자신의 분야를 지속적으로 연구하면서, 새로운 아이디어나 방법을 개발하여 종사 분야에 기여한다.

아래는 피터 드러커 박사가 저작한 『프로페셔널의 조건』에서 논한 지식 근로자의 자기 관리 지침인데, 컨설턴트의 자세, 전문성의 유지 혹은 개발과 관련된 금과옥조와 같은 이야기이다.

① 목표와 비전을 가지고 그에 기초하여 미진한 점은 항상 다시 도전하면서 성숙화한다.

② 누구도 알아주지 않지만, 신이 보고 있다는 신념으로 완벽히 한다.

③ 끊임없이 새로운 주제를 검토한다.

④ 새로운 업무를 맡게 되면 그에 부응하는 학습을 하고 평생 학습을 습관화한다.

⑤ 피드백을 활용하여 자신이 개선해야 할 점, 강점과 한계점 등을 숙지한다.

⑥ '자신이 어떤 사람으로 기억되고 싶은가?'라고 자신에게 자주 질문해 본다.

컨설턴트는 지식 전문가로서 위에서 피터 드러커가 이야기한 내용을 참고하여, 항시 자신의 자세를 가다듬어야 한다.

2. 컨설턴트 전문성, 역할, 역량 및 자격

컨설턴트의 전문성

앞서 이야기한 바와 같이, 전직지원 컨설턴트를 전문가로 볼 때 그들이 지녀야 할 전문성은 아래와 같다. 이는 광범위한 경험과 학습을 통해 축적되는데, 해당 분야의 표준과 기대에 부응하거나, 그것을 넘어서는 능력을 말한다.

▶ 고용 시장 동향 이해

고용 시장의 변화와 동향을 지속적으로 연구하고 이해해야 한다. 변화하는 시장 조건과 고용 트렌드를 이해함으로써, 컨설턴트는 내담자에게 현실적이고, 실행 가능한 조언을 제공할 수 있다.

▶ 산업 및 직무 지식

전직지원 컨설턴트는 다양한 산업과 직무에 대한 광범위한 지식을 보유해야 한다. 이는 내담자가 전직하고자 하는 분야의 특성을 이해하고, 적절한 직무를 제안하는 데 필요하기 때문이다. 따라서 각 산업의 최신 동향을 파악하여 현장에 적합한 조언을 제공할 수 있어야 한다.

▶ 컨설팅 스킬

내담자의 경력 계획의 수립을 지원하기 위해 컨설턴트는 내담자의 강점, 약점, 열정, 그리고 경력 목표를 파악할 수 있는 스킬을 보유해야 한다.

그를 통해서 내담자가 자신의 경력 목표를 명확하게 설정하고, 목표에 도달하기 위한 전략을 세울 수 있도록 지원한다.

▶ 네트워킹 및 관계 구축

컨설턴트는 각 산업 분야의 주요 책임자 및 실무자들과 네트워킹을 통해 업무 협력 관계를 유지하고, 이를 통해 내담자에게 좋은 정보를 제공하거나 면접 기회를 확대할 수 있어야 한다. 이러한 관계 구축은 내담자가 새로운 역할에 성공적으로 진입하고, 적응하는 데 중요한 역할을 한다.

▶ 맞춤형 접근

내담자마다 상황이 다르기 때문에 컨설턴트는 각 내담자 개개인의 요구에 맞춘 맞춤형 접근 방식을 개발해야 한다. 이는 내담자의 과거 경험, 현재 상황, 그리고 미래 경로 및 목표를 통합적으로 고려하면서, 개인의 요구에 적합한 전략 및 실행 계획의 수립을 지원하는 방식이다.

컨설턴트는 위와 같은 전문성을 바탕으로 내담자의 전직 기간 중에 실질적이고 효과적인 지원을 제공해야만 한다. 이는 내담자가 자신의 경력 목표에 부합하는 새로운 기회를 성공적으로 탐색 및 활용할 수 있도록 지원함과 동시에 궁극적으로 경력 목표를 달성하도록 지원한다.

한국형 전직지원 기술

컨설턴트 역할, 역량 및 자격

여기에서는 컨설턴트 역할, 역량 및 자격에 대해서 논해 보고자 한다. 일반적인 사항은 국가 자격 규정, 각종 연구 논문이나, 학위 논문 등에서 규정하고 있으나, 경우의 다양성 때문에 명확하게 정의할 수 없는 부분도 있다.

▶ 역할

역할의 사전적 의미는 '마땅히 하여야 할 맡은 바 직책이나 임무'로서 '할 일'로 간단히 표현될 수 있다. 대한민국에서 직업상담의 장을 새로이 열었던 (사)한국직업상담협회의 협회장인 김병숙 교수는 그의 저서, 『직업상담심리학』에서 '직업상담가의 직무와 역할'을 잘 설명해 주고 있다. 그의 저서에서는 직업상담가의 역할을 상담자, 처치자, 조언자, 개발자, 지원자, 해석자, 정보 분석자, 관리자, 연구 및 평가자, 그리고 협의자라는 10가지로 설명하고 있다.

전직지원 컨설턴트도 크게 보면 전직지원을 하면서 내담자의 진로나 직업을 컨설팅하는 역할을 가지고 있으므로, 직업상담가의 역할을 준용해도 좋다. 그들은 위 10가지 역할 중에서 몇 가지는 일반적으로 병행하여 수행하고 있다.

실제 전직지원 현장에서 수행하는 역할을 있는 그대로 분류해 보면 아래 그림과 같다.

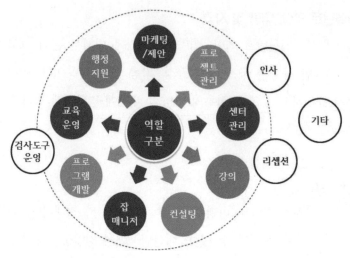

[그림 VI-1 전직지원 컨설턴트의 현장 역할]

위 구성은 회사의 규모, 그리고 사업의 성격에 따라서 달라질 수도 있지만, 전직지원 현장에서 볼 수 있는 역할은 대부분 포함하였다. 현장 역할은 한 가지 혹은 몇 가지가 혼합된 형태로 수행하는 경우도 많기 때문에 유사한 업무를 통합해서 설명해 본다.

① 먼저 컨설턴트로서는 컨설팅을 하면서, 시간이 지나면 강의도 진행하게 된다. 그리고 일부 컨설턴트는 기업 협력을 주 업무로 하면서 구인처를 개발하는 잡 매니저(job manager)로도 임무를 수행한다. 이후 그는 중간 관리자로서 센터 관리나 프로젝트 관리 업무를 수행하게 된다.

② 마케팅 부서에서는 주로 프로젝트를 기획하고, 제안하는 업무를 수행하는데 일부 컨설턴트도 그 업무를 수행한다. 프로젝트를 수주 시 제안한 내용을 프로젝트 관리자에게 넘겨서 계획을 수립하고 실행에 옮기도록 한다.

③ 규모가 큰 전직지원 전문 업체에서는 프로그램을 기획하고 개발하는

한국형 전직지원 기술

컨설턴트나 직원을 두기도 한다. 그리고 프로젝트의 규모가 클 경우에는 행정을 지원할 수 있는 직원을 별도로 두기도 하는데, 규모가 작을 경우에는 컨설턴트가 행정 업무를 병행한다.

④ 컨설팅 업무의 성격상 인사 업무 담당자는 원래부터 인사 업무를 하던 경력자들을 배치할 수도 있으나, 컨설턴트의 전문성을 이해하는 경력 있는 컨설턴트가 수행하는 경우도 있다.

⑤ 전직지원 센터를 방문하는 고객을 영접하는 리셉션(reception) 직원도 있는데, 이런 직원의 경우는 리셉션뿐만 아니라 교육장, 개인 컨설팅 공간, 임원실 등 공간을 예약 및 관리하는 업무도 병행하고, 일부 전문 업체에서는 잡 서처(job searcher)로도 활용한다.

⑥ 리셉션뿐만 아니라 행정 지원 요원도 대부분의 경우에는 직업상담사나 기타 전직지원 전문교육을 이수한 직원을 채용하여 일정 기간이 지나면 컨설턴트로 진입할 기회도 부여한다.

⑦ 교육 운영의 경우에는 전직지원 서비스가 집중 교육과 컨설팅을 핵심으로 구성되어 있으므로 규모가 큰 전문 업체의 경우에는 교육팀 등을 별도로 구성하여 교육 운영업무를 전적으로 맡긴다. 소규모 회사에서는 컨설턴트가 교육을 직접 운영할 때도 많다.

⑧ 검사 도구 운영의 경우에는 전직지원 전문 업체가 별도로 보유한 검사 도구를 이용하는 경우가 있거나, 검사 도구 전문 업체가 저작권을 가진 검사지를 구매하여 컨설팅에 사용하는 경우가 있다. 컨설턴트는 전직지원 서비스를 중심으로 검사 도구를 활용할 수도 있지만, 검사 전문성과 경력이 쌓이면 검사 도구만을 전문적으로 취급하는 컨설턴트로 역할을 수행할 경우도 있다.

▶ 역량

역량은 간단히 이야기하면 '어떤 일을 해낼 힘'을 의미한다. 따라서 역량은 어떤 일을 하는 사람의 자격 규정과 자연스럽게 연계된다. 전직지원 컨설턴트의 경우는 그 자격을 구체적으로 규정한 것은 아직 없다. 2016년도에 정부에서는 '장년 고용 대책'을 발표한 바 있다. 그 대책 속에서 추후의 전직지원 서비스 의무화를 언급하면서, 직업상담사 1급 자격자에게 전직지원 전문 컨설턴트 자격을 부여할 예정이라는 내용을 밝힌 바 있다. 그러나 자격 부여에 대해서 이후에 구체화하지 않았다.

더불어 2025년부터는 직업상담사 1급 자격 시험에 '전직지원' 부분을 추가하겠다는 발표도 하였는데, 전직지원을 중시한다는 의미로 보면 된다. 전직지원 전문 업체에서는 자체적으로 별도의 역량 및 자격 기준을 설정해두고 컨설턴트 선발 시 적용한다.

여기에서는 국가직무능력표준(NCS)에서 역량을 정의하는 지식, 기술 및 태도(KSA, Knowledge, Skill, Attitude)로 분류하여 몇 가지 필수역량을 이야기해 보고자 한다.

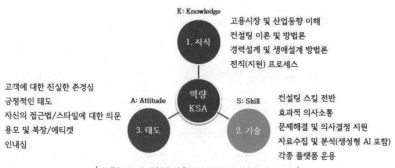

[그림 VI-2 전직지원 컨설턴트 역량의 구성]

한국형 전직지원 기술

① 지식

- 고용 시장 및 산업 동향 이해: 각 산업의 발전 동향과 그에 따른 고용 시장의 변화 및 고용 상황 등에 대한 이해 및 지식이 필요하다.

- 컨설팅 이론 및 방법론: 컨설팅에 관련된 다양한 이론과 실제 컨설팅 방법에 대한 지식의 구비가 필요하다.

- 경력 설계 및 생애설계 방법론: (중장년) 전직자들의 경우, 전직을 통해 이후 경력을 설계해야 할 뿐만 아니라 삶도 설계해야 한다. 따라서 생애경력설계에 대한 지식도 갖추어야 한다.

- 전직(지원) 프로세스: 전직 프로세스와 전직을 지원하는 프로세스에 대한 이해가 있어야 그 세부 사항을 지원할 수 있다. 따라서 프로세스 전반을 이해하고, 프로세스에 따른 프로그램 구성 접근법도 이해해야 한다.

② 기술

- 컨설팅 스킬 전반: 「제3장 전직컨설팅 스킬」에서 논한 스킬 전반에 대한 이해와 그 스킬을 확장하여 각 국면에서 내담자를 지원할 수 있어야 한다.

- 효과적 의사소통: 효과적 의사소통의 중심에는 공감과 경청 능력이 존재한다. 따라서 내담자의 메시지와 느낌을 이해하는 능력이 중요하다. 이는 전직지원 전반에서 필수적인 기술이다.

- 문제 해결 및 의사 결정 지원: 내담자의 호소 문제를 식별하고, 해결하는 일을 지원하며, 최종적인 의사 결정을 지원할 수 있는 능력을 보유해야만 한다. 그 과정에서 내담자의 동기를 높일 수 있는 환경 조성 능력도 필요하다.

- 자료 수집 및 분석: 다양한 자원, 데이터베이스, 보고서 등을 수집

하고, 분석하여 내담자의 전직 탐색 활동을 지원한다. 이는 생성형 AI를 활용할 수 있는 기술도 포함된다.

- **각종 플랫폼 운용:** 4차 산업혁명 시대에 즈음하여 각종 플랫폼을 운영할 능력이 필요하다. 예를 들면 AI 등을 활용하는 면접, 역량 평가, 온라인 플랫폼을 이용한 강의 및 컨설팅 역량 등이다.

③ 태도

- **내담자에 대한 진실한 존경심:** 내담자 각자의 차이점을 존중하려는 노력은 컨설턴트의 핵심 가치가 된다. 연령, 배경, 교육 수준, 그리고 가치 등의 차이를 인정하고, 포용해야만 한다.

- **긍정적인 태도:** 컨설팅 과정에서 여러 가지 어려움이 발생할 수 있으나, 그럼에도 불구하고, 항상 긍정적인 태도를 유지해야 한다.

- **자신의 접근법/스타일에 대한 의문:** 자신의 컨설팅 접근법과 스타일에 대한 의문이다. 자신의 컨설팅 접근법과 그 스타일이 내담자에게 미치는 영향을 이해하고 촉진자 역할을 수행해야 한다. 그를 위해서는 다양한 수준의 분석을 통해 자기 발전도 고려해야 한다.

- **용모 및 복장/에티켓:** 무엇보다도 컨설턴트는 자신의 용모 및 복장을 통해 전문가다운 모습을 보여주어야 한다. 이는 내담자와의 라포 형성 요인 중 하나로도 작용한다. 더불어 기본적인 에티켓도 준수하여, 고객과의 신뢰를 형성해야 한다.

- **인내심:** 서비스 제공 중에는 다양한 문제점이나 애로 사항이 발생한다. 특히 인내심을 가지고 내담자의 개인적 요소 및 준비 정도 혹은 진행 속도를 이해하고 존중하는 가운데 지원할 수 있어야 한다.

컨설턴트의 역량은 전직지원 컨설팅의 질을 높이고, 내담자가 성공적으로 전직하도록 도와준다. 전체적인 역량에 대해서는 「별지 C. 전직지원 컨설턴트 역량 표준」을 참고하기 바란다. 별지에서는 다섯 가지 중요한 프로세스 혹은 국면에 대한 핵심 역량을 제시한다.

자격

앞에서 이야기한 바와 같이 전직지원 컨설턴트의 자격에 대해 일치된 의견은 없다. 전직지원이 대한민국에 도입될 1997년 아시아 재정 위기(IMF) 이후에는 주로 기업에서 퇴직한 HR 분야 종사자들이 완전히 은퇴하기 이전에 컨설턴트로 일하였다. 당시에는 직업상담사 자격증도 존재하지 않았기 때문에 기업 경력, 특히 HR 분야 경력이 중시되었다.

민간 전직지원 전문 업체의 경우에는 기업의 퇴직자 전직지원 서비스에서 직업상담사 자격증을 필수 사항으로 간주하지 않으며, 그보다는 컨설턴트 각 개인의 경험이나 경력을 통해서 축적한 자산을 자격 요건으로 인정하는 경우가 많다. 그러나 공공 전직지원 서비스에서는 대부분 직업상담사 자격을 필수적으로 혹은 일정 비율 요구한다.

특별히 전직지원 컨설턴트의 자격을 규정한 내용이 없기 때문에 현재의 민간 전직지원 컨설턴트의 유입 통로를 고려해본다면 자격증이 아닌 자격을 가늠할 수 있다.

첫째, 민간 (대)기업에서 근무하면서 경험과 경력을 보유한 '비즈니스' 그룹이다. 이는 기업 근무 경력자로 보면 된다. 전직지원 서비스의 성격상 근본적으로 기업의 희망퇴직자나 정년퇴직자를 중심으로 하는 서비스이기 때문에 그의 경력, 경험 및 기업에 대한 이해 정도를 높이 사는 것이다. 현재 민간 전직지원 전문 업체에서는 기업에서 인사/총무 업무나 교육 업무 경험자를 선호하고 있는데, 특별히 기업에서 희망퇴직 등을 주도적으로 실행하였거나 경험한 자들은 유리한 입장이다.

둘째, 정식 컨설팅 훈련을 받고 경력이나 경험을 보유한 '컨설턴트 그룹'이다. 어찌 보면 직업상담사 그룹으로도 볼 수 있다. 이는 기존의 컨설팅 경험과 경력이 자연스럽게 전직지원 서비스 제공의 기반이 되는 것이다. 통상적으로는 직업상담사로서 공공 사업이나 민간 사업에서 각종 경력 및 경험을 보유한 컨설턴트이거나, 자격증은 없으나, 민간 전직지원 서비스를 이미 경험한 컨설턴트들이다.

셋째, 이외에 현재 경력 개발 관련 교육 분야 경험을 보유한 '교육 훈련 그룹'이다. 재취업 지원 서비스 의무화 정책에 따라 각종 교육이 증가함에 따라서 교육 관련 경력이나 경험을 보유한 자도 선발되어, 교육 기획이나 운영 업무에 투입되고, 이후 컨설턴트로 일하는 경우나 병행하는 경우도 많다.

넷째, 관련 분야에서 근무 경력이 없으나, 유사 분야에서 근무한 경력을 가진 '기타 그룹'이다. 공공 혹은 민간 분야에서 사무직 혹은 생산직으로 근무하였거나, 기타 생애설계와 관련된 특정 영역 분야에서 근무한 자들이다. 이는 특정 계층에 대한 서비스 소요가 발생 시 그에 적합한 해당 계층 근로자를 선발하는 개념으로 보면 좋다.

3. 컨설턴트 전문성 개발

앞에서 전문성이나 역할, 역량 등에 대해서 논해 보았다. 여기에서는 전문성 개발 방법론, 전문가 벤치마킹, 그리고 생성형 AI 전문성 개발에 대해서 알아보자. 그렇다면 컨설턴트가 전문성을 개발해야 하는 이유는 무엇일까? 아래에서 8가지로 요약해서 설명해 본다.

첫째, 전문성 구사를 통한 퇴직자들의 복지에 기여하고 근로의 즐거움을 느끼기 위한 것이다. 전문 분야에서 종사하는 컨설턴트들에게는 당연한 이야기이다. 이는 하는 일의 의미, 가치와 연계된다.

둘째, 전문성 향상을 통해서 더 나은 보상을 받는 것이다. 인간의 기본적인 욕구이다. 이 경우는 두 마리의 토끼를 잡는 격이다.

셋째, 자신의 전문성에 기반한 사회적 지위를 향상시키기 위함이다. 이 역시 경력 사다리를 타고 올라가고자 하는 인간의 기본적인 욕구에 해당한다.

넷째, 컨설턴트는 다양한 역할을 수행하기 때문이다. 주로 컨설팅을 제공하면서, 필요시 강사의 역할도 자연스럽게 포함하게 된다. 강사로 역할을 전환한 경우에는 강의 영역의 확장을 위해 필요하다. 따라서 평생 학습 차원의 자기계발은 필수적이다.

다섯째, 서비스 범위 확대에 따른 전문성 향상이 필요하다. 재취업지원 서비스 의무화 정책에 따라서 서비스 범위와 물량이 확대되었다. 그에 부응하는 지속적인 전문성 향상이 필요하다.

여섯째, 다수 컨설턴트의 장기적인 경력 발전 문제, 그 자체이다. 전직 서비스 대상의 고령화 및 확대 추세에 따라서 컨설턴트는 당분간 할일이 많아졌다. 고령화의 문제는 컨설턴트 자신에게도 해당된다. 따라서 연령이 높아지는 문제를 상쇄할 수 있는 지속적인 개발도 필요하다.

일곱째, 이전과 달리 고객의 전직 소요 기간이 길어졌고, 다양한 형태로 일하게 된다. 시장 상황의 변화에 따라서 이전보다 고객의 전직 소요 기간이 길어지고, 그에 따라 어려운 시장 상황 속에서 다양한 경력 기획 및 탐색 분야를 컨설팅할 수 있는 차별적인 전문성이 필요하다.

여덟째, 자신의 전문성 개발 소홀은 서비스에 대한 열정 감소로 이어진다. 컨설턴트 자신의 전문성 개발 소홀은 자칫 서비스에 대한 무관심 혹은 무기력 상태를 일으킬 수 있다. 그런 상황의 극복을 위한 방법론으로 지속적인 전문성 개발이 필요하다.

개발 방법론

전직지원 서비스를 전문적으로 제공하는 전직지원 컨설턴트의 전문성 개발 방법은 크게 8가지로 구분할 수 있다.

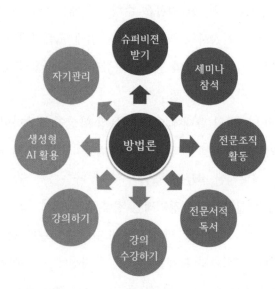

[그림 VI-3 전직지원 컨설턴트 전문성 개발 방법 8가지]

▶ 슈퍼비전 받기

이는 전직지원 컨설턴트 개인이 제공하는 전직지원 서비스와 연계하여 임상적 문제나 각종 전직 탐색 문제를 동료 전문가, 상급 전문가 혹은 전문 슈퍼바이저와 토의하는 프로세스이다.

이는 컨설턴트의 입장에서는 자질 향상과 직업적인 발달을 조장하고, 고객의 입장에서는 손상된 컨설턴트로부터 보호를 받고, 효과적이고 신뢰성 있는 서비스를 받게 하는 조치이다.

슈퍼비전 활동은 먼저 교육 활동으로서 컨설턴트가 획득하지 못한 기술을 익히거나 연습하고, 단기간에 걸쳐 전문가의 조언을 듣는다. 더불어 고객이 적절한 도움을 받고 있는지 혹은 보호되는지 여부도 평가한다.

▶ 세미나 참석

관련 분야에 관심을 기울여 보면 여러 곳에서 전문가나 전문 기관이 개최하는 국내 및 국제 세미나가 주중 혹은 야간, 그리고 주말에 열리고 있다.

관련 분야 세미나에 참석하면 주제에 대한 전문성을 향상하여, 자신의 서비스 제공 시 적용할 수 있을 뿐만 아니라 만나는 유관 분야 전문가와 네트워킹하면서 발전의 기회도 찾을 수 있다.

▶ 전문 조직 활동

전문성 개발에 관심을 가진 컨설턴트끼리 모여서 동아리, 워킹 그룹 등 전문 조직 활동을 하는 것이다. 독서 토론회, 글쓰기 그룹, 전문 서적 저작 그룹 등이 그런 범주에 속한다. 전문 조직 활동 역시 인적 네트워크 확대에 따라서 좀 더 다른 생각에 접근할 수 있을 뿐만 아니라 활동을 통해서 획득되거나 추출되는 콘텐츠를 통해서 전문성을 확대할 수 있다.

▶ 전문 서적 독서

여기서 이야기하는 독서는 독서 토론회 등의 집단 활동이 아닌 개인 활동을 의미한다. 컨설턴트는 남다른 전문성을 가져야 하나 모든 경험을 다 해볼 시간은 부족하다.

따라서 독서를 통해서 간접 경험을 할 수 있는데, 대체로 컨설팅 이론, 직업 세계 이해, 기업의 이해 등 직접적인 분야뿐만 아니라 분야에서 경력 사다리를 올라가기 위한 전문적 기획 책자나 다양한 자기계발 책자 등이 좋다. 최근에는 생성형 AI 분야도 고려할 분야이다.

▶ 강의 수강하기/강의하기

개인적으로 전문성을 향상할 수도 있지만, 간혹 한계를 느낄 때가 있다. 그럴 경우에는 전문가가 개강하는 관련 분야, 유사 분야 및 희망 분야의 강의를 수강하는 것이 좋다. 이는 유료 및 무료 수강을 의미하는데, 자신에 대한 투자로 보아야만 한다. 더불어 직접 가르치는 것만큼 전문성 개발에 좋은 방법은 없다. 필요시 조직 내의 강의를 자원하거나, 혹은 강의를 개발하여 직접 강의 시장에 뛰어드는 방법도 좋다.

▶ 생성형 AI 활용

다양한 생성형 AI를 활용한 플랫폼들이 운용되고 있는 상황이다. 이미 모의 면접 플랫폼은 오래전에 개발되어 운용되고 있다. 시대의 트렌드에 발맞추어 나아가기 위해 업무와 관련된 각종 생성형 AI를 사용하면서 시대의 변화에 따른 특정 경험을 축적해야 한다.

▶ 자기 관리

실체가 보이는 활동은 아니지만, 컨설턴트는 사람을 상대로 하므로 무엇보다도 내면뿐만 아니라 체력 관리까지도 해야 하는데, 이 역시 전문성이나 차별성을 보완하는 좋은 방법이 된다.

위의 독서에서 이야기한 기획이나 자기계발 스킬을 향상하는 기술적인 책자를 떠나서 인문학 서적의 독서나 명상 등의 활동도 좋다.

전문가 벤치마킹

앞서 설명한 8가지 전문성 개발 방법에 이어서 직접 관련 전문가를 벤치마킹하면서 전문성을 향상하는 방법론도 설명해 보고자 한다.

전문가 벤치마킹 방법론은 5단계로 구분할 수 있는데, 전문가 사례를 식별한 이후에 자신과의 차이를 식별 및 평가하고, 그 차이의 해소를 위해 노력한다. 더불어 전문가의 행동을 잘 관찰하고, 유사 경험을 해보면서 자신만의 가치를 높이는 방법이다.

[그림 VI-4 전문가를 벤치마킹하는 방법]

① 전문가 사례 식별: 자신이 일하는 분야의 진정한 전문가, 상사, 동료나 부하 직원으로부터 신뢰를 받는 전문가, 혹은 본받고 싶은 전문가를 찾아보고, 그의 사례를 식별하여 참고한다.

② 차이 식별 및 평가: 자신과 위에서 식별된 진정한 전문가의 차이를 식별 및 평가한 이후에 변화의 폭을 측정하고 변화할 준비를 한다. 이는 자신과 전문가와의 차이를 정확하게 식별하는 것을 전제로 한다.

③ 차이 해소 및 벤치마킹: 전문가와의 차이가 식별되면 그 차이를 줄이기 위해서 자신이 직접 할 수 있는 작은 것부터 시행해 본다. 이는 자기 학습이라든지 여러 가지 자기계발 방안을 탐색 및 실행해 보는 일이다.

벤치마킹은 전문가에게 그의 보유한 전문성을 공유하도록 설득하는 노력도 포함한다. 이때 자신의 성실한 모습과 기본적인 지식 보유를 보여주어야 한다. 필요시 전문가가 개강하는 과정에 참여하는 등 개인적인 투자도 필요하다. 일부 전문가는 전문성의 공유를 꺼리기도 한다는 점을 이해해야 한다.

전문가의 지식을 추출할 수 있는 2가지의 강력한 질문은 '왜 그렇죠?(why)'와 '관련 사례를 설명해 주실 수 있나요?(what/how)'와 같은 질문이다. 이런 핵심적인 질문을 활용하여, 자신의 진정한 호기심도 노출하면서, 전문가와 관계를 개선하고 그에게 확신을 부여하면 그의 전문성을 벤치마킹할 기회도 생길 수 있다.

④ 전문가 행동 관찰: 종종 전문가를 직접 인터뷰하기보다는 그의 행동을 잘 관찰해 보는 것도 좋다. 실시간으로 그가 어떻게 생각하고, 어떻게 행동하는지를 습득하는 방법인데, 세미나, 전문가 콘퍼

런스 등을 통해서 그가 구사하는 문제 해결 기법도 배울 수 있다. 이후 전문가가 취하는 행동과 그 행동의 이유를 성찰해 보면서 자신에게 설명해 보는 등 자발적인 학습도 할 수 있다.

⑤ 유사 경험 및 가치 추구: 앞서 관찰한 전문가의 행동에 기반을 두어 제한된 방법, 환경에서 그와 유사한 역할을 경험할 기회를 식별하고 경험해 본다면 전문가의 행동을 더욱 잘 이해할 수 있다. 이후 자신의 노력과 발전을 보여줄 수 있는 설득력 있는 증거(예: 콘퍼런스, 미팅, 강의 등 사례)를 축적하거나, 제시하면서 자신의 가치를 높이면 된다.

생성형 AI 전문성 개발

컨설턴트는 이미 다양한 분야에서 다양하게 활용되는 생성형 AI와 관련된 전문성 개발도 필요하다. 생성형 AI 자체에 대한 각론은 이미 많은 소개 책자들이 시중에 나와 있기 때문에 생략하고, 여기에서는 전직지원 분야에서 생성형 AI의 영향과 전직지원 분야에서 적용할 수 있는 사례 중심으로 논해본다. 일부 내용은 다온컴퍼니 대표 최준형이 저작한 『직무의 종말』을 인용하였다.

▶ 전직지원 업무 구조 변화

과거와 현재의 전직지원 업무 구조, 즉 특정 프로젝트를 수행하는 팀의 구조는 프로젝트 매니저를 중심으로 한 컨설턴트의 구성으로 보면 된다. 일단 프로젝트 컨설팅 팀은 다양한 업무의 양을 분장하기 위해서 몇 명으로 구성된다. 즉 프로젝트 매니저가 몇 명의 컨설턴트와 일하는 구조이다.

미래에는 위와 같은 다양한 업무를 수행하는 컨설턴트의 역할을 AI가 수행하게 될 것이다. 따라서 기존의 프로젝트를 수행하는 컨설턴트의 수가 줄어든다는 논리가 나온다. 프로젝트 매니저가 AI를 활용하여 기존에 다수 컨설턴트가 수행하던 업무를 병행할 수 있기 때문이다. 이는 어찌 보면 팀원인 컨설턴트의 입장에서도 마찬가지이기 때문에 자연스럽게 전체적인 인력이 줄어들 수 있는 개연성도 존재하지만, 컨설턴트 개개인이 많은 업무를 처리할 수 있는 시대가 도래한다고 볼 수 있다.

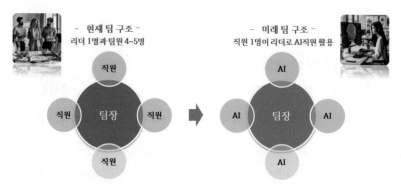

[그림 VI-5 생성형 AI 시대 팀의 업무 구조 변화]

▶ 생성형 AI 전직지원 분야 적용

이미 생성형 AI는 HR 분야에서 다양한 영향을 미치고 있다. 입직, 배치, 퇴직 과정에서의 근로자 데이터를 수집 및 분석하여 맞춤형 관리를 하고 있고, 교육 훈련에서도 개인적인 역량 파악 등을 통해 강화할 영역을 식별하는 역할 등을 해내고 있다.

2023년 12월에 한국고용정보원에서 연구하여 발표한 '생성형 AI 활용에 따른 직업상담사의 역할 변화와 교육 프로그램 개발' 내용에서 밝힌 직업상담사의 AI 활용 가능 직무 5가지에 기초하여 설명해 본다. 표 VI-1에서 보는 바와 같이 문서 업무 지원, 직업 정보 지원, 기획 업무 지원 순으로 직무 활용도가 높을 것으로 예측하였다. 전직지원과 직결된 세부적인 내용은 위 참고 문헌에서 찾아볼 수 있다.

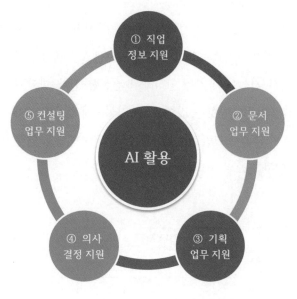

[그림 VI-6 전직지원 분야 생성형 AI 활용의 예]

① 직업 정보 지원: 직업 및 직무 정보, (재)취업/전직 정보 등 컨설턴트가 바로 AI에 질문하여 추출할 수 있다. 더불어 내담자의 특성, 선호 직업, 지역 등 정보에 맞추어 개인 맞춤형 정보를 추천해 준다.

② 문서 업무 지원: 각종 행정 양식을 추출하여, 컨설턴트의 행정 업무를 지원한다. 전직 서류 양식도 제공하며, 작성된 내용의 보완 필요 부분을 컨설턴트에게 제시한다.

③ 기획 업무 지원: 프롬프트에 기초하여, 교육이나 컨설팅 내용을 기획하고, 기획한 내용에 부합하는 홍보물도 제작하여 참여자를 모집하는 업무를 지원한다.

④ 의사 결정 지원: 각종 전직 관련 의사 결정에 필요한 정보를 제공한다. 예를 들어, 전직 상황, 기업에 대한 정보의 비교 등은 의사 결정에 도움을 준다.

⑤ 컨설팅 업무 지원: 전직 정보에 기초하여 전직 계획을 수립하고, 준비를 지원하는 컨설턴트에게 필요한 콘텐츠를 연결해 준다. 컨설팅 과정에서 컨설팅 내용을 인식하여 컨설팅 회차 계획 수립을 지원한다. 컨설팅의 방향을 잡아주고, 컨설팅에 필요한 솔루션도 제공해 준다. 면접 스크립트를 검토해주고 답변 연습도 영상 인식을 통해 확인하고 보완 사항도 알려준다.

능력 단위	기능		
	문서 업무 지원	직업 정보 지원	기획 업무 지원
직업 정보 가능	○	○	●
다문화 직업상담	○	○	○
구인자 일반 상담	○	●	●
해외 취업 상담	○	○	●
창업 상담	○	○	●
창직 상담	○	●	●
구직자 발굴	○	●	●
직업상담 연구	●	○	●
직업상담 홍보	○	●	●

한국형 전직지원 기술

진로 상담	●	○	-
취업 상담	○	●	-
재활 직업상담	●	○	-
비대면 상담	○	○	-
대상 기업 요구 분석	○	●	-
직업 정보 분석	●	○	-
직업 정보 제공	○	○	-
직업 정보 체계화	○	-	-
계	17	16	9

* 노트: ○ 표시는 델파이 조사 최종 결과 반영, ● 표시는 델파이 조사 개방형 답변 결과 반영

[표 VI-1 생성형 AI 활용 가능성이 큰 직무별 기능]

생성형 AI를 운용 시 가장 중요한 것은 원하는 내용에 대한 질문을 잘 구성해야만 한다. 즉 프롬프트(prompt, 지시어)를 잘 구성해야 한다. 가능한 한 지시하는 내용에 대한 세부적인 내용을 제시해야 하며, 한 번에 한 가지의 질문을 하는 것이 좋은 답변 생성에 도움이 된다. 그러나 생성된 답변 내용에 대해서는 컨설턴트가 전문가의 입장에서 마지막 검토를 해야만 한다는 점을 명심해야 한다. 프롬프트 구성에 대해서는 「제3장 전직컨설팅 스킬」에서 논한 '생성형 AI 활용 컨설팅' 내용을 참고 바란다.

미래에 멀티 모달(Multi Modality)이 더욱 발전되면 텍스트, 이미지, 음성, 제스처, 표정 등 다양한 형식의 데이터를 동시에 이해하고 처리하게 될 것이다. 시대의 트렌드에 뒤처지지 않는 컨설턴트가 되기 위해서는 생성형 AI 역량 향상도 심각하게 고려해야만 한다. 그에 따라 사

전에 생성형 AI의 사용 빈도를 높이는 방법도 이해나 숙달에 좋은 방법이다.

4. 컨설턴트 채용 및 일하는 방식

여기에서는 전직지원 전문 업체에서 컨설턴트를 채용하는 방식, 그리고 운영하는 방식, 즉 컨설턴트의 일하는 방식에 관해서 설명해 보고자 한다. 현장에서는 컨설턴트 채용을 정규직 상태가 아닌 프로젝트에 기반을 두어 채용하고, 프로젝트를 마치면 계약을 해지하는 형태가 많기 때문에 통상적으로 우리가 이해하고 있는 방식은 아니다. 더불어 일하는 방식도 전일 근무를 하는 형태뿐만 아니라 기회적으로 하는 형태도 존재하기 때문이다.

채용 방식

앞서 이야기한 유입 통로와 유사하지만, 전직지원 전문 업체의 채용 방식을 논해 보고자 한다. 전문 업체마다 여러 가지 상황을 고려하여 채용한다는 점은 이야기하고 싶다. 민간 전직지원의 경우에는 업체별로 상이한데, 가능성 있는 채용 방식을 다섯 가지로 분류해 보았다.

첫째, 기업 근무 경력을 가지고, 기업에서 희망퇴직 서비스를 제공한 경험자를 채용하는 형태이다. 기존 기업에서 HR 관련 업무도 한 경험자를 채용한다. 특히 기업 근무 중에 자사의 희망퇴직 업무에 참여했던 경력자는 입직에 유리하다.

둘째, 기업 근무 경력을 가졌으나, 컨설팅 경험이나 경력이 없는 자를 바로 컨설턴트로 채용하는 형태이다. 이는 특별히 전문 업체에 즉각적인 수익이나 가치를 안겨줄 수 있는 자이다. 그런 역량이 사전 경력의 부재라는 약점을 보완해준다. 통상적으로 프로젝트의 수주에 영향을 미칠 수 있거나, 지속적인 수익 향상에 도움을 줄 수 있는 자로 보면 된다.

셋째, 공공 재취업 사업 등에서 컨설팅 경험을 보유한 자를 채용하는 형태이다. 민간은 아니지만, 공공 재취업 사업 등에서 경험과 경력을 쌓은 컨설턴트 중에서 전직지원 서비스 제공이 가능한 자를 선발하는데, 다소 규모가 큰 전문 업체는 자사의 컨설턴트 중에서 선발하는 경우가 많다.

넷째, 전직지원 전문 업체, 혹은 타 교육 기관에서 주관하는 전직지원 컨설턴트 양성 프로그램을 종료 이후에 채용하는 형태이다. 기업 근무 경력을 가졌거나, 타 사업의 경력을 보유한 인원 중에서 컨설턴트 양성 과정을 이수한 자를 선발하기도 한다. 이 방식이 가장 많은 출구로 작용하고 있는데, 최근에는 국가에서 실시하는 과정 평가형 직업상담사 1급 혹은 2급 자격증을 취득한 자들도 채용하는 경우도 있다.

다섯째, 컨설팅과 무관한 직무에 채용하는 방법이다. 이 경우는 일정한 자질이나 자격을 보유하였으나, 경력이 없는 경우 혹은 직업상담사 자격이 없는 경우에 해당한다. 일단 채용하여 다른 직무에 배치하여 경력이나 경험을 쌓게 하거나, 자격증을 취득하게 한 이후에 전직지원 서비스 컨설턴트로 채용하는 방식이다. 마케팅 부서, 기업 협력 부서, 정보 탐색 직무, 그리고 행정직으로부터 시작하는 경우이다.

일하는 방식

전직지원 전문 업체도 기업인 관계로 '인력 운영의 유연성'이 기업의 생존에 큰 영향을 미친다. 예를 들어, 대규모의 사업을 수주할 때는 다수의 컨설턴트가 필요하지만, 사업 수주나 실행 중인 사업이 소규모일 경우에는 다수의 컨설턴트를 계속 유지할 필요가 없다. 따라서 평소에 절대적으로 필요한 수의 정규직만 운영하다가 프로젝트 수주의 결과에 따라서 비정규직인 협력 컨설턴트를 탄력적으로 유지하는 방식을 사용한다.

흥미로운 점은 전문성을 지닌 비정규직인 협력 컨설턴트는 정규직을 제시해도 다른 일이 많아 원하지 않는 경우도 있다는 것이다. 여기에서는 인력 운영 패턴, 보수 산정 방식, 그리고 인력 풀(pool)을 운영 방식 등에 대해서 논해 보고자 한다.

▶ 인력 운영 방식

전직지원 전문 업체는 두 가지의 인력 운영 형태를 보인다. 소수의 정규직과 다수의 비정규직 운영이다.

첫째, 정규직으로 연간 평균 혹은 기본 업무 수행에 필요한 핵심 전문가를 유지하는 방식이다. 대부분의 전직지원 전문 업체는 지속적으로 경험에 따른 연간 사업 전망을 고려하여 필요한 수의 정규직 전문가를 일정 수준으로만 유지한다. 공공 전직지원의 경우에는 대체로 년 단위의 계약 혹은 정규직 형태로 계약하는 경우가 많은데, 정부에서 특정 사업을 제안 시 정규직 컨설턴트 운용을 조건에 넣어 두는 경우도 있다.

둘째, 정규직은 아니지만 전문성을 보유한 협력 컨설턴트(Associate

Consultant, AC)를 운영하는 방식이다. 평시에는 위의 첫째 항과 같은 정규직 인력만 유지하지만, 수시로 사업을 수주하여 사업 규모가 커지고 정규직으로는 처리할 수 없는 물량일 경우에는 그 업무를 처리할 협력 컨설턴트를 일정 기간 채용하는 방식이다. 대부분의 전직지원 전문 업체가 사용하는 방식으로써 협력 컨설턴트의 입장에서는 여러 가지 포트폴리오 커리어를 가지고 일하다가 일정 기간 프로젝트에 지원하여 일한다. 특히 원거리에서 사업이 전개될 때는 그곳에 거주하거나, 쉽게 이동하여 서비스를 제공할 수 있는 협력 컨설턴트를 유지하거나, 협력 회사 인력을 활용하는 경우 등 상황에 기초하여 인력을 운영한다.

▶ 보수 지급 방식

정규직에게는 기업 내규에 따라서 보수를 지급하겠지만, 협력 컨설턴트들에 대한 보수 지급 방식은 일하는 형태에 따르는데, 크게 3가지로 구분하여 그에 맞는 보수를 지급하게 된다.

첫째, 일정 기간 풀타임으로 근무하는 형태이다. 이는 주로 수주한 프로젝트 기간에 풀타임으로 일하는 형태이다. 일부 회사에서는 4대 보험을 제공하는 경우도 있다. 이런 형태는 다른 포트폴리오 커리어가 없는 컨설턴트에게 적합한 방법이다.

둘째, 출근 일자나 요일을 지정하여 일하는 형태이다. 일주일에 며칠 혹은 특정 요일에만 출근하여 일하는 형태이다. 이는 다른 업무를 하고 있거나, 풀타임으로 일할 수 없는 불가피한 경우에 적용하고, 출근 일수에 따라 보수를 산정한다.

셋째, 컨설팅 고객 수를 할당하는 방식이다. 이 방식은 컨설턴트에게 특별한 출근 일자를 지정하지 않고, 일정 고객 수와 컨설팅 회차 수만

지정하고 컨설턴트가 자율적으로 업무를 수행하게 하면서 결과를 보고 하는 방식이다. 이는 고객 수에 따라 컨설팅 비용을 받는다. 이 경우 경력이 있는 컨설턴트에게는 비교적 많은 고객을 배당하고, 경력이 많지 않은 컨설턴트에게는 다소 적은 수의 고객을 할당하는 경우가 일반적이다.

기업에서는 고정비를 감소하기 위해서 위와 같은 여러 가지 방식을 사용하는데, 인력 운영비를 감소하면서도 서비스 지역과 컨설턴트에 대한 통제력을 유지함이 목적이다.

▶ 인력 풀 운영 방식

정규직을 다수 운영할 수 없는 처지라면, 전직지원 전문 업체에서는 평시에 인력 풀을 잘 유지해 두어야 유사시 그 풀을 운영하여, 서비스를 성공적으로 수행할 수 있다.

국내의 외국계 전직지원 전문 업체에서 이런 특이한 인력 풀 운영방식을 사용하는 경우가 있다. 이 방식은 협력 컨설턴트와 파트너십을 가지고 일할 수 있는 좋은 계약방식이 될 수 있는데, 이런 방식으로 인력 풀도 운영하면서, 경험이 많은 협력 컨설턴트의 질적인 서비스를 제공할 수도 있다. 그 절차와 내용은 아래와 같다.

① 공고를 통해서 인력 풀을 모집 및 선발하는데, 기존의 사업에서 수행 능력이 우수했던 협력 컨설턴트도 인력 풀에 포함한다.

② 회사 내부에 일정한 업무 공간을 마련해서 사업 수행을 하지 않아도 인력 풀에 속한 컨설턴트들은 수시, 혹은 상시로 자기 일을 그곳에서 할 수 있도록 장소를 마련해둔다. 주로 도서관 부스 형태의 사무실을 유지하는데, 고정석은 아니지만, 사용할 수 있는 컴퓨터나 프린터가 배치되어 있다.

　　　　　　　　　　　　　　　　　한국형 전직지원 기술

③ 회사의 명함을 제작하여 배포하고, 사용할 수 있도록 한다. 인력 풀은 평시에 자신의 명함도 사용할 수 있지만, 필요에 따라서 제공된 명함도 사용하면서 개인적인 마케팅을 통해 강의 및 컨설팅을 통한 수익도 올린다. 다만, 경쟁 전문 업체의 일을 하지 못한다는 일정한 제한을 받는다.

④ 회사의 주요한 콘텐츠를 전파하는 교육 등에 참석시킨다.

⑤ 평시에 지급하는 보수나 수당은 없으나, 프로젝트 수주 시 참여 우선권을 부여한다.

⑥ 회사의 각종 복지 혜택을 일정 부분 받는다. (예) 회식 혹은 워크숍 참여, 명절 선물 등

2022년부터 2024년 초반까지 운영하고 종료한 고용노동부의 '중장년 경력 설계 카운슬링' 사업의 경우가 인력 풀 운영에 관한 좋은 사례이다. 전문 업체들은 소속 카운슬러들도 일부 사업에 참여시켰지만, 다수의 외부 카운슬러 풀을 운영하면서 사업을 수행하였다. 미래에는 전문 업체의 고정 비용 감소와 고용 시장 트렌드의 변화에 따라 위와 같은 인력 운영 방식이 많아질 것으로 예상된다.

컨설턴트의 일하는 방식에서 마지막으로 언급하고 싶은 사항은 그들의 경력 경로이다. 경력 경로는 유지, 확장, 그리고 전환이라는 세 가지 방식이 존재한다.

① 경력을 그대로 유지하는 경우이다.

② 추구 분야를 확대해서 조직 컨설팅, 다양성 컨설팅, 인적 자원 컨설팅, 비영리기관의 유사 업무 수행 등이다.

③ 경력을 전환하는 경우이다. 이 경우는 다른 경력으로 떠나는 경우인데,

자신의 다른 가치를 찾아서 떠나는 경우이다.

컨설턴트 채용 및 일하는 방식을 통해서 설명한 전체 내용의 핵심을 정리해 보면 아래 표와 같다.

채용 고려 사항	채용 방식	근무 및 보수 지급 방식	출 구
1. 기업 근무 경력 + 퇴직 서비스 제공 경험자 2. 기업 근무 경력 + 컨설팅 경험 무 3. 공공 컨설팅 경험자 4. 컨설턴트 양성 과정 혹은 자격 과정 수료자 5. 컨설팅과 무관한 직무에 채용	1. 정규직 2. 비정규직 3. 인력 풀 유지	1. 상근 2. 일정 기간 상근 3. 출근 일자 혹은 요일 지정 4. 컨설팅 고객 할당 수	1. 경력 유지 2. 경력 확장 3. 경력 전환

[표 VI-2 컨설턴트 채용 및 일하는 방식 요약]

5. 컨설턴트 스트레스 및 관리

퇴직과 경력 전환의 현장에서 전직지원을 실시하는 전직지원 컨설턴트는 다양한 고객과 업무 환경의 다양성 때문에 스트레스를 받는 경우가 종종 있다. 그런 상황에 빠지면 무기력함에 빠지기 시작하고, 종국에는 소진 상태에 이르기도 한다. 그로 인해 통상적인 서비스도 제공하기 힘들어 업무 성과에도 영향을 미친다.

피로 및 만성적 무기력과 그를 탈피하기 위한 카페인, 흡연, 알코올의

흡입 증가, 긴장 및 압박 등으로 전직지원에 집중하기 힘든 상태에 돌입한다. 더불어 기계적으로 고객을 응대한다든지, 고객의 일에 과도하게 개입을 하거나, 냉소주의, 지루함 등을 느끼는 것은 스트레스 상황임을 알려주는 징후가 된다.

이러한 스트레스는 조기 인식, 개입, 그리고 예방이 필요한데, 초기 신호는 단조롭다는 느낌, 기계적인 방식으로 일을 처리한다는 느낌, 그리고 자신이 마치 전직지원 기술자와 같다는 느낌으로 다가온다. 따라서 이러한 스트레스의 원인과 해소 방법을 강구하여 전직지원의 질과 효율성을 높여야만 한다.

스트레스 원인

전직지원 컨설턴트가 스트레스 상황에 빠지게 되는 원인은 개인 혹은 쌍방 관계 요인, 사회적/경제적 요인, 그리고 조직적 요인에서 비롯되는 3가지이다.

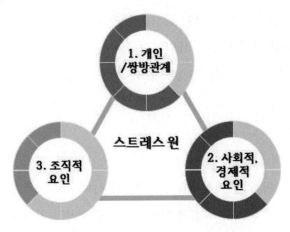

[그림 VI-7 전직지원 컨설턴트 스트레스 원(源)]

▶ 개인 혹은 쌍방 관계

개인 스트레스는 컨설턴트가 종종 사람을 돕는다는 자부심을 가질 때 발생한다. 그러나 실제로 다른 사람인 내담자와 컨설팅한다는 것은 감정적으로 힘든 일이다. 예를 들면, 내담자의 질문에 대해서 정확한 답변을 해야 한다는 생각 자체도 스트레스 요인으로 다가온다.

쌍방 관계 스트레스는 컨설턴트와 내담자의 서로 다른 스타일과 욕구에서도 온다. 경험이 많은 컨설턴트는 자신에게 스트레스를 주는 내담자를 잘 인식한다. 더불어 자신이 컨설팅 등을 통해 도움을 주어야만 한다는 인식을 가질 때 발생하는 스트레스도 존재한다.

▶ 사회적, 경제적 요인

전직지원 서비스는 사회적 요인 등의 영향을 받으면서 실시된다. 이전에 비해서 전직 탐색 활동에 더 많은 시간이 소요되고, 시장의 미래 불확실성, 그리고 내담자의 다양화는 컨설턴트에게 스트레스가 되어 다가오는 경우가 많다.

내담자의 전직 문제 상황이 단시간 내에 해결이 불가한 상황이 되거나, 경제 상황 악화 등으로 내담자의 신속한 경력 전환이나 전직 탐색 활동을 방해하는 요인의 등장은 또 다른 스트레스로 컨설턴트에게 다가온다.

▶ 조직적 요인

정규직 컨설턴트와 비정규직 컨설턴트가 서로 근로 조건으로 인해 받는 스트레스이다. 정규직의 경우에는 자신이 책임을 지는 컨설팅 건수가 자신이 잘 관리할 수 있는 현실적인 건수인지에 대한 의문을 가질

한국형 전직지원 기술

수 있다. 더불어 직장 문화, 직무의 다양성과 경력 발전 가능성이 스트레스로 다가오기도 한다.

비정규직 컨설턴트의 경우, 미래 컨설팅 과업의 예측, 수입 수준, 그리고 정규직에 비교하여 자신이 인정받는 가치의 수준 등 때문에 스트레스를 받는다.

스트레스 해소 방안

앞에서 설명한 컨설턴트가 받는 3가지 스트레스 원을 제거하고, 스트레스로부터 벗어나는 방안으로 아래 4가지를 들 수 있다.

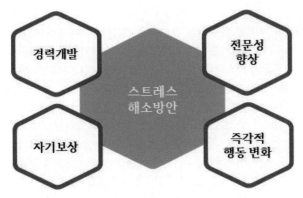

[그림 VI-8 컨설턴트 스트레스 해소 방안 4가지]

▶ 경력 개발

전직지원 서비스라는 범위 내에서 다양한 경력을 개발하고 발전하면서 성장해나가는 방법이다. 또는 전직지원 서비스의 범위를 넘어서서 조직 컨설팅, 다양성 컨설팅, 인적 자원 관리 혹은 개발 컨설팅, 프로그램 발전 업무, 그리고 비영리적 분야에서의 경력을 개발하는 방법이다. 마지막으로 전직지원 서비스 분야를 떠나서 다른 분야의 경력도 개발할 수 있다.

▶ 전문성 향상

이는 앞에서 논한 컨설턴트의 전문성 발전 항목과 유사하다. 슈퍼비전, 세미나, 전문조직 활동, 전문 서적 독서, 강의 및 강의 수강 등이다. 독서는 미래 변화라든지, 비즈니스 상황에 관한 책자를 중심으로 하는 것이 좋다. 아래는 전문성 향상을 통해 스트레스 상황을 벗어난 컨설턴트의 사례이다.

= 전문성 향상으로 스트레스를 해소한 사례 =

- 재취업(전직) 지원 업무를 7년간 이어온 컨설턴트 제주도는 어느 날 자신의 기계적이고 융통성 없는 업무, 그리고 끝없이 이어지는 현실적 행정 업무 등 때문에 한숨이 나왔다. 평일의 과도한 업무뿐만 아니라 주말에도 연속되는 업무 때문에 머릿속이 복잡한 상황이었다.
- 그 때문인지 일을 바라보는 열정도 이전보다 떨어지고, 업무 효율도 떨어진다는 느낌을 받았다. 그리고 조그마한 일에도 짜증이 나기 시작하였다. 그런 환경 속에서 '언제까지 이 일을 계속할 수 있을까?'라는 생각도 들었다.
- 그는 어느 날 회식자리에서 이런 상황을 동료 컨설턴트에게 이야기해 보았다. 제주도의 업무에 대한 열정을 누구보다 잘 알고 있던 동료 컨설턴트 백두산은 그에게 휴식이나 이직보다는 유관 분야의 교육 수강도 하면서, 미래를 다시 가늠해보라고 권하였다. '퍼실리테이션'과 관련된 교육이었는데, 제주도는 이전에 그런 명칭을 들은 바는 있었으나, 어떤 교육인지는 몰랐다.
- 제주도는 별생각 없이 그 교육을 수강하였고, 이전과 다른 세상을 경험하고, 타 교육생들이 보이는 열정에 힘입어 스트레스도 해소되고, 배운 것을 직접 사용하고픈 동기도 유발되었다.
- 이후 자신의 경로를 전직지원 전문 강사로 잡고, 퍼실리테이션 스킬을 강의에 적용해나가면서 다시 일에 흥미를 느끼게 되면서 스트레스 상황에서 완전히 벗어나 다시 의욕에 찬 강사 생활을 하면서 전직지원 업무로 복귀할 수 있었다.

- 그는 지금도 스트레스 상황에 빠질 경우에는 유관 세미나에 참석하거나 색다른 강의를 수강하면서 역량도 강화하고, 강사 생활에서 받는 스트레스도 해결해나가고 있다.
- 그는 자신의 이전 경험을 동료들에게 알리기도 하고, 전직지원 강의에서 자신의 경험에 기초한 고객들의 스트레스 해소 관련 강의도 하고 있다.

▶ 즉각적 행동 변화

이는 특정한 행동을 취하지 않는 방법을 포함한다. 예를 들어, 전문가가 되기 위한 과다한 노력을 일시 중단하는 방법도 있고, 필요시에는 동료 혹은 전문가로 활동하고 있는 동료의 지원을 요청하는 방법도 있다. 더불어 점심시간을 이용한 독서, 잠깐의 휴식, 쇼핑, 그리고 점심을 같이하면서 수다 등으로 시간을 보내는 외부 지향적 활동도 포함된다.

▶ 자기 보상

우리에게 생소한 이야기일 수도 있으나, 힘든 일을 하는 중간에 약간의 성과를 달성했을 때에 자신에게 보상하는 방법이다. 또는 힘든 일을 다 마친 이후에 자신의 노력 전체에 대해서 보상하는 것은 스트레스를 관리하고 긍정적인 정서를 증진할 수 있다.

자기 보상의 방법은 좋아하는 음식 먹기, 좋아하는 여가 활동 하기, 여행 떠나기 등인데, 정서적 회복을 촉진하면서, 자신에 대한 동기 부여 및 과업의 생산성 향상에도 도움을 준다.

6. 컨설턴트 윤리

윤리란 '사람으로서 마땅히 지키거나 행해야 할 도리나 규범'이다. 여기서 전직지원 서비스 분야에 일하는 컨설턴트들이 지켜야 할 윤리를 규정하는 사유는 '서비스의 질과 표준의 유지'에 있다. 전직지원 서비스 윤리는 크게 3가지 범주로 구분할 수 있다. '직무 수행과 관련된 윤리', '관계 유지와 관련된 윤리', 그리고 '비밀 준수와 관련된 윤리'이다.

위 세 가지 범주의 윤리 규정에 포함될 핵심 내용은 아래와 같다.
① (희망)퇴직 기업에 대한 컨설팅 관계 표준 규정
② 고객과의 컨설팅 관계
③ 전문적인 서비스 시행 방안
④ 전직지원 사업 발전 방안
⑤ 고객에 대한 존경심 유지
⑥ 비밀 유지
⑦ 고객의 복지 향상
⑧ 고객의 결심에 대한 지원 및 책임감 독려

핵심 윤리 규정

국내외의 전직지원 전문 업체, 코치 협회, 그리고 직업상담 협회 등은 나름의 윤리 규정을 보유하고 있다. 아래는 우리가 참고해야 하는 몇 가지 기본적 윤리 규정을 나열하였다. 세부적인 윤리표준에 대해서는 '별지 D. 전직지원 컨설턴트 윤리 표준'을 참고하기 바란다.

한국형 전직지원 기술

= 윤리 규정 =

- 전직지원 컨설턴트는 기업 고객과 참여자 모두를 대상으로 높은 수준의 전문적 행위를 유지해야 한다.
- 전직지원 컨설턴트는 윤리 규정 표준에 대한 지식을 포함하면서도, 자신의 경력 전반을 통해 전문적 성장을 지속할 책임이 있다.
- 전직지원 컨설턴트는 전직지원 컨설팅 관계에서 참여자에 대한 존중심을 유지해야 하며, 참여자의 능동적 결정을 지향하는 전직지원 활동에 중점을 두어야 한다.
- 전직지원 컨설턴트는 서비스를 마케팅할 때에 자신이 보유한 전문적 자격의 범위를 벗어나는 주장이나 암시를 해서는 안 된다.
- 전직지원 컨설턴트는 자신이 보유한 경쟁력의 범위를 인식해야 하며, 훈련이나 경험을 통해서 자격이 부여된 서비스나 기법만을 제공해야 한다.
- 전직지원 컨설턴트는 공중 혹은 고객 조직에 사례와 관련된 정보를 제공할 시에는 일반적이면서도, 정확하고, 편견이 없는 그리고 객관적이면서도 사실적인 자료를 제공해야 한다.

서비스 관련 윤리적 이슈 및 예제

서비스 전달 단계에서는 여러 가지 윤리적 이슈가 발생할 수 있다. 이는 크게 '서비스 전달 시의 이슈'와 '마케팅 시의 이슈'로 구분할 수 있다. 이슈의 설명에 이어서, 컨설턴트가 혼자 생각해볼 수 있는 앞의 3가지 카테고리 각각에 해당하는 윤리 연습 예제 3가지도 제시해 본다.

그런 이슈 중에서 서비스 진행 관련, 소송 문제, 그리고 기타 이슈 3가지를 간략하게 이야기해 보고자 한다.

▶ 서비스 전달 시 이슈

① 이슈 1: 서비스 진행 관련 이슈

희망퇴직한 고객이 퇴직으로 인한 분노로 제삼자에게 위협을 가할 것 같은 상황이 예상될 경우에 전직지원 컨설턴트는 신속하게 의사 혹은 심리 전문가에게 의뢰할 필요가 있으며, 더불어 누가 위협에 처하였는지를 알려야 한다. 이는 해를 끼칠 수 있는 자를 막고, 개입된 제삼자에게 알리는 것이다.

서비스의 효율적인 운영을 방해할 정신적, 병리적 문제를 지닌 고객의 경우에는 서비스 발주기업에 그 상황을 알리고, '재직자 지원 프로그램(Employee Assistance Program, EAP)'과 유사한 서비스나 심리 치료를 받을 수 있도록 전문 기관이나 전문가에게 의뢰한다.

② 이슈 2: 소송 관련 이슈

컨설턴트는 서비스를 제공하는 고객이 자신의 희망퇴직과 관련하여 퇴직한 기업에 대해서 소송을 제공하려는 의도를 가지고 행동에 옮기려는 경우에 어떻게 해야 할까? 설득해야 할까?

소송을 포기하도록 하는 컨설팅은 이해관계 갈등에 개입하는 행위로써 컨설팅의 영역을 넘어서는 행위이다. 그렇다고 방관적인 자세를 취하는 것도 지양해야 한다. 다만 고객에게 미래에 발생할 상황이 미치는 영향에 관해 설명해야 한다. 불가피할 시에는 고객의 비밀을 유지하는 가운데, 일반적인 방법으로 희망퇴직 기업에 통지하는 조치를 취한다.

③ 이슈 3: 기타 이슈

고객이 성적인 관계를 요구하거나, 성적인 끌림이 발생하면 윤리적 대응은 어떻게 해야 하나? 컨설턴트는 항상 고객의 복지를 존중하면서 고객의 능동적인 결정을 지향하는 서비스 활동에만 중점을 두어야 한다. 더불어 고객과의 로맨틱(romantic)한 상황에 빠지지 않도록 유의해야 하고, 더 이상 효과적인 서비스 제공이 불가할 시에는 다른 컨설턴트와 교대하는 조치를 해야 한다.

▶ 서비스 마케팅 시의 윤리적 이슈
① 이슈 1: 고객에게 일자리 제공이 가능한 사실을 시사하는 경우
  이 경우는 고객이 서비스에 참여하면 컨설턴트 등이 많은 기업의 인사 책임자, 혹은 채용 담당자를 잘 알고 있으므로, 자신이 일자리를 제공해 줄 수 있다고 말하는 경우이다.
  전직지원 서비스 마케터나 컨설턴트는 현실적이지 않은 가공된 사실을 말해서는 안 된다. 고객이 자신의 노력 없이 현재 처한 전직 상황을 해결하려는 마음을 가질 수 있기 때문이다. 그런 발언을 하면 그때부터 고객은 컨설턴트를 '알선 전문가'로 보면서 채용 면접관과 만나는 상황에서 보여주는 '마케팅 모드(marketing mode)'로 전환하여, 자신의 상황을 정직하게 이야기하는 상황이 안 되기 때문에, 더 이상 효과적인 컨설팅 관계를 이어나갈 수 없다.
② 이슈 2: 서비스 마케팅 시에 잠재 서비스 발주사나 잠재 고객이 이전 고객과 관련된 정보를 요구하는 경우
  이런 경우에는 이전 서비스 발주사나 이전에 서비스를 제공하였던 고객으로부터 사전에 정보 제공과 관련된 동의를 받아야 하고, 불가 시에는 개인정보 보호 차원에서 제공을 지양해야 한다.

윤리 연습 예제

앞서 이야기한 윤리 규정의 세 가지 카테고리인 직무 수행, 관계 유지, 그리고 비밀 준수와 관련된 예제를 각 하나씩 제공해 본다. 독자는 각각의 경우에 대한 적합한 조치를 생각해보기 바란다. 사실상 답은 간단하지만, 생각해 볼 기회가 되었으면 한다. 연습의 목적상 다소 현실성 있게 예제를 작성하였다.

▶ 직무 수행 관련 예제

- 컨설팅 A사에 근무하는 경화동은 ○○ 전직지원 사업에 전문 컨설턴트의 자격으로 타 동료 2명과 전직지원 서비스를 제공하고 있음
- 경화동은 이번에 자신의 취업률을 올려서 차기 연도에 팀장으로 진급하려는 강력한 의지를 가지고 있으나 생각보다 취업률 향상이 만만한 문제가 아님
- 이에 경화동은 30명의 고객 중 자신이 지원하지는 않았으나, 취업한 고객들을 자신이 지원한 것으로 허위 컨설팅 일지를 작성하고 실적에 추가하였음
- 이전에 타 (공공) 프로젝트에서도 그런 형태로 취업률을 허위로 보고하였으나, 문제가 없었기 때문임

▶ 관계 유지 관련 예제

- 컨설팅 B사에 근무하는 여성 컨설턴트 성춘향은 00사 전직지원 간에 고객 변사또로부터 "수고 많으시니 저녁에 식사를 대접하겠다."라는 제의를 받았는데, 고객과의 친밀한 관계 유지가 사업성과 달성에 보탬이 될 것이라는 생각에 거절하지 못하고 0회에 걸쳐서 변사또와 식사도 하고, 맥주도 한잔한 경험이 있음
- 이후 변사또는 또 같이 식사할 것을 요청하였으며, 이번에는 노래방에도 같이 가자고 하는 상황임. 식사나 간단한 맥주까지는 괜찮다고 생각하였으나, 노래방은 무언가 문제가 생길 수도 있다고 생각하지만, 거절이 힘들다는 생각에 머리가 복잡한 상황임

한국형 전직지원 기술

▶ 비밀 준수 관련 예제

- 컨설팅 C사에 근무하는 프로젝트 매니저 대죽도는 지원 기업 조직 ○○사로부터 정기적으로 보고하는 사항 이외에 자신이 관리하는 20명의 고객에 대한 상세한 신상 정보 및 세부적인 진행 사항을 개인별로 비밀리에 별도로 보고해 달라는 부탁을 ○○사의 프로젝트 책임자로부터 받음
- 차기 연도부터 ○○사는 몇 년간에 걸쳐 대규모 '희망 퇴직'을 계획하고 있기 때문에 민간전문회사에서 경력을 쌓은 자신과 같은 전문가를 상근직으로 채용할 가능성도 있음
- 이전부터 기업 내부에서 전문가로 일하고 싶었던 대죽도의 입장에서는 고객과의 비밀 준수 약속과 자리에 대한 욕심이 마음속에서 서로 충돌하고 있는 상황임

1. 컨설턴트의 전문성이란?

2. 컨설턴트의 역량을 K.S.A로 이야기해 보면?

3. 컨설턴트의 전문성 개발 방법은?

4. 컨설턴트로서 생성형 AI 활용에 대한 생각은?

5. 컨설턴트의 스트레스원 3가지와 해소 방법은?

생각 정리해 보기

* 어떤 생각이 드시나요?

제7장

전직지원 서비스 마케팅

제7장

전직지원 서비스 마케팅

🔨 각종 전직지원 서비스는 (희망)퇴직 기업이나, 공공 기관의 제안 요청에 기초한 내용을 제안하고, 사업을 수주할 경우에 실행한다. 대부분의 전직지원 전문 업체는 항시 전직지원 서비스 마케팅을 실시하면서 기업의 근본적인 존재 이유 중 하나인 수익 창출에 힘쓴다.

평소에 전직지원 전문 업체는 전직지원 서비스의 대상이 될 수 있는 기업이나 기관을 대상으로 자신이 보유한 전문적인 서비스에 대해서 알리는 마케팅 행위를 한다. 더불어, 사업을 수주하여 진행할 경우에도 서비스의 질 향상과 목표한 결과를 달성하기 위해 노력하면서, 미래를 약속하기 위한 마케팅 행위도 한다.

이 장에서는 서비스 마케팅의 개념, 마케팅 스킬, 컨설턴트의 마케팅, 그리고 마지막으로 경험적인 마케팅 내용을 소개하여 생각의 확장에 도움이 되고자 한다.

먼저 마케팅과 유사 용어에 대한 정의를 비교해보고, 마케팅의 범위에 대해서 가늠해보자.

구 분	정 의	비 고
마케팅 (전략적 영역)	장기적인 전적 관점에서 수행하는 제품 또는 서비스의 판매 촉진을 위한 다양한 계획의 수립 및 실행	대상 시장과 고객층을 분석하고, 제품/서비스 개발 및 가격, 유통, 프로모션 계획, 시장 조사, 브랜딩, 시장 세분화 등
홍 보 (커뮤니케이션 영역)	기업 또는 제품/서비스의 이미지 개선과 인지도 확대를 위해 수행	기업이나 제품/서비스의 브랜드 인식, 평판, 이미지를 개선하기 위해 광고, PR, 이벤트 등을 활용하는 단기적인 관점
영 업 (직접적 판매 영역)	고객과의 개별적인 상호 작용을 통해 제품 또는 서비스를 고객에게 직접 판매하는 집중적 활동 수행	고객과의 개별적인 상호 작용으로 제품/서비스를 판매하고 매출을 올리는 것에 초점을 두는 거래의 완료와 관련된 영역
프로모션 (마케팅, 홍보 하위 영역)	특정 상품이나 서비스를 홍보하고 판매를 촉진하는 활동 수행	특정 상품, 서비스를 대중에게 홍보하고 판매를 촉진하는 활동으로서 단기적으로 광고, 할인, 이벤트, 쿠폰 등 다양한 방법으로 진행

[표 VII-1 마케팅과 유사 용어의 비교]

1. 서비스 마케팅 개념

전직지원 서비스 마케팅은 기본적으로 사업 수주를 위한 마케팅과 사업의 수주 이후 서비스 제공 시의 마케팅으로 구분된다. 사업 수주를 위한 노력은 기본적인 마케팅 요소이지만, 사업의 성공을 위한 본 서비스의 성공적 수행도 마케팅의 구성 요소임을 명심해야 한다.

마케팅은 전담 마케터만의 책임이 아니라 현장 컨설턴트의 질적인 컨설팅 시행을 포함하는 서비스와 관련된 요원 모두의 책임이라고 보아야 한다. 그런 차원에서 현장에서 일하는 컨설턴트도 서비스 마케팅에 비교적 정통해야 하므로, 서비스 마케팅에 대해서 논해 본다.

서비스 마케팅

전직지원 서비스 마케팅은 서비스에 기초한 일종의 '관계 판매'이다. 관계 판매는 '누군가와 좋은 관계를 구축하는 데 중점을 두면서, 그 관계를 통해서 가치 있는 서비스를 제공하는 것'으로 정의할 수 있다.

일반적으로 우리가 알고 있는 유형적 재화의 판매는 '전통적 판매'이며, 위에서 설명한 바와 같이 서비스와 관련된 마케팅은 '관계 판매'로써 전통적 판매의 개념과 다른 개념을 가진다. 아래는 관계 판매와 전통적 판매를 비교해본 내용이다. 관계 판매는 장기적인 개념으로 실행한다.

전통적 판매	관계 판매

• 유형적 재화의 판매에 중점
  * 승자와 패자가 존재하는 경쟁
	• 서비스의 판매에 중점
	  * 구매자와 판매자 모두가 승자

• 구매자가 반드시 사도록 설득
  * 반드시 구매한다는 가정에 기초
	• 고객을 설득하기보다는 도와줌
	  * 서로 파트너로 인식하여 고객의 문제
	    해결을 지원

• 판매의 종료를 매우 강조함
  * 판매하기 위한 끈질긴 의지는 판매자의
    귀중한 자산
	• 특정 고객을 위한 개인 맞춤형 판매
	  * 판매 종결을 지향하는 것이 아닌 구매
	    이후에도 지속적 서비스 제공

• 도전심, 경쟁심 그리고 두꺼운 얼굴	• 욕구를 식별하고 기교 있는 질문과 대응 스킬 유지

[표 VII-2 전통적 판매와 관계 판매의 비교]

전직지원 전문 업체의 마케팅

전직지원 전문 업체의 마케팅 개념은 크게 마케팅 프로세스, 마케팅 접근법, 그리고 마케터 운영 방법이라는 3가지로 나누어 설명할 수 있다.

▶ 마케팅 프로세스

전직지원 분야의 마케팅 프로세스는 아래와 같다.

첫째, 최초 마케팅을 할 때는 사업 수주에 영향을 미치는 의사결정자를 접촉하는데, 대표 대 대표의 최초 접촉으로부터 시작된다. 최근에는 책임 부서장에게 위임된 경우가 많아 그가 사업을 수행할 전직지원 전문 업체 선발 권한을 가지기도 한다. 이때 전직지원 전문 업체는 자사가 제공할 수 있는 서비스의 차별성과 전문성을 홍보하는 형태로 접근한다. 포함되는 요소는 서비스 제공 경험, 서비스의 질 및 후속 서비스, 업체의 접근성, 그리고 온라인 서비스 등이다. 최근에는 생성형 AI, 한국형 전직지원 서비스라는 차별성 있는 주제 등으로 지속적으로 마케팅을 실시하는 전문 업체도 보인다. 여러 가지 좋은 조건을 갖춘 업체가 아닌 소규모의 전직지원 전문 업체는 서비스 발주 기업 대표의 관심 사항에 집중하거나, 대표와 직접 접촉하는 경우가 많다.

둘째, 최초 접촉 이후 지속적인 마케팅을 한다. 성공적인 서비스 판매는 최초 만남으로 바로 성사되는 것이 아니므로 이후의 지속적인 만남을 통해 성사된다. 그때는 좀 더 세부적이고 두드러진 마케팅을 하는데, 서비스 발주 기업의 욕구에 기초한 맞춤형 서비스 제공 노력을 알린다.

셋째, 사업 수주 이후에도 계약의 준수를 위해 노력하면서 지속적인 접촉을 유지한다. 이는 사업을 수행하면서 서비스 진행 상황이나 고객의 상황에 대해서 보고하는 일이다. 더불어 제시된 서비스 목표의 성공적인 달성도 추구한다. 서비스 발주 기업에게 지속적인 정보를 제공하면서 관계를 유지하고 서비스 목표를 달성하는 것은 미래를 지향하는 간접 마케팅이다. 이는 사업을 수행하는 컨설턴트들이 중심이 되어, 질적인 서비스를 제공하면서 미래에 발주될 서비스의 수주 가능성도 높이는 노력이다.

▶ 마케팅 접근법

일반적으로 전직지원 전문 업체의 마케팅 수단은 홈페이지, 블로그, 페이스북 등을 통한 온라인 마케팅과, 마케팅팀을 이용한 오프라인 마케팅으로 구분할 수 있다. 온라인 수단 중에서 홈페이지가 중요한 이유는 퇴직 기업이 퇴직을 준비하는 단계에서 그 서비스를 제공할 몇 개의 전직지원 전문 업체를 온라인을 통해 탐색하는 경우가 많기 때문이다. 그들은 홈페이지를 통해 업체의 수준을 가늠한 뒤에 제안서 제출을 요청하기도 한다. 따라서 전문 업체에서는 공개가 가능한 수준에서 주요 서비스 프로세스나 그동안의 서비스 제공 경험 및 성과 등을 홈페이지에 게시해 둔다.

물론, 발주 측에서 사전에 전문 업체를 방문하여 의견도 교환하고, 시설을 확인해 보는 절차를 거치는 경우도 많다.

위와 같은 접근법은 대부분의 업체가 실행하는 일반적인 접근법이다. 부가하여 여러 가지 방법론을 나열해 보면 크게 아래 5가지의 예를 들수 있다.

　　　　　　　　　　　　　　　　한국형 전직지원 기술

[그림 VII-1 전직지원 전문 업체의 마케팅 접근법]

첫째, 네트워킹이다. 업계 내 다양한 이벤트나 회의에 참석하여 기업 인사 담당자들과 직접 만날 수 있는 기회를 확대하는 방법이다. 이는 전직지원 서비스의 가치를 직접 설명하면서 인적 네트워크를 확장하는 방법이다. 부가하여 특별히 법률, 회계 및 노무 법인과 같은 전문 회사와 네트워킹도 한다. 그 이유는 희망퇴직 기업은 희망퇴직과 관련된 공식 공고를 하기 이전에 각종 법률, 회계 및 노무 문제 등 모든 사안을 심층적으로 검토하여 추후 소송 등의 문제 소지를 없애려는 노력을 기울이기 때문이다. 따라서 그런 회사들을 통해 기업의 희망퇴직 등과 관련된 정보를 수집할 수 있다.

둘째, 세미나 개최이다. 일종의 네트워킹 방법일 수도 있으나, 전직지원 전문 업체가 자체적으로 인적 자원 관리와 관련된 세미나를 개최하는 방법이다. 주로 대형 콘퍼런스 홀(conference hall)을 빌리거나, 근사한 호텔 공간을 빌려서 개최하는 방식으로 실시한다. 연사는 주로 기업의 관심 주제에 정통한 HR 전문가를 초빙하여 교육한 이후에 자사의 전직지원 서비스 내용 전반에 관해서 설명하는 형태로 진행한다. 세미나 초대 대상은 주로 기업의 사업책임 간부나 인사 실무자이며, 추후 사업의 기반을 마련하기 위해 노력하는 접근법이다.

셋째, 소셜 미디어 활용이다. 링키드인, 페이스북, 트위터, 인스타그램 등의 소셜 미디어 플랫폼을 활용하여 기업 인사 담당자 혹은 관련자들을 타게팅(targeting)한다. 주요 내용은 업계 뉴스, 전직지원 서비스 관련 콘텐츠, 세미나 정보 등이다.

넷째, 뉴스레터 발송이다. 타깃 리스트(target list)를 구성하여 정기적으로 이메일 뉴스레터를 발송하는 방법이다. 이 뉴스레터에는 업계 소식, 서비스 업데이트, 세미나 초대 등의 내용을 포함한다. 이메일은 개인화하여 각 수신자의 필요와 관심사에 맞게 내용을 조정하는 것이 중요하다.

다섯째, 관련자 채용이다. 추후 수행하고자 하는 서비스와 관련된 해당 업종의 상위 직급 퇴직자나 경험자를 사전에 채용하는 방법이다. 이는 신사업에 진출할 때 다소 많이 사용한다. 프로그램의 발주 예상 기관이나 기업에서 근무한 경력이 있는 상위 직급 퇴직자나 관련 경험을 가진 전문가를 채용하여 마케팅에 도움이 되게 하는 방법이다. 그들은 사업 수주나 서비스의 진행에 도움을 주기 때문에 궁극적으로 수익 향상에 기여한다.

▶ 마케터 운영 방법

전직지원 전문 업체에서 마케터를 운영하는 방법은 크게 3가지로 구분할 수 있다. 마케팅 업무에만 헌신적으로 이바지하는 마케터를 운영

　　　　　　　　　　　　한국형 전직지원 기술

하는 때도 있고, 다른 경우는 컨설턴트 중 마케팅 업무가 가능한 자를 마케터로 동시에 운영하는 방법, 그리고 마케터와 전문 컨설턴트 두 사람을 하나의 조로 운영하는 방법이다.

규모가 큰 전문 업체의 경우에는 마케터를 별도로 운영하는 전자의 방법을 사용하지만, 영세한 전문 업체는 마케터와 컨설턴트 업무를 한 사람이 병행하는 경우가 많다.

위에서 설명한 3가지 운영 방법은 아래와 같다.

첫째, 헌신적인 마케터를 사용하는 방법이다. 이 방법은 마케터가 전적으로 마케팅을 책임지면서 서비스 제공에는 참여하지 않는 방법이다. 시간의 100%를 마케팅에 사용하기 때문에 더욱 충실한 직무 수행으로 마케팅 성공률을 높일 수 있다. 다만 마케팅 시에 전직지원 서비스의 세부적 진행에 대한 전문적인 의사소통이 다소 미흡할 수 있다.

둘째, 컨설턴트가 마케터 업무를 병행하는 방법이다. 이는 마케팅에도 참여하면서 동시에 서비스 수주 시에 컨설턴트 임무도 병행하는 형태이다. 이는 마케팅 시에 서비스에 대한 완벽한 설명이 가능하므로 사업 수주의 가능성을 높일 수도 있다. 다만 사업 수주 이후에 서비스가 불만족스러울 때에 그로 인한 잠재적인 갈등을 겪을 수 있는데, 사업을 수주한 이후에 해당 사업의 컨설팅도 병행하기 때문이다.

셋째, 마케터와 컨설턴트 두 사람을 하나의 조로 운영하는 방법이다. 마케팅 스킬도 보일 수 있고, 전직지원 서비스에 관한 구체적이고도 전문적인 설명도 가능해서 질적인 마케팅이 가능하다. 다만 인력 운용 문제를 고려해야 한다.

(희망)퇴직 기업이나 기관의 입장에서는 전직지원 전문 업체의 마케터를 통해서 자신들이 요구하는 수준과 스킬을 탐색하기도 한다. 따라서 마케터는 뛰어난 마케팅 스킬의 소유자라야 한다. 마케터는 실직, 퇴직 등으로 인해 야기되는 민감한 사안을 처리할 수 있는 성숙도, 균형감, 판단력, 그리고 신뢰성도 갖춰야 한다.

전직지원 전문 업체 마케터에게는 차별적인 스킬이 요구되는데 아래 3가지로 정립할 수 있다.

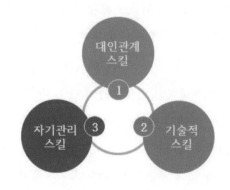

[그림 VII-2 마케터에게 요구되는 스킬 3가지]

첫째, 대인관계 스킬이다. 전직지원 서비스는 앞서 이야기한 바와 같이 관계를 판매하는 서비스이기 때문에 훌륭한 관계를 구축할 수 있어야 한다. 이는 기술적 스킬을 적용하는 자질과 관련된 스킬이다.

둘째, 기술적 스킬이다. 이는 서비스나 세부적인 스킬을 실제로 운용 및 구사할 수 있는 능력이다. 서비스의 기술적인 성격 및 특징에 관한 스킬이다.

셋째, 자기 관리 스킬이다. 마케터로서 주어진 직무를 수행할 자신의 관리 능력이다. 자신의 이미지 관리, 시한 내 과업을 완료하는 시간 관리 및 마케팅으로 인한 스트레스 관리와 관련된 스킬이다.

3. 컨설턴트의 마케팅

전직지원 전문 업체에서 일하는 전문 컨설턴트들도 자신의 미래 경력 발전 혹은 업무의 질 향상이나 하는 일의 성과 창출을 위한 마케팅으로부터 자유스럽지는 않다. 다수의 컨설턴트들이 자신의 주 업무인 컨설팅에만 집중하는 것이 전부라는 어떤 의미에서는 수동적인 생각을 가지고 있다.

앞서 설명한 바와 같이 자신의 경력 발전이나 성과 창출을 위해서는 현재보다 능동적으로 자사의 마케팅에도 적극적으로 참여하는 자세를 가져야 한다. 그런 차원에서 컨설턴트의 마케팅에 대해서 논해 보고자 한다.

필요성 및 이유

먼저 컨설턴트가 마케팅을 해야 할 필요성에 대해서 6가지 포괄적인 내용을 설명해 보고자 한다.

첫째, 신뢰성 및 신용도를 향상할 수 있다. 컨설턴트가 직접 마케팅 활동에 참여하면, 자신이 지닌 전문성을 통해서 잠재적인 고객에 대한 신뢰와 신용을 구축하는 데 도움이 된다. 컨설턴트의 실제 사례를 공유하여 신뢰를 쌓을 수 있고, 동시에 더 많은 고객을 유치할 수 있다.

둘째, 네트워킹을 확대한다. 마케팅 활동은 다양한 네트워킹 기회를 제공한다. 컨설턴트가 직접 업계 이벤트에 참여하거나 포럼, 소셜 미디어 그룹에서 활동하면서 잠재 고객들과의 접촉 기회를 확대하여 마케팅에 도움을 준다.

셋째, 서비스를 개선할 수 있다. 마케팅에 참여하는 과정에서 컨설턴트는 시장의 요구와 변화를 더 깊이 이해할 수 있다. 이는 서비스 개선, 고객 욕구에 부응하는 이어지는 맞춤형 컨설팅으로 이어진다.

넷째, 개인적인 브랜딩이 가능하다. 컨설턴트 개인의 브랜드를 자연스럽게 강화할 수 있는 방법 중 하나로 작용한다. 개인 브랜딩을 통해 컨설턴트는 자신의 경력 발전에 긍정적인 영향을 줄 수 있고, 업계에서 더 많은 기회를 얻을 수 있다.

다섯째, 새로운 시장을 발굴할 수 있다. 컨설턴트는 마케팅 활동을 통해 새로운 시장 트렌드와 기회를 파악할 수 있다. 이를 통해 전직지원 서비스를 새로운 시장이나 고객 그룹에 맞추어 확장도 할 수 있다.

이렇게 컨설턴트가 마케팅 활동에 직접 참여하는 것은 소속 전문 업체를 알리는 행위도 되지만, 자신의 전문성을 널리 알리고, 전직지원 업체의 서비스 질을 향상시키는 데 기여한다. 컨설턴트가 마케팅에 능동적으로 참여하는 행위는 자신과 소속 전문 업체 모두에게 이득이 된다.

전직지원 컨설턴트의 마케팅 방법론

여기에서 논하는 내용을 전직지원 컨설턴트를 중심으로 하는 마케팅 방법론이지만, 독립적으로 마케팅하는 마케터에게도 해당할 수 있는 내용도 포함하고 있다.

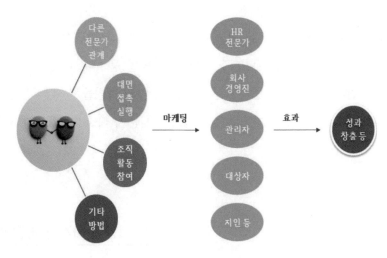

[그림 VII-3 마케팅 방법론]

위 방법론을 하나씩 설명해 보면 아래와 같다.

첫째, 최상의 방법은 서비스를 기업에 추천할 수 있는 전문직 종사자를 만나는 방법이다. 이를 위해서는 그들과의 평소 전문직 종사자들과 교류가 필요하다. 이때 그들은 전문가로서 전직지원 전문 업체에서 훌륭한 서비스를 제공할 수 있는지 여부를 확신하려 한다는 점에 유의해야 한다.

둘째, 대면 접촉의 실행이다. 개인 서비스의 세계에서 대면 접촉도 좋은 방법인데, 사람들은 만나본 사람을 제일 신뢰하기 때문이다. 고객을 추천해 줄 수 있는 사람들과의 의도적인 접촉도 해보자. 가만히 앉아서 서비스 고객들이 오기를 기다리지 말고, 가능한 한 자신을 많이 노출하여 서비스를 알리는 방법이 좋다.

셋째, 조직 활동에 참여하는 방법이다. 이는 전문 협회, 소셜 클럽 등에 참여하고 필요시 멤버십도 획득하는 방법이다. 고정된 위치에서 일하는 가운데 고객들이 찾아오기를 기다리는 입장에 있는 전통적인 마케팅 방식을 탈피하는 좋은 방법이다.

넷째, 기타 방법이다. 각종 유료, 무료 세미나에 참석하거나, 미디어에 노출하는 방법, 세미나를 개최하는 방법 등이다. 더불어 웹사이트나 인터넷 네트워킹 방법도 존재하는데, 앞의 방법들은 다른 전문 업체 혹은 컨설턴트들도 이용하는 방법이기 때문에 다소 그 효과가 떨어지거나 차별성이 없다.

4. 경험적 마케팅 방법론

본 저서의 공동 저자들은 대부분 전직지원 컨설팅과 유사한 고용노동부의 '중장년 경력 설계 카운슬러'로서 활동한 바 있다. 그 당시의 마케팅을 추구하였던 방법론을 간단하게 소개하여 마케팅에 대한 이해를 돕고자 한다.

중장년 경력 설계 카운슬링은 1천인 미만의 기업, 공공 기관에 근무하는 근로자 중 고용 보험에 가입한 근로자를 대상으로 3~5회차에 걸쳐 총 10시간의 경력 설계 관련 카운슬링을 제공하는 프로젝트였다.

경력 설계의 중점은 '경력 전환' 혹은 '경력 유지'에 두었으나, 카운슬링 간에 내담자의 생애와 관련된 설계도 폭넓게 진행한 프로젝트이기도 하였다. 가장 어려운 점은 카운슬링에 참여할 고객들의 모집이었다.

2년간 실시되고, 종료된 이 프로젝트는 고용노동부의 입장에서 대대적인 홍보를 하였고, 전문 업체에서도 각종 수단을 이용하여 홍보를 하였다. 더불어 좋은 서비스를 소개하는 차원에서 카운슬러들도 홍보에 참여하였지만, 2년간 실시하고 중단된 상태이다.

마케팅 방법론

여기에서 소개하고자 하는 방법론은 전직 중인 퇴직(예정)자를 대상으로 컨설팅한 프로젝트는 아니었으나, 마케팅 차원에서는 유사하고, 독자의 생각 확장에 도움을 주고자 제시해 본다.

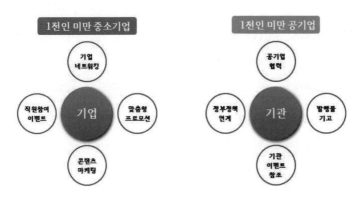

[그림 VII-4 중장년 경력 설계 카운슬링 마케팅 방법론]

▶ 1천인 미만 중소기업

- 마케팅 접촉: 대표자와 인사담당자, 그리고 근로자에 대한 접촉 혹은 타 수단을 통한 접촉을 시도하였다. 예를 들어, 산업 박람회, 비즈니스 세미나 등의 수단이다.
- 맞춤형 프로모션: 중소기업 맞춤형 카운슬링을 설명한다. 기업의 특

정 인재개발, 개인의 경력 관리 문제로 접근한다. 개별적 카운슬링으로 솔루션을 제공한다는 홍보 내용으로 접촉하였다.

- **콘텐츠 마케팅:** 중소기업 재직자에게 적합한 콘텐츠를 구축하고, 그들이 지닌 문제점을 언급하여 카운슬링 콘텐츠를 통해 얻을 수 있는 이득을 소개하였다.
- **근로자 참여 이벤트:** 카운슬링 당사자 이해향상을 위한 노력으로 근로자를 대상으로 한 세미나 혹은 설명회를 현장에서 개최하였다.

▶ 1천인 미만 공기업

- **공기업 협력:** 국가에서 공기업에 제공하는 타 프로그램과 연계하여 홍보하였다.
- **발행물 기고:** 공기업 발행 뉴스레터, 보고서, 웹사이트 등에 홍보물이 게재되도록 노력하였다.
- **기관 이벤트 참조:** 공기업 주관의 각종 이벤트에 능동적으로 참여하면서 소개하였고, 행사 중에 관계자와 대상자들을 접촉하였다.
- **정부 정책 연계:** 정부에서 필요성을 인식하고 지원하는 프로그램임을 알리고, 정부의 각종 지원책과 연계된 프로그램임을 홍보하였다.

마케팅 시 애로 및 고려 사항

우선 1천인 미만의 민간 기업, 공기업을 대상으로 한 프로젝트로써 아래와 같은 애로사항을 경험하거나, 발견하였다. 애로 사항은 3가지의 핵심 이해 당사자들인 중소기업 고용주, 공기업 사장, 그리고 중소기업 근로자를 중심으로 하여 정리해 보았다. 당시 판단되거나, 수집된 내용을 있는 그대로 나열하였으나, 독자들의 건전한 생각 확장을 바란다.

중소기업 고용주	공기업 사장	중소기업 근로자
• 근로자가 이직하는 계기가 되지 않을까? • 회사에 무슨 도움이 될까? • 긁어 부스럼 만든다. • 근로자의 심리적 동요가 우려된다. • 재직 중인 근로자들에게 적합하다. • 개인의 발전 기반이 될 수 있다.	• 사장부터 실천해 보자. • 미래 경력 발전에 도움이 될 것 같다. • 시간 낭비 아닐까? 활용도가 의심스럽다. • 인사팀장에게 지시하여 재직자, 퇴직 예정자나 노조에게 참여하도록 알리고 싶다.	• 하기 싫은데 근로 시간을 활용한다면 하겠다. • 나에게 도움이 될까? • 조직에 불만이 있다는 느낌을 줄까 봐 참여에 애로를 느낀다. • 카운슬링을 제대로 하는 카운슬러를 만날 수 있을까? • 이 나이에 경력 설계하면 나아지는 게 있을까? • 참여 비용을 주면 참여할 것 같다. • 10시간이 너무 길다. • 10시간은 너무 짧다.

[표 VII-3 마케팅 시 애로 및 고려 사항의 예 모음]

실제로 많은 전문 업체, 그리고 카운슬러들은 경험적으로 위에서 설명한 방법론들을 적절히 조합하고, 주기적으로 성과 평가 및 검토를 하는 가운데 지속적인 마케팅 개선 노력을 기울인 바 있다.

교훈으로는 프로젝트 기획 시에는 실행 이전에 대상자들의 요구 조사를 현실적으로 실시하고, 그에 기반을 둔 프로젝트 혹은 프로그램을 기획해야만 한다는 매우 단순한 사실이 도출되었다.

위에서 예를 든 중장년 경력 설계 카운슬링 사업도 진행 간에 연령

조정, 컨설팅 방법 조정 등 기획 시 예상하지 못했던 장애 사항을 진행 중에 개선한 바 있다.

물론 완벽한 기획은 있을 수 없지만, 최초에는 '파일럿(pilot) 프로젝트'의 개념으로 단기간 실험적 시행을 한 이후에 피드백을 받아 재정비하고, 본 프로젝트를 시행하는 방법이 좋다.

결론적으로 '컨설턴트들도 마케팅으로부터 자유스러울 수 없다.'라는 이야기를 하고 싶다.

한국형 전직지원 기술

1. 마케팅의 정의는?

2. 관계 판매에 대해 논해보면?

3. 전직지원 전문 업체의 마케팅 접근법은?

4. 마케터에게 요구되는 스킬 3가지는?

5. 컨설턴트의 효과적인 마케팅 방법론은?

생각 정리해 보기

* 어떤 생각이 드시나요?

제8장

전직지원 행정

제 8 장

전직지원 행정

✤ 본 장에서는 전직지원 행정에 관한 내용을 다룬다. 사업의 운영상 기본적인 집중 교육과 컨설팅도 중요하지만, 그를 지원하는 서비스의 세부 구성 요소가 통합적으로 운영되기 위해서는 무엇보다도 원활한 행정 지원이 필요하다.

따라서 그에 필요한 사항을 컨설팅 사전 준비, 컨설팅 일지 작성, 그리고 전직지원 행정 서류 목록으로 구분하여 논해 보고자 한다. 행정 서류의 경우에는 사업의 성격이나 전문 업체에 따라 작성 양식이 다르고, 공공 사업의 경우에는 일부 양식이 사전에 제시되는 경우가 많다. 따라서 여기에서는 행정 양식보다는 공통적인 행정 서류 목록만 제시해 보고자 한다.

1. 컨설팅 사전 준비

먼저 사전 준비 프로세스를 설명해본다. 전직지원 서비스의 핵심은 집중 교육과 컨설팅이고, 참여자 개인으로 보면 전직과 전직 경로를 개척하고, 나아가도록 지원하는 컨설팅이 매우 중요하다. 그런 중요성을 가진 컨설팅을 지원하고, 질을 향상시킬 수 있는 서비스 행정의 중요성을 결코 간과해서는 안 된다.

컨설팅에서는 무엇보다도 내담자에 대한 정보 수집 및 파악을 통한 사전 준비가 필요하다. 사전에 파악된 내담자의 정보에 따라 관련된 시장 및 산업을 분석해 보고, 컨설팅 계획, 커뮤니케이션 전략을 수립해야 한다. 마지막으로 앞의 핵심 준비 사항들을 지원할 수 있는 관련된 행정 및 교육 자료, 가이드라인, 독서 자료 및 검사 도구, 컨설턴트 컴퓨터 등 실질적인 행정 관련 사항을 준비해야만 한다.

사전 준비 프로세스를 간단하게 요약해 보면 아래 그림과 같다.

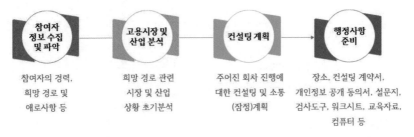

[그림 VIII-1 컨설팅 사전 준비 프로세스]

컨설팅 사전 준비 세부 사항

위 프로세스에 따른 사전 준비 사항을 세부적으로 정리해보면 아래 표와 같다.

구 분	내 용	비 고
시 간	• 컨설팅 회차 계획에 따라 내담자와 합의된 시간(통상 1~3시간)	컨설팅 기본 지침 의거
장 소	• 컨설팅이 가능한 별도 공간	전문 업체 컨설팅 공간, 민간 대여 공간, 해당 기업 공간, 제휴 전문 업체 공간, 카페 등
내담자 정보	• 사전 정보 및 획득 정보 • 희망 사항 및 애로 사항 • 경력, 직종, 직무, 직급 등	필요시, 최초 컨설팅 이전에 내담자와 간단한 온라인 의사소통 고려
컨설팅 주제	• 주어진 전체 회차별 (잠정) 주제	회차별 주제 변경 가능
컨설팅 행정 서류	• 서비스 안내문 • 계약서 혹은 서비스 신청서 • 개인정보 공개 동의서 • 설문지 • 전체 일정표 • 컨설턴트 명함 • 컨설팅 필요 검사 도구, 워크시트 • (간단한) 교육 자료 등	예시이므로 상황에 맞게 준비
비 고	• 사전에 시간과 장소를 안내하며, 추후 변경의 가능성이 있더라도, 전체 일정 및 컨설팅 주제를 사전에 내담자에게 송신하여 동의를 받는 방법도 컨설팅의 신뢰성을 부여할 수 있음	–

[표 VIII-1 컨설팅 사전 준비 내용]

한국형 전직지원 기술

컨설팅 장소

컨설팅 장소는 일반적으로 소음 등 각종 방해 요인으로부터 격리된 조용한 공간을 필요로 한다. 환경의 적절화를 통한 컨설팅의 질을 높이기 위해 전직지원 전문 업체의 경우에서는 별도의 고급스런 컨설팅 공간 몇 개소를 센터마다 설치해두고 있다. 다만 경우에 따라 표 VIII-1에서 논한 바와 같이 다양한 장소를 사용할 수 있으나, 심층 상담의 경우에는 폐쇄된 공간의 운용이 바람직하다.

아래에서 각종 컨설팅 장소를 준비한 사례를 사진으로 제시하니, 경우에 맞게 준비하기 바란다.

[그림 VIII-2 준비된 컨설팅 장소의 모습]

2. 컨설팅 일지 작성

　컨설팅을 실시한 이후에는 필수적으로 컨설팅 일지를 작성해야만 한다. 규모가 큰 전직지원 전문 업체는 '고객 관리 시스템(CMS, Client Management System)'을 운영하면서 온라인 공간에 기록한다. 컨설팅 일지는 시스템에 바로 기록하는 경우도 있으나, 별도의 일지양식이나 종이 일지에 기록하여 최종적으로 시스템에 입력하는 경우가 일반적이다.

　여기에서는 일반적인 컨설팅 일지의 구성 내용과 작성 사례를 몇 가지 제시해 본다.

컨설팅 일지 작성 목적

컨설팅 일지를 작성 목적과 구성 항목은 아래 그림과 같다.

① 컨설턴트와 내담자 간의 상호 작용과 진행 사항을 기록한다.

② 내담자의 전직 과정과 발전 내용을 추적한다.

③ 컨설팅 각 회차에서 다룬 주제와 결과를 기록하여 추후 컨설팅에 도움
　이 되게 한다.

④ 기관, 기업의 규정에 따라 기록물로 일정 기간 보관한다.

일지 구성 항목은 8가지로써 아래 그림과 같다.

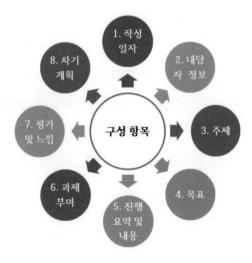

[그림 VIII-3 컨설팅 일지 주요 구성 항목의 예]

컨설팅 일지 작성 방법론

컨설팅 일지는 기록물로써의 가치를 지닌다. 현장에서 보면 컨설팅 진행 간에 주요 컨설팅 내용을 메모해 두거나, 컴퓨터를 활용하는 경우를 본다. 현장 경험에 의하면 컨설팅 장소의 현장 환경을 최대한 활용할 필요가 있다고 본다. 현장 환경은 화이트 보드(white board)나 플립 차트(flip chart) 등을 포함할 경우도 있다. 이는 컨설팅 진행 사항을 내담자가 일목요연하게 볼 수 있어 컨설팅에 큰 도움을 주며, 컨설팅 시의 대화를 이어나가는 데도 도움이 된다. 현재 전직지원 전문 업체의 경우에는 대부분 컨설팅 공간에 화이트 보드를 두지 않는데, 설치를 고려해 볼 만하다. 일부 민간 대여 공간에서는 대부분 화이트 보드를 벽에 부착해두고 있다.

더불어 컨설팅 내용을 기록하는 일지의 양도 중요한 부분을 차지한다. 기록물로써의 가치를 지니려면, 일정량 이상을 유지할 필요가 있다.

1시간의 컨설팅이라면 적어도 컨설팅 내용만 A4지, 1장 정도, 혹은 그 이상의 양이 합리적이라고 본다. 아래에 일지 작성에 참고가 되게 하기 위해 국내 및 해외 전직지원 전문 업체의 컨설팅 일지 요약 내용을 수집하여 제시하고, 일지 작성을 용이하게 할 수 있는 팁(tip)도 아래에 제시해 본다. 다소 구체적인 일지 작성의 예는 '별지 E. 주요 전직 서류 프레임 및 작성의 예'에 제시하였으니, 경우에 맞게 참고하기 바란다. 작성의 예는 현장 경험에 기초하여, 가상으로 작성되었다.

▶ 요약형 일지 작성의 예

아래는 국내 전문 업체와 해외 전문 업체의 요약형 일지 작성 사례의 예이다. 이 내용을 기반으로 세부적인 내용을 기록하면, 완전한 회차별 컨설팅 일지가 된다.

= 국내 일지 사례 =

컨설팅 일지- 2회차
[고객 정보 및 니즈 파악]
- 사업차 베트남에서 5년간 거주하면서 대규모 전시장 구축 사업을 위한 시장 조사를 마쳤으나, 현지의 경기 불황으로 인해 사업이 다소 주춤한 상태에 머물러 귀국한 상태에서 유사 직종으로 전직을 신청하고, 컨설팅에 임함.
- 가능하다면 국내 대기업의 해외 지사 근무를 희망하고 있음.
- 일본어, 영어, 베트남어는 전체적으로 문서작성 및 대화가 가능한 수준이며, 이전 경력에서 다수의 성과를 내서 성과급을 받을 정도로 기획력, 분석력이 뛰어나며 능동성, 진취성을 가진 목표 지향적인 고객임.
[컨설턴트 의견]
- 외국어 능력이 장점이나 다소 높은 연령 때문에 헤드헌팅의 대상은 아닌 것으로 보이나, 헤드헌팅을 비롯한 대기업 해외 채용 정보를 탐색 및 제공하여, 전직이 가능하도록 지원할 예정임.

한국형 전직지원 기술

[기타 제공 서비스 안내]
- 진행할 회차 등을 포함하는 전직지원 서비스를 설명하고 온라인 지원 센터 등록 요령을 안내 및 컨설팅함.

[추후 계획]
- 잠재 목표 탐색 및 우선 순위 설정(00월 3주 차)

= 해외 일지 사례 =

컨설팅 일지– 10회차
컨설팅 유형: 전직 코칭
컨설팅 일시: 0000년 0월 00일
컨설팅 시간: 1.5시간
내용:
- 현재 재직 중이지만, 희망하는 직무로 전직을 위한 전략을 세부적으로 토의함.
  – 00사에서 구인 중이라는 정보 입수 / 채용담당 000@Spencer Stuart씨 접촉.
  – 그가 지닌 데이터베이스에 있는 10여 명 중에서 선택됨.
- 다음 주에 2일간 유럽으로 해외 출장 예정임.
- 가능성 있는 17개 회사를 추가적으로 선정하여 전직 가능성을 가늠 중.
- 주요 사항
  – 네트워킹이 가능한 6개소의 연락처 제공.
  – 000@…에서 현재 해외 영업 책임자를 구인하고 있음.
  * 오후에 만나서 가능성을 탐색할 예정.
  – 18~20만 불의 인센티브를 제공하는 회사도 있음.
- 차기 컨설팅: 내담자가 귀국 이후 설정 예정.
- 차기 중점 사항
  – 인터뷰 기법 / 화상 면접 연습 검토.

[표 VIII-2 국내 및 해외 컨설팅 일지 요약문의 예]

▶ 일지 작성 팁

여러 가지 컨설팅 장소 환경을 적절하게 이용한 컨설팅 일지 작성 팁을 제시해 보면 아래와 같다.

컨설팅 시에 컨설턴트가 다양한 준비를 하지만, 컨설팅 장소 환경과 어울리는 아래 순서대로 컨설팅할 경우 일지 작성을 용이하게 할 수 있다.

① 컨설팅 실시 중에 지속적으로 핵심 사항을 간략하게 메모한다.

② 준비된 검사지, 워크시트를 제시하여 검사를 진행하거나, 워크시트를 작성하도록 하고 결과에 따른 토의를 진행한다.

③ 컨설턴트는 필요시 컨설팅 장소 내 칠판 혹은 플립 차트를 활용하여, 시각적인 컨설팅도 한다. 이는 진행 내용을 내담자와 컨설턴트가 한눈에 볼 수 있어 매우 효과적인 컨설팅이 되게 한다.

④ 검사지, 워크시트, 칠판 및 플립 차트 기록 내용을 수시로 촬영해 둔다. 혹은 이후에 촬영한다.

⑤ 컨설팅을 마치면, 작성해 둔 메모를 기초로 컨설팅 순서대로 일지를 작성한다.

⑥ 작성 중 메모해 둔 사항을 적절한 위치에 삽입한다.

위에서 설명한 내용을 설명해 보면 아래와 같다. 진행 순서대로 작성하면 된다.

한국형 전직지원 기술

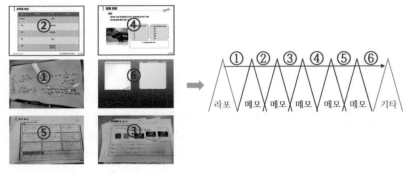

[그림 VIII-4 컨설팅 일지 작성 팁]

3. 집중 교육 사전 준비

　전직지원 서비스의 핵심은 집중 교육과 컨설팅으로 볼 수 있다. 서비스 제공 시에는 필수적으로 계약에 따른 각종 교육이 이루어진다. 규모가 큰 전문 업체에서는 별도의 교육 지원팀이 맡아서 운영하지만, 서비스를 제공하는 컨설턴트가 고객과의 교감 차원에서 직접 운영하는 예도 있다. 교육팀이 없는 전문 업체의 경우에는 컨설턴트가 운영한다.

　아래는 교육 운영에 필요한 사항을 정리해둔 것이다. 이 역시 공공이나 민간 전직지원 교육의 성격 및 상황에 따라 가감해서 사용하면 좋다.

구 분	준비 사항
홍 보	• 온라인: 전화, SNS, 이메일, 유무선 방송 등 • 오프라인: 포스트, 전단, 액스배너, 플래카드 • 동시에 내부 강사 배정 및 외부 강사 섭외

모 집	• 홍보와 병행 • 참여 신청서 수령 및 현황 유지 • 교육 오리엔테이션 실시
교육 시작	• 강의 장비: 컴퓨터, 마이크, 프로젝트, 빔 포인터, 카메라 등 • 문방 용품: 출석부, 명찰, 교재, 워크시트, 필기구 등 • 안내: 입구 등에 장소 안내판 부착, 내부/외부에 플래카드 부착 등 • 기타 다과류, 컵, 화장지, 휴지통, 정수기 등 비치
교육 종료	• 만족도 조사(기간 및 상황에 따라 횟수 결정) • 수료증

[표 VIII-3 집중 교육 사전 준비 내용]

4. 전직지원 행정 서류

전직지원 서비스 관련 행정 서류는 서비스 시작에서부터 종료 시까지의 모든 업무를 행정적으로 기록해야 하기 때문에 필요하다. 여기에서는 주요 서류 목록을 제시해 본다. 필요시 아래에서 제시하는 행정 서류 목록을 해당 프로젝트에 맞추어서 가감하여 사용하면 된다.

일반적으로 공공 및 민간 전직지원 서비스에서 사용하는 주요 행정 서류를 서비스 국면별로 분류해 보면 아래와 같다.

한국형 전직지원 기술

국 면	서류명
홍보 / 모집	• 홍보 안내서 / 전단지 • 서비스 신청서/ 정보 공개 동의서 • 홍보 계획 보고 / 결과 보고 • 관계 기관, 기업 담당자 연락처
컨설팅	• 고객 서비스 현황 및 개인별 컨설팅 계획 • 서비스 고객 총원 명부 및 컨설턴트별 담당 고객 명부 • 구직 활동 증명서 • 컨설팅 일지(고객 관리 시스템이 있을 때는 온라인 작성)
알 선	• 구직/구인 신청서 • 기업 회원 데이터베이스 • 동행 면접 계획 및 결과 보고서 • 기업 협력 계획 및 결과 보고서
교 육	• 교육생 명부 / 출석부 / 명찰 • 교육 불참 보고서 • 만족도 설문 조사지 • 교육 계획 및 결과 보고서 / 특강 계획 및 결과 보고서 • 수료증
사후 관리	• 추천서 • 사후 관리 방문 및 결과 보고서
보 고	• 최초 / 중간 / 최종 결과 보고서 / 수시 보고서 • 정기 보고서(일간, 주간, 월간: 필요시 운용)
비용 처리	• 서비스 예산 총괄서 및 서비스 운영비 • 거래처 지급 청구서(시설 임대료, 외부 강사료 등) • 개인 지급 청구서(컨설턴트 등의 비용 사용 시)
기타	• 서비스 운영 매뉴얼 • 서비스 사전 교육 계획 및 결과 보고서 • 회의록 등

[표 VIII-4 전직지원 서비스 행정 서류 목록]

1. 컨설팅 사전 준비 프로세스는?

2. 컨설팅 일지 작성 목표는?

3. 컨설팅 일지 주요 구성항목을 나열해 보면?

4. 자신의 컨설팅 일지 작성 방법론은?

5. 컨설팅 시 필요한 행정 서류는?

* 어떤 생각이 드시나요?

미래 전직지원 지향점 스케치

제 9 장
미래 전직지원 지향점 스케치

✎ 본 장에서는 기존의 공공 및 민간 전직지원 현장 상황을 살펴 보고, 시대의 흐름에 발맞출 수 있는 미래 지향점들을 스케치해 보고자 한다. 일부는 도달하기 힘든 지향점일 수도 있으나, 그렇다고 해서 포기한 상태로 있을 수 없는 내용이다.

전직지원의 미래를 가늠해 보는 일이 중요한 이유는 재화와 서비스의 생산이 필요한 이상 기업이 어떠한 형태로든 계속 존재할 것이고, 전직지원 서비스를 필요로 하는 기업의 근로자도 계속 존재할 것이기 때문이다.

전직지원 서비스는 앞으로도 우리 사회에 긍정적인 영향을 미칠 수 있기 때문에 분야 종사자뿐만 아니라 이해 당사자 모두는 전직지원의 미래에 관심을 가져야 한다. 미래 전직지원 지향점은 크게 3가지 차원으로 구분하여 이야기하고 싶다.

① 제도적 차원의 발전으로 전직지원을 둘러싼 제도에 대해 스케치해 본다.

② 전직지원 구성 요소 차원의 발전으로 제2장에서 제시한 서비스 구성 요소 8C를 하나하나 스케치해 본다.

③ 기술적 차원의 발전으로 생성형 AI의 등장을 포함하는 전직지원의 기술 발전에 관한 내용을 스케치해 본다.

한국형 전직지원 기술

주요 구성 요소별 미래 지향점을 요약해보면 아래 표 IX-1과 같다.

구 분		주요 내용
1. 제도적 발전		1. 관련 협회 활성화
		2. 현장 중심 카운슬링 서비스의 부활
		3. 정책 용어의 유연한 사용
2. 전직지원 구성 요소 8C 발전	전직지원 전문 업체 (Company 1)	1. 8C 의 중추로서 사회적 책임 강화
		2. 내부 고객 만족
		3. 인력 풀 운영
	컨설턴트(Consultant)	1. 자기 주도적 경력 개발
		2. 핵심 서비스 인력으로서의 자세 강화
		3. 고객의 기대 관리
	퇴직 기업/기관 (Company 2)	1. 전직지원 전문 업체 수익 보장
		2. 업체 선택에 대한 기준 강화
		3. 파트너십 강화
	고 객(Client)	1. 서비스 적극 참여
		2. 목표 설정 및 의사소통
		3. 지속적 경력 개발
	콘텐츠(Contents)	1. 한국화 필요
		2. 콘텐츠의 질 향상
		3. 생성형 AI 활용
	전직지원 센터 (Career Transition Center)	1. 고급화 및 고객 접근성 강화
		2. 타 시설 활용 혹은 융합
		3. 온라인 + 오프라인 거점 역할

		1. 컨설턴트 복지에 관심
2. 전직지원 구성 요소 8C 발전	운영 리더십(Captain)	2. 당근과 채찍의 혼용
		3. 문제 해결 지원
	상호 협업 (Co-working)	1. 소프트 스킬 향상
		2. 협업 창구 마련
		3. 컨설턴트 고령화 대비
3. 기술적 발전		1. 다양한 온라인 플랫폼 발전
		2. 생성형 AI 발전

[표 IX-1 미래 전직지원 지향점 스케치 요약]

1. 제도적 발전

제도적 차원에서는 전직지원과 관련된 제도의 발전인데, 관련 협회 활성화, 현장 중심 서비스 제도의 부활, 그리고 용어의 올바른 사용과 관련된 내용이다.

관련 협회 활성화

앞서 「제2장 전직지원 서비스 이해」 제3항 '주요 전직지원 전문 기관 및 전문 업체'에서 논하였지만, 전직지원 관련 협회는 전직지원 전문 업체와 관련된 산업 협회와 전직지원 전문가들로 구성된 전문가 협회로 구분할 수 있다.

현재 몇 개의 산업 협회도 존재하고, 많은 전문가 협회도 존재한다.

한국형 전직지원 기술

문제는 협회의 역할인데, 회원사나 회원들을 대변하는 활동이 활성화되어 있는지에 대한 의문을 가질 수 있다. 일반적으로 대변한다고는 볼 수 있으나, 그 깊이에 대해서는 의문을 품을 수 있다.

업체를 대변하는 몇 개의 전문 협회에서는 나름의 활동을 하면서, 제도 개선 등에 대한 의견을 제시하는 수준에 머문다. 좀 더 활성화하여 현장의 목소리를 종합하여 정책으로 반영될 수 있는 주도적 노력이 필요하다. 전문 업체들도 존재를 위한 수익에 치중하는 점도 이해가 되지만, 협회를 구심점으로 하여 상호협업하여 서비스 파이(pie)를 키워야 한다. 예를 들어, 현재의 '재취업 지원 서비스 의무화'는 사실상 '전직지원 서비스 의무화'인데, 용어 하나라도 현장의 목소리를 온전하게 정책 부서에 전할 수 있는 의지를 가져봄 직하다.

전문가들을 대표하는 숱한 전문가 협회는 협회 나름의 활동을 하지만, 전문 협회에서 하지 못하는 전문가 당사자들의 권익이나 수익을 증대시킬 수 있는 노력이 필요하다. 일부 협회에서는 그런 노력을 기울이지만, 사상누각과 같은 협회는 없는지, 차제에 전문가 협회가 정작 회원들의 복지와 안녕을 위한 것인지에 대한 생각도 해볼 필요가 있다.

현장 중심 카운슬링 서비스의 부활

2022년부터 2024년 3월까지 2년간 시행되고, 제도 자체가 없어진 '중장년 경력 설계 카운슬링' 제도의 부활이 필요하다. 이는 말 그대로 미래지향적, 현장 중심적 프로그램이었다. 따라서 기존의 제도를 다소 정비하여 유사하지만, 새로운 형태의 경력 설계 프로그램을 실행해야만 한다.

중장년 경력 설계 카운슬링은 1천인 미만 중소기업의 고용 보험에 가입한 40세 이상의 재직 근로자를 대상으로 하였다. 프로그램은 정부에서 1인당 100만 원을 고용 보험 기금에서 지출하여 3~5회에 걸친 총 10시간의 경력 전환 혹은 경력 유지를 다루는 경력 설계 카운슬링 프로그램이었다. 이 프로그램을 통해서 상대적으로 취약한 중소기업 재직자들이 경력 설계를 하면서, 미래를 가늠할 수 있었다. 이는 다양한 상황에 있는 근로자 개인을 위한 맞춤형 경력 설계로써 사전에 경력 설계를 하여 미래를 준비하자는 좋은 의미를 가지고 출발하였으나, 2년 간 실행되다가 중단된 상태에 있다.

부활이 가능할 경우에 이 프로그램은 주로 재취업 지원 교육 중심으로 주로 실행되고 있는 재취업 지원 서비스 의무화와 연계하여 한 묶음으로 제공한다면 명실상부한 공공의 최고의 경력 설계 프로그램으로 거듭날 수 있다. 더불어 고용 보험을 내는 대기업 근로자들까지 확대할 필요성도 고려해 봄 직한 훌륭한 프로그램이다.

현장에서 만나본 카운슬링 참여자나 카운슬러들은 대부분 카운슬링의 중단에 대해서 아쉬워하고 있다. 빠른 시일 내에 유사한 프로그램의 재출발로 기업 재직자들에게 미래를 가늠할 수 있는 기회가 다시 오기를 기대해본다.

정책 용어의 유연한 사용

현재 공공의 전직지원 서비스 명칭은 '재취업 지원 서비스'로 하고 있다. 대부분 50대를 넘어선 중장년 근로자들을 대상으로 하는데, 재취업이라는 용어를 사용함으로써 대상자들의 오해를 불러일으킬 수 있다. 재취업할 수 있을 것 같은 희망을 줄 수도 있고, 재원을 사용하는

한국형 전직지원 기술

입장에서 재취업이라는 목표 지향적인 용어를 사용하는 것도 좋다. 그러나 급격히 변화하는 직업 세계에 재취업만 존재하는 것이 아니고, 다양하게 일하는 방식도 존재하기 때문에 직업이나 직무를 바꾼다는 의미의 전직으로 사용해야 한다. 따라서 현재의 '재취업 지원 서비스 의무화'라는 명칭을 '전직지원 서비스 의무화'로 변경해야만 한다.

2. 전직지원 구성 요소 8C 발전

전직지원 서비스 구성의 핵심 요소인 8C는 전직지원 전문 업체(Company 1), 퇴직자 소속 기업/기관(Company 2), 컨설턴트(Consultant), 고객(Client), 콘텐츠(Contents), 전직지원 센터(Center), 운영 리더십(Captain), 그리고 상호 협업(Co-working)이다. 각 구성 요소별로 발전이 필요한 내용을 하나씩 전개해 보고자 한다.

전직지원 전문 업체(Company 1)

기본적으로 전직지원 전문 업체는 영리를 추구하면서, 그 수익을 기반으로 운영하는 입장이다. 그럼에도 불구하고, 전직지원 서비스의 중추를 담당하는 조직으로서 몇 가지 고려해야 할 사항은 사실상 리더십과 관련된 문제인데, 아래와 같다.

첫째, 8C의 중추 조직으로서 사회적 책임을 강화해야 한다. 전문 업체는 전직지원 서비스를 수행하는 중추 조직으로써 서비스의 개선, 콘텐츠의 발전, 컨설턴트의 역량 향상 등 서비스 관련 요소의 발전에 관한 사회적 책임 의식을 가져야만 한다. 이는 전직지원 업(業)의 의미나 가치를 유지 및 발전시킬 수 있다.

둘째, 내부 고객 만족도 향상이 필요하다. 컨설팅을 수행하는 컨설턴트들의 행복이 질적 서비스를 지향하게 하고, 그것이 고객의 행복으로 이어진다고 본다. 통상 고객의 만족도에만 중점을 두지만, 정작 컨설턴트의 만족도가 고객보다 우선되어야 하지 않을까? 고객과의 접점에서 컨설턴트들이 일하기 때문이다. 특히 우수 인력의 영입과 관련된 보수 문제를 해결할 수 있는 방안도 강구해야만 한다. 만약 현재와 같이 만족할 만한 보수를 지급할 수 없는 상황이라면, 그에 상응하는 간접적인 방안을 강구할 필요가 있다.

셋째, 컨설턴트 인력 풀(pool) 운영이다. 현장에는 많은 컨설턴트 인력이 존재한다. 서비스 사업 수주가 임박해서 인력을 선발하여 급하게 사업을 준비하기보다는 평소에 인력 풀을 선발하여 유지해 보자. 그들에게 일정한 공간을 제공하는 등 편의를 제공하는 방법도 구상해 보자. 이는 서비스의 질 향상에도 기여한다. 더불어 자격을 획득하고, 근무하고자 하는 의욕은 많으나 현장 경험 축적의 기회를 찾기 힘든 무경험 컨설턴트를 위한 일정 기간의 수련 제도도 실시해 봄 직하다. 이후 자사의 인력 풀로 등록하고, 필요시 운영하게 된다면 금상첨화이며, 업의 발전에 기여할 수 있다.

퇴직자 소속 기업/기관(Company 2)

전직지원의 선진화를 생각해보면 프로젝트를 발주하는 기업이나 기관도 '갑'의 입장이 아닌 '파트너'라는 입장에서 생각해 볼 시점이 되었

한국형 전직지원 기술

다. 단순히 '(재)취업자 머리 세기' 등의 구태의연한 실적 위주의 입장에서 떠나, 실적을 낼 수 있는 환경의 조성에 힘을 쏟는 역발상적인 제도의 마련도 필요하다.

첫째, 전직지원 전문 업체의 수익을 보장해야 한다. 우리 사회의 입찰 제도에는 최저가 입찰, 제한적 최저가 입찰, 그리고 적격 심사 입찰이라는 제도가 있다. 법적인 범위를 넘어서자는 것은 아니지만, 전직지원 전문 업체를 믿고, '질은 사업비에서 나온다.'라는 전향적인 생각을 가지고 전문 업체의 수익을 보장해주는 방안을 강구해 보자. 이는 우수 컨설턴트의 영입과 질적인 프로젝트의 운영과 직결되는 매우 중요한 사안이다. 생각을 더 확장해 보면 이는 퇴직자들의 복지와 직결된다.

둘째, 업체 선택에 대한 기준 강화이다. 각종 프로젝트 제안 요청에서 규정하고 있지만, 좀 더 의도적으로 선발 차별성을 강화하고, 적합한 전문 업체의 선정이 되어야만 한다. 종종 복수 혹은 다수 업체를 선정하는 등 차별성을 무색하게 만드는 경우도 본다. 간혹 프로젝트를 몇 년 수행했으니 사이클의 개념을 적용해서 수행 업체를 의도적으로 바꾸는 전근대적인 구태의연한 형태는 없는지 살펴볼 일이다.

셋째, 파트너십(partnership)의 강화이다. 이는 프로젝트를 발주한 '갑'의 입장을 벗어나자는 이야기이다. 대체로 발주 측에서 세부적인 통제를 하는 경우가 많은데, 전향적으로 프로젝트의 질을 내기 위해서 도와줄 수 있는 방안을 강구하는 자세를 지향하는 것은 어떨까? 즉, 통제 혹은 감독자라는 입장을 떠나서 지원자 혹은 파트너라는 입장에서 시작해 봄 직하다. 전문 업체의 입장에서도 '을'이라는 시대착오적인 입장에서 벗어나 '갑'과 동등한 입장에서 프로젝트의 질 향상에 중점을 두는 이해 당사자 관리에 힘써야 한다.

컨설턴트(Consultant)

전직지원 컨설턴트와 관련하여 자기 주도적 경력 개발, 조직원으로서의 자세 강화, 그리고 고객의 기대 관리에 대해서 이야기해 보고자 한다.

첫째, 지속적인 자기 주도적 경력 및 역량 개발이다. 컨설턴트는 전직지원 서비스의 핵심 요원이라는 자부심을 가지고, 고객의 변화, 시장의 변화에 부응할 수 있는 지속적이고도, 의도적인 자기계발을 해야만 한다. 이는 자신의 경력 및 역량 개발이다. 그리고 자신의 경력과 역량의 개발은 근무하는 전문 업체가 아닌 자신의 책임이라는 자기주도적인 생각도 해보자. 더불어 다양한 계층에 대한 이해를 자신의 역량 부분으로 흡수하고 싶은 컨설턴트는 의도적으로 직무를 바꾸어가면서 다양한 계층을 경험해 볼 필요가 있다.

둘째, 핵심 플레이어로서의 자세 강화이다. 기본적으로 자신이 속한 전문 업체의 발전에 기여해야 한다는 생각을 가져보자. 전문 업체의 발전은 곧 자신의 발전이다. 자신의 발전을 원한다면 그에 상응하게 소속 전문 업체에 대한 자신의 자세도 잘 가다듬을 필요가 있다. 명함에 소속 전문 업체명이 들어가듯이, 그 전문 업체가 곧 자기이기 때문이다. 전문 업체라는 조직 자체가 자신의 파트너라는 생각을 해볼 수도 있다.

셋째, 고객의 기대를 관리해야만 한다. 고객은 자신이 희망하는 바에 기초하여 바라는 바가 많다. 고객의 기대를 무한정 받아들이는 것이 아니라, 컨설팅의 구조화 등을 통해서 고객의 기대를 잘 관리해야 한다. 고객의 기대 관리는 그의 기대치를 컨설턴트 입장에서 관리한다는 의미이다. 컨설턴트는 골프장의 캐디(caddie)에 비교할 수 있다. 캐디는 바람의 방향, 거리 등에 관한 조언을 한다. 마지막으로 골프공을 치는 것은 고객이다. 고객의 기대를 관리한다는 것은 그에 맞게 교육이나 컨

설팅을 한다는 말이다. 고객 중심이라는 이야기는 고객이 왕이라는 이
야기는 아니다.

고객(Client)

전직지원 서비스의 질 향상에 대한 책임은 전직지원 전문 업체와 컨
설턴트로 한정해서 논할 이야기가 아니다. 서비스에 참여하는 고객도
아래와 같은 자세를 가지고 서비스에 임할 경우에 더욱 나은 서비스 결
과를 낳으면서 미래를 밝게 할 수 있다.

첫째, 적극적인 참여와 열린 마음으로 서비스에 참여해야 한다. 집중
교육, 컨설팅뿐만 아니라 각종 워크숍, 특강, 네트워킹 모임 등에도 적
극적으로 참여하여 자신의 변화를 직접 관리하는 자세를 가져야 한다.
모든 것을 지원 조직이나 지원 인력이 해주기를 바라는 마음은 변화를
자기 주도적으로 만들 수 없기 때문이다.

둘째, 명확한 목표를 설정하고 개방적 커뮤니케이션을 해야만 한다.
명확하지는 않더라도 일단 목표를 설정해서 방향을 잡아야만 한다. 최
초에는 여러 개의 잠재목표를 가지고 있어도 좋다. 길을 가는 과정에서
여러 개의 목표가 하나씩 사라지기 시작하고, 진정한 목표가 나타난다.
그 과정에서 만나는 모든 사람들과의 의사소통은 매우 중요한데, 만나
는 모든 사람들이 잠재 고용주가 되거나, 잠재 고용주에게 연결해 줄
수 있는 사람들이기 때문이다.

**셋째, 경력 개발을 위한 지속적인 학습 속에서 인내심을 가져야만 한
다.** 고용 시장의 요구에 맞추어 자기 주도적 지식, 기술, 그리고 태도를
습득하거나 발전시켜야 한다. 고용 시장의 변화, 평균 수명 연장은 평

생 학습을 요구하는데, 전직에 쏟은 자신의 인내심을 열매로 맺을 수 있는 촉진제 역할을 한다.

콘텐츠(Contents)

콘텐츠에 관한 한 컨설턴트 개인의 역량도 중요하지만, 전문 업체에서 보유한 콘텐츠와 그 콘텐츠를 기반으로 한 지속적인 개발이 병행되어야 한다. 이는 서비스의 질 향상에 직결되고, 퇴직 기업에서 전직지원 전문 업체를 선택하는 기준 중의 하나가 된다.

첫째, 기존 해외 콘텐츠의 한국화가 필요하다. 아시아 재정 위기 이후 한국에 도입된 최초의 기본 콘텐츠들은 이제 20년이란 시간을 넘어섰다. 일부 전문 기관이나 전문 업체에서 콘텐츠의 한국화 노력을 기울이고 있으나, 추가적인 노력이 필요하다. 더불어 유사 분야의 HR 콘텐츠를 잘 살펴보고 전직지원 분야의 콘텐츠로 전환하는 역발상도 필요하다. 한국화를 외쳐 보자. 길이 보일 것이다.

둘째, 기존 콘텐츠의 질 향상 노력이다. 정부에서 한국고용정보원을 통해서 많은 콘텐츠를 개발하였고, 노사발전재단에서는 재취업 지원 서비스 의무화와 관련된 콘텐츠도 개발하였다. 현장의 전직지원 전문 업체나 컨설턴트들도 변화에 부응하는, 다양한 콘텐츠를 발전시키는 노력이 필요하다. 미래를 생각해 보면 기존의 전직지원을 넘어서서 생애경력설계를 지향하는 수준까지 발전되어야만 한다. 시대의 변화에 따라 많은 콘텐츠가 개발되어도 여전히 콘텐츠의 고급화, 차별화에 대한 요구는 존재한다.

셋째, 셋째, 생성형 AI 시대의 기술 변화에 대비해야 한다. 기술 변화에 부응하는 다양한 전직, 재취업, 생애설계 관련 프로그램을 도입해서 전파해야만 한다. 이제는 AI와 공생을 해야 하지 않을까? AI를 활용한 콘텐츠 개발 및 전파도 많은 관심을 받고 있다. 콘텐츠의 전파 통로는 워킹 그룹(working group)이나 동아리 혹은 커뮤니티 활동 등을 활용할 수 있다. 그런 다양한 통로를 통해 질적인 콘텐츠가 고객들에게 자연스럽게 흘러들어 갈 수 있는 환경을 조성해 보자.

전직지원 센터(Center)

대한민국에 전직지원 서비스가 도입될 당시에 특이하였던 점은 전직 지원 센터의 설치였는데, 전직하는 고객에게 임시 사무실을 제공하는 개념이었다. 이제는 다시 한 번 그런 센터 시설의 구성을 재검토해 볼 시간이 되었다고 본다.

시설의 고급화 및 접근성, 거점 마련, 그리고 편안한 사용 등 유연화에 관해 이야기해 보고자 한다.

첫째, 고급화 및 고객 접근성을 고려해야 한다. 최초에 관심을 끌던 전직지원 센터의 시설은 이제 너무 일반적인 시설이 되어버렸다. 센터는 희망퇴직자의 전환을 위한 사무실로 사용하는 만큼 그 이용의 편의성을 고려하고, 시설의 고급화를 통해서 자연스럽게 시설 사용의 횟수를 늘려야 한다. 시설의 고급화 및 접근성을 향상하여, 센터를 자발적으로 자연스럽게 방문하는 기회를 늘리면 고객이 전직을 위한 준비를 더 잘할 수 있다고 본다. 전문 업체의 입장에서 보지 말고, 고객의 입장에서 센터를 구성해 보자.

둘째, 타 시설의 활용 혹은 융합이다. 임대 사무실과 협업, 멋진 카페와 같은 시설을 활용하거나, 융합도 해봄 직하다. 럭셔리한(luxurious) 임대 사무실 회사와 협업하여 시설을 활용하는 방법도 있다. 이는 센터 설치로 인한 고정비를 줄이는 방안이 될 수 있다. 더불어 휴게 공간으로는 인근에 있는 카페를 센터 시설에 융합시키는 방법도 생각해볼 수 있다. 최근에 국내 전직지원 전문 업체에서 음식점을 창업하여, 평시에는 음식점으로 운영하면서, 필요시 창업 교육장으로 사용하는 예도 있다('이음길사'의 예). 또한, 회사사무실 바로 옆의 카페와 협업하여 가격도 낮추고, 고객 응대 혹은 컨설팅 시 그 공간을 사용하는 좋은 예도 있다('케이잡스사'의 예).

셋째, 전직자가 활동할 수 있는 워크스테이션의 역할을 해주고, 그에 적합한 장비를 갖추어야 한다. 각종 플랫폼을 운영하거나, 전직에 필요한 첨단 장비도 갖추어야 한다. 노후되거나 뒤떨어진 전직지원 센터의 시설을 대폭 개선, 즉 고급화나 첨단화할 필요성이 있다. 특히 민간 전직지원 센터가 그러한데, 최근 전문 업체가 그런 구성으로 전환하는 좋은 예를 볼 수 있다. 온라인, 오프라인 강의장, 그리고 관련 첨단장비를 잘 갖추어 궁극적으로 센터를 시설이 아닌 도구로 활용하는 방법이다, 센터는 그냥 공간만 제공하는 것이 아니라, 고객이 필요로 하는 공간과 첨단 장비를 제공하는 곳이 되어야 한다.

운영 리더십(Captain)

현재 다수 전직지원 전문 업체의 리더십에 위치한 관리자는 대부분 전직지원 서비스 초기 혹은 중기부터 이 분야에 종사하였다. 리더십의 위치에 있는 것은 힘들고, 기본적으로 업체의 수익을 지향해야 한다.

그러나 수익과 복지의 균형 유지 노력, 리더십 발휘 방법, 문제 해결 방법 등 다양한 방안, 즉, 조직 운영의 활성화에 기여할 수 있는 리더십 발휘도 고려해볼 필요가 있다. 리더십을 논한다는 것은 어렵고, 정답도 존재하지 않지만, 해답으로 가는 길에 필요한 몇 가지를 논해 본다.

첫째, 수익과 직원, 특히 컨설턴트 복지와의 균형이다. 리더십 입장에서는 수익 향상이 첫 번째 과업일 수 있으나, 그 수익을 창출해 주는 구성 요소 중 가장 중요한 것은 바로 컨설턴트들이다. 따라서 컨설턴트는 수익 창출원이라는 논리로 리더십을 행사하면 어떨까? 많은 동종 혹은 이종의 기업들이 그런 방법을 사용해서 수익을 확대하는 결과를 보면서도 남의 이야기라고 생각할 필요는 없다. 한번 시도해 보자.

둘째, 당근과 채찍의 적절한 혼용이다. 잘 아는 이야기라는 생각을 할 수도 있고, 잘 행사하고 있다는 생각을 할 수도 있지만, 당근보다 채찍만 남아 있는 것은 아닌지에 관해서도 생각해볼 문제이다. 채찍도 필요하지만, 먼저 당근을 내놓아 보자. 개인의 욕구는 무한정이라는 사실을 고려해 보고, 실행해 보자. 물론 운용상의 묘미를 보여야만 한다.

셋째, 문제 해결 지원이다. 리더십의 역할은 조직의 문제 해결이라고 해도 과언이 아니다. 많은 리더십이 군림하거나, 강요만 하는 것은 아닌지 가늠해 보아야 한다. 그냥 일만 많이 하라고 강요하는 리더십도 종종 보인다. 문제의 해결은 그냥 현장에 맡겨두는 경우도 종종 본다. 솔선수범의 자세, 그리고 컨설턴트가 일을 잘할 수 있도록 방해 요인을 제거하는 것이 최상의 리더십이다. 현장 프로젝트 수행에서 리더십은 실적만 강조할 것이 아니라, 실적 향상에 도움을 주는 행위를 자신이 하고 있는지에 관해서도 생각해 봄 직하다.

상호 협업(Co-working)

상호 협업을 제시하는 이유는 전직지원 서비스의 궁극적인 발전과 컨설턴트의 안녕을 위한 복지, 그리고 전직지원 전문 업체의 수익 향상 차원이다. 여기에서는 컨설턴트의 소프트 스킬 향상, 그리고 컨설턴트의 고령화 대비책에 대해서 논해 보고자 한다.

첫째, 컨설턴트들의 내부 지향 소프트 스킬 향상이다. 컨설턴트들은 다양한 소프트 스킬을 교육받는다. 이는 고객을 지향하는 소프트 스킬이다. 그런데 정작 내부 지향적인 소프트 스킬에 대해서는 관심이 적다. 상호 협업을 위한 소프트 스킬의 향상을 필요하다. 컨설턴트의 세계도 사람이 사는 세계인지라 인화가 중요하기 때문이다. 그 기본에 소프트 스킬이 존재하는데, 수익 향상에도 직접적, 간접적으로 연계된다.

둘째, 상호 협업의 창구 마련이다. 협업을 강조하지만 정작 협업을 입으로만 강조하는 것은 아닌지에 관해서는 생각해 볼 문제이다. 고객에게 서비스를 제공하는 우리 분야 종사자들은 좋은 방법을 잘 알고 있다. 동아리, 워킹 그룹, 독서 모임 및 전 직원 워크숍 개최 등을 활용할 수 있다. 항상 '역지사지(易地思之)'를 생각해 보자.

셋째, 컨설턴트의 고령화에 대비해야 한다. 누구라도 나이가 들어간다. 그리고 최근에는 고객들의 고령화도 진행되고, 그에 따라 50대, 60대 컨설턴트의 진출이 많아졌다. 개인에 따라 다르겠지만, 현재 시점에 현장 컨설턴트 역할은 65세 전후로 마감된다고 볼 수 있다. 고려해야 할 사항은 그들이 역량을 발휘할 수 있는 부분이 아직 존재한다는 사실이다. 고객의 고령화에도 대비할 수 있고, 오랜 삶의 지혜도 나눌 수 있으며, 남들이 손사래를 치는 업무도 수행할 수 있다. 젊은 컨설턴트의 입장에서는 고령 컨설턴트가 확대된다는 것은 좋은 신호로 보아야 하고,

자신도 오래 일할 기반을 마련할 수 있다는 생각을 해보면 고령 컨설턴트가 일하는 시간을 연장할 수 있도록 지원해야 한다는 결론에 이른다.

3. 기술적 발전

AI 기술 발전이 전직지원에 영향을 미친 것은 AI 모의 면접, AI 채용, AI를 이용한 클리닉 등이다. 그러나 최근 생성형 AI의 출현으로 인해서 크나큰 충격을 안겨주었다. 생성형 AI를 포함하는 몇 가지 기술적 발전을 우리 분야에 적용할 수 있는 방법을 알아보면서 기술적 발전을 한 걸음 더, 아니 몇 걸음 더 앞설 수 있는 기회로 만들어보자.

다양한 온라인 플랫폼

전직지원의 중요한 국면 다수가 이제 오프라인보다는 온라인으로 진행되기도 한다. 앞으로 더욱 발전할 것임은 누구도 부인할 수 없다. 이미 우리가 경험하고 있는 플랫폼이 다수 존재하고, 미래에는 다양한 플랫폼이 증가할 것으로 예상된다.

예를 들면, 원격 강의를 할 수 있는 플랫폼, 온라인으로 검사를 진행하는 플랫폼, 빅데이터 분석을 통한 직무 매칭 및 시장을 예측할 수 있는 탐색 플랫폼, 가상 네트워킹 이벤트나 취업 박람회 등의 활성화, 가상현실(VR)과 증강현실(AR)을 통한 직무 환경 체험 그리고 원격 근무를 가능하게 해주는 플랫폼 등이다. 이런 플랫폼을 활용하거나, 설치하여 업무의 효율성을 추가로 향상할 수 있다. 더불어 전직지원 서비스에 적합한 챗봇(chatbot)를 개발하여 서비스의 기획 및 컨설팅 업무에 도움이 되게 하는 방안도 고려해 봄 직하다. 이는 기존의 오프라인 중심에서 온라인 중심으로 이동하는 과정에서, 혹은 하이브리드로 운영하는 과정에서 여러 가지 지리적 문제 및 시간적 문제를 해결해 주는 플랫폼들이다.

생성형 AI의 발전

생성형 AI는 고객이 희망하는 경로를 가늠하고, 목표를 달성하는 데 충분한 도움을 줄 수 있는 수단이다. 다만 프롬프트를 잘 구성하여 질문해야만 한다. 더불어 생성형 AI의 발전이 우리에게 미치는 영향에 대한 추가적인 윤리적 문제의 검토가 필요하다. 현재 수준에서는 아래와 같은 내용의 활용이 가능한 수준이다.

첫째, 맞춤형 커리어 경로를 제안한다. 고객의 경력, 기술, 관심사 등을 분석하고, 전직 서류, 교육 배경 등을 기반으로 적합한 산업과 직무를 연결하는 데 도움을 준다.

둘째, 전직 서류의 초안 작성에 필요한 아이디어를 제공한다. 이는 반복적이고, 시간 소모적인 작업을 줄여주고, 컨설턴트로 하여금 더욱 전략적인 조언을 할 수 있도록 도와준다.

셋째, 모의 면접 및 피드백을 받을 수 있다. 고객의 응답 내용, 말투, 표정 등을 분석하여 면접 기술을 향상시키는 데 도움을 준다. 예를 들어, ChatGPT는 대화를 통해서 모의 면접을 할 수 있으며, 면접 시뮬레이션을 지원하는 생성형 AI를 사용하는 플랫폼으로는 HireVue, InterviewStream, Pymetrics, VMock, Knockri 등이 있다.

넷째, 직업 시장 분석 및 트렌드 예측이 가능하다. 대량의 데이터를 분석하여, 특정 산업의 성장 가능성, 새로운 직무 요구 사항, 기술 변화 등을 제공한다. 더불어 그에 따라 개인의 미래 경력 개발 전략을 제시할 수도 있다.

다섯째, 기타 직장 적응 등 여러 가지 일반적 사항의 개념 제공이다. 100%의 수준을 보이는 것은 아니지만, 의문을 가진 많은 사항에 대한 기본적인 정보를 나열해 준다. 이를 참고하면 도움이 된다.

전체적으로 전직지원의 미래를 제도적 차원, 구성 요소 차원, 그리고 기술적 발전 차원에서 스케치해 보았다. 기업이 존재하는 한 미래에도 전직지원 서비스는 지속될 것으로 확신한다. 앞서 이야기한 스케치 내용에서 출발하여 추가적인 발전이 이루지기를 바란다.

1. 전직지원 서비스 분야 발전 장애 사항은?

2. 제도적 발전 추가 사항은?

3. 전직지원 구성 요소 8C의 발전 추가 사항은?

4. 기술적 발전 추가 사항은?

5. 컨설턴트로서 자신의 추가 발전 필요 사항은?

생각 정리해 보기

* 어떤 생각이 드시나요?

에필로그

이제 대한민국에 전직지원 서비스가 최초로 도입된 이후 약 25여 년의 세월이 흘렀다. 그동안에 전직지원 분야의 리더십 그룹과 열정을 보여준 컨설턴트 그룹, 그리고 국가에 의해서 전직지원 서비스는 엄청난 발전을 이루었다고 본다. 그를 통해서 숱한 퇴직(예정)자들에게 양적, 질적인 서비스를 제공할 수 있었고, 많은 퇴직자들이 자신의 미래 경로를 잘 선택할 수 있었다. 참 감사한 일이다.

공동 저자들의 입장에서는 전직지원, 직업상담 분야에서 살아온 시간, 아니 컨설턴트로서의 경험 그 자체를 종이 위에 정리할 수 있었던 좋은 기회였다. 더불어 종사하는 업, 즉 전직지원 업계에 기여하고픈 생각을 가지고 저작 여정에 참여하였다. 최초에는 '과연 할 수 있을까?', '굳이 독자층이 얇은 책자를 저작해야 할까?', '전직지원이란 행위의 전문성 수준이 높은데 잘 쓸 수 있을까?'라는 다소 회의감도 들기도 했지만, 어느덧 에필로그를 쓰고 있는 시간이 되었다. 이 역시 감사한 일이다.

책자 명을 『한국형 전직지원 기술』로 정하면서, 과연 한국화된 것인지에 대한 의문도 있었다. 그렇지만 현장의 리더십과 선임 컨설턴트들이 자신의 경험에 기초하여 소중한 인터뷰에 응해 주었기 때문에 자신 있게 '한국형'이라는 단어를 추가하게 되었다. 그런 경험에 기초한 인터뷰 내용들이 이 저작물의 디딤돌이 되었고, 시대의 변화에 따른 전직지원의 방향성을 인식하게 해준 매개물이 되었음을 말씀드리고 싶다. 이 역시 매우 감사한 일이다.

저작하면서 어려웠던 점도 있었다. 한국형 전직지원 책자로서 어떤 차별성을 가해야만 하는지에 대한 고민이었다. 답은 바로 '역발상'이었다. '역발상'이라고 하지만 대단한 것은 아니었고, 바로 '생각을 정리하는 방법'이었는데, 아래와 같이 이야기하고 싶다.

첫째, 프레임의 사용이었다. 가능한 최초 생각을 쏟아낼 수 있는 구조를 만들어서 제시하자는 것이었다. 작성의 예를 많이 들고 싶었지만, 이미 다른 전문책자나 관련 홈페이지에 다수 게시되어 있었기에 생략하였고, 생각을 정리할 수 있는 프레임들을 다수 제시하였다.

둘째, 많은 도표와 그림을 사용하였다. 저작을 마치고 나서, 비로소 도표와 그림이 많다는 사실을 알았지만, 그대로 살려두기로 하였다. 그 내용을 기반으로 생각의 정리를 보여주는 다른 도표와 그림이 독자들에 의해서 재탄생되기를 바라기 때문이다.

셋째, 현장 경험적 생각 정리 기법을 정리하였다. 책자 내에 포함된 여러 가지 생각 정리 기법은 공동 저자들이 이미 현장에서 사용하면서 그 효과를 본 기법들이다. 따라서 그런 기법을 사용한다면 적어도 시간의 절약과 생산성 향상에 도움이 될 것으로 확신한다.

넷째, 앞의 3가지와 다소 다른 이야기지만 많은 (재)취업 중심의 책자들이 그리고 전직 시장의 경험이 없는 분들이 저작한 책자들만이 존재하였다. 그래서 정작 전직지원에 필요한 스킬들은 그 개발이 미미하였다. 다양한 프로젝트의 경험에 기반을 두어 저작하였기 때문에 감히 한국형이라고 말씀드린다.

다섯째, 생성형 AI의 출현에 대한 생각 정리이다. 이전에도 인터넷 출현, 4차 산업혁명시대의 도래 등 기술적인 발전이 세상을 떠들썩하게 만들었다. 기술은 우리의 일을 편리하게 만드는 수단이지 목적이 아니다. 생성형 AI는 보조적 역할을 하는 하이테크(high tech)로서 전문가들의 하이터치(high touch)를 필요로 한다. 전문가 여러분의 마지막 터치(touch)가 더없이 소중한 시대가 왔다. 그 터치는 여러분의 이론적, 경험적 지식, 기술, 태도에서 나온다는 점을 강조하고 싶다. 기술이 전부가 아니라는 생각도 해보자는 말씀을 드리고 싶다.

공동 저자들은 이 책자가 완벽하다고 생각하지 않는다. 공동 저자 4명이 이 책자에 준 점수는 100점 만점에 평균 84점이다. 공동 저자들이 바라는 바는 이 수준에서 대한민국 전직지원의 기반 혹은 이정표가 되어주고, 추후에 누군가가 시대의 흐름과 현장의 변화에 따라 전직지원의 기본을 더욱 굳건하게 할 수 있는 새로운 이론적, 경험적 책자를 저작해 주는 것이다.

마지막으로 전직지원 현장에서 고객의 선택과 결심을 지원하는 데 참고할 수 있는 책자의 탄생을 위해 노력해주신 공동 저자 여러분과 인터뷰에 응해 주시고 귀중한 경험담을 아낌없이 쏟아 내주신 모든 분에게 다시 한 번 감사드린다. 더불어 전직지원 분야 근로자들의 발전도 간절히 소망하면서, 전직지원 서비스에 참여하는 고객들의 행복도 빌어본다.

감사합니다.

별지 A
재취업 지원 서비스 의무화 프로그램 구성

별지 A는 고용노동부, 노사발전재단의 「재취업 지원 서비스 교육 진행자 매뉴얼」을 참고하여 작성하였다.

이 내용은 컨설턴트들이 특정 프로그램 구성 시에 벤치마킹하는데 도움을 주기 위한 목적을 가지고 있다.

사무직 프로그램(40시간)

■ 정년퇴직 예정자

컨셉명	모듈명	시 간	프로그램
길을 서다 (10H)	인생 3막 신도전기	2	* 교육 기대 사항 * 내 인생의 자원 찾기
	변화 관리- 내 삶을 지키는 기술	4	* 변화 관리의 필요성 * 변화 과정 이해 * 변화에 적응하기
	멋진 100세 인생을 위한 재무 설계 전략	4	* 생애 주기별 재무 관리 * 6대 자산 위험 * 특화/절세 금융 상품 * 3층 보장 제도
길을 묻다 (12H)	인생 N막 시대, 자기다움 찾기	4	* 자기 이해 * 일자리 선택 기준 * 직업 흥미, 가치관 * 강약점 찾기
	일자리 정보 탐색, 달라지는 내일	4	* 민간 포털 활용 * 공공 포털 활용 * 전문 포털 활용 * SNS 활용
	인생 N막 시대, 마이웨이	4	* 준비한 노후 * 진로 대안 탐색 * 진로 자원 * 진로 설계

길을 보다 (12H)	빛나는 나의 순간	1	* 채용 시장 * 나의 경력 돌아보기 * 경력 정리하기
	신박한 경력 정리 기술	3	* 이력서 작성법 * 자소서 작성법 * E-mail 작성법/실습
	스트레스 관리하기	2	* 스트레스 관리 * 스트레스의 영향 * 스트레스 사례 * 스트레스 진단 * 스트레스 관리/십습
	행복 찾기 솔루션, 좋은 관계 맺기	2	* 나의 관계망 점검 * 관계 관리의 중요성 * 세대 갈등, 가족 갈등 * 갈등 커뮤니케이션
	면접의 기술	4	* 재취업 성공 사례 * 최근 면접 트렌드 * 면접 태도의 중요성 * 면접 시 집중할 역량 * 면접 유형 및 사례 * 면접 실습
길을 나아가다 (6H)	행복한 여라밸	2	* 여가 활동의 이해 * 여가 활동의 종류 * 대표적 여가 활동 * 여가 계획 세우기
	알아두면 유용한 정부 지원 정책	2	* 취업 지원 기관 * 창업 지원 기관 * 귀농/귀촌 지원 기관 * 사회 공헌 활동 지원 기관
	인생 3막 신도전기, 행복 출발	2	* 생애설계 교육 정리 * 진로 설계서 작성(자산, 경력, 건강, 여가, 대인 관계 관리)

■ 조기퇴직 예정자

컨셉명	모듈명	시 간	프로그램
길을 서다 (10H)	인생 3막 신도전기	2	* 교육 기대 사항 * 내 인생의 자원 찾기
	변화 관리- 내 삶을 지키는 기술	4	* 변화 관리의 필요성 * 변화 과정 이해 * 변화에 적응하기
	인생 후반기 재무 설계 전략	4	* 리스크 관리 * 재무 관리 전략 * 3층 보장 제도 * 내 자산 확인하기

길을 묻다 **(12H)**	인생 N막 시대, 자기다움 찾기	4	* 자기 이해 * 일자리 선택 기준 * 직업 흥미, 가치관 * 강약점 찾기
	일자리 정보 탐색, 달라지는 내일	4	* 민간 포털 활용 * 공공 포털 활용 * 전문 포털 활용 * 창업 정보 활용 * 네트워크, 서치펌, SNS 활용
	인생 N막 시대, 마이웨이	4	* 채용 트랜드 * 퍼스널 브랜드 만들기 * 경력 전환 대안 탐색 * 성공 사례 * 경력 목표 설정하기
길을 보다 **(12H)**	빛나는 커리어 디자인	4	* 이력서 작성법 * 경력기술서 작성법 * 자기소개서 작성법 * E-mail 작성법 * 경력 목표 설정하기
	스트레스 관리하기	2	* 스트레스 관리 * 스트레스의 영향 * 스트레스 사례 * 스트레스 진단 * 스트레스 관리/실습
	재취업관리 필수 템! 관계전략	2	* 나의 관계망 점검 * 관계 관리의 중요성 * 전직을 위한 관계 관리
	면접의 기술	4	* 재취업 성공 사례 * 최근 면접 트렌드 * 면접 태도의 중요성 * 면접 시 집중할 역량 * 면접 유형 및 사례 * 면접 실습
길을 **나아가다** **(6H)**	카멜레온 직장 적응기	2	* 커리어 서바이벌 게임 * 카멜레온처럼 직장 적응하기 * 직장 적응 전략
	알아두면 유용한 정부 지원 정책	2	* 취업 지원 기관 * 창업 지원 기관 * 귀농/귀촌 지원 기관 * 정부 지원 제도 * 자격증 정보
	인생 2막 신도전기, 행복 출발	2	* 생애설계 교육 정리 * 진로 설계서 작성(자산, 경력, 건강, 여가, 대인 관계 관리)

생산직 프로그램(40시간)

■ 정년퇴직 예정자

컨셉명	모듈명	시간	프로그램
내위치 찾기 (5H)	내위치 확인하기	2	* 과정알기　　* 현재 내위치 찾기
	미래를 위해 필요한 것	3	* 미래준비: '필요한 마음' * 미래준비: '필요한 생각' * 미래준비: '필요한 활동'
희망 목적지 정하기 (11H)	도움 받을 곳 알아보기	3	* 신중년 인생 3모작 시대 * 신중년 새로운 일 * 국민내일배움카드 * 직업훈련기관의 활용 * 실업급여　* 국민연금　* 건강보험
	목적지 찾아보기 (재취업 일자리)	2	* 신중년 일의 의미 * 신중년 일자리 유형 * 신중년 적합직업, 유망직업 * 성공적인 진로전환
	목적지 찾아보기 (창직/창업)	2	* 창직과 창업 * 창업마인드 점검 * 창업아이템 선정 * 정부지원제도 * 창업성공 포인트
	목적지 찾아보기 (귀농/귀촌)	2	* 귀농/귀촌준비전략 * 귀농/귀촌 실질적 일 * 귀농/귀촌 지원정책 * 귀농/귀촌 정책세우기
	목적지 찾아보기 (사회공헌)	1	* 사회공헌 이해하기 * 다양한 사회공헌 활동사례 * 평생배움 정보
	희망목적지 결정하기	1	* 나의 목표 설정 * 나의 경력방향 설정하기 * 퇴직 후 미래생활 계획표

	비용 준비하기	3	* 퇴직설계에서 고려해야할 사항 * 월 비용 계산 * 남은 비용 준비하기
	서류 준비하기	2	* 나에게 이력서란? * 이력서 작성법 * 자기소개서 작성법 * 워크넷 이력서 작성법
	가는 길 알아보기	2	* 다양한 일자리 사이트 * 다양한 활동 정보 * 평생배움 정보
어행 준비하기 (16H)	선배사례 살펴보기	1	* 우리들의 이야기 * 생각해봅시다
	과정돌보기 (시간 돌보기)	2	* 여가 제대로 알기 * 나에게 맞는 여가 찾기 * 여가계획표 작성하기
	과정돌보기 (건강 돌보기)	2	* 건강의 중요성 * 일상생활 속 건강관리 * 새로운 출발과 건강
	과정돌보기 (동반자 돌보기)	2	* 퇴직 후 인간관계 * 관계 돌아보기 * 행복한 관계를 위한 방법
	과정 돌보기 (목적지 입주하기)	2	* 좋은 인상 심어주기 * 면접 이해하기 * 목적지 마주하기
나아가기 (8H)	새로운 기술 적용하기	3	* 스마트 폰 첫걸음 * 스마트 폰 기술 활용하기
	새로운 환경 적응하기	2	* 일에 대해 생각하기 * 기업에 적응하기
	다시 나아가기	3	* 걸어온 길　 * 행복 에너지 * 희망목표 작성하기

■ 조기퇴직 예정자0

컨셉명	모듈명	시간	프로그램
내 위치 찾기 (5H)	내 위치 확인하기	2	* 과정 알기 * 나에게 소중한 것 찾기
	미래를 위해 필요한 것	3	* 미래 준비: '필요한 마음' * 미래 준비: '필요한 생각' * 미래 준비: '필요한 활동'
희망 목적지 정하기 (8H)	4대 보험 알아보기	1	* 실업 급여 * 국민 연금 * 건강 보험 * 산재 보험
	도움받을 곳 알아보기	3	* 신중년 새로운 일자리 * 새로운 일 준비하기 * 신중년 도전 직업 * 성공적인 재취업 전략
	목적지 찾아보기 (재취업 일자리)	2	* 창직/창업 * 귀농/귀촌 * 사회 공헌
	희망 목적지 결정하기	1	* 목표 설정 * 나의 경력 방향 설정하기 * 퇴직 후 미래 실행 계획표
진로 준비하기 (17H)	비용 준비하기	2	* 퇴직 설계에서 고려해야 할 사항 * 월 비용 계산 * 남은 비용 준비하기
	서류 준비하기	2	* 나에게 이력서란? * 이력서 작성법 * 자기소개서 작성법 * 워크넷 이력서 작성법
	가는 길 알아보기	2	* 공공 사이트 활용법 * 민간 사이트 활용법 * 특화 사이트 활용법 * 지자체 사이트 활용법
	마음 돌보기	2	* 긍정적인 마음 * 마음 근육 키우기
	도움받기	1	* 사람 사귀기 * 도움받을 사람 찾아보기 * 행복한 관계를 위한 방법

별지 A 재취업 지원 서비스 의무화 프로그램 구성

진로 준비하기 (17H)	목적지 마주하기	3	* 좋은 인상 심어 주기 * 면접 이해하기 * 목적지 마주하기
	과정 돌보기(1)	2	* 퇴직 후 인간관계 * 관계 돌아보기 * 행복한 관계를 위한 방법
	과정 돌보기(2)	1	* 여가 제대로 알기 * 나에게 맞는 여가 찾기 * 여가 계획표 작성
	과정 돌보기(3)	1	* 건강의 중요성 * 일상생활 속 건강 관리 * 새로운 출발과 건강
	점검하기	1	* 진로 점검하기 * 나의 진로 준비하기
나아가기 (11H)	새로운 기술 적용하기	3	* 스마트 폰 첫걸음 * 스마트 폰 기술 활용하기
	걸림돌 넘어서기	2	* 걸림돌을 디딤돌로 * 나의 디딤돌 찾기 * 구직자 입장에서 바라보기 * 마무리
	새로운 환경 적응하기	3	* 일에 대해 생각하기 * 기업에 적응하기 * 민첩하게 움직이기
	다시 나아가기	3	* 걸어온 길 * 행복 에너지 * 희망 목표 작성하기

서비스직 프로그램(40시간)

■ 정년퇴직 예정자

컨셉명	모듈명	시 간	프로그램
미래 설계 뺄셈 (6H)	인생 후반을 위한 출발점, 인생 챙김	2	* 프로그램 OT 진행 * 미래 인생 설계에서 목적의 중요성 찾기
	인생 후반을 위한 변화 관리	2	* 생애 주기의 변화 * 일자리의 변화
	행복하고 즐거운 삶을 위한 스트레스 관리	2	* 일과 삶의 스트레스 * 스트레스 대처 전략과 방법
미래 설계 덧셈 (5H)	내 삶의 자원, 강점 발견	2	* 대표 강점 발견하기 * 강점 활용하여 내 일 찾아보기
	다음 커리어를 위한 자기 이해	3	* 자기 이해의 필요성 * 나의 직업 흥미 찾기 * 나의 직업 가치관 찾기 * 자기 이해 종합, 목표 설정하기
미래 설계 곱셈 (9H)	서비스직 직업 탐색 (재취업)	3	* 신중년의 Life Cycle * 퇴직 후 일하는 방식의 종류 * 재취업 유형 (1) 경력 활용 직업 * 재취업 유형 (2) 새 경력 시작 직업, 신직업 * 재취업 유형 (3) 경력 무관 직업
	서비스직 직업 탐색 (창업/창직)	2	* 창업을 둘러싼 환경 변화 * 창업을 위한 기본 지식 * 창업을 위한 Tip * 창직(job creation) * 창업 지원 제도 정보 활용
	서비스직 직업 탐색 (사회·경제적, 사회 공헌)	2	* 사회 경제 분야 직업 탐색 * 사회 공헌 직업 탐색
	서비스직 직업 탐색 (귀농/귀촌)	2	* 귀농 귀촌 이해하기 * 귀농 귀촌 사전 점검 사항 * 귀농 귀촌 지원 정책 * 귀농 귀촌 계획 세우기

미래 설계 나눗셈 (8H)	성공적 인생 후반을 위한 재무 설계	2	* 노후 행복의 비밀 * 노후 지켜주는 연금 소득 준비하기 * 노후 대비 보험 설계
	인생을 풍요롭게 만드는 대인 관계	2	* 인생을 풍요롭게 만드는 관계 형성 * 행복한 대인 관계 전략 * 서로 윈-윈 하는 네트워킹 전략
	소소하지만 확실한 건강 관리	2	* 신중년 몸속 건강 챙기기 * 슬기로운 운동 및 안전 생활
	행복한 시간을 만드는 여가 관리	2	* 여가 활동 이해 * 여가 활동 탐색 * 여가 활동 실천 계획
미래 설계 곱셈(2) (6H)	재취업 프로세스와 전략	2	* 새로운 도전, 재취업 * 재취업 프로세스와 전략 수립 * 일자리 정보를 얻기 위한 잡 서치
	재취업 도전 전략과 노하우(서류)	2	* 이력서 * 자기소개서
	재취업 도전 전략과 노하우(면접)	2	* 면접의 이해 및 트렌드 * 면접 준비하기 * 면접 답변 전략과 노하우
미래 설계 곱셈(3) (6H)	서비스직 퇴직 예정자를 위한 유용한 제도와 정보	4	* 경제 복지 정책 정보 * 생애경력설계 정책 정보 * 일자리 지원 정책 정보 * 교육 훈련 정책 정보 * 서비스직 추천 자격증 정보
	행복한 인생의 구체화 (진로 설계서 작성)	2	* 정년 퇴직 예정자를 위한 인생 솔루션 * 진로 계획 구체화를 위한 진로 설계서 작성

■ 조기퇴직 예정자

컨셉명	모듈명	시간	프로그램
미래 설계 뺄셈 (7H)	미래 준비를 위한 출발점, 인생 챙김	2	* 과정 열기 * 인생 챙김
	미래 준비를 위한 변화 관리	3	* 인생 후반기의 삶의 변화 * 인생 후반기 사회 변화 * 인생 후반기 일자리의 변화 * 성공적인 재취업 변화 전략
	불만은 빼고, 행복 더하기	2	* 조기 퇴직과 스트레스 * 스트레스 대처 전략과 방법
미래 설계 덧셈 (5H)	다음 커리어를 위한 직업 역량 진단	2	* 대표 강점 발견하기 * 강점 활용하여 내 일 찾아보기
	자기 이해를 통한 목표 설정	3	* 자기 이해의 필요성 * 나의 직업 흥미 찾기 * 나의 직업 가치관 찾기 * 자기 이해 종합, 목표 설정하기
미래 설계 곱셈 (20H)	서비스직 직업 탐색 (경력 활용 재취업)	3	* 신중년 채용 트랜드 * 직무 전문성 도출하기 * 핵심 역량 도출하기 * 커리어 강점 종합과 경력 목표 설정 * 경력 활용 재취업 * 성공 사례
	서비스직 재취업 (새 경력 시작 직업)	3	* 퇴직 후의 진로 방향 * 추천! 새 경력 시작 직업 * 사회적 경제로 출발하기 * 귀농/귀촌으로 출발하기
	서비스직 직업 탐색 (창업/창직)	2	* 창업을 둘러싼 환경 변화 * 창업을 위한 기본 지식 * 창업을 위한 Tip * 창직(job creation) * 창업 지원 제도 정보 활용
	일자리 정보 탐색과 실습	2	* 워크넷 활용 * 민간 취업 포털 활용 * 전문/특화 취업 포털 활용 * 네트워크 활용

미래 설계 곱셈 (20H)	재취업 도전 전략과 실천 (서류)	4	* 이력서 * 자기소개서 * 자기소개서 실습
	재취업 도전 전략과 실천 (면접)	4	* 면접의 이해 및 트렌드 * 면접 준비하기 * 면접 답변 전략과 실전 * 면접 유형별 실습
	새로운 직장, 새로운 적응 전략	2	* 평생 현역 시대 * 새로운 직장에 적응하기
미래 설계 나눗셈 (4H)	성공적 인생 후반을 위한 재무 설계	2	* 노후 행복의 비밀 * 노후 지켜주는 연금 소득 준비하기 * 노후 대비 보험 준비
	인생을 풍요롭게 만드는 대인 관계	2	* 인생을 풍요롭게 만드는 관계 형성 * 행복한 대인 관계 전략 * 서로 윈-윈 하는 네트워킹 전략
미래 설계 곱셈(2) (4H)	서비스직 퇴직 예정자를 위한 유용한 제도와 정보	2	* 경제 복지 정책 정보 * 생애경력설계 정책 정보 * 일자리 지원 정책 정보 * 교육 훈련 정책 정보 * 서비스직 추천 자격증 정보
	행복한 인생의 구체화 (진로 설계서 작성)	2	* 조기 퇴직 예정자를 위한 인생 솔루션 * 진로 계획 구체화를 위한 진로 설계서 작성

별지 B
재취업 지원 서비스 의무화 상담 모델

별지 B는 고용노동부, 노사발전재단의 「재취업 지원 서비스 상담 진행자 매뉴얼」을 참고하여 작성하였다. 이 내용은 컨설턴트들이 특정 프로젝트 컨설팅 회차 구성 시 벤치마킹하는 데 도움을 주기 위한 목적을 가지고 있다.

사무직 상담 모델

■ 정년퇴직 예정자

주 제	활동별 주제
재취업 지원 초기 면담	재취업 지원 상담 구조화하기
	재취업 지원 초기 면담 실시하기
재취업 지원 논점 진단	재취업 지원 논점 진단하기
	진단 결과 해석하기
변화 동기 지원	변화 동기 확인하기
	변화 계획 수립하기
	변화 계획 지원하기

재취업 지원 목표 설정	재취업 지원 대안 도출하기
	재취업 지원 목표 확장하기
	실행 계획 수립하기
재취업 지원 논점 진단	생애 주기별 주요 과제 점검하기
	생애 주기별 주요 과제 상담하기
실행 계획 수립 지원	실행 계획서 작성 지원하기
	실행 계획 지원하기

■ 조기퇴직 예정자

주 제	활동별 주제
재취업 지원 초기 면담	재취업 지원 상담 구조화하기
	재취업 지원 초기 면담 실시하기
재취업 지원 논점 진단	재취업 지원 논점 진단하기
	진단 결과 해석하기
변화 동기 지원	변화 동기 확인하기
	변화 계획 수립하기
	변화 계획 지원하기
재취업 지원 목표 설정	재취업 지원 대안 도출하기
	재취업 지원 목표 확장하기
	실행 계획 수립하기
진로 설계 지원	생애 주기별 주요 과제 점검하기
	생애 주기별 주요 과제 상담하기
재취업 상담	구직 전략 수립하기
	채용 정보 제공하기
	구직 활동 지원하기

생산직 상담 모델

■ 정년퇴직 예정자

단 계	단계별 모듈	상담 내용
여정 같이하기	초기 상담	* 상호 인사 및 소개 * 재취업 지원 서비스 소개 * 고객 정보 수집 * 상담 구조화 * 정부 4대 보험 안내
내 위치 찾기	진 단	* 고객의 자기 이해 수준 평가 * 자기 진단 실시 및 피드백 * 자기 탐색 결과 종합 정리
도움받을 곳 알아보기	새로운 경력 대안 찾기	* 고객 니즈 파악 * 유형별 상담 전략 * 다양한 경력 대안 소개 * 새로운 분야로의 준비 과정 가이드
목적지 정하기	경력 목표 설정	* 경력 대안 점검 * 경력 대안 탐색 * 현실 타당성 점검 * 경력 의사 결정
구직 서류 만들기	구직 서류(초안)	* 상담 목표와의 의미 공유 * 질문 목록을 활용한 경력 분석 * 성취 업적 기술 및 핵심 역량 도출 * 핵심 역량 단어 샘플의 활용 * 구직 서류 초안 작성 지도
	구직 서류(작성)	* 구직 서류 작성 점검 사항 * 구직 서류 클리닉 점검 사항
구직 활동 준비하기	면접 준비	* 면접 준비 필요성 * 채용 정보 분석 * 예상 질문 추출 * 예상 질문에 대한 대응 방안
	지원 기관 이용하기	* 지원 기관 이용 개요 * 공공 기관 현황 * 공공 기관 활용 가이드

목적지 나아가기	채용 정보 검색	* 채용 시장 종류와 특성 안내 * 공개 채용 시장 정보 찾기 * 비공개 채용 시장 정보 찾기 * 인맥을 통한 구직 활동 가이드
	진행 상황 점검하기	* 진행 상황 점검 상담의 필요성 * 시점별 상담사 개입 * 주요 상담 진행 과정
	면접 연습	* 면접 연습 필요성 공감 * 면접 연습 준비 시행 * 면접 연습 점검 사항
다시 나아가기	직장 적응	* 새로운 직장의 근로 조건 확인 * 직장적응 상담을 위한 핵심 사항

■ 조기퇴직 예정자

단 계	단계별 모듈	상담 내용
여정 같이하기	초기 상담	* 상호 인사 및 소개 * 재취업 지원 서비스 소개 * 고객 정보 수집 * 상담 구조화 * 정부 4대 보험 안내
내 위치 찾기 및 목적지 정하기	진단	* 지원 분야 취업 선택 기준 구체화 * 현실 타당성 점검 * 목표 달성 계획 수립
구직 서류 만들기	구직 서류 작성	* 상담 목표와의 의미 공유 * 질문 목록을 활용한 경력분석 상담 * 성취 업적 기술 및 핵심 역량 도출 * 핵심 역량 단어 샘플의 활용 * 구직 서류 초안 작성 지도
	구직 서류 클리닉	* 구직 서류 작성 점검 사항 * 구직 서류 클리닉 점검 시행

구직 활동 준비하기	면접 준비	* 면접 연습 필요성 * 채용 정보 분석 * 예상 질문 추출 * 예상 질문에 대한 대응 방안
	지원 기관 이용하기	* 지원 기관 이용 개요 * 공공 기관 현황 * 공공 기관 활용 가이드
목적지 나아가기	채용 정보 검색	* 채용 시장 종류와 특성 안내 * 공개 채용 시장 정보 찾기 * 비공개 채용 시장 정보 찾기 * 인맥을 통한 구직 활동 가이드
	채용 정보 지원 실습(1)	* 채용 정보 지원 실습의 절차 * 워크넷을 활용한 채용 정보 검색 및 입사 지원 실습
목적지 나아가기	진행 사항 점검하기	* 진행 상황 점검 상담의 필요성 * 시점별 상담사 개입 * 주요 상담 진행 과정
	채용 정보 지원 실습(2)	* 기본 이력서의 수정 및 보완 필요성 * 지원 회사에 대한 입사 지원서 보완
	면접 연습	* 면접 연습 필요성 공감 * 면접 연습 준비 사항 * 면접 연습 점검사항
다시 나아가기	직장 적응	* 새로운 직장의 근로 조건 분석 * 직장 적응 상담을 위한 핵심 사항

서비스직 상담 모델

■ 정년퇴직 예정자

단 계	단계별 모듈	상담 활동
사정 단계	초기 면접 상담	초기 상담
	직업 심리 검사 해석상담	진단 및 목표 설정
	심층 상담 사례 개념화	
개입 단계	변화 관리	진로문제 해결 전략 수립
	경력 목표 설정	
	직무 분석 및 직업 능력 평가	
	진행 상황 점검 및 중간 평가	
	구직 기술 향상– 구직 서류	구직 기술 향상
	구직 기술 향상– 면접 스킬	
	채용 정보 탐색	
	채용 정보 제공	취업알선
종결 단계	평가 및 종결	평가 및 종결

■ 조기퇴직 예정자

단 계	단계별 모듈	상담 활동
사정 단계	초기 면접 상담	초기 상담
	직업 심리 검사 해석 상담	진단 및 목표 설정
	심층 상담 사례 개념화	

개입 단계	불안 및 스트레스 관리	재취업 목표 해결 전략 수립
	재취업 목표 설정	
	구직 활동 준비	재취업 위한 구직 활동 준비
	채용 정보 탐색 실습	
	진행 상황 점검 및 중간 평가	
	구직 활동 지원(1)	
	구직 활동 지원(2)	
	채용 정보 제공	취업알선
종결 단계	평가 및 종결	평가 및 종결

별지 C
전직지원 컨설턴트 역량 표준

컨설턴트의 역량 표준은 크게 5가지로 구분하여 이야기해 보고자 한다. 기업 조직 컨설팅, 서비스 기획, 전직지원 서비스의 개인 및 집단 서비스 운영, 집중 교육, 그리고 전직컨설팅으로 순의 전개하였다. 이는 프로세스의 진행 순이다.

전체적으로는 전직지원 전문 업체의 운영 역량으로 볼 수 있지만, 서비스의 핵심은 컨설턴트이므로, 전직지원 컨설턴트 역량 표준이라는 이름으로 제시하였다.

역량 구분 1: 기업 조직 컨설팅
- 산업 동향과 비즈니스 이슈에 관한 해석
- (희망)퇴직 기업 관리자를 대상으로 해고 처리에 관한 교육
- (희망)퇴직 가이드라인 및 '해고 사유' 공지에 대한 컨설팅
- 전직지원 서비스 속으로 기업 고객의 조직 및 인적 자원을 가이드
- '잔류 근로자' 이슈와 관련된 서비스 컨설팅 및 제공
- 전직지원 센터 관리 혹은 운영
- (희망)퇴직 기업에 대한 전직지원 서비스 상황 및 결과 관련 보고
- 법적 범위 내에서 비밀 유지 및 서비스 윤리 범위 내에서 업무 수행

역량 구분 2: 서비스 기획

- 서비스 프로세스 및 해당 프로그램 적합성 검토
- 프로그램 참여 절차 및 효과 향상
- 고객의 서비스 경험 분석 및 평가
- 표준 평가 지침의 적용 및 보고
- 고객의 상황, 가치, 핵심 보유 스킬 등에 대한 사전 이해

역량 구분 3: 전직지원 서비스 운영

▶ 개인 서비스

- (희망)퇴직 등으로 인한 정신적 충격 및 스트레스 컨설팅
- 고객의 복지를 유념하는 문제 해결 및 전직 동기 부여
- 고객에게 타 지원 자산을 추천 및 활용에 대한 컨설팅
- 의존도가 높은 고객들에 대한 관심과 배려
- 전직 탐색 활동 종료 및 미래 과업에 대한 고객의 준비 지원
- 법적인 범위 내에서 비밀을 유지하고 서비스 윤리 범위 내에서 업무 수행
- 고객과의 관계 관리

▶ 집단 서비스

- 집단 프로그램 운영 및 관리
- 집단에 대해서 적절한 권한 및 통제 유지
- 집단의 상황에 맞게 프로그램을 각색하여 구성하거나, 유지

- 다양한 일의 방식을 포함하는 전직지원 서비스와 관련된 특정 주제를 다룸

(예: 다양한 일의 방식, 생애경력설계, 진로 설계, 생성형 AI의 활용 등)

역량 구분 4: 집중 교육

- 경제 및 비즈니스 트랜드 이해
- 전직 활동 전략 수립 및 기획
- 전직 탐색 활동 및 기회 개발, 고용 시장 정보 해석
- 네트워킹 및 기타 탐색 기법
- 전직 서류 및 기타 서류 발전
- 면접 기법 및 개인 예절 발전
- 채용 제안 평가 및 보수 협상
- 전직에 필요한 보유 자산 활용
- 특정 잠재 고용주를 위한 마케팅 자료 발전 및 활용
- 각종 플랫폼 운영
- 생성형 AI를 활용한 개인의 전직 효율화 방안

역량 구분 5: 전직컨설팅

- 개인의 목표에 맞는 맞춤형 컨설팅 계획 발전
- 전직 희망 기업 문화 및 구조 해석
- 경력 대안 식별 및 수립 컨설팅
- 경력 결심에 영향을 미치는 개인적, 환경적 이슈 식별

- 경력 목표 설정 지원 및 개인 역량 향상 계획 발전
- 경력 지원 자산 습득 및 활용 방안
- (생성형 AI를 활용한) 회차 구성 및 컨설팅 방향 설정
- 스트레스 관리 및 시간 관리 컨설팅
- 일-가정 양립 기획
- 사후 관리 컨설팅

별지 D
전직지원 컨설턴트 윤리 표준

컨설턴트의 윤리는 크게 직무 수행, 고객 관계, 그리고 비밀 준수 3가지 범주로 구분할 수 있다. 여기에서는 앞의 3가지 범주에 포함되는 4가지를 논해 보고자 한다.

- ▶ 서비스의 전문적 시행
- ▶ (희망)퇴직 기업과의 관계
- ▶ 고객과의 서비스 관계
- ▶ 검사

컨설턴트는 (희망)퇴직 기업이나 전직 희망 고객을 위한 전직지원 서비스의 능동적인 결과를 지향하는 모든 전문적인 활동을 할 때 아래와 같은 9가지 기본적인 윤리 표준을 준수해야 한다.

1. (희망)퇴직 기업 및 서비스를 받는 고객을 대상으로 가장 높은 수준의 서비스를 제공할 수 있는 전문적 지식, 스킬, 그리고 태도(KSA, Knowledge, Skill, Attitude)를 지속해서 발전시킨다. 이는 소속 전문 업체의 책임이 아닌 자신의 책임이다.

2. 전직지원 서비스 진행 시 전 기간에 걸쳐서 발생하는 모든 결심에 대한 책임은 고객이 지도록 격려, 독려 및 지원한다.

3. (희망)퇴직 기업, 그리고 고객에게 영향을 미치는 비즈니스 시행과 관련된 모든 관련 법령 및 규정을 준수한다.

4. (희망)퇴직 기업이나 고객에게 제공할 서비스 내용을 명확하게 정의하고, 자신의 지식, 능력의 범위 내에서 그 약속을 준수하고 부응한다. 자신의 능력 범위를 벗어난 서비스는 해당 전문가가 제공하도록 한다.

5. 전문적 시행 과정에서 잠재적 갈등과 관련된 모든 요인을 공개하고, 해결하도록 한다. 필요시 프로젝트 매니저 혹은 적합한 선임자에게 보고한다.

6. 자신 혹은 비즈니스를 위한 특별한 이득을 보기 위한 행위는 지양한다.

7. 자신과 고객 간의 컨설팅 관계에 대한 비밀을 유지한다.

8. 다른 사람에 관한 관심과 존경, 고객 개인의 자존감 발전, 개인의 존엄함과 다양성을 이해하고, 정직과 도덕성에 기반을 둔 가치를 유지한다.

9. 서비스 대상 고객에 대한 차별적인 요인을 배제하고 존중한다.

서비스의 전문적 시행

1. 서비스를 홍보하거나 마케팅할 시에 컨설턴트는 어떤 전문적 서비스가 사용 가능한지에 관해 정확하게 알리는 방법을 사용해야 한다. 컨설턴트나 서비스 책임자가 아닌 사람에 의한 서비스 홍보는 사실적이면서도 서비스의 목적에 부합해야 한다.

2. 컨설턴트는 기업 조직 혹은 고객에게 제공할 서비스 내용을 잘 대변할 수 있어야만 한다. 컨설턴트는 소속되어 일하는 조직과의 관계 혹은 자신의 자격과 관련된 내용을 명확하게 알려야 한다.

3. 컨설턴트는 윤리 표준을 위반하는 결과를 낳을 것으로 의심되는 서비스 관계가 있을 시에는, 그 관계를 종결해야 할 의무를 지닌다.

4. 컨설턴트는 서비스 참여자가 발전시킨 비즈니스 아이디어나 계획에 투자하거나 그 계획을 활용해서는 아니 된다.

5. 컨설턴트는 서비스를 받는 고객으로부터 전직지원 및 탐색, 혹은 알선과 관련된 비용을 받을 수 없다. 컨설턴트는 (희망)퇴직 기업의 책임자에게 비즈니스 추천과 관련된 비용, 리베이트, 수당을 지불하거나, 혹은 선물을 제공하지 않는다.

6. 컨설턴트는 전직지원 서비스를 마케팅 혹은 홍보하면서 다른 컨설턴트나 전직지원 전문 업체에 대한 경멸적인 언행이나 서면으로 된 의견을 제시하지 않는다.

(희망)퇴직 기업과의 관계

1. 컨설턴트는 서비스 관계에 들어가기 전에 먼저 자신의 가치, 지식, 스킬, 제한 사항, 그리고 욕구에 대해 다시 한 번 생각해 보아야만 한다.

2. 컨설턴트는 (희망)퇴직 기업이 지닌 문제의 정의, 목표, 그리고 서비스 결과 요구를 이해해야만 한다.

3. 컨설턴트는 (희망)퇴직 기업 조직이 필요로 하는 종류의 지원을 제공하면서, 자신과 자신이 대표하는 조직이 가진 필요 역량과 자원에 대한 확신감을 가져야만 한다.

4. 컨설턴트는 (희망)퇴직 기업의 주도적 역할을 고무시키는 서비스 관계를 유지해야 한다. 컨설턴트는 자신의 역할을 지속해서 유지하지만, (희망)퇴직 기업 조직을 위한 의사 결정권자가 되어서도 안 되고, (희망)퇴직 기업도 자신들이 처리해야 할 미래의 일을 컨설턴트에게 의존해서는 아니 된다.

5. 컨설턴트는 자신이 제공하는 서비스의 전문적 수준과 통합성을 위해서

공식적이고도 효과적인 수단을 사용해야 한다. 예를 들어, 전직지원 서비스의 제공 중, 혹은 종료 이후에 상급자 혹은 동료에 의한 내부 인터뷰, 그리고 고객 만족도 조사 등이다.

고객과의 서비스 관계

1. 컨설턴트는 고객과 개인적인 혹은 집단적인 관계의 유지와 관계없이 고객을 존중하고 그들의 안녕을 촉진해야 할 의무를 지닌다.

2. 컨설턴트는 적용 가능한 법적인 제한 사항에 따라 기록의 생성, 보관, 그리고 처리에 관한 보안 유지를 해야 한다. 더불어 그로 인해서 생성되는 컨설팅 관계 및 정보는 고객의 서면 동의가 없는 한 비밀로 유지해야한다. 예를 들어, 고객의 서면 동의 혹은 법적으로 요구될 때만 개인정보를 공개할 수 있다.

3. 컨설턴트는 고객의 상태가 고객 자신 혹은 다른 사람에게 명백하고 매우급한 위험이 될 정도일 경우에는 고객의 인지 혹은 허가 하에서 합리적인 조치를 하거나 책임 있는 기관에 통지해야만 한다. 경우에 따라 고객의 인지나 혹은 허가를 받지 않을 수도 있다. 심각한 위협이 존재할 시에는 심리학자, 정신과 의사 혹은 법적 기관에 상담을 의뢰해야만 한다.

4. 컨설턴트는 전직지원 서비스 시작 이전이나 시작 시에 고객과 희망퇴직기업 조직에 상호 관계와 관련된 목적, 목표, 기법, 절차 관련 사항, 그리고 제한 사항에 대해 통지해야만 한다.

5. 만약에 컨설턴트 자신이 고객에게 전문적 지원을 할 수 없다고 판단할시에는 전직지원 서비스 관계의 시작을 회피하고, 신속하게 관계를 종결시켜야만 한다. 그리고 컨설턴트는 다른 전문 컨설턴트에게 인계하는

등 적합한 대안을 제시해야만 한다.

6. 컨설턴트는 어떤 고객과도 항시 전문성을 가진 상황에서 관계 유지를
   할 수 있다는 확신감을 가져야만 한다.

7. 서비스 관계는 고객의 자기 주도적인 성장을 고무시켜야만 한다. 컨설턴
   트는 자신의 역할을 지속해서 유지하지만, 고객을 대신하는 의사 결정
   권자가 될 수 없으며, 고객도 컨설턴트에게 자신의 미래를 의존하지 않
   도록 조치해야만 한다. 다시 말해서, 고객의 책임 영역에 있는 일은 고
   객이 주도적으로 실행하도록 해야만 한다. 즉, 고객의 기대치를 관리해
   야 한다는 의미이다.

검사

검사의 주목적은 객관적인 해석을 할 수 있는 설명 수단을 제공하는
것이다. 컨설턴트는 검사 기법에서 이야기하는 모든 범위를 포함하는
방법으로 결과를 해석해야 한다. 실제로 검사 결과는 전직과 관련된 다
양한 정보 중 일부분만 제공한다는 사실을 이해해야 한다. 컨설턴트가
검사 분야의 전문성을 가지고 있지 않다면, 적합한 전문 훈련을 받은
컨설턴트가 서비스를 제공해야 한다.

1. 검사의 종류별로 다른 행정 처리, 점수 처리, 그리고 해석 역량을 요구한
   다. 컨설턴트는 자신이 지닌 역량의 한계를 인식해야만 하며, 자신이 인
   증을 받은 혹은 자격을 부여받은, 혹은 교육을 받아서 사전 준비가 된
   기능만을 시현해야만 한다. 더불어 검사 이전과 이후에 각각 규정된 검
   사 방향과 피드백을 제공해야 한다. 검사의 목적과 결과의 사용에 대해
   서는 반드시 검사 이전에 피검사자에게 알려야 한다. 컨설턴트는 검사

결과를 해석할 책임이 있으며, 검사 자격과 검사에 대한 이해 능력을 보유해야만 한다.

2. 특정 고객에게 사용할 검사를 선택할 때에 컨설턴트는 검사의 타당성, 신뢰성, 그리고 적합성을 세심하게 고려해야 한다.

3. 검사 행정 및 점수 채점을 위한 수단으로 컴퓨터가 사용되는 상황에서 컨설턴트는 행정 처리 및 채점 프로그램이 정확한 검사 결과를 제공하고, 적절한 기능을 발휘하는지를 확인할 책임을 진다.

4. 검사는 검사 지침에 규정된 내용과 같은 상황에서 실시되어야 한다. 메일을 통한 검사와 같이 감독이 없는 혹은 부적절하게 감독 되는 검사의 실시는 비윤리적인 검사로 보아야 한다(검사 소유권자가 감독이 없는 검사 시행을 인정할 때는 가능).

5. 전직컨설팅에서 사용되는 검사 결과의 유의미성은 검사의 특정 요소에 대한 피검사자의 비친밀성에 기초한다. 검사에 대한 어떠한 형태의 사전 컨설팅 혹은 검사지의 사전 전파는 검사 결과를 무효하게 만든다. 그래서 검사 보안은 전직지원 컨설턴트의 의무 사항 중의 하나가 된다.

6. 검사 결과 수신자의 결정 시에는 피검사자의 안녕을 반드시 고려해야만 한다. 컨설턴트는 개인 혹은 집단의 검사 자료 노출에 대해 유의해야 한다. 그리고 검사 결과는 피검사자의 특정한 관심과 연계시켜 해석해야만 한다.

7. 컨설턴트는 불충분한 기술적 자료에 기초한 검사 도구를 통해 산출되는 결과의 해석 시에 주의를 기울여야 한다.

8. 컨설턴트는 언제 검사 결과가 무용한지를 인식해야만 하며, 무용한 검사 결과의 오용을 회피하고 방지해야 한다.

9. 컨설턴트는 검사 저작권 소유권자의 인정 및 허가 없이 검사의 전부 혹은 일부를 전용, 재생산, 혹은 변형하는 일을 할 수 없다.

별지 E
주요 전직 서류 프레임 및 작성의 예

여기에서는 몇 가지 전직 서류의 프레임과 작성의 예만 제시한다. 일반적인 작성의 예는 다수의 책자, 온라인 등에서 찾을 수 있기 때문에 여기서는 마케팅 이력서, 경력기술서, 제안서(교육 과정), 직무 수행 계획서, 컨설팅 일지의 프레임 혹은 작성의 예를 제시한다.

마케팅 이력서

마케팅 이력서 양식

연락처 :
이메일 :

( )

경력 목표
❖

핵심 역량
❖
❖
❖

주요 업적
❖
❖
❖
❖
❖

경력 사항(총 경력 년 개월)
❖
  ○
❖

❖
  ○
❖
  ○

학력, 교육, 자격증
❖
❖
❖
❖

논문/저서
❖

마케팅 이력서 작성의 예

전직지원, 미래설계, 생애경력설계 전문가

연락처 : 010-7127-5376
이메일 : captainpyo@naver.com

표 성 일
(PYO. SEONG IL)

현, 라이프앤커리어
디자인스쿨 대표

ingeus®
인지어스(유)
수석 컨설턴트
/경찰관 퇴직컨설팅
프로젝트 매니저
/중장년경력설계
프로젝트 매니저

ZENIEL
㈜ 제니엘
전직지원실장
/잡스카이컨설팅센터장

Right
Management®
㈜ 라이트매니지먼트
수석컨설턴트
/제대군인지원센터 PM

대한민국 국방부
/전직지원교육담당관

경력 목표
❖ 문제해결 중심의 서비스 마인드를 갖춘 생애설계, 전직지원 전문가
❖ 대한민국 제일의 재취업, 미래/생애설계 관련 전문 라이프 디자이너
❖ 고객의 자발적인 자각, 자성, 자행 및 자득형 워크숍 진행 전문가

핵심 역량
❖ 각종 전직지원, 생애설계 프로그램 기획, 관리 및 시행
❖ 전 계층의 변화관리, 경력유지 및 경력전환 컨설팅 및 강의 능력
❖ 맞춤형 전직지원, 생애/진로설계 프로그램 디자인 및 컨텐츠 생성 등

경력사항(*19년 차)
❖ 현, 전직지원 및 생애설계 (양성)교육, 개인컨설팅 등(2014년 이후)
❖ 인지어스(유) 수석컨설턴트(11개월/ 10개월)
  ○ 경찰관 퇴직지원컨설팅 프로젝트 매니저(*전국 5개 센터 운영)
  ○ 고용노동부 중장년경력설계카운슬링 프로젝트 매니저
❖ ㈜제니엘 전직지원실장/잡스카이컨설팅센터장(2년 5개월)
  ○ 사업제안 및 관리, 상담사 선발/교육/관리, 각종 프로그램 개발 등
❖ 라이트매니지먼트코리아 수석컨설턴트(1년)
  ○ 서울제대군인지원센터 PM, 각종 프로세스 개발, 상담사 교육 등
❖ 국방부 전직지원교육담당관(3년)
  ○ 사업예산 관리/통제, 전직지원교육 총괄, 전직 프로그램 개발 등
※ 해군중령 전역(*29년 6개월 근무)
  ○ 구축함 함장, 국방부/합참/연합사령부/미 태평양사령부 등 근무

학력, 교육, 자격증
❖ 해군사관학교 조선공학과 졸업(학사, 19XX년)
❖ 창원대학교대학원 일반행정학과 졸업(석사, 20XX년)
❖ 미국 디자인유어라이프인텐시브, 인증코치 과정 수료(2017, 2020년)
❖ 직업상담사 2급, 미국 디자인유어라이프그룹(DYLG) 인증코치 등

논문, 번역서/저서, 도구, 자격과정
❖ 「군 전직지원프로그램 발전방안에 관한 연구」(20XX년)
❖ 「전직지원전문가 가이드 북」(2016년)
❖ 「생애설계 워크북」(2018년), 「전직지원 2030년」(2020년)
❖ 도구 : 생애/진로설계용 「라이프앤커리어디자인캔버스」(2019년)
❖ 생애경력설계사 1급, 전직지원컨설턴트 1급 등 4개 민간자격운영

교육 과정 제안서- 일부 제시

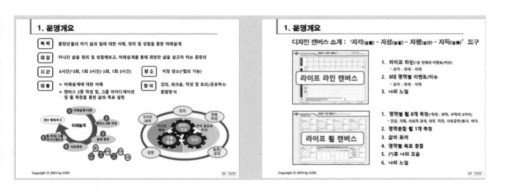

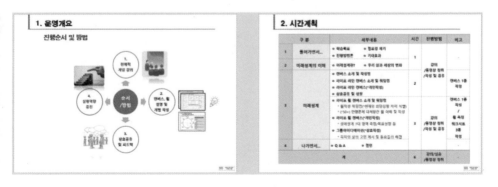

+ 비용 + 행정 사항

직무 수행 계획서

직무 수행 계획서 양식

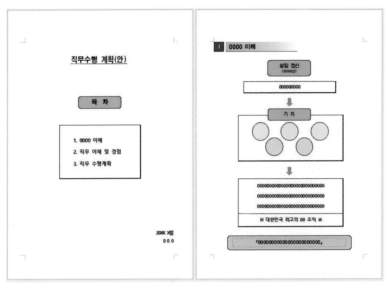

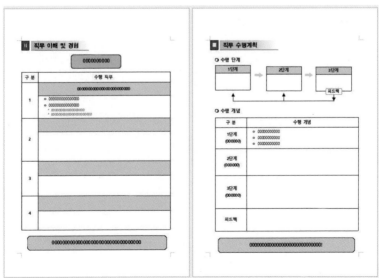

컨설팅 일지 양식

▶ 인적 사항

내담자 명		소속 기업/기관	
생년 월일		수행 직무	
컨설팅 장소		경력 목표	
컨설팅 회차		컨설턴트 명	

▶ 컨설팅 진행 일정

컨설팅 진행 일자					
1회차	2회차	3회차	4회차	5회차	비고

▶ 회차별 컨설팅 진행 계획

회 차	일자/시간	컨설팅 목표/주제
1		
2		
3		
4		
5		

▶ 회차별 컨설팅 진행 내용

· 0회차 컨설팅 결과

구 분	컨설팅 내용
일자/시간	
회차 목표	
컨설팅 내용	[ ] ○ ○ ○ [ ] ○ ○ ○ [ ] ○ ○ ○ [ ] ○ ○ ○ [ ] ○ ○ ○
컨설턴트 의견	
차기 컨설팅 계획	

컨설팅 일지 작성 샘플

▶ 인적 사항

내담자 성명	홍길동	소속 기업/기관	㈜행복주식회사
생년 월일	○○○○년생, ○○세	수행 직무	생애설계 실장
컨설팅 장소	○○ 스터디 카페	경력 목표	경력 확장- ○○직 수행
컨설팅 회차	4	컨설턴트 성명	경력 선장 제주도

▶ 컨설팅 진행 일정

컨설팅 진행 일자					
1회차	2회차	3회차	4회차	5회차	비 고
○○월 ○○일 (대면)	○○월 ○○일 (비대면)	○○월 ○○일 (비대면)	○○월 ○○일 (대면)	-	-

▶ 회차별 컨설팅 진행 계획

회 차	일자/시간	컨설팅 목표/주제
1	00월 00일 (월) 00:00~00:00(0시간)	• 라포 형성, 컨설팅 계약서/신청서 작성, 설문 • 현 직장 및 희망 사항 파악 / 개인 욕구 식별 • 경력 확장 방법 및 갭 식별 / 발전 방향 가늠
2	00월 00일 (화) 00:00~00:00(0시간)	• 변화 관리(세상의 변화 및 직업 세계 변화) 토의 • 질문에 기초한 개인의 가치 추출 • 전용성 소질 및 스프트 스킬 진단

한국형 전직지원 기술

3	00월 00일 (월) 00:00~00:00(0시간)	• 라이프 라인 및 라이프 휠 캔버스 작성 / 목표 설정 • 개인의 미션 및 비전 세부적 작성 • 전문 역량 휠 및 자기계발 휠 측정
4	00월 00일 (수) 00:00~00:00(0시간)	• 1인 지식 기업 브랜딩 전략 • 진로 설계도 작성 및 토의 • 전체적인 카운슬링 내용 피드백 등 사후 관리 사항
5	-	• --- • --- • ---

▶ 회차별 컨설팅 진행 내용

• 3회차 컨설팅 결과

구 분	컨설팅 내용
일자/시간	0000년 00월 00일 00:00~00:00(0시간)
회차 목표	라포 형성 및 경력 경로 토의

컨설팅
내용
	[라포 형성]
	• 현재 근무지 상황과 간단한 가족 상황을 파악한 이후 컨설팅 신청한
	  이유에 대해서 질문하고 토의함.
	• 현재 ㈜경력선에서 생애설계 실장으로 근무 중. 이전에 지자체
	  ○○센터에서 일자리 컨설턴트로 2년 경력이 있어 적응에는 어려움이
	  없음.

컨설팅 내용	• 현재 수행하는 생애설계 컨설턴트의 업무 중 상담에 관해서 질문하고 최근에 만난 고객 상담 결과에 관한 이야기를 들어봄. 그중 1분의 고객이 몇 개의 직업을 놓고, 선택에 애로를 겪는다고 하여, '일자리 적합성 판단 매트릭스'를 설명하고 추후에 그런 매트릭스 사용을 권고함. • 기존 경력은 2001년경 정보처리기사를 획득하여 관련 기관에서 0개월 정도 시간 강사로 근무한 경력이 있으며 ···.
컨설팅 내용	[개인의 상황 및 욕구 파악] • 현재 근무 중인 ㈜행복주식회사에서 경력을 확장하여 '강사'로서의 경력을 희망함. 이에 현 분야에서의 역량 향상보다는 타 분야, 예를 들어, 디자인씽킹, 퍼실리테이션 등 강사 생활에 필요한 강의를 수강하여 사전에 준비하도록 주문함. • 기존 강사 경력을 일부 보유하고, ChatGPT 강의를 간혹 센터에서 하고 있기 때문에 강사로 전환하는 일은 문제가 없을 것으로 생각되나, 사전에 준비하는 차원에서 콘텐츠를 모듈화하는 방법에 대해서 설명하고, 개인의 자료도 차근차근 정제화할 것도 주문함 ···. • 경력상 현 문제는 일종의 '간판'으로서 석사 과정에 관해 생각하고 있으나, 작년에 코로나를 심하게 앓은 이후에 그 후유증으로 건강에 자신감을 잃고 있어서, 아직 입학을 고려하지 않다고 하나 추후 체력 회복 시 입학해서 공부할 것이라고 말함. • 추가로 자신의 지원네트워크, 삶 속에서 제거, 감소, 증가, 창조할 수 있는 것을 간단하게 가늠해보는 ERRC 워크시트를 가지고 토의함 ···. [시그모이드 곡선 설명] • 현재 본인은 어느 정도 준비도 하고 있고, 약간의 자신감도 있으나 독려하는 차원에서 찰스 핸디의 시그모이드 곡선에 관해서 설명하고 ···. • 시그모이드 곡선을 뽑아내는 시점으로는 현 생애설계 실장을 마치기 이전에 준비하여, 영역을 확장하는 형태로 해줄 것을 주문함(*이하 생략). [차기 회차 사전 과제 부여] • 소프트 스킬 및 하드 스킬 이해/파악 워크시트 및 자기계발 워크.

한국형 전직지원 기술

컨설턴트 의견	본인의 경력 경로에 대해서 확신할 수 없었기 때문에 전문 카운슬러의 카운슬링을 요청함. 카운슬링 결과, 기본적인 자질과 자격이 잘 갖추어져 있기 때문에 본인이 희망하는 경로대로 진입하는 데는 문제가 없을 것으로 판단됨. 추후 희망 경로에 적합한 내용을 추출하여 카운슬링할 예정.
차기 컨설팅 계획	• 부여 과제 2가지의 결과에 대한 카운슬링 실시. • 질문에 기초한 개인의 가치 추출과 세상과 직업 세계 변화 설명 및 토의. • 전용성 소질 진단 및 전문 역량 향상 휠 측정 등.

참고 문헌

고용노동부(2020), 『사업주의 재취업 지원 서비스 운영 매뉴얼』, 세종: 고용노동부

강갑원(2008), 『알기 쉬운 상담 이론과 실제』, 서울: 교육과학사

기영화(2012), 『평생교육 방법론』, 서울: 학지사

김병숙(2008), 『직업상담 심리학』, 서울: 시그마프레스

김병호(2013), 『통통통 프로젝트 관리』, 파주: 소동출판사

김세준, 홍자윤(2012), 『슈퍼 신입사원』: 경기도 파주: 나비흐름

김윤희 역(2006), 『콜드리딩』, 서울: 웅진윙스

김정인, 김병선, 김성회, 김흥수, 『경력 개발과 적응』, 서울: 청목출판사

김정환 역(2012), 『생각 정리 프레임워크 50』, 서울: 스펙트럼북스

김태영 역(2004), 『연봉협상의 기술』, 서울: 씽킹트리

김현곤(2022), 『100년간의 자기탐험』, 서울: 행복에너지

노안영, 송현종(2018), 『상담 실습자를 위한 상담의 원리와 기술』, 서울: 학지사

노영란 외(2007), 『YES 프로그램 운영 매뉴얼(업무 역량편)』, 서울: 한국고용정보원

데비비드 보차드·테트리샤 토호느(2012), 『은퇴의 기술』, 서울: 황소걸음

박시연(2024), 『직업상담사 1급 2차 실기 완벽 대비』, 파주: 성인당

원은주 역(2007), 『나를 명품으로 만들어라』, 서울: 북플래너

오알피연구소(2019), 『면접 전문가 양성 과정 교육 교재』, 서울: 오알피(ORP) 연구소

이동근(2014), 『팀장의 성과 관리』, 서울: BG북갤러리

이동식(2011), 『현대인의 정신 건강』, 서울: 불광출판사

이성호(2013), 『교육 과정 및 교육 평가』, 경기도 파주: 양서원

이재규 역(2000), 『프로페셔널의 조건』, 서울: 청림출판

카렌 O. 도우드 외(2004), 서울: 시아출판사

정봉수(2022), 『실무자를 위한 인력 구조 조정 매뉴얼(제2 개정판)』, 서울: 강남노무법인 출판부

정봉수(2019), 『실무자를 위한 해고 매뉴얼』, 서울: 강남노무법인 출판부

정성호 역(2004), 『최고의 인맥 만들기』, 서울: 현대미디어

정순둘(2010), 『사례 관리 실천의 이해』, 서울: 학지사

정진호 외(2019), 『가치관으로 경영하라』, 서울: 생각지도

최종옥 역(2004), 『나만의 커리어를 디자인하라』, 서울: 시아출판사

최준형(2024) 『직무의 종말』, 화성: 파지트

한국고용정보원(2020), 『베이비부머의 주된 일자리 퇴직 후 경력 경로 및 경력 발달 이해를 위한 질적 종단 연구(7차 년도)』, 청주: 중부출판인쇄사

한국고용정보원(2023), 『생성형 AI 활용에 따른 직업상담사의 역할 변화와 교육 프로그램 개발』, ○○: (사)한국나눔복지연합회

데일리뉴스, 제3차 정부 구조 조정협의체 회의 3트랙 전략 제시, 2016. 4. 26.

Alan J. Pickman, (1995) 『The Complete Guide to Outplacement Counseling』, New York: Lawrence Eribaum Associates, Inc.

COUSERA online course, (2014) 『Enhance Your Employability』, University of London.

Harding, C.F., (1991) 『Uniting your family during a job search』, National Business Employment Weekly

Howard Figler & Richard Nelson Bolles, (2007), 『The Career Counselor's Handbook』, New York: Ten Speed Press

James J. Kirk, (1994) 『Outplacement In Its Place』, Journal of Employment Counseling

Richard J. Mirabile, (1985) 『Outplacement As Transition Counseling』, Journal of Employment Counseling

Jay Conrad Levinson & David E. Perry, (2011) 『Guerilla Marketing for Job Hunters 3.0』, New Jersey: John Wiley & Sons, Inc.

Tara M. Aquilanti & Janice Leroux, (2011) 『An Integrated Model of Outplacement Counseling』, Journal of Employment Counseling

The Pensylvania State University, (0000) 『The Elements of a Proposal』, The Department of Architectural Engineering

Todd Bermont, (2016) 『10 Insider Secrets to Job Hunting Success』, Troy: Business News Publishing

https://ceric.ca/ 캐나다 CERIC 홈페이지
https://ieumgil.com/ 이음길 홈페이지
http://ingeus.kr/ 인지어스 홈페이지
http://jmcareer.co.kr/ 제이엠커리어 홈페이지
https://maximuskr.co.kr/ 맥시머스코리아 홈페이지
https://50plus.or.kr/ 서울시 50플러스 재단 홈페이지
https://www.challengergray.com/ 미국 챌린저그레이 홈페이지
https://www.kjobs.co.kr/ 케이잡스 홈페이지
https://www.moti.or.kr/main 국방 전직교육원 홈페이지
https://www.right.co.kr/ 라이트매니지먼트코리아 홈페이지
https://www.work.go.kr/ 워크넷 취업성공패키지

저자 약력

권정봉

- 현재, 50+ 건강 Ear Therapy 우수강사
- 중장년경력설계 카운슬러
- 국방부 찾아가는 진로도움 컨설턴트
- 조선업희망센터 전직지원 컨설턴트
- 도심권 50+센터 카운슬러
- 경희대학교 관광학사
- 자격사항: 직업상담사1급, 직업상담사2급, 일반행정사, 일반경비지도사
  숲길등산지도사, 자연환경해설사, 숲해설가, 요양보호사,
  전직지원전문가, 한국형에니어그램전문강사, 프레디져강사,
  귀운동지도사1급, 귀운동지도전문강사, 학교폭력예방교육사,
  미디어중독예방교육사, 심리상담사1급. 장애인활동지원사.

문승희

- 현재, 순천향대학교 대학일자리플러스센터 컨설턴트
- 중장년경력설계 카운슬러
- 국방부 찾아가는 진로도움 컨설턴트
- 남서울대 찾아가는 취업컨설턴트
- 평택일자리센터 직업상담사
- 꿈날개 온라인 취업상담사
- 수원대학교 환경공학 학사
- 자격 사항: 직업상담사 2급, 전직지원전문가, 라이프 앤 커리어 디자이너 1급,

AI 채용 컨설턴트 PRO, MBTI 일반강사, STRONG 전문가,
한국형 이고그램 강사

장양숙

· 현재, 동덕여자대학교 진로취업지원센터 책임 커리어 컨설턴트
· 덕성여자대학교 대학일자리본부 진로취업지원센터 취업지원관
· 경기도 수요자맞춤형채용지원서비스사업 전담 커리어 컨설턴트
· 한국고용복지센터, 취업성공패키지 전담 직업상담사

· 광운대학교 교육대학원(코칭심리전공) 졸업
· 광운대학교 일반대학원(상담교육전공) 박사과정 수료

· 자격사항: 직업상담사 1급, 사회복지사 2급, 평생교육사 2급, 직업능력개발
　　　　　　훈련교사(직업상담서비스 3급), 코칭심리전문가,
　　　　　　생애설계코치 2급, REBT인지행동치료 코치 2급

표성일

· 현재, 라이프앤커리어디자인스쿨 대표
· 인지어스(유) 중장년 경력설계 카운슬링 프로젝트 매니저
· 인지어스(유) 경찰관 전직지원사업 프로젝트 매니저
· (주)제니엘 전직지원실장
· 라이트매니지먼트코리아(주) 서울제대군인지원센터 프로젝트 매니저
· 국방부 보건복지관실 전직지원정책과 전직지원교육담당관

· 창원대학교 행정대학원(일반행정학) 졸업

· 자격사항: 직업상담사 2급, 라이프앤커리어디자인코치
· 번역서/저서: 『전직지원전문가 가이드북』(2016년)
　　　　　　　『생애설계 워크북』(2017년)
　　　　　　　『전직지원 2030년』(2020년)
　　　　　　　『긱경제와 1인지식기업』(2021년)
　　　　　　　『중장년 생애경력설계 노하우』(2024년)